aller je erdachten Waffen zu beweisen. Der Anstoß dazu kam von einem Mann, dessen moralische Integrität außer allem Zweifel steht, der zeit seines Lebens überzeugter Pazifist war und nur aus Furcht, die deutschen Physiker könnten als erste eine Atombombe konstruieren, sich bewegen ließ, den amerikanischen Präsidenten aufzusuchen, um ihn über die Atombombe zu informieren: Albert Einstein. «Die Summe Tausender Einzelhandlungen von höchster Gewissenhaftigkeit führte schließlich zu einem Akt kollektiver Gewissenlosigkeit von schauerlicher Größe[4].»

Mit den einfachen Begriffen von Recht und Unrecht, «schuldhaftem» Angriff und «gerechter» Verteidigung ist dem Problem des modernen Krieges nicht mehr beizukommen.

Es ist kein Zufall, daß nach dem Ersten Weltkrieg erstmals in der neueren Geschichte die «Kriegsschuldfrage» gestellt wurde und nach dem zweiten das Nürnberger Tribunal über seine Rädelsführer zu Gericht saß. Seit dem Beginn unseres Jahrhunderts haben die kriegerischen Auseinandersetzungen eine neue Qualität erreicht. Einst ein stillschweigend anerkanntes Mittel, um begrenzte politische Ansprüche durchzusetzen, entwickelten sie sich immer mehr zu ideologisch geführten Machtkämpfen, geführt um die Vorherrschaft im geistigen ebenso wie im politischen Bereich. Zweifellos lassen sich ähnliche Tendenzen für vergangene Epochen namhaft machen (Kreuzzüge, Reformationskämpfe), doch verhinderte der damalige Stand der Waffentechnik ihre Durchsetzung in der Praxis. Der grobschlächtige Terror früherer Jahrhunderte, der sich auf Spitzel im Innern und eine Armee gegen äußere Feinde stützte, vermochte zwar beträchtlichen Druck, namentlich auf die unteren Bevölkerungsschichten, auszuüben, versagte aber, sobald er seine Ansprüche absolut setzte. Heute hingegen ergänzen sich unmerkliche Beeinflussung durch propagandistische Attacken nach innen und ungehemmter Einsatz immer mächtigerer technischer Kriegsgeräte gegen außen zum totalen Zugriff. Von Waffen zu sprechen verbietet sich bei den Dimensionen der modernen Kriegstechnik; der verlängerte Arm des individuellen Kämpfers, die Unterstützung der Truppe durch Luft- und Seestreitkräfte, der unmittelbare Kampf gegen einen sichtbaren oder doch genau definierten Feind (auf den auch das Kriegsrecht zugeschnitten ist) wurden abgelöst durch den gezielten Einsatz technischer Massenvernichtungsmittel, die sich in erster Linie gegen die Zivilbevölkerung richten. Der *totale Krieg,* der an allen Fronten global geführt wird, der kein Hinterland und keine Schonung von Frauen, Greisen und Kindern kennt, für den die Propagandamaschinerie, die den Kampf vor der eigenen Bevölkerung und vor der Weltöffentlichkeit rechtfertigen soll, ebenso wichtig ist wie die Kampfkraft der Armee, hat das Ge-

15

sicht unserer Epoche verändert. In welchem Maße, bezeugt die nüchterne Statistik: waren im Ersten Weltkrieg noch 95% der Gefallenen Militärpersonen, sank ihr Anteil im Zweiten Weltkrieg auf 52%, im Koreakrieg auf 16%, im Vietnamkrieg schließlich auf 8%. Eine derartige Verschiebung wäre undenkbar ohne die unerhörte Entwicklung von Wissenschaft und Technik während der letzten Jahrzehnte. Im Jahre 1966 waren nach einer Schätzung Oppenheimers 96% der Naturwissenschaftler aller Zeiten noch am Leben. Die USA bilden jährlich 65000 Ingenieure aus, Großbritannien 13000, die Sowjetunion 130000. Weit über 100000 wissenschaftliche Zeitschriften berichten über die neuesten Fortschritte; allein die Verhandlungen des Kongresses für die friedliche Nutzung der Kernenergie in Genf füllen 27 Bände zu je 800 bis 1000 Seiten, von denen jeder sich «an Spezialisten eines engen Bereichs in dem Spezialfach Kernphysik» wendet[5].

Angesichts derartiger Zahlen kann mit Fug und Recht vom «Zeitalter der Wissenschaft» gesprochen werden. Umso erschreckender der Umstand, daß nach neuesten Angaben rund die Hälfte der Forschung in den USA (und wohl ein mindestens gleich hoher Prozentsatz in der Sowjetunion) rüstungsgebunden ist und von den staatlichen Forschungskrediten neun Zehntel für die Waffentechnik verwendet werden. Schätzungsweise 150 bis 200 Milliarden Dollar werden jährlich für Rüstung ausgegeben: 7% des Welteinkommens und damit mehr, als die ärmere Hälfte der Weltbevölkerung verdient und dreissig mal so viel, wie die Industrieländer für Entwicklungshilfe ausgeben. Fünfzig Milliarden Dollar kostet die Vereinigten Staaten jährlich allein die Aufrechterhaltung der «normalen» Rüstung, weitere dreißig Milliarden verschlang der Vietnamkrieg auf seinem Höhepunkt.

Ein beträchtlicher Teil dieser enormen Beträge fließt den Universitätsinstituten zu. Zehn der großen Universitäten erhielten schon 1961 63% der Forschungsausgaben des Verteidigungsministeriums und 88% derjenigen der Atomenergiekommission. Viele Universitäten – darunter einige der führenden – sind in eine solche Abhängigkeit von der Rüstung geraten, daß ohne diese Einnahmen der Lehr- und Forschungsbetrieb gefährdet wäre.

Völlig von Regierungsaufträgen abhängig sind auch manche der großen Konzerne wie die Lockheed-Flugzeugwerke oder die General-Dynamics-Gruppe. Die Hälfte aller Lieferungen der elektronischen Industrie, beinahe zwei Drittel der Kapazität der Schiffswerften und 95% derjenigen der Flugzeugindustrie dienen Rüstungszwecken; allein die Flugzeug- und Raketenindustrie beschäftigt ebenso viele Wissenschaftler und Ingenieure in Forschung und Entwicklung wie die chemische, pharmazeutische, die Erdöl-

16

Rémy Charbon

Die Naturwissenschaften
im modernen deutschen Drama

Artemis Verlag

Publiziert mit Unterstützung
der Schweizerischen Geisteswissenschaftlichen Gesellschaft
(Schweizerische Akademie der Geisteswissenschaften)

© 1974
Artemis Verlag Zürich und München
Satz und Druck: Mengis & Sticher, Luzern
Printed in Switzerland
ISBN 3 7608 0354 7

Our age is characterized by the perfection
of means and the confusion of goals.
(Albert Einstein)

Inhalt

Wissenschaft und Gesellschaft

Es wurde in den Vereinigten Staaten ausgerechnet oder geschätzt, daß zehn große Wasserstoffbomben mit viel Kobalt umkleidet eine so große, viele Jahre wirksame Aktivität an Kobalt 60 ergeben, daß das Fortbestehen der Menschheit damit ernstlich gefährdet würde, ganz gleich, wo die Bomben gefallen sind. Dies sind wohl zur Zeit noch Schreckgespenster, aber die Tatsache besteht, daß die Menschheit heute oder in naher Zukunft wirklich in der Lage ist, sich selbst auszulöschen. Und hier fragen wir wieder [...], warum geben sich die Wissenschaftler dazu her, die Möglichkeiten für solche Zukunftsvernichtungsmittel zu schaffen? (Otto Hahn)

Hiroshima und die Folgen

Hiroshima, 6. August 1945. Vom amerikanischen Luftstützpunkt Tinian herkommend nähern sich drei Bomber des Typs B-29 der rund 300000 Einwohner zählenden Garnisons- und Industriestadt. Die Menschen, die an diesem schönen, hellen Sommermorgen ihren täglichen Geschäften nachgehen, schenken ihnen, an ganze Geschwader fliegender Festungen gewöhnt, kaum Beachtung. Pünktlich um 8.15 Uhr betätigt der verantwortliche Offizier den Auslösemechanismus einer neuartigen, drei Wochen zuvor in der Wüste Neu-Mexikos erstmals getesteten Bombe. Ein äußerst intensiv leuchtender, sich rasch vergrößernder Feuerball entfaltet sich, eine Hitze- und Druckwelle unvorstellbaren Ausmaßes verbreitend. Sekunden später ist die Stadt Hiroshima ausgelöscht. Zehntausende von Menschen haben sich in Partikel aufgelöst, sind verkohlt und geschmolzen. Einzig ihre hellen Schatten zeichnen sich noch Jahre später auf stehengebliebenen Mauern, auf Überresten von Wohnhäusern und Fabriken ab.

Die offizielle Statistik nennt 78000 Tote, 14000 Vermißte, 3700 Verwundete. Zwei Drittel der 90000 Gebäude der Stadt wurden restlos zerstört, weitere 6000 unreparierbar beschädigt. Auf einer Fläche von mehr als zehn Quadratkilometern blieb kein Stein auf dem andern.

Drei Tage später trifft Nagasaki, eine Hafenstadt mit bedeutenden Schiffswerften, ein gleiches Schicksal. Am 2. September kapituliert Japan. Der Zweite Weltkrieg ist beendet.

Die Zahl der Toten in Hiroshima und Nagasaki wird auf 150000 geschätzt. Doch auch von den Überlebenden starben viele in den folgenden Wochen und Monaten an Verbrennungen schwersten Grades, Hunderte siechen noch heute in den Strahlenkrankenhäusern der amerikanischen Armee dahin. Welche Folgen die durch die Strahlung hervorgerufenen Veränderungen in der genetischen Struktur haben werden, läßt sich noch nicht mit Bestimmtheit voraussagen.

Es dauerte einige Zeit, ehe die welthistorische Bedeutung dieser letzten großen Kriegshandlung ins allgemeine Bewußtsein drang. Eine Umfrage im Herbst 1945 erbrachte in der Öffentlichkeit beinahe ungeteilte Zustimmung zum Vorgehen der amerikanischen Re-

11

gierung. Im Glauben, die Atombomben hätten die Beendigung des Krieges beschleunigt und, mindestens auf seiten der Alliierten, Menschenleben gerettet, weil sich eine Invasion Japans erübrigte (Argumente, die in offiziellen Stellungnahmen ständig wiederkehrten), erklärten sich 85 % der Befragten mit ihrer Anwendung einverstanden. Noch wußten sie nichts über die zu erwartenden Dauerschädigungen, über das Ausmaß der Katastrophe und die Bedrohung, die mit den Superwaffen in die Welt gekommen war.

Weit weniger zuversichtlich äußerten sich einige der führenden Wissenschaftler und Politiker. Zu den ersten, die vor den verhängnisvollen Perspektiven der atomaren Kriegführung warnten, gehörte der amerikanische Kriegsminister Stimson. In seiner Dankadresse an die Mitarbeiter von Los Alamos heißt es:

If atomic bombs are to be added as new weapons to the arsenals of the warring world, or to the arsenals of nations preparing for war, then the time will come when mankind will curse the names of Los Alamos and Hiroshima[1].

Die Folgerungen, die er daraus zog, waren ebenso einfach wie utopisch:

The peoples of this world must unite or they will perish. This war that has ravaged so much of the earth has written these words. The atomic bomb has spelled them out for all men to understand. Other men have spoken them, in other times, of other wars, of other weapons. They have not prevailed. They are misled by a false sense of human history who hold that they will not prevail today. It is not for us to believe that. By our works we are committed to a world united, before this common peril, in lax, and in humanity[2].

Am Tage von Hiroshima befanden sich die führenden deutschen Atomphysiker in englischer Kriegsgefangenschaft, unter ihnen Otto Hahn, der im Dezember 1938 das Phänomen der Atomspaltung entdeckt und beschrieben hatte. Einer seiner Mitgefangenen, Erich Bagge, verzeichnete die Reaktionen der nichtsahnenden Wissenschaftler:

Der englische Rundfunk gibt bekannt, daß auf einen Ort in Japan eine Atombombe abgeworfen wurde. [...] Angeblich soll man noch viele Stunden nach dem Abwurf vor lauter Rauch und Staub die betroffene Stadt nicht haben sehen können. Von 300000 toten Japanern ist die Rede. Der beklagenswerte Prof. Hahn!! Er erzählte uns, daß er schon damals, als er zum ersten Mal erkannte, welche furchtbaren Wirkungen die Atomspaltung haben könne, mehrere Nächte lang nicht geschlafen und erwogen habe, sich das Leben zu nehmen. Eine Zeitlang sei sogar der Plan aufgetaucht, ob man zur Verhütung dieser Katastrophe nicht alles Uran ins Meer versenken solle. Aber kann man gleichzeitig die Menschheit um all die segensreichen Wirkungen bringen, die das Uran andererseits auslöst? Und nun ist sie da, diese furchtbare Bombe. [...] Sicher wird diese Uranbombe Entwicklungen von welthistorischer Tragweite auslösen, wohl kann sie viel Unglück über die Menschheit bringen, hoffen wir aber, daß sie auf der anderen Seite dazu beitragen wird, das Leben der Menschen angenehmer, schöner und vielleicht auch glücklicher zu gestalten als bisher. Kein Zweifel, daß dies möglich ist. Es ist dazu nur nötig, daß sich die Menschen auch in moralischer Hinsicht dieser Entwicklung gewachsen zeigen. Und daran glauben wir[3].

Eine Zeitlang schien es, als würden die Optimisten recht behalten. Im Herbst 1945 unterbreitete Präsident Truman dem Kongreß ein internationales Übereinkommen zur Bewältigung der von der Beherrschung der Atomenergie aufgeworfenen Probleme. Die Politiker waren jedoch nicht gewillt, das Atomwaffenmonopol aus der Hand zu geben. Auch die kurz nach Kriegsende gegründete, aus Militärs und Zivilisten bestehende Atomenergiekommission (AEC) wachte in den ersten Jahren ihres Bestehens eifersüchtig über den Vorrang militärischer Projekte. Von vornherein zum Scheitern verurteilt waren die beiden Vorschläge für eine internationale Kontrolle der Atomenergie, welche die USA den Vereinten Nationen einreichten; ihr Text war so formuliert, daß die dominierende Rolle der Vereinigten Staaten auch für friedliche Anwendungen gesichert blieb. Dem Belieben der USA sollte es anheimgegeben sein, anderen Nationen wissenschaftliche und technische Unterlagen für eigene Projekte zu liefern und den Zeitpunkt einer vorbehaltlosen Kooperation zu bestimmen. Für die Sowjetunion war dieser nach dem amerikanischen Chefdelegierten benannte Baruch-Plan unannehmbar.

So nahm die Aufrüstung ihren Lauf.

Eine verfehlte, einseitig auf massive Vergeltung ausgerichtete Verteidigungspolitik trug in jenen Jahren dazu bei, die Gefahr des Ausbruchs eines dritten Weltkrieges zu erhöhen und öffentliche Diskussionen über Gefahren und Hoffnungen der Atomenergie im Keim zu ersticken. Führende Militärs und Politiker diskutierten im Zusammenhang mit der jugoslawischen Krise des Jahres 1946 offen die Aussichten eines atomaren Präventivkrieges gegen die Sowjetunion, ehe sie imstande war, eigene Kernwaffen zu entwickeln; die Generale der strategischen Luftwaffe und die Schlachtschiff-Admirale traten vehement für immer wirkungsvollere Waffensysteme ein. Fieberhaft produzierte die Rüstungsindustrie Abertausende der tödlichen Bomben. Als gar die Sowjetunion am 14. Juli 1949 eine eigene Atombombe zur Explosion brachte, entwickelte sich ein mörderischer, jeden vernünftigen Maßstab übersteigender Rüstungswettlauf, der das intellektuelle und finanzielle Potential der beteiligten Mächte aufs äußerste strapazierte. Im Jahre 1954 bemerkte Julius Robert Oppenheimer, ehemaliger Leiter der Laboratorien von Los Alamos und «Vater der Atombombe», die Supermächte säßen sich gegenüber wie zwei Skorpione in einer Flasche. In der Tat: das ungeheure Vernichtungspotential, das sich in den Arsenalen anhäufte, war keineswegs dazu angetan, das Vertrauen in die eigene Sicherheit zu stärken. Die Strategie eines «Gleichge-

13

wichts des Schreckens» verlangte nach sofortiger Korrektur jedes Rüstungsvorsprunges des potentiellen Gegners; ein Teufelskreis kam in Gang, der sich bis zum heutigen Tag weiterdreht.

Der totale Krieg

Hiroshima wurde zum Fanal einer Epoche. Es hat die Völker und Individuen stärker bewegt als alle Leiden und Greuel zweier Weltkriege zusammengenommen, mehr als Auschwitz und Lidice, Coventry und Dresden. Nicht deswegen, weil in Hiroshima und Nagasaki mehr Menschen den Tod gefunden hätten oder ihr Sterben grausamer gewesen wäre – was ließe sich mit dem systematischen Sadismus der KZ-Ärzte vergleichen! –, sondern weil sich hier ein Krisenpunkt unseres technischen Zeitalters offenbarte, der den habituell gewordenen Glauben an den wissenschaftlich-technischen Fortschritt erschütterte. Für die Nazigreuel waren Verantwortliche namhaft zu machen, Propagandisten und Buchhalter, Führer und Verführbare. Die Atombombe hingegen ist das Produkt jenes Glaubens an Wissenschaft und Technik, der die letzten hundert Jahre unauslöschlich geprägt hat. Und sie wurde von einer Nation entwickelt und verwendet, die für sich das Recht in Anspruch nahm, die mutwilligen Anstifter eines mörderischen Weltkrieges zur Rechenschaft zu ziehen – gegen ein beinahe wehrloses, ausgeblutetes, kapitulationsreifes Land, dessen politische Führung bereits Friedensfühler ausgestreckt hatte.

In den vernichteten Städten manifestierte sich der Umschlag vom wissenschaftlichen Triumph zum Verbrechen. Die bewundernswürdigste wissenschaftlich-technische und planerische Leistung unseres Jahrhunderts kostete 150000 Menschen das Leben; eine schier unermeßliche Naturkraft, dazu prädestiniert, gezähmt zu werden und die Lebensbedingungen entscheidend zu verbessern, diente zunächst einmal der Massenvernichtung.

Doch wo liegt der Umschlagpunkt?

Am 2. Dezember 1942 führte der geniale italienische Physiker Enrico Fermi im Sportstadion der Universität Chicago die erste kontrollierte Kettenreaktion durch, mittels einer Vorrichtung, die – verbessert und abgewandelt – ein Jahrzehnt später in den ersten Atomkraftwerken Verwendung finden sollte. Der einzige Zweck des Experiments aber war, die Realisierbarkeit der fürchterlichsten

14

und Auto-, die Gummi- und Maschinenindustrie zusammengenommen. Hinter ihnen steht nicht nur die Macht des anonymen «militärisch-industriellen Komplexes», sondern auch ein riesiges Heer von Facharbeitern, Technikern und Ingenieuren. Ungefähr jeder zehnte arbeitsfähige Amerikaner (die Angehörigen der Streitkräfte eingerechnet) ist für den Krieg tätig – zehn Millionen Menschen, deren einzige Aufgabe darin besteht, Mittel und Wege zu ersinnen, die von den übrigen produzierten Güter möglichst wirkungsvoll zu zerstören! Über ihre vermeintlichen Interessen – die Aufrechterhaltung einer massiven Rüstung zur Sicherung der Arbeitsplätze – kann sich keine Regierung und kein Kongreß hinwegsetzen; jede Abrüstung oder auch nur eine Verlangsamung der gegenwärtigen Aufrüstung müßte das Land in eine schwere Wirtschaftskrise führen. Nicht nur würden zahlreiche hochspezialisierte Wissenschaftler, Techniker und Ingenieure arbeitslos; auch die vorwiegend auf militärische Entwicklungen ausgerichteten Firmen, die keine marktorientierten Verkaufsorganisationen, keine kaufmännischen Stäbe und keine Werbeabteilungen besitzen und deren Erzeugnisse nicht an vernünftigen Kosten-Aufwand-Relationen, sondern allein am höchsten technischen Standard orientiert sind, müßten auf dem freien Markt bankrott gehen[6].

Immer neue, raffiniertere Zerstörungsmittel werden entwickelt, größter Scharfsinn dient der Vernichtung. Naturgemäß sind genaue Angaben kaum zu erhalten; soviel aber dürfte feststehen: allein der Bestand an Kernwaffen ermöglichte es den Supermächten, alles Leben auf der Erde mehrfach auszulöschen. Die amerikanische Strategie zielt dahin, im Verteidigungsfall die feindliche Industriekapazität zu drei Vierteln, die Bevölkerung zu zwei Dritteln zu vernichten. Die Kapazität der Kernwaffenvorräte ist jedoch weitaus größer. Das Jahrbuch der Weltrüstung schätzt die Explosivkraft der heute vorhandenen A- und H-Bomben auf ein Äquivalent von 30 Tonnen konventionellen Sprengstoffes pro Kopf der Weltbevölkerung, die vorsichtigste Angabe immerhin noch auf die Hälfte. Auf drei Milliarden Erdbewohner umgerechnet ergäbe das 45 bis 90 Milliarden Tonnen TNT – das Anderthalbtausendfache aller im Zweiten Weltkrieg abgeworfenen Bomben, einschließlich der beiden Atombomben! Die Explosivkraft einer einzigen Wasserstoffbombe von 20 Megatonnen ist größer als die der Sprengstoffe aller Kriege zusammengenommen – die größten Exemplare erreichen schon heute 100 Megatonnen!

Zweitausend Interkontinentalraketen standen im Jahre 1969 in der Sowjetunion und den USA bereit, ihre tödliche Last zu jedem beliebigen Punkt der Erde zu tragen. Weitere 650 Raketen mit Nuklearsprengköpfen sind praktisch unverwundbar auf atomgetriebenen amerikanischen Unterseebooten stationiert, die sie auch unter Wasser abschießen können; eine Armada von 650 schweren Bombenflugzeugen des Typs B-52 steht Tag und Nacht in Alarmbereitschaft. Jedes einzelne von ihnen kann bis zu vierzehn verschiedene Ziele mit Atom- und Wasserstoffbomben belegen. «Die Sprengkraft der von einer einzigen B-52 mitgeführten Nuklearwaffen übersteigt die Sprengkraft aller im Zweiten Weltkrieg abgeworfenen Fliegerbomben[7]!»

Unter den Flügeln führt die B-52 zwei Raketenwaffen («Hound Dogs») mit sich, wahre Meisterwerke technischen Erfindergeistes, Produkte jahrelanger Arbeit hochqualifizierter Spezialisten:

Nähert sich das Mutterflugzeug einem feindlichen Ziel, so wird der «Hound Dog» mit zwei Daten versorgt: mit einer präzisen Bestimmung des eigenen Standortes und mit der präzisen Ortsbestimmung des anzusteuernden Ziels. Mehr braucht der «Hound Dog» nicht. Dann kann er in den Einsatz geschickt werden, löst sich vom Mutterflugzeug und rast mit doppelter Schallgeschwindigkeit dahin. Keineswegs direkt auf das Ziel los. Die ungemein empfindlichen Instrumente an Bord des «Hound Dog» registrieren einfach alles: feindliches Radar, feindliche Abwehrflugzeuge, feindliche Raketen. Der bordeigene Computer des «Hound Dog» schreibt dem Geschoß alle Manöver vor, die notwendig sind, dieser feindlichen Aktivität zu entgehen. Der «Hound Dog» kann bis zu 30000 Meter hoch steigen, er kann nahezu senkrecht abstürzen und wenige Meter über dem Boden wieder in die horizontale Richtung gleiten, er kann Schornsteine anfliegen und knapp über sie hinwegsetzen. Jedes Hindernis «spürt» er einige Kilometer voraus und stellt sich darauf ein. Er fliegt etwa zuerst nach Norden und lenkt die feindliche Abwehr ab, dann schlägt er einen Haken von 90 Grad, fliegt nach Westen, ändert nochmals seine Richtung, um dann endgültig das Ziel anzusteuern. Seine Reichweite liegt bei ungefähr 800 Kilometer. Wird er also etwa 500 Kilometer vor dem echten Ziel losgelassen, so kann er einige dieser ungemein raffinierten Manöver durchführen, ehe er das Ziel erreicht. Die wichtigste Eigenschaft des «Hound Dog»: Er kann durch elektrische Strahlen aller Art nicht getäuscht und abgelenkt werden, er ist gegenüber der elektronischen Kriegführung völlig immun. So jedenfalls behaupten seine Erzeuger – und die Soldaten, die mit ihm umzugehen haben. Der «Hound Dog» ist mit einer Wasserstoffbombe geladen. Er soll über dem Ziel explodieren, aber er explodiert auch beim Aufschlag – das für den Fall, daß er knapp vor dem Ziel abgeschossen werden sollte[8].

Zehntausend nukleare Sprengköpfe vermag die amerikanische B-52-Flotte zu transportieren, 2000 weitere würden im Kriegsfall von Raketen ins Ziel befördert. Selbst wenn 99% davon aus irgendwelchen Gründen (Vernichtung durch feindliche Luftabwehr, technisches Versagen) nicht zur Explosion kämen, würde der verbleibende Rest ausreichen, jeden potentiellen Feind vielfach zu vernichten.

Ein Mitglied des republikanischen Atomkomitees hat berechnet, daß achtzehn nukleare Bomben, über den industriellen und urbanen

Ballungszentren der Vereinigten Staaten abgeworfen, drei Fünftel der Bevölkerung töten und «das militärisch-industrielle Rückgrat der Nation brechen» würden[9].

Fast das ganze Gebiet der Staaten Massachusetts, Rhode Island und New Jersey stand in Flammen. Dasselbe galt für New York City, Hartford, Philadelphia, Baltimore und Washington, D.C. Beinahe die gesamte Ostküste von Portland, Maine, bis Norfolk, Virginia, war bis zu einer Tiefe von 250 Kilometern ein einziger tobender und alles verschlingender Feuersturm. Im gleichen Augenblick entstand ein Feuerkreis von 270 Kilometern Durchmesser mit einer Fläche von 56000 Quadratkilometern in den südlichen Teilen von Louisiana, Mississippi und Alabama, von New Orleans und Baton Rouge über Biloxi bis nach Mobile; in diesem Kreis wurde alles zerstört. Detroit, Toledo, Cleveland und das halbe Ohio traf dasselbe Schicksal[10] [...]

Die Überlebenschancen in einem globalen Atomkrieg sind außerordentlich gering. Der zweifache Nobelpreisträger Linus Pauling nimmt an, daß, falls in einer künftigen atomaren Auseinandersetzung auch nur ein Zehntel aller vorhandenen Superbomben eingesetzt würde, von den 800 Millionen Menschen in den USA, der Sowjetunion und Europa nur 20 Millionen am Leben blieben. Und Präsident Kennedy erklärte:

Wenn jener Tag kommt, wenn es zu einem massiven Schlagabtausch kommt, dann bedeutet dies das Ende, weil dann Westeuropa, die Sowjetunion und die Vereinigten Staaten in den ersten achtzehn Stunden 150 Millionen Tote zu beklagen haben werden[11].

Die sofortige Vernichtung von Millionen Menschen ist aber nur ein Aspekt des Atomkriegs. In den folgenden Tagen und Wochen wird sich eine todbringende radioaktive Wolke über die Kontinente verbreiten, der ein beträchtlicher Teil der Überlebenden durch radioaktive Vergiftung oder, nach einer oder mehreren Generationen, durch Mutationen zum Opfer fiele. Ebenso groß ist die Gefährdung der Umwelt, der Pflanzen, Tiere und Gewässer durch radioaktive Strahlung: was nützten selbst strahlensichere Schutzräume für Millionen Menschen, wenn die primitivsten Lebensgrundlagen nach einem Atomschlag fehlen?

Genetische Schäden treten nicht allein im Kriegsfall auf. Schon heute sind (wiederum nach einer Schätzung Paulings) durch die bis zum Abschluß des Atomteststopvertrages im Jahre 1963 versuchsweise zur Explosion gebrachten nuklearen Sprengkörper 16 Millionen Kinder schwer geschädigt worden, davon 160000 in der ersten Generation. Das Heimtückische der radioaktiven Strahlung besteht ja gerade darin, daß sie als «biologische Zeitbombe» wirkt und ein großer Teil der Schäden erst nach langer Zeit zutage tritt, so daß eine sichere Prognose unmöglich zu stellen ist.

19

In aller Stille wird in geheimen Laboratorien an Waffen gearbeitet, die die nuklearen an Furchtbarkeit womöglich noch übertreffen: chemische und biologische Kampfstoffe.

Im Vordergrund des Interesses stehen heute die Nervengase und die biologischen Waffen. Seit Gerhard Schröder, ein Chemiker der IG Farben, im Jahre 1936 bei der Arbeit mit organischen Phosphorverbindungen (für Insektizide) zufällig auf das Nervengas Tabun stieß, wurde eine ganze Reihe verschiedener Nervengase entwickelt. Ihre Wirkung besteht darin, daß sie die Bildung eines zur willkürlichen Kontraktion von Muskeln unentbehrlichen Stoffes im menschlichen oder tierischen Körper verhindern und sich somit kurze Zeit nach ihrer Anwendung ein unwillkürliches Flattern einstellt, welches die Muskulatur (insbesonders die Atemmuskulatur) außer Funktion setzt. Andere chemische Gifte wie Senfgas und Blausäure rufen schwerste Verätzungen hervor, die in kürzester Zeit ebenfalls zum Tod führen. Weniger geeignet für die Kriegführung sind wegen ihrer unberechenbaren Wirkungen Halluzinogene wie LSD oder Meskalin.

Entgegen den Bestimmungen des Genfer Protokolls wurden in neuester Zeit verschiedentlich chemische Waffen verwendet: Tränengase, Pflanzengifte, Wachstumshormone und Entlaubungsmittel, die jede Pflanze in kürzester Zeit absterben lassen, von den USA (die das Genfer Abkommen nicht unterzeichnet haben) in Vietnam, verschiedene Kampfstoffe von Ägypten im Krieg gegen Jemen (1965).

Völlig unerprobt, sieht man von Brunnenvergiftungen mittels Leichnamen und ähnlichen Methoden mittelalterlicher Kriegführung ab, sind hingegen bis heute die biologischen Kampfstoffe. Ihr Spektrum reicht von der Verbreitung einfacher Krankheitserreger (Pest, Gelbfieber, Q-Fieber, Denguefieber scheinen sich hiefür besonders zu eignen) über Krankheiten, die sowohl Menschen wie Tiere befallen (Brucellose, Rotz, Milzbrand), und Viruskrankheiten, die bestimmte, für die Ernährung eines Landes besonders wichtige Pflanzenarten befallen, bis zur Vergiftung von Lebensmitteln und Trinkwasser mit biologischen Giftstoffen. Ein einziges Gramm Hühnerembryogewebe, das mit dem Erreger des Q-Fiebers geimpft wird, reicht theoretisch aus, um eine Million Menschen erkranken zu lassen; dreißig Gramm des Toxins A des Clostridium botulinum (ein stabiles Produkt kleinster Lebewesen) vergiften, in den Lebensmittelkreislauf gebracht, sechzig Millionen Menschen. Vierundzwanzig Stunden später kann der Einmarsch des Gegners erfolgen – der Einzug in ein Leichenhaus.

Vor einigen Jahren veranstaltete die amerikanische Armee ein Kriegsspiel, das von der Voraussetzung ausging, eine chinesische

Armee rücke von Südvietnam nach Kambodscha vor. Um sie aufzuhalten, sollte ein Schlag mit biologischen Waffen geführt werden. Bei der Analyse der Ergebnisse durch Angehörige des Chemical Corps erwies sich, daß zu den Ausfällen an toten oder kampfunfähigen gegnerischen Soldaten in Höhe von 75 Prozent auch 600000 Opfer unter Neutralen oder Bundesgenossen kamen. Militärisch war die Aktion erfolgreich, die einheimische Zivilbevölkerung wurde aber derart in Mitleidenschaft gezogen, als wenn eine kleinere Atombombe gefallen wäre[12].

Selbstverständlich muß der Angreifer damit rechnen, daß die Krankheitserreger seine eigene Bevölkerung nicht verschonen werden; da biologische Kampfstoffe die größte Wirkung erreichen, wenn sie als Aerosol versprüht werden, genügt ein unvorhergesehenes Umschlagen des Windes, um die tödliche Wolke in die falsche Richtung zu treiben. Man wird daher eine Spezies bevorzugen, gegen die die eigene Bevölkerung weitgehend immun ist, die aber den Gegner empfindlich trifft. Das Nonplusultra wäre die synthetische Erzeugung neuer Krankheitserreger, gegen die auf der feindlichen Seite überhaupt keine Abwehrmaßnahmen möglich sind, während die eigene Bevölkerung immunisiert werden kann; glücklicherweise scheinen die Schwierigkeiten auf diesem Gebiet vorerst unüberwindlich.

BC-Waffen sind verhältnismäßig billig, können unauffällig eingesetzt werden und vernichten Menschenleben, ohne Sachwerte zu zerstören oder ein Gebiet über längere Zeit zu verseuchen. Werden für die Produktion von Atombomben riesige Industrieanlagen benötigt, die aus der Luft und mittels Satellitenkameras selbst aus dem Weltraum leicht auszumachen sind, so genügt zur Herstellung biologischer Waffen eine bessere Waschküche, chemische können in jedem Betrieb der pharmazeutischen Industrie produziert werden. Sie stehen daher jedem Land zur Verfügung, das ein Minimum an industrieller Kapazität aufweist und könnten eines Tages sehr wohl als Erpressungsmittel gegen eine Großmacht verwendet werden, zumal das feindliche Territorium bei Verwendung von BC-Kampfstoffen weder betreten noch überflogen werden muß. Tausend Tonnen konventioneller Sprengstoff auf einen Quadratkilometer erzielen eine ähnliche Wirkung wie zehn Tonnen Nervengase oder ein einziges Gramm gezüchteter Krankheitserreger! Ihre Wirkung vollzieht sich lautlos und unsichtbar, eingetretene Schädigungen sind meist erst festzustellen, wenn Gegenmaßnahmen zu spät kommen, weil bereits ein großer Teil der Bevölkerung krank oder tot darniederliegt.

Die Wirkung der BC-Waffen richtet sich gegen das ökologische Gleichgewicht; «das System, das sie zerstören sollen, ist das empfindliche Gleichgewicht zwischen Krankheitserregern und ihren Wirten[13]». Zu ihren Gunsten ist immer wieder eingewendet worden, sie seien bei weitem «humaner» als Napalmbomben oder Maschinengewehre. Doch bestehen keine scharfen Grenzen zwischen chemischen Kampfstoffen, die bloß kampfunfähig machen, solchen, die tödlich wirken, und biologischen Waffen. Und was sollte eine Partei abhalten, einen Angriff mit Pesterregern mit Wasserstoffbomben zu beantworten?

Biologische und chemische Waffen offenbaren besonders kraß die Gefahren der technologischen Entwicklung unserer Tage, und sie offenbaren die Verwerflichkeit einer Wissenschaft, deren Tätigkeit sich gegen die Natur selbst richtet. In den Zentren der biologischen Kriegsforschung arbeiten Ärzte daran, die Ansteckungskraft von Mikroorganismen und ihre Stabilität zu erhöhen, ihre Anfälligkeit für Medikamente und Antibiotika herabzusetzen. «Alles, worin Ärzte geschult werden, wird hier grundsätzlich verneint; diese Forschungsrichtung ist ein Schlag ins Gesicht der Medizin[14].» Zudem ist die Zivilbevölkerung bei Anwendung derartiger Waffen weit stärker gefährdet als die kämpfende Truppe, und unter der Zivilbevölkerung sind es wiederum die schwächsten Glieder der Gemeinschaft, Alte und Kranke, die als erste dem Angriff unterliegen. «Es gibt Wissenschaftler, die der Meinung sind, das Gleichgewicht zwischen Mikroben und Menschen könne sich so ändern, daß eine Welt entsteht, in der man der Krankheiten einfach nicht mehr Herr wird[15]» – und es gibt «kaum eine akademische oder industrielle Einrichtung in Amerika, die nicht mit diesen Waffen zu tun hat[16]».

Die Vision einer in ein riesiges Spital verwandelten Welt, in der Menschen mit schwersten Hautverbrennungen neben Pestkranken und von tödlichen radioaktiven Dosen Getroffenen liegen, deren Städte in Schutt und Trümmern liegen, deren Vegetation abstirbt – diese Vision des von Menschen bereiteten Untergangs unseres Planeten könnte sich bei dem labilen Gleichgewicht zwischen den Mächten, dem wir die gegenwärtige Atempause verdanken, eines Tages als Wirklichkeit erweisen.

Bereits aber werden noch raffiniertere Waffensysteme entwickelt. Würden anstelle von Raketen, die bis 1200 Kilometer in den Weltraum aufsteigen, mit Nuklearbomben bestückte Erdsatelliten auf eine niedrige Umlaufbahn geschickt und über einem vorher bestimmten Ziel zum Absturz gebracht, verringerte sich die Vorwarnzeit von bisher fünfzehn bis zwanzig Minuten auf drei bis fünf. Innerhalb dieser Frist müßte eine Entscheidung über Leben und Tod von Hunderten Millionen Menschen getroffen werden – ein Akt politischen Handelns, der das menschliche Urteilsvermögen weit übersteigt. Was bliebe übrig, als die Verantwortung für das

22

Fortbestehen oder die Vernichtung des höheren organischen Lebens auf dieser Erde einem System von Computern zu übertragen, jenen riesigen «Elektronenhirnen», die bereits heute ohne menschliches Zutun untereinander lebenswichtige Informationen austauschen, Luftbilder auswerten, die Bereitschaft von Raketenbatterien überprüfen und verdächtige Truppenkonzentrationen melden. Es wäre dies ein totaler Sieg des funktionellen Denkens. Computer sind unbestechlich; ungerührt raten sie zum Angriff, wenn die Gleichungen günstig stehen – oder wenn ein Staubkorn sie verwirrt.

Burdick und Wheeler haben in ihrem aufsehenerregenden Roman «Fail Safe» einen solchen Fall geschildert[17]. Ein Defekt im Computerzentrum der amerikanischen Luftwaffe bewirkt, daß ein B-52-Bomber den Befehl zum Angriff erhält. Mit einer tödlichen Last von Wasserstoffbomben macht er sich auf den Weg nach Moskau, entgeht dank seiner elektronischen Ausrüstung der sowjetischen Luftabwehr und legt schließlich die Hauptstadt der Sowjetunion in Schutt und Asche. Zwar gelingt es, einen umfassenden Krieg zu vermeiden, da der russische Ministerpräsident sich von der Erschütterung des amerikanischen Präsidenten überzeugen läßt, doch fällt als Sühne für den versehentlichen Angriff im selben Augenblick, in dem Moskau untergeht, New York in Trümmer. – Amerikanische Regierungsstellen erklärten nach Erscheinen des Buches eilends, die Autoren gingen von falschen Voraussetzungen aus, ein Krieg aus Irrtum sei unmöglich und das Buch beunruhige lediglich die Bevölkerung. Das aufgeworfene Problem besteht aber trotz der Unwahrscheinlichkeiten, die auch den unbefangenen Leser stutzig werden lassen. Im Jahre 1961, vier Tage nach dem Amtsantritt Präsident Kennedys, stürzte im Mittleren Westen ein Atombomber ab; von sechs Sicherungen, die eine unbeabsichtigte Zündung der Bombe verhindern sollten, hatten fünf versagt! Hätte sich damals ein Unglücksfall ereignet, wäre eine «Vergeltungsaktion» gegen den vermeintlichen Angreifer nicht ausgeschlossen gewesen[18].

Eine weitere, heute technisch durchaus mögliche Anwendungsweise von Kernwaffen bestände in der Erzeugung künstlicher Meeresbeben, die eine unaufhaltsame Flutwelle verursachten. Oder: auf chemischem Wege könnte die Ozonschicht der Erdatmosphäre stellenweise verletzt werden, so daß tödliche Ultraviolettstrahlen einfallen und ganze Landstriche verbrennen würden. Eine vergleichbare Wirkung hätten Laserkanonen oder gebündelte, mit Spiegeln aus dem Weltraum auf die Erde gerichtete Sonnenstrahlen[19]. Bereits heute können kleinere Objekte mittels Laserstrahlen auf mehrere Kilometer Distanz in Brand gesetzt werden; lasergesteuerte Bomben finden ihr Ziel auf Meter genau.

Einige dieser verheerenden Zerstörungsmethoden mögen sich noch reichlich utopisch ausnehmen, sie übersteigen jedoch nicht prinzipiell den Rahmen des heute zur Verfügung stehenden technischen Wissens und Könnens. Ihnen allen – und auch der «konventionellen» Anwendung von Kernwaffen – ist gemeinsam, daß es keine wirksamen Gegenmaßnahmen gibt. Ein System von Schutzräumen für die Hälfte der amerikanischen Bevölkerung würde schätzungsweise 400 Milliarden Dollar kosten und lediglich gegen die unmittelbaren Auswirkungen eines nuklearen Angriffs – die Hitze- und Druckwelle sowie die radioaktive Primärstrahlung – schützen. Nach Tagen und Wochen, wenn die Menschen aus ihren unterirdischen Verstecken hervorkröchen, würden sie eine Welt vorfinden, die ihnen keine Lebensgrundlage mehr bietet, eine Erde ohne genießbare Vegetation, ohne Tiere und ohne Häuser: eine riesige, für Jahrhunderte verseuchte Wüste. «Man bereitet sich unter ungeheuren Kosten auf einen Krieg vor, der unter keinen Umständen stattfinden darf[20].»

Unsere Welt wird sich daran gewöhnen müssen, unter dem Damoklesschwert eines unsere ganze Zivilisation, ja vielleicht die Existenz der Gattung homo sapiens bedrohenden Krieges zu leben. In den strategischen Hauptquartieren der Supermächte wird der Vernichtungskrieg mit wissenschaftlicher Gründlichkeit geplant. Eine führende Rolle kommt den sogenannten «war games» zu, Kriegsspielen, die von Planungsfachleuten und Computerspezialisten unter Berücksichtigung möglichst vieler relevanter Faktoren (verfügbare Streitkräfte, Industriekapazität des Gegners, Widerstand der Bevölkerung usw.) ausgehend von einer hypothetischen, aber realistischen Situation oft monate- und jahrelang «gespielt» werden. Dabei bedient man sich unter anderem der Mittel des Dramas: die Ausgangssituation und unter Umständen auch die Hauptstationen des Verlaufs werden in einem Szenario niedergelegt, die Mitspieler übernehmen bestimmte Rollen, setzen Wasserstoffbomben und politische Druckmittel ein, bis entweder die eine Partei völlig kampfunfähig ist oder das Spiel unüberschaubare Dimensionen annimmt. Was diese «war games» von den traditionellen Sandkastenspielen unterscheidet, ist außer ihrem größeren Umfang die Tatsache, daß psychologischen, soziologischen, politischen, selbst kulturellen Faktoren ebenso großes Gewicht zukommt wie rein militärischen und Planung und Auswertung mit Hilfe modernster wissenschaftlicher Methoden (Netzplantechnik) vorgenommen werden[21]. Die Terminologie dieser professionellen Kriegsplaner (deren Zahl auf 10000 bis 15000 geschätzt wird) verharmlost die unendlichen Leiden eines atomaren Krieges zu statistischen Größen: eine Million toter Menschen erscheint in ihren Unterlagen als ein Megatoter, das Vermögen, einen Feind hundert Mal zu vernichten, als overkill 100. Nur am Rande sei vermerkt, daß die gegenseitige overkill-Kapazität der Supermächte auf 250 geschätzt wird.

Parallel zu der gigantischen Kriegsrüstung laufen Bestrebungen, die Masse der Staatsbürger auf eine gemeinsame Ideologie zu verpflichten, nicht mehr mit den Mitteln der traditionellen Propaganda, die auf vorübergehende oder dauernde Ausschaltung des kritischen Urteilsvermögens zielt (und daher durch einen Bewußtseinsakt des betroffenen Individuums wenigstens teilweise rückgängig gemacht werden kann), sondern durch unmittelbare Eingriffe in die psychische Struktur einzelner Individuen, größerer Gruppen oder ganzer Völker. In Aldous Huxleys Roman «Schöne neue Welt» spielt die Glücksdroge Soma eine bedeutende Rolle: wer sie einnimmt – und niemand mag darauf verzichten – erlebt einen Zustand wunschlosen Glücks und, folgenreicher für das Zusammenleben der Menschen, völliger Apathie gegenüber politischen und gesellschaftlichen Ansprüchen. Unter dem Einfluß ähnlicher, wenn auch weniger vollkommener Präparate (Stuka-Tabletten) führten die Kampfflieger des Zweiten Weltkrieges bekanntlich Aufträge aus, vor denen sie in nüchternem Zustand zurückgeschreckt wären. Halluzinogene, im Trinkwasser zwangsweise verabreicht, vermöchten einem diktatorischen Regime größere Stabilität zu verleihen als ein noch so ausgeklügeltes System von Bespitzelung und Terror, das zwar jede Manifestation des Widerstandes unterdrücken, Unzufriedenheit mit den herrschenden Zuständen jedoch nicht ganz ausschalten kann. Gehirnwäsche und subliminale Projektion, sprachliche Manipulation und Belohnung systemgerechten Verhaltens bezeichnen weitere Techniken der Einflußnahme auf Denken und Verhalten des Menschen.

Auch eine weitere Vision Huxleys kommt der Verwirklichung näher: die gezielte Veränderung der Erbstruktur mittels künstlicher Mutationen. Namhafte Biologen erwägen allen Ernstes, die physische und intellektuelle Beschaffenheit des Menschen zu programmieren und je nach Erfordernis verschiedene Typen im gewünschten Verhältnis zu züchten.

Die Vorstellung einer von Alpha-Plus bis Epsilon genormten Menschheit nimmt sich heute noch reichlich utopisch aus, doch die notwendige Grundlagenforschung ist zu einem guten Teil geleistet, der genetische Code kein unüberwindliches Geheimnis mehr. Was also sollte verhindern, daß menschliche Chromosomen experimentell verändert werden, sobald die notwendige Technologie zur Verfügung steht? Und weshalb sollten gewissenlose Politiker darauf verzichten, die biologische Manipulation zu ihren Gunsten anzuwenden? Der Fortschritt der Waffentechnik hat überdeutlich demonstriert, daß der Weg von der theoretischen Erforschung neuer Techniken über ihre experimentelle Erprobung bis zur seriellen Anwendung sehr kurz ist.

«Sachzwänge»

Die Entwicklung von Wissenschaft und Technik konvergiert zunehmend mit den Ansprüchen der Machtpolitik, die die schöpferische Kraft, die Findigkeit und Ausdauer von Hunderttausenden hochintelligenter Menschen rein instrumental einsetzt. Wozu dient denn das Abschreckungspotential der Supermächte? Wäre die Welt, die wir nach einem globalen Atomkrieg vorfänden (und wäre er noch so «berechtigt») noch eine lebenswerte Welt? Wozu eine alle Grenzen übersteigende Rüstung, wenn selbst ein arithmetischer «Sieg» der einen Seite neunzigprozentige Vernichtung bedeutet? Weshalb die Vorbereitungen zur Auslöschung der Gattung homo sapiens um vergänglicher ideologischer Gegensätze willen? Die Glaubenskämpfe der Reformationszeit, in ihrer Epoche nicht weniger brisant als die Auseinandersetzungen unserer Gegenwart, sind längst überholt und begraben; wären sie aber mit den heutigen Waffen ausgefochten worden, hätte die Menschheit noch immer an ihren Folgen zu tragen.

Wissenschaftlich-technische Innovationen größeren Ausmaßes werden in den meisten Fällen zuerst für kriegerische Zwecke nutzbar gemacht; ihre friedliche Anwendung ergibt sich mit bedeutender Verspätung und selbst dann in vergleichsweise geringem Umfang (Atomenergie) oder ist überhaupt unwahrscheinlich (chemische und biologische Rüstung). Neun Zehntel der Ausrüstung moderner Armeen bestehen aus hochspezialisierten Systemen, die nachträglich für friedliche Zwecke zu modifizieren teurer zu stehen käme als eine völlige Neukonstruktion[22]. Andererseits sehen wir uns außerstande, Konflikte des täglichen Zusammenlebens und der Bevölkerungsexplosion zu lösen. Während jährlich 150 Milliarden Dollar für Rüstung ausgegeben werden, sagen Fachleute für die achtziger Jahre die ersten großen Hungersnöte voraus[23]. Fragen der Infrastruktur und der Bildungsplanung werden verschleppt, die natürliche Umwelt verschmutzt und unwiderruflich zerstört. Für medizinische Forschung steht ein winziger Bruchteil des Militär-

26

budgets zur Verfügung; 70% der amerikanischen Regierungsausgaben der Nachkriegszeit betrafen die nationale Sicherheit, für Städteplanung wurde weniger als ein Promille aufgewendet[24]. Man braucht nicht einmal an den oft zitierten Krieg aus Irrtum oder Wahnsinn zu denken, um für die nächste Zukunft eine Reihe schwerer Katastrophen, Fehlplanungen und vermeidbarer Risiken vorherzusagen.

Bei der Erörterung des unverhältnismäßigen Aufwandes für Rüstungszwecke wird oft von «Sachzwängen» gesprochen, von einer Eigengesetzlichkeit des technischen Fortschritts, die bewirke, daß die Maschinerie der Vernichtung, einmal in Gang gebracht, selbsttätig weiterlaufe. J. Robert Oppenheimer bedauert, daß wissenschaftliche und technische Entwicklungen weit mehr von ihrer Machbarkeit als von ihrer Wünschbarkeit gesteuert würden; «am Ende wird nichts von dem geleistet, was nützlich ist, sondern von dem, was an Erkenntnis möglich ist[25]». Werner Heisenberg vergleicht den Prozeß der Ausbreitung technischer Zivilisation mit einem biologischen Vorgang im Großen, der menschlicher Kontrolle entwächst; in ähnlichem Sinne äußern sich die Kulturkritiker Gehlen, Freyer und Schelsky[26].

Kaum tröstlicher klingt, was biologisch orientierte Psychologen und Verhaltensforscher zum Thema sagen. Arthur Koestler ist der Ansicht, irgendwann in der Evolution des Menschen habe sich eine Panne ereignet, indem die in der Natur ohne Beispiel dastehende rasante Entwicklung des Neuhirns zu einer Konkurrenz älterer und neuerer Gehirnpartien führte, die sich unter bestimmten Umständen in verhängnisvoller Weise gegenseitig beeinflussen. Unzureichende Koordination zwischen Archicortex und Mesocortex einerseits, Neocortex andererseits «brachte das Gleichgewicht zwischen Instinkt und Intellekt ins Wanken». Bei den «chronischen Wahnvorstellungen, die durch unsere gesamte Geschichte hindurch erkennbar sind», könnte es sich nach Koestlers Meinung «um eine endemische Form von Paranoia handeln [...], die irgendwie in das Leitungsnetz des menschlichen Gehirns eingebaut ist». Der Mensch sei demzufolge «zur Selbstvernichtung prädisponiert». Das Verhängnis besteht darin, daß beispielsweise die Erfindung von Waffen dem Intellekt, also dem Neuhirn zuzuschreiben ist, der Gebrauch, den man von ihnen macht, jedoch von Instinkt und Affekt, also von den alten Gehirnpartien motiviert ist – während die neuen wiederum nachträgliche Rationalisierungen liefern, die aber ihrerseits meist wieder auf einem archaischen, wesentlich vom Althirn beeinflußten Gruppenbewußtsein beruhen, d.h. rational nicht erfragbar und somit dogmatische Glaubensinhalte sind[27]. Zu ähnlichen Ergebnissen kommt Konrad Lorenz:

27

Es liegt tiefe Wahrheit im Symbol der Früchte vom Baume der Erkenntnis. Erkenntnis, die dem begrifflichen Denken entsprang, vertrieb den Menschen aus dem Paradies, in dem er bedenkenlos seinen Instinkten folgen und tun und lassen konnte, wozu die Lust ihn ankam. Das dialogisch fragende Experimentieren mit der Umwelt, das aus dem begrifflichen Denken herkommt, schenkte ihm seine ersten Werkzeuge, den Faustkeil und das Feuer. Er verwendete sie prompt dazu, seinen Bruder totzuschlagen und zu braten, wie die Funde in den Wohnstätten der Pekingmenschen beweisen: neben den ersten Spuren des Feuergebrauchs liegen zertrümmerte und deutlich angeröstete Menschenknochen[28].

Angeborene Verhaltensweisen, die der Mensch in vollem Maße mitbekommen hat, wie z. B. Tötungshemmungen gegenüber Angehörigen der eigenen Art, wurden durch die Veränderungen der Umwelt außer Kraft gesetzt.

Wir können ohne weiteres einsehen, daß sie alsbald versagen mußten, als die Erfindung der ersten Waffe das bisher vorhandene Gleichgewicht zwischen Tötungsfähigkeit und vorhandener Tötungshemmung störte. Schon der Faustkeil gibt die Möglichkeit, so rasch und plötzlich zu töten, daß das Opfer keine Gelegenheit mehr hat, durch Schmerzensschreie, Demutgebärden usw. die Aggressionshemmung des Angreifers wachzurufen [...] Gleiches gilt in unvergleichlich höherem Maße für die modernen Fernwaffen, bei deren Gebrauch wir gegen alle hemmungs-auslösenden, mitleiderregenden Reizsituationen weitgehend abgeschirmt sind. [...] Mit Zunahme der Entfernung, auf die unsere Waffen wirken, wächst leider auch die Abschirmung unserer Gefühle gegen alle sinnfälligen Folgen unseres Tuns. So kann ein Mensch, der es kaum fertigbrächte, einem unartigen Kind eine verdiente Ohrfeige zu geben, es sehr wohl über sich bringen, den Auslöseknopf einer Raketenwaffe oder einer Bombenabwurf-Vorrichtung zu betätigen[29].

Die erste Leistung, die verantwortliche Moral in der Menschheitsgeschichte vollbrachte, bestand also darin, das verlorengegangene Gleichgewicht zwischen Bewaffnung und angeborener Tötungshemmung wiederherzustellen[30].

Die Gefährdung der heutigen Welt rührt nach Lorenz davon her, daß alles, was als hoher Wert empfunden wurde, aus dem als erforschbar betrachteten Naturgeschehen ausgeklammert war.

Man kann es nicht scharf genug sagen: daß uns heute die Funktionen unseres Verdauungstraktes gründlich bekannt sind, und daß auf Grund dieser Kenntnisse [...] die Chirurgie des Darmes alljährlich Tausenden von Menschen das Leben rettet, verdanken wir ausschließlich dem glücklichen Umstande, daß die Leistungen dieses Organs in niemandem besondere Hochachtung erwecken. Wenn die Menschheit auf der anderen Seite der pathologischen Auflösung ihrer sozialen Struktur machtlos gegenübersteht, wenn sie sich, mit Atomwaffen in der Hand, in sozialer Hinsicht um nichts vernünftiger zu verhalten weiß als irgendeine Tierart, so liegt dies zum großen Teil an der hochmütigen Überbewertung des eigenen Verhaltens [...] [31].

Die tatsächliche Entwicklung scheint solche Ansichten zu bestätigen. John Foster, technischer Direktor des Pentagon, erklärte in einem Gespräch mit dem österreichischen Journalisten Hugo Portisch:

Wenn man das Wesen der heutigen Rüstung in einem Satz zum Ausdruck bringen soll, [...] dann wäre es dieser: sobald etwas technisch möglich erscheint, muß man es auch tun[32]!

Noch deutlicher der ehemalige Verteidigungsminister McNamara:

In der Entwicklung sämtlicher neuer Atomwaffen liegt eine Art wahnwitziger Triebkraft. Wenn ein Waffensystem funktioniert – und gut funktioniert –, entsteht von verschiedenen Seiten ein Druck, die Waffe zu beschaffen und einzusetzen, und zwar ohne Rücksicht auf das Maß, das die Klugheit erfordert[33].

Wenn einmal ein neues Waffensystem theoretisch entwickelt ist, muß es auch hergestellt werden, weil sonst der Gegner es herstellt – dieser Schluß scheint zwingend, befragt man ihn nur innerhalb des Rückkoppelungssystems von Wissenschaft und Waffentechnik auf seine Richtigkeit. Dies widerspricht jedoch politischem Denken. Hinter jeder wissenschaftlichen Methode, jedem menschlichen Denken überhaupt steht ein rational nicht weiter ableitbares Wertsystem, das eine bestimmte Tätigkeit überhaupt erst motiviert. Das gilt selbst für mechanische «adaptive Systeme», d.h. «Systeme, welche zu verschiedenen Zeitpunkten auf eine gleichartige Außenwelt unterschiedlich reagieren [also ‹lernen› können] [...] Aus logischen Gründen muß jedem adaptiven System eine Werteskala vorgegeben werden[34].» Die verhängnisvolle Kumulation zerstörerischer Innovationen bei gleichzeitiger Vernachlässigung sozial fruchtbarer ist demnach auf das Fehlen eigentlich politischer, d.h. auf Gesamtzusammenhänge bezogener Reflexion zurückzuführen. An die Stelle einer Kritik der Ziele tritt eine systemimmanente Diskussion über die Wahl der Mittel, die zu einem der Erörterung entzogenen Ziel hinführen. Jürgen Habermas unterscheidet einen Bereich der Kooperation (der gesamtgesellschaftlichen, wertenden, zielsetzenden Reflexion) von einzelnen «Subsystemen zweckrationalen Handelns» und stellt fest, daß die Kriterien der Rechtfertigung wissenschaftlich-technischer Innovationen zunehmend aus der Organisation des Zusammenlebens auf die erwähnten Subsysteme übertragen werden, also eine Entpolitisierung der leitenden Intentionen[35]. Das Subsystem «Rüstung» beispielsweise wird nicht auf seine Funktion und Notwendigkeit für die gesamtgesellschaftliche Entwicklung befragt, sondern als unverrückbar gegeben angenommen und im Rahmen des verfügbaren Potentials erweitert. Entscheidungen betreffen somit nicht die Wechselwirkung von gesellschaftlichem Nutzen und Rüstung, sondern dienen lediglich als «Korrektiv innerhalb des Systems[36]», d.h. dem Ausbau bestehender funktionaler Zusammenhänge statt der wertenden Abwägung möglicher Alternativen.

Es wäre falsch, darin nichts als eine Diskrepanz zwischen technischem Können und ethischem Bewußtsein zu sehen. Es handelt sich vielmehr um eine Isolation zweier wesenhaft zusammengehöriger Bereiche. Wissenschaftliche Forschung und technische Anwendung wissenschaftlicher Erkenntnisse sind ihrer Natur nach international und überzeitlich, weder an Landesgrenzen noch an Ideologien und Gesellschaftssysteme gebunden. Die gegenwärtigen, im 19. Jahrhundert verwurzelten Verhaltensmuster und Entscheidungsnormen im *politischen* Bereich jedoch zielen darauf, sie in nationales Prestigedenken zu integrieren. Während wissenschaftliche Organisationen, die sich auf internationaler Ebene mit den Grundproblemen des Zusammenlebens befassen (Ernährung, Bildung, Probleme der Dritten Welt), in kräfteraubende und ineffektive Finanz- und Kompetenzstreitigkeiten verwickelt sind und ihre personellen und finanziellen Mittel, verglichen mit dem Aufwand für die gänzlich unproduktive Rüstung, geradezu lächerlich gering erscheinen, erfreuen sich jene Zweige, die sich nationalem Prestigedenken zur Errichtung von Machtsymbolen ohne praktischen Nutzen anbieten (Weltraumfahrt, Rüstung, Sport), beinahe unbegrenzter Förderung. Eine der Ursachen dieser verhängnisvollen Diskrepanzen ist zweifellos im Selbstverständnis der Wissenschaftler wie in dem der Politiker zu suchen. Die Kriterien, nach denen politische Entscheidungen gefällt werden, sind nichts anderes als Überbleibsel der «Staatskunst» vergangener Epochen, in denen man es freilich noch eher verstand, Konflikte zu dosieren und eine völlige Erstarrung der Fronten zu verhindern (man denke an Bismarcks Bündnispolitik!). In neuester Zeit sind an die Stelle politischer Ziele Programme mit beinahe mythologischem, an unterschwellige Emotionen appellierendem Gehalt getreten: «Lebensraum», «Vorherrschaft der arischen Rasse», «Beseitigung der Ausbeutung», «Schutz der Freiheit vor Totalitarismus».

Die Entsinnlichung und zunehmende Unüberschaubarkeit unserer Umwelt, die Ohnmacht gegenüber einem selbstgeschaffenen Apparat, dessen einzelne Teile sich allmählich verselbständigen, und die daraus resultierende Vorherrschaft der von vermeintlichen Sachzwängen motivierten Verwaltungsbürokratie über die politische, dem Volk verantwortliche Führung leisten einer solchen Entwicklung Vorschub. Trotz oder vielleicht gerade wegen der hochentwickelten Technologie und den unbegrenzten Kommunikationsmöglichkeiten vermag der Durchschnittsbürger oder auch der spezialisierte Fachmann heute weniger über politische Entscheidungen, ihre Hintergründe und Auswirkungen oder auch über die Richtung des technischen Fortschritts zu erfahren als noch vor wenigen Jahrzehnten. Er ist den Experten, den Formulierern und Meinungs-

30

machern ausgeliefert, eingefahrenen Gewohnheiten und Denknormen, gegen die sich auch die periodisch gewählten Volksvertreter nicht durchsetzen können. Umso größere Bedeutung kommt der Staatsideologie, der Zusammenfassung höchst verschwommener und undefinierbarer Ideale in einfache, einleuchtende und schlagkräftige Begriffe zu. Sie vermittelt eine Art Ersatzbefriedigung für die verlorene Übersicht, für die verweigerte Auswahl zwischen tatsächlichen Alternativen, für die kritische Reflexion über Probleme und Strategien des Zusammenlebens.

Je verschwommener die Intention, desto drakonischer der Eingriff in die Privatsphäre des Individuums und die gewachsenen Strukturen von Völkern und Nationen. Die stalinistischen Säuberungen, die unmenschlichen Grausamkeiten der Nazis, die Kommunistenjagden in den USA der fünfziger Jahre sind – graduell verschieden – sichtbarer Ausdruck derselben Ideologisierung: verfolgt werden nicht Staatsfeinde, die sich objektiv gegen die Gesetze des Landes oder gegen seine Sicherheit vergangen hatten, sondern Minderheiten, die sich aus irgendeinem Grunde nicht in die erwartete Rolle einfügten: Juden; Kommunisten, die den stalinistischen Personenkult nicht mitmachten; liberale Regierungsbeamte, Künstler und Wissenschaftler, die sich weigerten, dem Anspruch des Staates ihr Denkvermögen, ihre persönliche Urteilsfähigkeit und ihr Verantwortungsgefühl aufzuopfern[37]. Säuberung im Innern und Krieg gegen außen sind nur zwei Aspekte ein und derselben geistigen Haltung: dem Anspruch auf bedingungslose Unterwerfung unter die aufdiktierte Staatsdoktrin.

Wissenschaft und Technik haben in diesem Prozeß eine Schlüsselstellung inne. Ihre atemraubende Entwicklung erlaubt, bedeutende Teile des Erdballs zentral zu kontrollieren und das Individuum ständiger Beeinflussung und dauernder Überwachung auszusetzen. Ihre statistisch-funktionelle Denkweise dient als Modell für ungehemmte Manipulation, der Mensch wird als Rechenfaktor eingesetzt. Und ihre unbestreitbaren Erfolge (Mondflüge, Erleichterung der täglichen Arbeit, Erhöhung von Komfort und Wohlstand) verhindern weitgehend die kritische Auseinandersetzung über notwendige Modifikationen in der gesellschaftlichen Organisation, d. h.: im täglichen Leben kommt der Wissenschaft eine ähnliche Funktion zu wie der Staatsideologie, an der Nahtstelle von Politik und Technik schlägt höchste Rationalität in absurde Mythologie um.

Macht und Nationalprestige! In welchem Maße vernünftige Überlegung bei der Anwendung wissenschaftlicher und technischer Erkenntnisse hinter diesen beiden Fetischen zurücksteht, erweist sich am Beispiel Hiroshima.

Um der befürchteten deutschen Atomrüstung zuvorzukommen, wurde auf Veranlassung emigrierter und einheimischer Wissenschaftler in den frühen vierziger Jahren ein amerikanisches Atomprogramm in Angriff genommen, das größte wissenschaftliche und organisatorische Projekt, das die Welt je gesehen hatte. Jahrelang arbeiteten Tausende von Wissenschaftlern, Technikern und Facharbeitern unter Anspannung aller Kräfte an der Herstellung der Atombombe. Viele von ihnen hatten den Fanatismus und den alle Menschenrechte verhöhnenden absoluten Herrschaftsanspruch der Nazis am eigenen Leibe kennengelernt. Sie fürchteten ihre Bedenkenlosigkeit, und sie fürchteten die rauschhafte Begeisterung, die unter den deutschen Intellektuellen nach dem 30. Januar 1933 um sich griff und im Verein mit der deutschen Industriekapazität den Fortbestand der Demokratien ernsthaft gefährdete.

Alle diese Gründe fielen nach der deutschen Kapitulation am 8. Mai 1945 dahin. Obwohl sich die Gerüchte um eine deutsche Atombombe in nichts aufgelöst hatten und ein Einsatz in Europa nicht mehr in Frage kam, wurden die Anstrengungen keineswegs vermindert – im Gegenteil: nach Oppenheimers Aussage wurde in den folgenden Wochen und Monaten so hart wie nie zuvor gearbeitet[38]. Es war klar, daß nur noch Japan als mögliches Ziel in Frage kam.

Offiziell vertrat die amerikanische Regierung die Ansicht, die Atombomben auf Hiroshima und Nagasaki hätten das Kriegsende rascher herbeigeführt und, da sie eine Invasion Japans ersparten, auf beiden Seiten Opfer vermeiden helfen. Nach Meinung zahlreicher Historiker hätte der japanische Krieg aber auch auf diplomatischem Weg spätestens in den ersten Augusttagen beendet werden können. Zu dieser Zeit begann die japanische Regierung über Zwischenträger in der Schweiz und in Moskau die Bedingungen für einen Frieden zu erkunden. Von der amerikanischen Diplomatie wurden sie ignoriert[39]. «Statt geduldig den Knoten zu entwirren, fand man es bequemer, ihn mit der glänzenden neuen Waffe in ein oder zwei Hieben zu durchtrennen[40].» Wenn die Atombomben geworfen wurden, so aus zwei Gründen: erstens, um die gewaltigen Ausgaben für das «Manhattan Project» vor der Öffentlichkeit zu rechtfertigen, zweitens um der UdSSR, dem unbequemen Verbündeten, zu dem sich bereits Spannungen abzuzeichnen begannen, die amerikanische Überlegenheit zu demonstrieren und gleichzeitig ihren Einfluß im Fernen Osten zu verringern. Denn auf der Konferenz von Jalta im Februar 1945 hatten sich die Russen verpflichtet, spätestens drei Monate nach Beendigung des Krieges in Europa den Kampf gegen Japan aufzunehmen. Stichdatum war somit der 8. August 1945. Von diesem Zeitpunkt an hätte sich jede Verlänge-

rung des Krieges zugunsten der Sowjetunion ausgewirkt, eine vorgängige diplomatische Beendigung umgekehrt zweifellos ihren Unwillen herausgefordert. So entschlossen sich die Vereinigten Staaten, zwei Tage vor dem russischen Kriegseintritt die Atombombe zu werfen, um größere territoriale Eroberungen zu verhindern. So zynisch es klingen mag: «Die Menschen von Hiroshima waren nicht die letzten Opfer des Zweiten Weltkrieges, sondern die ersten Opfer des Machtkampfes zwischen den USA und der UdSSR[41].»
Schon auf der letzten Kriegskonferenz in Potsdam spielte die Atombombe eine gewichtige Rolle. Während der Verhandlungen erreichte Präsident Truman die Nachricht vom erfolgreichen Test in Alamogordo. Von diesem Moment an, notierte Kriegsminister Stimson, «he [Truman] bossed the whole meeting[42]». Zwar erfuhr Stalin damals noch keine Einzelheiten über die neuartige Waffe, doch gab allein schon das Bewußtsein, sie zu besitzen, der amerikanischen Sache bemerkenswerten Auftrieb. Es besteht auch kein Zweifel, daß sich die amerikanische Politik der ersten Nachkriegsjahre völlig auf die atomare Überlegenheit stützte – eine Überlegenheit, von der notfalls Gebrauch zu machen die USA durch die Vernichtung von über hunderttausend Menschen unüberhörbar angekündigt hatten.

Wissenschaft und Politik

Wissenschaftliche Erkenntnis und außerwissenschaftliche Zwecksetzung ergänzten sich seit jeher: beim Gerben von Tierhäuten ebenso wie beim Bau der Pyramiden und der römischen Aquädukte, bei der Konstruktion hochseetüchtiger Schiffe und der Veredelung von Obstbäumen. Kepler hoffte durch den rationalen Nachweis einer universellen Harmonie (seine Berechnungen sollten ja eine Analogie zwischen den regulären Polyedern und dem Aufbau des Planetensystems nachweisen) einen Beitrag zur Theodizee zu liefern; die Entdeckungsreisen der beginnenden Neuzeit spielten eine entscheidende Rolle im wirtschaftlichen und politischen Kampf der damaligen Weltmächte Spanien und Portugal. Systematisch wurden derartige Wechselwirkungen aber erst im Zeitalter der Industrialisierung für die Lebensgestaltung herangezogen – dann freilich in einem Ausmaß, das dem abendländischen Kulturkreis eine Jahrhunderte während Vorherrschaft sicherte. Unsere moderne Industriegesellschaft verdankt ihre Stabilität einer in der Geschichte einmaligen wechselseitigen Befruchtung von Wissenschaft, Technik und Wirtschaft. So spricht Jürgen Habermas wohl zu Recht der Wissenschaft (als Einheit von Grundlagen erarbeitender Forschung und praktischer Verwertung) den Status der «ersten Produktivkraft» zu[43].

Den Wissenschaftlern selbst blieben diese Zusammenhänge weitgehend fremd. Eine tiefe Kluft gegenseitigen Desinteresses trennte Wissenschaft und Staatsführung, eine beinahe unüberbrückbare, nicht allein auf Standesprivilegien gegründete, die Masse der Bevölkerung von ihren führenden Geistern. Im Entwurf der Präambel zur Satzung der ehrwürdigen Royal Society heißt es:

Es obliegt der Royal Society, das Wissen um die Dinge in der Natur zu vervollkommnen und alle nützlichen Künste, Herstellungsweisen, mechanischen Verfahren und Erfindungen durch Experimente zu verbessern, und sich nicht in Theologie, Metaphysik, Morallehre, Staatslehre, Grammatik, Rhetorik oder Logik einzumischen[44].

Im Laufe der Zeit schieden sich auch die Wege von «reiner» Wissenschaft und Technik, erkennendem Eindringen in die Geheimnisse der Natur und zweckbezogener Anwendung, äußerlich manifestiert durch die Gründung Technischer Hochschulen. Die Wissenschaftler verachteten den praktischen Nutzen ihrer Erkenntnisse als bloßes Nebenprodukt, als mehr oder weniger verächtliche Umsetzung des wahrheitssuchenden Geistes in klingende Münze. Mochten die Ingenieure Bewässerungsanlagen, Lokomotiven und Webmaschinen ersinnen, Flüsse regulieren und den Aufbau der Gesellschaft durch die industrielle Revolution verändern – niemand dachte daran, sie in die Akademien, die seit dem 17. Jahrhundert überall in Europa gegründeten Versammlungen erlauchter Geister, aufzunehmen[45].

Das aristokratische Wissenschaftsideal erreichte seinen Höhepunkt gegen Ende des 19. Jahrhunderts. Wissenschaft galt als zweckfreie, wertneutrale Tätigkeit, als aus den täglichen Verwirrungen ausgegrenzter Sonderbezirk, fern jeder praktischen Verwertung und jeder über die Suche nach Wahrheit hinausgehenden Verantwortlichkeit. Noch Max Planck, dessen persönliche Redlichkeit außer Zweifel steht, anerkennt in seinem berühmten Essay über «Religion und Naturwissenschaft» zwar Interferenzen zwischen den beiden Bereichen, postuliert aber doch eine klare Aufgabenteilung:

Denn es gibt weite Bereiche, in denen sie gar nichts miteinander zu tun haben. So sind alle Fragen der Ethik der Naturwissenschaft fremd, ebenso wie andererseits die Größe der universellen Naturkonstanten für die Religion ohne jede Bedeutung ist[46].

34

Programmatisch für die bewußte Ausklammerung der Wissenschaft aus den Problemen ethischer und politischer Verantwortlichkeit ist eine Passage aus einem Offenen Brief des Historikers Theodor Mommsen an Lujo Brentano vom 15. November 1901:

Unser Lebensnerv ist die voraussetzungslose Forschung, diejenige Forschung, die nicht das findet, was sie nach Zweckerwägungen und Rücksichtnahmen finden soll und finden möchte, was außerhalb der Wissenschaft liegenden praktischen Zwecken dient, sondern was logisch und historisch dem gewissenhaften Forscher als das Richtige erscheint, in ein Wort zusammengefaßt: die Wahrhaftigkeit[47].

Voraussetzungslose Forschung! Der Begriff ist von gefährlicher Ambivalenz[48]. Einerseits bezeichnet er die Verpflichtung des Wissenschaftlers, ohne vorgefaßte Meinungen an seinen Gegenstand heranzutreten – eine von höchstem Ethos bestimmte Haltung. Andererseits aber diente er nur zu oft als Vorwand, das verantwortungsvolle und mühselige Geschäft der Interpretation von Wirkungen, der Auseinandersetzung mit politischen und sozialen Implikationen wissenschaftlichen Forschens anderen zu überlassen: Politikern und Industriellen, die, ihrerseits in einem Rollenschema befangen und in den meisten Fällen ohne jegliche wissenschaftliche Ausbildung, wissenschaftlich-technische Innovationen zur Verwirklichung ihrer eigenen Zwecke einsetzten.
Die verhängnisvolle Folge dieser beidseitigen Inkompetenz ist, daß niemand sich mit der Prognose gesellschaftlich schädlicher Folgen und deren Abwendung befaßt. Die Ärzte, deren Kunst den einzelnen Menschen direkt betrifft, kennen seit Jahrtausenden den hippokratischen Eid, das Gelöbnis, ihr Wissen einzig zum Wohl der ihnen anvertrauten Patienten zu verwenden. Er hat die Greuel der KZ-Ärzte nicht verhindert, aber immerhin eine Barriere gegen planmäßigen Mißbrauch der medizinischen Wissenschaft errichtet. Das Selbstverständnis der Naturwissenschaftler hingegen, die sich mit scheinbar so abstrakten Gegenständen wie dem Sternenhimmel oder dem Aufbau der chemischen Verbindungen beschäftigten, war grundsätzlich amoralisch: ewigen Werten verpflichtet, schöpferischer Arbeit hingegeben, glaubten sie ihre Arbeit der Beurteilung nach ethischen Kriterien entzogen. Solange die Anwendungsmöglichkeiten ihrer Erkenntnisse verhältnismäßig beschränkt waren, erwuchsen daraus keine nachteiligen Folgen, wahrscheinlich schützte ihre apolitische Haltung sie sogar vor dem Zugriff der Macht. Erst mit der zunehmenden Verklammerung von wissenschaftlichen mit politischen und wirtschaftlichen Gesichtspunkten, ins Extrem gesteigert seit den Weltkriegen, erwies sich ihr selbstzerstörerischer und gesellschaftsfeindlicher Aspekt.

In welche Verwirrungen ihre Unfähigkeit zu politischem Denken, ihre mangelnde Widerstandskraft gegenüber Ideologien und totalitären Ansprüchen viele Wissenschaftler führte, demonstriert das Beispiel eines führenden Raumfahrtexperten:

Werner von Braun arbeitet an der Konstruktion von Raketen, hilft mit beim Start der V2, die in London Tausenden von Menschen das Leben kostet, und wird schließlich von der Gestapo verhaftet, weil er im Kollegenkreis geäußert hat, der Sieg Deutschlands sei ihm gleichgültig, ihm ginge es um die Eroberung des Mondes[49].

Nach dem Krieg wird von Braun von den Amerikanern gekapert, übernimmt die technische Leitung der NASA und schickt im Juli 1969 die ersten Menschen auf den Mond!
In ihre Berechnungen vertieft, wollten die Wissenschaftler nicht gewahr werden, daß ihre politische Abstinenz sie zum Spielball der Politiker und Industriekapitäne machte, zu «nützlichen Fachidioten», deren man sich für wissenschaftsfremde Zwecke bediente. Die vermeintliche Freiheit, die sie sich gesichert zu haben glaubten, als sie verzichteten, sich in «Theologie, Metaphysik, Morallehre, Staatslehre, Grammatik, Rhetorik oder Logik» einzumischen, erwies sich zunehmend als mehr oder minder geschickt kaschierte Abhängigkeit von Staat und Wirtschaft, deren enge Interessenverflechtung über wissenschaftliche Erfordernisse und Zielvorstellungen triumphierte. Vier Fünftel der Rüstungsforschung werden heute in nichtstaatlichen Laboratorien (Universitätsinstituten oder halbprivaten Großforschungszentren, den sogenannten «think factories») geleistet. Die Forschungskontrakte des Verteidigungsministeriums mit Universitäten und Colleges erreichten 1968 die Summe von 450 Millionen Dollar, weitere 330 Millionen steuerte die Atomenergiekommission bei. Diese enormen Beträge sichern staatlichen Institutionen ein wirksames Mitbestimmungsrecht in inneruniversitären Belangen.
Die Expansion der industriellen, d.h. unmittelbar praxisbezogenen Forschung, deren Produktivität diejenige der Universitäten mindestens erreicht, wenn nicht übersteigt, bewirkt zudem eine institutionelle Trennung von «Grundlagenforschung» und «angewandter Forschung» (wobei schon die Bezeichnung der ersten auf ihren instrumentalen Charakter hinweist) und die Entstehung einer Schicht von Wissenschaftlern, die ausschließlich nach technokratischen Maßstäben urteilen. Von ihnen wird Effizienz bei der Entwicklung neuer technischer Verfahren und nicht die Bewältigung der von ihnen aufgeworfenen Probleme erwartet. Ein Indiz für ihre Denkweise bildet die Tatsache, daß der Prozentsatz der Befürworter eines amerikanischen Engagements in Vietnam unter den Indu-

36

striewissenschaftlern deutlich höher lag als unter den Angehörigen der Universitäten.

Rückwirkungen auf die Organisation der Wissenschaft blieben denn auch nicht aus. Wissenschaftliche Arbeit wurde in einen Produktionsprozeß eingegliedert, der aus den eingangs erwähnten Gründen mehr auf Macht, Konsum und Zerstörung denn auf sinnvollen Gebrauch des von den umwälzenden Entdeckungen freigelegten Potentials gerichtet ist.

Für die Wissenschaftler bedeutete dies massive Restriktionen ihrer Entscheidungs- und Handlungsfreiheit. An den Universitäten entstanden geheime Bezirke, Forschungsergebnisse mußten im Tresor verwahrt werden. Je enger sich die Beziehungen zu Staat und Privatindustrie gestalteten, desto weniger war die freie Wahl des Forschungsgegenstandes und das Verfügungsrecht über die Ergebnisse gewährleistet. Resultate, die aus moralischen Gründen verwerflich erscheinen, können weder unterdrückt noch an die Öffentlichkeit (nicht einmal an die wissenschaftliche Öffentlichkeit) gebracht werden. Selbst das Privatleben der Wissenschaftler, die fachliche und menschliche Kommunikation über nationale Grenzen hinweg, lange Zeit eifersüchtig gehütetes Privileg der Wissenschaftler, unterliegt scharfer Aufsicht. Den Inhabern von Schlüsselstellungen werden Pässe für Auslandreisen zu wissenschaftlichen Kongressen verweigert; in den großen amerikanischen Atomwerken tragen die Forscher je nach Wissen und Verantwortung Gradabzeichen, wissenschaftliche Unterhaltungen sind nur mit Trägern gleichwertiger Abzeichen erlaubt. Selbst wo kein ausdrückliches Verbot dies verhindert, stößt der Meinungsaustausch auf Schwierigkeiten: «Mitarbeiter von MITRE [eines vorwiegend mit der Air Force zusammenarbeitenden Forschungsinstitutes] beschwerten sich, daß sie auf Tagungen nicht mehr mit Kollegen diskutieren können, weil ihre Terminologie sich zu rasch verändert hat[50].»

So gingen alle Ideale wissenschaftlicher Arbeit, ihre Internationalität, ihre Unabhängigkeit von wirtschaftlichen und politischen Interessen, nach und nach verloren. Die Freiheit, die die Wissenschaftler im Auge hatten (und für einige Zeit auch gewannen), als sie sich aus politischen Diskussionen herauszuhalten versuchten, verkehrte sich in völlige Abhängigkeit. Kein Geringerer als Albert Einstein bekannte am Ende seines Lebens, hätte er noch einmal zu wählen, würde er den Beruf eines Klempners oder Hausierers ergreifen, um sich wenigstens ein bescheidenes Maß an Unabhängigkeit zu sichern.

Clemens Münster, bis zum Zweiten Weltkrieg Forschungsdirektor bei Zeiß, später Fernsehdirektor des Bayerischen Fernsehens – sicher ein sachlich kompetenter und politischer Propaganda unverdächtiger Zeuge – schildert in seiner Erzählung «Vergeblicher Widerspruch[51]» die Vorkehrungen, die in Forschungsinstituten eine den Wünschen der Auftraggeber zuwiderlaufende Verwendung von Resultaten verhindern sollen.

Stefan, ein junger deutscher Mathematiker, verläßt, angewidert von der Selbsterhaltungsideologie des deutschen Bürgertums und der Ausgelaugtheit Europas, seine Heimat. In den Vereinigten Staaten findet er eine Anstellung in einem privaten Forschungsinstitut für angewandte Mathematik. Seine Aufgabe besteht darin, «ein vereinfachtes, automatisierbares Rechenverfahren zur Vorausbestimmung eines angenäherten Kollisionskurses von Abwehrrakete und angreifendem Geschoß» zu entwickeln. «Er geriet immer tiefer in das Gestrüpp der Raketenstrategie. Es war ihm gleichgültig, was sie bedeutete. Er vergaß, daß er den Krieg verabscheute. Wie ein Jagdhund, der die Dressur durchbricht, folgte er atemlos der verbotenen Fährte.» Doch als er einen Weg gefunden hat, zögert er, seine Ergebnisse abzuliefern, obwohl er weiß, daß alle Anstrengungen ihm nicht helfen werden. Die Blätter, auf denen er seine Aufzeichnungen niedergelegt hat, sind numeriert und mit einem radioaktiven Signalstoff gekennzeichnet; am Ausgang des Instituts wird mit einem Geigerzähler festgestellt, ob Blätter aus dem Institut entfernt werden.
Schließlich verbrennt Stefan seine Aufzeichnungen im Büro und gibt die Asche in den Abluftkanal der Klimaanlage. Aber dieser Verzweiflungsakt verschafft ihm nur einen letzten Aufschub. Als er kurz darauf bei einer Bürgerrechtsdemonstration verletzt wird und im Krankenhaus liegt, bricht sein Chef den Tresor auf, in dem die Berechnungen jeweils abends deponiert werden, und stellt ihr Fehlen fest. Ein FBI-Agent verhört Stefan im Krankenhaus, überzeugt, daß nicht ein Mißerfolg, wie Stefan behauptet, sondern ein Erfolg ihn veranlaßt hat, die Blätter verschwinden zu lassen:
«So etwas gibt es nicht. Sie haben eine Entdeckung gemacht. Gut. Sie werden sie entweder, wie es Ihre Pflicht ist, Ihrem Land zur Verfügung stellen, oder Sie werden sie dem Gegner ausliefern. Kein Wissenschaftler ist so frei von Eitelkeit, auf die Anerkennung der einen oder der anderen Seite zu verzichten. Ich kenne mich aus. Manche haben bereut, an der Rüstung mitgearbeitet zu haben, manche haben sich davon zurückgezogen. Keiner hat sein eigenes Werk zerstört.»
Sein Chef und der FBI-Agent setzen Stefan unter Druck, um ihn wenigstens zu Auskünften über den Gang seiner Überlegungen zu bewegen. Stefan weigert sich standhaft und stirbt schließlich, ohne sein Geheimnis preisgegeben zu haben. Aber eines Tages wird ein anderer Mathematiker Stefans Berechnungen wiederholen; seine Weigerung, die wahrscheinlich auch seinen Tod beschleunigt hat, war sinnlos.

Die irreversible Veränderung im Status des Wissenschaftlers, die sich während der letzten Jahrzehnte vollzog, war in gewisser Hinsicht unausweichlich. Sie ist das Produkt einer folgenschweren Koinzidenz von politischer Situation und wissenschaftlichem Fortschritt. Schon vor dem Weltkrieg gerieten einige der bedeutendsten wissenschaftlichen Institute in finanzielle Nöte, bedingt durch den wachsenden Bedarf an kostspieligen Apparaturen und einem entsprechenden Stab geschulter Mitarbeiter. Die Zeit, in der mit einigen Reagenzgläsern und wenigen primitiven Maschinerien seriöse wissenschaftliche Arbeit geleistet werden konnte, war endgültig vorüber. Als sich nun herausstellte, daß Wissenschaft und Technik kriegsentscheidende Bedeutung zukam, erklärten sich Staat und Armee bereit, astronomisch anmutende Summen in Forschungsprojekte zu investieren.

Die meisten Wissenschaftler hatten keinerlei Bedenken, das großzügige Anerbieten anzunehmen. In jenen Tagen verstärkter Kriegsgefahr, als die Sicherheit der demokratischen Staaten aufs äußerste gefährdet war, schienen wissenschaftliche Bedürfnisse und moralische Forderungen sich zu decken. Selbst notorische Pazifisten erklärten sich freudig bereit, ihre Heimat, die oft ihre Wahlheimat war, mit allen Mitteln im Kampf gegen die faschistischen Mächte zu unterstützen. Die Ungewißheit über den Stand der Rüstungsforschung in Deutschland beschleunigte die Integration der Wissenschaft in die Kriegswirtschaft. Kaum einer der vielen tausend Gelehrten, die schließlich an militärischen Projekten arbeiteten oder indirekt von der neuerschlossenen Geldquelle profitierten, machte sich Gedanken über die Konsequenzen dieser staatlichen Intervention.

Das änderte sich, als gegen Ende des Krieges die Frage der Anwendung der neu entwickelten Waffen virulent wurde. Schon vor Hiroshima befaßte sich eine kleine Gruppe von Wissenschaftlern um den Nobelpreisträger James Franck mit den politischen und militärischen Konsequenzen der Atombombe. Sie warnten vor den furchtbaren Zerstörungen, den irreparablen materiellen, moralischen und politischen Schäden, die jeder Einsatz der A-Bombe bewirken würde und schlugen vor, eine der drei zur Verfügung stehenden Bomben in einem menschenleeren Gebiet vor Vertretern aller kriegführenden Staaten zu zünden, um Japan zur Kapitulation zu bewegen. In weiterer Zukunft sollte die Verfügungsgewalt über die Atomenergie einer zivilen Behörde übertragen werden, die sie friedlicher Nutzung zuzuführen hätte[52].

Obgleich von den verantwortlichen Stellen kaum zur Kenntnis genommen, zeichnete der Franck-Report die Stoßrichtung aller folgenden Proklamationen vor und verhalf einer zunächst kleinen, im Verlauf der Zeit an Zahl und Einfluß zunehmenden (wenngleich nach Motivation und Zielen noch immer heterogenen) Gruppe von Wissenschaftlern zu neuem Selbstbewußtsein. Viele von ihnen verließen die militärischen Forschungszentren, um sich fortan friedlicher Arbeit zu widmen. Sie waren es müde, stets nur das Geschäft der Zerstörung zu betreiben und einen dritten Weltkrieg vorzubereiten, aus dem nicht mehr Sieger und Besiegte, sondern nur noch zu hundert und zu neunundneunzig Prozent Vernichtete hervorgehen würden.

Ihrer Initiative ist es zu einem guten Teil zu verdanken, wenn bis anhin verschwiegene Tatbestände und Zusammenhänge ins Kreuzfeuer öffentlicher Diskussion gerieten und sich Ansätze zu einem neuen, den technischen Möglichkeiten unserer Zeit angemessenen Bewußtsein zeigten: einem Bewußtsein globaler Verantwortung, das die Welt als Einheit versteht, das Herrschaft durch Kooperation, kriegerische Auseinandersetzung durch friedlichen Wettstreit ersetzen und die fruchtbaren Komponenten der modernen Technologien zur Verbesserung der Lebensbedingungen aller verwenden möchte.

Für die plötzlich erwachte Aktivität der Wissenschaftler sind mehrere Beweggründe zu nennen. Auslösende Ursache war zweifellos das Gefühl einer Schuld. Sie sahen ein, wie sehr sie sich mit ihrer unreflektierten Bereitwilligkeit, für die Kriegswirtschaft zu arbeiten, gegen die Ideale der Wissenschaft vergangen und sich zu Zuträgern wissenschaftsfremder, wenn nicht letztlich wissenschaftsfeindlicher Institutionen erniedrigt hatten. Vor allem aber brachten die neuen Strategien der militärischen und politischen Führer sie zu der Erkenntnis, daß jene die neuen Waffen in ihre machtpolitischen Pläne einbauten, ohne sich über ihre Wirkungsweise, die zu erwartenden Spätfolgen, die Eingriffe in das natürliche Gleichgewicht und die Erbstruktur der Bevölkerung ganzer Kontinente, die ihre Anwendung oder auch nur Erprobung zwangsläufig mit sich brachte, Rechenschaft abzulegen.

Die protestierenden Wissenschaftler, zu denen bald die hervorragendsten Physiker, Biologen und Chemiker zählten, waren sich darüber einig, daß sie nicht länger im Schatten der Weltpolitik bleiben durften.

Jeder sieht, daß es nicht länger ausreicht, den Verstand anzustrengen, um immer tiefer in die Geheimnisse der Natur einzudringen, wenn dadurch immer mächtigere Mittel zur Vernichtung entstehen; man muß die Vernunft gebrauchen und fragen: wozu? Und da nur der Forscher weiß, um was es sich handelt, was man machen kann, welche Wirkung zu erwarten ist, so kann die Antwort nicht den Staatsmännern allein überlassen werden, auch nicht Philosophen, Theologen, Historikern, die in festen, traditionellen Geleisen denken. Wir fordern, daß man uns anhört[53].

Paradox formuliert: Um gegen den politischen Mißbrauch zu kämpfen, sahen sich die Wissenschaftler genötigt, selbst politisch zu werden, die von ihnen so lange geleugnete gesellschaftliche Dimension wissenschaftlicher Arbeit anzuerkennen. Der Atomblitz von Hiroshima hatte ihnen klar gemacht, daß die Wissenschaft keine «autarke Insel» (Brecht) ist, auf der tätig zu sein von jeglicher praktischer Verpflichtung entbindet, daß sie eines ethischen Kodex

40

analog dem ärztlichen Ethos bedarf, will sie nicht mitschuldig werden an der Zerstörung alles dessen, was erst eine lebenswerte Existenz sichert. Ihre Intentionen trafen sich mit dem politisch-ethischen Programm der Nürnberger Prozesse, welches das Gewissen als oberste Instanz einsetzt und als unabdingbare Pflicht jedes Menschen postuliert, einem verbrecherischen Befehl Widerstand zu leisten.

Die Proteste der Wissenschaftler richteten sich notwendig auch gegen die ihnen zugewiesene Rolle im Mechanismus politischer Entscheidungen. Die Probleme, mit denen sich wissenschaftliche Berater oder Ausschüsse auseinandersetzten, betreffen in den meisten Fällen lediglich sorgfältig begrenzte Ausschnitte aus einem politischen Aktionszusammenhang, technische Fragen, zu deren Beantwortung es der spezialisierten Kenntnisse von Fachleuten bedarf; andererseits aber wird ihnen als den einzigen Sachverständigen in einem politischen Gremium eine oft übermenschliche Verantwortung aufgeladen. Die Flächenbombardemente, die Deutschlands Städte in Trümmer legten, gehen auf das Betreiben von Churchills wissenschaftlichem Berater Lindemann (dem späteren Lord Cherwell) zurück[54]. Ein einziger Mann, Gregory Breit, erhielt in den vierziger Jahren den Auftrag, dem Problem der «globalen Kettenreaktion» nachzugehen, nachdem die Befürchtung aufgetaucht war, die in einer thermonuklearen Bombe ablaufenden Prozesse könnten unter Umständen auf die leichten Elemente der Erde übergreifen[55].

Die wenigen Wissenschaftler, die weltverändernde Technologien bereitstellen, von deren Sorgfalt und Aufrichtigkeit das Fortbestehen der Menschheit in mehr als einem Fall abhing (wenn auch extreme Beispiele wie die genannten selten sind), werden aber überhaupt nicht mit den richtungsweisenden Entscheidungen konfrontiert. Im Unterschied zu Politikern sind sie auch nicht befugt, sich an das Parlament oder gar an die Öffentlichkeit zu wenden, wenn Zweifel an der Zulässigkeit oder Notwendigkeit ihrer Arbeit auftreten, ja nicht einmal ihre engsten Fachkollegen dürfen wissen, womit sie sich gerade beschäftigen.

Die Dialektik sowohl von Zweck und Mittel als auch von optimaler Lösung eines begrenzten Fragenkreises und dessen Funktion und Wünschbarkeit im größeren Zusammenhang politischer und ethischer Fragestellungen bleibt der Diskussion entzogen; gesprochen wird über sekundäre Probleme. Da weder die Kriterien der Entscheidung politischer Fragen noch die Kompetenzen von Sachverständigen und politischen Führern festliegen (von der Geheimpolitik der Verwaltungsbürokratie ganz zu schweigen), wird der Kommunikationsfluß empfindlich beeinträchtigt; neue, ungewohnte

Strategien haben von vornherein keine Aussichten, sich durchzusetzen. Aufgrund von Informationen, die sie weder nach ihrer Relevanz zu beurteilen noch auf ihre Richtigkeit zu prüfen vermögen, arbeiten die Politiker allgemeine Strategien aus, deren Folgen sie noch nicht übersehen (z.B. massive Vergeltung, Abschreckung). Die Experten, die sie zur Bearbeitung von Teilproblemen heranziehen, sind außerstande, anders als nach reinen Zweckmäßigkeitserwägungen und im Rahmen des verfügbaren Potentials die im voraus getroffenen Entscheidungen der Politiker zu optimieren. In Kenntnis der politischen Voraussetzungen und Zielvorstellungen auf kooperativer Basis mit den gewählten Vertretern des Volkes umfassende Alternativen auszuarbeiten, d.h. eine Mehrzahl «möglicher Zukünfte» gegeneinander abzuwägen (im Zeitalter der Computer keine unlösbare Aufgabe) ist ihnen verwehrt, da sie weder über die unerläßlichen Informationen aus anderen Teilbereichen noch die institutionellen Handhaben verfügen, um ihre Intentionen zur Geltung zu bringen.

Dem «Scientific Panel», das im Sommer 1945 zuhanden von Präsident Truman Empfehlungen über den Einsatz der Atombomben ausarbeiten sollte, wurde «gar nicht die Frage vorgelegt [...], *ob* die neue Bombe, sondern ausschließlich, *wie* sie benutzt werden sollte[56]». Es verzichtete aber auch darauf, von sich aus oder anhand des Franck-Reports, der ihm zur Begutachtung übergeben wurde, zu politischen Fragen Stellung zu nehmen:

Wir sagten, wir glaubten nicht, daß unsere Eigenschaft als Wissenschaftler uns speziell dazu befähige, die Frage zu beantworten, ob die Bomben angewendet werden sollten oder nicht[57].

Mit gutem Grund! Unbotmäßige Wissenschaftler, die sich weigern, Entwicklungen, die ihnen schädlich erscheinen, voranzutreiben, oder öffentlich Strategien vertreten, die den offiziell gebilligten zuwiderlaufen, haben mit schweren Sanktionen zu rechnen. Das erschreckendste Beispiel ist wahrscheinlich der Fall Oppenheimer. Aber auch auf kaltem Weg, ohne Tribunal, ohne sichtbare Ächtung und lange Kontroversen wird rigoroser Anpassungsdruck ausgeübt. Wie bereits erwähnt, verließen zahlreiche Wissenschaftler nach dem Zweiten Weltkrieg die militärischen Laboratorien, um sich ausschließlich friedlicher Forschung zu widmen. Doch nach kurzer Zeit kehrten viele von ihnen zurück. Einer der Gründe war ihr vergebliches Bemühen, außerhalb der Rüstungsindustrie eine ihren Fähigkeiten entsprechende Stellung zu finden[58]. Der «militärischuniversitäre Komplex», «America's Fourth Armed Service», hatte dafür gesorgt, daß ihnen die Türen der Universitäten verschlossen blieben.

Die Diskussion über die Frage, ob Wissenschaftler vermöge ihrer Sachkenntnisse oder ihrer Fähigkeit zu rationalem, emotionsfreiem Denken eine größere Verantwortung trügen als jeder beliebige Staatsbürger, ist nicht mehr abgebrochen, seit die Verfasser des Franck-Reports sie aufgeworfen haben. Aufschlußreich sind die Ansichten eines Exponenten der «harten» Richtung, des ungarisch-amerikanischen Physikers Edward Teller, des «Vaters der Wasserstoffbombe»:

Ich glaube, jeder, der an der Wasserstoffbombe mitgearbeitet hatte, war über diesen Erfolg und seine möglichen Folgen entsetzt. Ich glaube auch, daß jeder, der direkt oder indirekt mit dieser Arbeit zu tun hatte, von dem Wissen angetrieben wurde, daß sie für die Sicherheit unseres Landes notwendig war.
Wir wären der Tradition der westlichen Zivilisation untreu, wenn wir davor zurückschrecken würden, die Leistungsfähigkeit des Menschen zu erforschen, wenn wir es versäumen würden, die Herrschaft von Menschen über die Natur zu erweitern. Es ist Pflicht des Wissenschaftlers, zu erforschen und zu klären. Diese Pflicht führte zur Entdeckung der Prinzipien, welche die Wasserstoffbombe Wirklichkeit werden ließen. In der ganzen Entwicklung beanspruche ich für mich nur ein Verdienst: ich glaubte und glaube noch immer an die Möglichkeit und Notwendigkeit, eine Wasserstoffbombe zu entwickeln. Meine wissenschaftliche Pflicht forderte, diese Möglichkeit zu erforschen. Neben der wissenschaftlichen Verantwortung dafür, die Horizonte des menschlichen Wissens zu erkunden, kann in unserer demokratischen Gesellschaftsordnung die Verantwortung eines Wissenschaftlers nicht größer sein als die jedes anderen Bürgers. Die Konsequenzen unserer wissenschaftlichen Entdeckungen sind die Verantwortung des Volkes. Jeder Bürger, ob Politiker oder Bauer, Geschäftsmann oder Wissenschaftler, muß seinen Teil der größeren Verantwortung tragen, die durch größere Macht über die Natur entsteht. Ein Wissenschaftler hat seine Arbeit getan, wenn er diese Macht demonstriert hat[59].

Offenbar möchte Teller den Anschein erwecken, als stehe es überhaupt nicht im Belieben des Menschen, die Richtung seiner Tätigkeit zu bestimmen. Jedes Unternehmen, und also auch jedes wissenschaftliche Projekt, ist aber von einer vorgängigen Entscheidung motiviert, um die sich Teller, die «abendländische Tradition» beschwörend (was immer das sei), drücken möchte. Es trifft nicht zu, daß eine Notwendigkeit bestanden hätte, die Wasserstoffbombe herzustellen, wenigstens nicht eine innerhalb der Wissenschaft verankerte Notwendigkeit. «Wertfrei», d.h. keiner moralischen Beurteilung unterworfen, sind höchstens die ersten Anfänge eines neuen Wissenschaftszweiges, beispielsweise die Entdeckung der Kernspaltung durch Otto Hahn oder die Untersuchung elektronischer Leitsysteme. Sobald jedoch die Frage nach der praktischen Verwendbarkeit sich stellt, hat der einzelne Wissenschaftler sich zu entscheiden, ob er Atombomben oder Kernreaktoren entwickeln, Flugzeuge bei Nebel sicher zu Boden bringen oder tödliche Lenkwaffen konstruieren will. Zweifellos schließt hohes wissenschaftliches Ethos den Mißbrauch neuer Erkenntnisse nicht aus: ein Flugzeug kann zum Transport von Bomben oder von Reis in Hungergebiete dienen. Doch macht es einen Unterschied, ob eine Erfindung primär um ihres militärischen Nutzens willen vorangetrieben wird oder dieser sich als eine von vielen möglichen Anwendungen ergibt. Die Leistungsfähigkeit des Menschen läßt sich ebensogut an friedlichen wie an militärischen Projekten erproben. Es ist zu vermuten, daß Tellers eigentliches Motiv unausgesprochen bleibt. Einige der Wissenschaftler, die in seinem Sinne argumentieren, mögen aus achtenswerter Sorge um das Überleben der Zivilisation, in der sie aufgewachsen sind, eine starke Rüstung befürworten (und darüber vergessen, daß in einem künftigen Krieg nicht mehr viel davon übrigbleiben wird), andere so sehr in ihr Fachgebiet vertieft sein, daß sie nichts mehr von dem wahrnehmen, was um sie vorgeht; viele aber sind einfach nicht imstande, der Verlockung, die von einer der spektakulärsten Entdeckungsfahrten des menschlichen Geistes ausgeht, zu widerstehen. Hans Bethe, einer jener Wissenschaftler, die nach Kriegsende die militärische Forschung verließen, um an einer Universität zu arbeiten, gab offen zu, er sei nur deswegen nach Los Alamos zurückgekehrt, weil die neuen wissenschaftlichen Aufgaben und die neuen, vorläufig erst für Rüstungszwecke freigegebenen Rechenmaschinen ihn gereizt hätten. Bekenntnisse zur militärischen Sicherheit, zur freien Welt und zu einer von praktischen Zwecksetzungen freien Wissenschaft mußten nur zu oft herhalten, um der psychischen Verfallenheit an das schöpferische Werk, an die Lust am Eindringen in die Geheimnisse der Natur einen rationalen Anstrich zu geben und den Ruf des Gewissens zu übertönen.

Professor Schawlow, der mithalf, die theoretischen Grundlagen des Lasers zu entwickeln, reist in den Vereinigten Staaten herum und hält Vorträge über die Anwendung des Lasers. Dabei erwähnt er die militärischen Entwicklungen jedoch nie. Auf eine Frage diesbezüglich antwortete er: «Ich weiß nicht, welches die militärischen Anwendungen sind. Ich will es nicht wissen[60].»

Die zukünftige Entwicklung unseres Planeten ist aufs engste mit den wissenschaftlich-technischen Innovationen und deren Integration ins tägliche Leben verknüpft. Die Wissenschaftler haben heute, objektiv gesehen, als Gruppe eine Stellung inne, wie sie kein Fürst und kein Feldherr je besessen hat. Dieselben Wissenschaftler, in deren Macht es steht, Berge zu versetzen und Wüsten in fruchtbare Getreidefelder zu verwandeln, sind jedoch ohnmächtig gegenüber dem Herrschaftsanspruch einer in vermeintlichen Sachzwängen festgefahrenen Politik und ihrer eigenen psychischen Verfassung, die sie zwingt, «das Werk des Teufels» zu tun. Die Erprobung der

44

menschlichen Leistungsfähigkeit, die Teller als oberste Aufgabe der Wissenschaft proklamiert, hat zu so fürchterlichen Bedrohungen geführt, daß das Überleben der Gattung gefährdet ist.

Es mag sein, daß Max Born mit seiner pessimistischen Prognose recht behält:

Es scheint mir, daß der Versuch der Natur, auf dieser Erde ein denkendes Wesen hervorzubringen, gescheitert ist[61].

Doch stehen andererseits Technologien zur Verfügung, allen Hunger und alles Elend zu beseitigen, auch wenn sie vorderhand im Schatten der jedes menschliche Maß übersteigenden Rüstung stehen.

Die Wissenschaftler sind weder die Helden noch die Märtyrer oder die Totengräber unseres Zeitalters, sie sind im moralischen Sinne weder edler noch verwerflicher als andere Menschen, nur manifestiert sich in ihrer Arbeit die Krise unseres Zeitalters, der Epoche der beinahe unbegrenzten Verfügung des Menschen über seine Umwelt, deutlicher als in anderen Lebensbereichen.

Davon handelt die vorliegende Arbeit.

Literatur und Wissenschaft

Aber man wird nicht sagen: Die Zeiten waren finster.
Sondern: Warum haben ihre Dichter geschwiegen? (Bertolt Brecht)

Die «Zwei Kulturen»

Vorurteile und Unkenntnis paralysieren eine ernsthafte Auseinandersetzung mit dem Phänomen der technischen Zivilisation. Während die Welt der Bauern, der bürgerlichen Kaufleute, der Adeligen und Künstler schon früh gültige Darstellungen sonder Zahl erfahren hat, sind Wissenschaft und Technik Stiefkinder der Literatur – nicht nur der deutschen – geblieben. Mit der Ausnahme Galileo Galileis, der zahlreichen Schriftstellern des 19. und 20. Jahrhunderts als Vorwurf gedient hat[1], fristen die Schöpfer eines neuen Weltbildes und Weltverhältnisses im allgemeinen ein eher kümmerliches Dasein als «Heroen der Wissenschaft» in erbaulichen Jugendschriften, obwohl sie die Welt mindestens so nachhaltig verändert haben wie Napoleon oder Elisabeth I. Und auch Galilei reizte die Schriftsteller weniger seiner wissenschaftlichen Leistungen wegen denn als Mensch, der sich in Nöte und Konflikte verstrickt.

Hin und wieder bevölkern Wissenschaftler Unterhaltungsromane ohne literarischen Anspruch: «Chirurgen mit goldenen Händen», dämonische Fanatiker nach dem Modell des Volksbuch-Faust, kosmopolitische Charmeurs, die zwischen Liebesaffären und Staatsakten rasch ein paar epochemachende Erfindungen hinter sich bringen. Was sich hier an Intrigen und zwischenmenschlichen Beziehungen abspielt, könnte sich ebensogut in einer luxuriösen Filmstarherberge, in einem Sanatorium für lebensuntüchtige Millionäre, im Management eines Großbetriebes oder unter kanadischen Holzfällern ereignen: wissenschaftliche Tätigkeit hat die Funktion eines intellektuellen Statussymbols, das zu nennen ausreicht, um jene exotisch-geheimnisvolle Atmosphäre herbeizuzaubern, deren sich Trivialliteratur seit jeher mit Vorliebe bedient[2].

Nicht viel besser steht es bei jenen Schriftstellern, die im übrigen Werke von Rang hervorgebracht haben. Seit dem Beginn der Industrialisierung weichen sie den von ihr provozierten Problemen aus. Wenn sie sie überhaupt einbeziehen, dann im Sinne konservativer Kulturkritik. Symptomatisch sind drei Werke der klassischen und nachklassischen Literatur: «Faust», «Wilhelm Meisters Wanderjahre» und Immermanns «Epigonen».

Das dritte Kapitel der «Wanderjahre» bringt Wilhelms Begegnung mit Jarno, der sich mittlerweile der Geologie zugewandt hat. Seine trockene, einsiedlerische Wissenschaftlichkeit erscheint, im Kontrast zu Makariens mystischem Einverständnis mit den Geheimnissen der Welt und des Menschen, deutlich negativ. Später, anläßlich von Lenardos Wanderung durch das Gebirge, kommt die Rede auf das beginnende «Maschinenwesen», das die Idylle der frühen Manufaktur unwiederbringlich zerstören wird. Blühende Täler sind zur Verödung verurteilt, Nachodine-Susanne denkt an Auswanderung, falls der Geschirrfasser seine Pläne zur Einführung einer bescheidenen Industrie verwirklicht. Die amerikanische Utopie der Auswanderer schließlich richtet sich ebenfalls deutlich gegen die Tendenz zur Arbeitsteilung und Industrialisierung. Dennoch sind sich die Personen des Romans im klaren, daß sie nie mehr rückgängig zu machen sein wird, d.h. sie möchten entweder wider besseres Wissen einen dem Untergang geweihten Zustand künstlich konservieren oder aber vor dem Neuen in eine unberührte Weltgegend fliehen.

Weniger differenziert und stellenweise bis zur Karikatur verdeutlicht erscheint derselbe Tatbestand in Immermanns großem Zeitroman. Am Ende des neunten Buches, als Hermann seiner unglücklichen Stellung zwischen Bürgertum und Adel, einer untergehenden und einer aufsteigenden Schicht inne wird, faßt er den Plan, die Fabriken, die auf den nach dem Tode des Oheims ihm zugefallenen Ländereien entstanden sind, eingehen zu lassen und seinen Besitz dem Ackerbau wiederzugeben:

Jene Anstalten, künstliche Bedürfnisse künstlich zu befriedigen, erscheinen mir geradezu verderblich und schlecht. Die Erde gehört dem Pfluge, dem Sonnenscheine und Regen, welcher das Samenkorn entfaltet, der fleißigen, einfach arbeitenden Hand. Mit Sturmesschnelligkeit eilt die Gegenwart einem trocknen Mechanismus zu; wir können ihren Lauf nicht hemmen, sind aber nicht zu schelten, wenn wir für uns und die Unsrigen ein grünes Plätzchen abzäunen und diese Insel so lange als möglich gegen den Sturz der vorbeirauschenden industriellen Wogen befestigen[3].

Wie Goethe sieht auch Immermann das proletarische Elend der Fabrikarbeiter voraus – eine prophetische Vorwegnahme künftiger Konflikte, die nicht hoch genug eingeschätzt werden kann. Aber anstatt sie in aller Schärfe herauszuarbeiten, entwirft er halb ironisch, halb ernsthaft ein befristetes Refugium, das dem Begüterten eine letzte Atempause vor der unaufhaltsamen Zeitenwende verschafft.

Der Faust des ersten Teils, der Wissenschaft ergeben, möchte «erkennen, was die Welt / Im Innersten zusammenhält[4]». Doch weder die Schau des Makrokosmoszeichens noch die Beschwörung des Erdgeistes lassen ihm Erkenntnis zuteil werden. Zwar vermag er das Wirken der universellen Kräfte zu beobachten, aber nur als passiver Zuschauer, wo ihn nach Tat gelüstet. Faust hat die Wahl zwischen zwecklosem, unendlichem Streben und beschränkter Tat. Ihr ergibt er sich nach der Weltfahrt im fünften Akt des zweiten Teils: durch die Kolonisation einer Landmasse, die er dem Meer abgerungen hat, glaubt er Befriedigung, im zeitlichen Werk ewiges Weiterleben zu finden:

Es kann die Spur von meinen Erdetagen
Nicht in Aeonen untergehn[5].

Doch das Werk, das er für die Ewigkeit zu schaffen meint, zum Wohl und im Dienst der Gemeinschaft, ist schon vor seiner Vollendung dem Untergang geweiht.

Mephistopheles *(beiseite)*: *Du bist doch nur für uns bemüht*
  Mit deinen Dämmen, deinen Buhnen;
  Denn du bereitest schon Neptunen,
  Dem Wasserteufel, großen Schmaus.
  In jeder Art seid ihr verloren; –
  Die Elemente sind mit uns verschworen,
  Und auf Vernichtung läuft's hinaus[6].

Im Aspekt der Ewigkeit erweist sich beides als eitel, die unendliche Lust am Erkennen und das begrenzte technische Werk. Nicht seinem Werk, seinem strebenden Bemühen allein verdankt Faust die Erlösung.

Schon gleich zu Beginn des industriellen Zeitalters treten die Dichter in eine kritische Distanz zu den sich abzeichnenden Neuerungen in der Organisation der Gesellschaft. In den folgenden Jahrzehnten nehmen sie – was wenigstens die sogenannte «hohe» Literatur betrifft – überhaupt keine Notiz mehr von ihnen. Keiner der großen Realisten thematisiert die wissenschaftlich-industrielle Revolution und ihre Auswirkungen auf das Zusammenleben der Menschen. Die Entdeckung des Satzes von der Erhaltung der Energie, die völlige Umgestaltung der Wirtschaft in der zweiten Hälfte des 19. Jahrhunderts, die Bildung eines industriellen Proletariates, der mühsame Prozeß einer totalen Neuorientierung, vergleichbar der Wandlung von der Jäger- zur Bauernkultur in vorgeschichtlicher Zeit, gehen so gut wie spurlos an der Literatur vorüber.
Eine gewichtige Rolle spielen technische Apparaturen vorübergehend in der Roboterdichtung der Romantiker, doch geht es hier um Äußerlichkeiten. Der extreme Anthropomorphismus und der rudimentäre Stand technischer Verfügung über die Welt verhindern

eine echte Auseinandersetzung mit dem Problem der Maschine (sie zu erwarten wäre auch anachronistisch). Hoffmanns Automaten verweisen, als Analogie und Spielart des Doppelgängermotivs, auf das Identitätsproblem: ihre vermeintliche Vitalität bringt den Menschen in Nöte, da Individualität etwas beliebig Duplizierbares, täuschend Rekonstruierbares zu sein scheint; nicht weil er sich der Maschine als solcher nicht zu erwehren wüßte, sondern weil sie als alter ego des vertrauten Mitmenschen auftritt, stürzt sie ihn in einen in den tiefsten Schichten der Existenz beheimateten Zweifel an der eigenen Individualität. Paradox formuliert: die Vermenschlichung der Maschine verleiht ihr magische Qualitäten.

Es ist bezeichnend für die Reserve der Schriftsteller gegenüber wissenschaftlich-technischen Denkmodellen, daß die moderne Spielart der Roboterdichtung, die Science Fiction mit literarischem Anspruch, in der deutschen Literatur keine Tradition gefunden hat. Einem Jules Verne, einem Orwell oder Huxley hat sie bis heute nichts Ebenbürtiges entgegenzusetzen. Die einst vielgelesenen Zukunftsromane Hans Dominiks verstimmen durch ihre manierierte Sprache und ihre Lehrhaftigkeit; Alfred Döblin verwendet in seinem Roman «Berge, Meere und Giganten» phantastische Apparaturen lediglich als Anlaß, um menschliche Leidenschaften angesichts der entfesselten Urkräfte der Natur freizulegen, die hybride Übersteigerung des Terrors von Menschen über Menschen mit Hilfe technischer Mittel und die Rache der Natur an einer ihre Grenzen mißachtenden Menschheit zu gestalten. Beide Autoren orientieren ihre Utopien an der Vergangenheit, mit dem erklärten Ziel, einen neuen natürlichen Zustand zu begründen, der aber nicht auf der Integration von Technik und sozialer Lebenswelt, sondern auf der Überwindung einer negativ bewerteten totalen Technisierung beruht.

Vergleichbares gilt für die literarische Bewältigung der industriellen Arbeitswelt und der von ihr bewirkten Veränderungen im politischen und sozialen Bereich, die ja unmittelbar auf die Ausnutzung von Wissenschaft und Technik für den Produktionsprozeß zurückgehen. Nur vereinzelt nehmen sich Schriftsteller ihrer an, im 19. Jahrhundert weniger die sogenannte «Arbeiterdichtung» (die sich weitgehend in der Reproduktion bürgerlicher Topoi erschöpfte) als einige bürgerliche Schriftsteller: Heine, Weerth, Herwegh und andere. Auch in jüngster Zeit finden sich nur verhältnismäßig wenige Beispiele für literarisch-künstlerisch wie thematisch geglückte Darstellungen der Zwänge und Hoffnungen, der Erniedrigungen und Triumphe, die diesen «Ort artistischer Sensationen und metaphysischer Erlebnisse ersten Ranges[7]» auszeichnen. Der soziale Standpunkt des Autors und seine Umwelt fallen dabei kaum ins Gewicht. Weder das soziale Engagement der Naturalisten

52

(trotz vielversprechender Ansätze z.B. bei Hauptmann) noch die Kulturpolitik der DDR, die sowohl der schriftstellerischen Bewältigung industrieller Probleme wie auch, über die Bewegung schreibender Arbeiter, der Erschließung neuer Schichten von Literaturproduzenten, die durch Herkunft und Interesse mit der Arbeitswelt verbunden sind, jede nur denkbare Förderung angedeihen läßt, hat Werke von Rang in größerer Anzahl oder gar eine Tradition hervorgebracht. Verlagslektorate vermissen Arbeiten von literarischem Niveau[8], und wo sie sie dennoch finden, stehen sie ihnen einigermaßen hilflos gegenüber: Ursula Traubergs dokumentarische Lebensbeichte «Vorleben» erscheint im Verzeichnis der rororo-Taschenbücher als literarisches Werk, die ungleich besser geschriebenen «Industriereportagen» Günter Wallraffs sind unter den Sachbüchern zu finden.

Es scheint, als verzichte die realistische Literatur – und nur von ihr ist hier die Rede – freiwillig auf einen großen Stoff, als begebe sie sich, indem sie die relevanten gesellschaftlichen Vorgänge und Umschichtungen unserer Zeit, soweit sie von den Wissenschaften ausgehen, außer acht läßt, in die Isolation eines Luxuswertes für müßige Stunden, statt daß der Leser in ihr, wie der Emmentaler Bauer um 1840 in Gotthelfs Romanen, der Berliner der Jahrhundertwende bei Fontane und Hauptmann, eine Spiegelung und Deutung seiner eigenen Existenz findet.

In dieser bedauerlichen Vernachlässigung wesentlicher Lebensbereiche nichts weiter als den Beweis für ein reaktionäres, realitätsblindes Weltverhältnis der Schriftsteller sehen zu wollen, geht meines Erachtens nicht an. Vielmehr spiegelt sich darin wiederum die Spaltung der «Zwei Kulturen», die schon für die Spannungen zwischen Naturwissenschaft und Politik namhaft zu machen war, nur daß sie sich hier als Scheidung von Realität und Wunschwelt, von täglichem Kampf und Sehnsucht nach einer heilen Welt manifestiert. Historisch-literarisch Gebildete sind oft stolz darauf, nichts von der Quantentheorie oder auch nur von der Funktionsweise eines Elektromotors zu verstehen, während umgekehrt ein Großteil der Wissenschaftler und Ingenieure literarisches Bemühen um Weltdeutung als Ausfluß eines antiquierten, rein ästhetisch ausgerichteten, der tätigen Weltgestaltung wesensfremden Bildungsideals belächelt[9]. Ausnahmen bilden einige – übrigens ausnahmslos schöpferische – Naturwissenschaftler, die, wie Werner Heisenberg, Max Born oder Robert Oppenheimer, fachliche Kompetenz mit Interesse für philosophische und kulturelle Probleme und ausgeprägtem literarischem Gestaltungsvermögen verbinden. Leider aber bilden Wissenschaftler unter den deutschsprachigen Schriftstellern noch immer die große Ausnahme – und wo ein Autor (Robert

Musil!) eine wissenschaftliche oder technische Ausbildung hinter sich hat, ist in seinem Werk nicht mehr viel davon zu spüren. So führt das Unverständnis für jeglichen wissenschaftlich-technischen Fortschritt auf der einen, Mißachtung literarischer Leistungen auf der andern Seite zur Flucht aus den Zwängen einer vermeintlich a priori unverständlichen, lebensfeindlichen wissenschaftlichen Zivilisation in eine dem Individuum noch zugängliche, ihm allein angehörige und von ihm als einzelnem gestaltbare Privatwelt.

Hinzu kommen die Widerstände, die der Stoff selbst, der weit eher zum Sachbuch als zur «schönen» Literatur tendiert, der literarischen Gestaltung entgegensetzt. Die Aufgabe der Literatur kann sich nicht darin erschöpfen, wissenschaftliche und technische Tatbestände und Erkenntnisse lediglich zu konkretisieren, sie «erlebbar zu machen», ohne sie mit ihren spezifischen Mitteln zu durchdringen und zu ästhetisieren.

Den tieferen Ursachen für die Entstehung der «Zwei Kulturen» nachzuspüren müßte Gegenstand einer umfassenden Untersuchung sein; für unser Vorhaben genügt es, den Graben zwischen den Gestaltern der Welt und ihren literarischen Interpreten festzustellen[10]. Im folgenden sollen einige repräsentative Dramen zum Problemkreis Literatur und Wissenschaft in chronologischer Reihenfolge kurz analysiert und auf die Relevanz ihrer Aussage hin untersucht werden. Die nächsten Kapitel sind ausführlicheren Interpretationen von drei Stücken gewidmet, die nach ihrer literarischen Qualität wie nach der Komplexität der in ihnen gestalteten Problematik eine besondere Stellung einnehmen: Brechts «Leben des Galilei», Dürrenmatts «Physiker» und Kipphardts Dokumentarstück «In der Sache J. Robert Oppenheimer». Thema dieser Dramen ist die Verantwortung des Wissenschaftlers für die Gesellschaft, die Frage, wie sich ein Physiker angesichts der unbegrenzten zerstörerischen Möglichkeiten seiner Wissenschaft verhalten solle: das Problem einer kollektiven Ethik, die nicht, wie die Gewissensentscheidung der Hauptgestalt von Arthur Schnitzlers «Professor Bernhardi», einen individuellen Fall, sondern das Überleben der Menschheit betrifft.

54

Hoffnung / Apokalypse
Georg Kaiser: «Gas»

Bis zum Ende des Naturalismus findet sich kein Drama, das eine Analyse unter dem Gesichtspunkt «Literatur und Wissenschaft» lohnte. Noch lagen die Verflechtung von wissenschaftlicher Forschung, technischer Nutzung und industrieller Anwendung, obwohl laufend praktiziert, im dunkeln, ebenso die Interferenz des gesamten politisch-ökonomischen Systems mit der Existenz des ihm auf Gnade und Ungnade ausgelieferten Individuums.

Ein entscheidender Umschwung, bedingt ebenso durch die Ablösung des Naturalismus durch den Expressionismus wie das Erlebnis des Weltkrieges, der im massiven Einsatz der Wissenschaft für die Kriegführung (Gaskrieg!) den direkt lebensfeindlichen Aspekt der modernen Technik drastisch demonstrierte, zeichnet sich in der ersten Nachkriegszeit ab.

Die expressionistischen Stilmittel: Verzicht auf realistische Abschilderung, Einsatz anonymer Massen auf der Bühne, Streben nach exemplarischer Gültigkeit ermöglichten charakteristische, der Komplexität und Überindividualität des Themas angemessene Ausformungen. Zu nennen sind namentlich Tollers «Masse = Mensch», die «Maschinenstürmer» desselben Autors und Kaisers «Gas»-Dramen. Sie setzen *die* Maschine in Beziehung zu *dem* Menschen, sie überspringen die realistische Stil- und Erlebensebene, um Grundsätzliches sichtbar zu machen: die Entfremdung des Menschen, sein kreatürliches Verlangen nach Ganzheit und Glück, seine Auflehnung gegen die Partikularisierung der Welt, gegen die Unterjochung und Entmenschlichung des Individuums durch den Moloch Maschine. Gerade indem sie den Einzelnen ins Kollektiv eingehen lassen, proklamieren die Expressionisten das unverlierbare Recht des Menschen auf Individualität.

Lange vor Beginn des Atomzeitalters nimmt Georg Kaiser vieles von dem vorweg, was Brecht, Dürrenmatt und Kipphardt in ihren Physikerdramen gestalten; die beiden «Gas»-Dramen verdienen daher eine kurze Würdigung, obwohl sie für die Interpretation wegen ihrer plakativen Überdeutlichkeit und der verschwommenen Verquickung sozialer, ökonomischer und wissenschaftlicher Theoreme wenig hergeben.

55

Ort und Zeit der Handlung sind nicht näher fixiert, fest steht nur, daß sie in der Zukunft liegt. Schauplatz ist eine Fabrik, die eine neue, universelle Energiequelle produziert: das «Gas», Betriebsmittel für die Industrie der ganzen Welt. Ihr Eigentümer, der Milliardärsohn (der Sohn des Milliardärs aus der «Koralle», der, weil er das Elend der Massen nicht zu ertragen vermochte, sich hinter der Maske eines Doppelgängers verbarg) hat sie den Arbeitern übereignet; die Gewinne werden verteilt, die Gehälter allein nach Alter, nicht nach Funktion abgestuft. Doch haben die sozialen Reformen die Entfremdung des Menschen nicht aufgehoben: nach wie vor ist er Sklave der Maschine, auf das eine Glied reduziert, mit dem er seine Arbeit verrichtet, auf Hand, Fuß oder Auge. Ja, die Sklaverei hat sich noch verschlimmert: nun sie für ihr eigenes Interesse arbeiten, nehmen die Arbeiter keine Rücksicht mehr auf ihre Gesundheit; den Gewinn im Auge schuften sie mehr als zuvor.

Eine gewaltige Explosion, deren Ursache nicht auszumachen ist, zerstört das Werk. Die Technik ist an eine Grenze gelangt, jenseits derer sie sich in fürchterlicher Weise verselbständigt. Die Formel, nach der das Gas produziert wird, «stimmt und stimmt nicht», die Kontrolle über das von ihm Geschaffene ist dem Menschen entglitten, hilflos steht er dem Walten einer seinem Zugriff entzogenen Macht gegenüber.

Ingenieur: *An die Grenze sind wir gestoßen. Stimmt – und stimmt nicht! Dahinter dringt kein Exempel. Stimmt – und stimmt nicht! Das rechnet sich selbst weiter und stülpt sich gegen uns. Stimmt – und stimmt nicht*[11]*!*

«‹Gas› ist das Symbol für die vom Menschen errungene Macht, das Leben zu erleichtern und zu sichern, aber auch den eigenen Untergang herbeizuführen. Da die Bewährung dieser Macht nicht nur von technischer Fertigkeit abhängig ist, wird der Umgang mit ihr zum Maß für die ethische Qualifikation des Menschen[12].»

Als einziger ist sich der Milliardärsohn bewußt, daß die Explosion eine klare Alternative stellt: Hybris oder Demut, Verstümmelung oder Ganzheit. So verzögert er den Wiederaufbau des Werkes, weil er die Menschen zu ihrem Glück zwingen möchte. Er entwirft einen Plan, anstelle der Fabrikanlage eine Siedlung aus kleinen Häusern im Grünen zu schaffen, die Menschen der Natur wiederzugeben und ihre mörderische Entfremdung aufzuheben:

Milliardärsohn: *Grüne Linien – Straßen mit Bäumen gesäumt. Rote, gelbe, blaue Ringe – Plätze bewuchert mit Pflanzen, die blühen aus Grasfläche, Vierecke – hineingestellt Häuser mit kleinem Gebiet von Eigentum, das beherbergt! Mächtige Straßen hinaus – erobernd eindringend in andere Striche – betreten von Pilgern von uns – die Einfachstes predigen: – uns!!*
Ingenieur *(verwirrt)*: *Errichten Sie – das neue Werk – an anderer Stelle?*

Milliardärsohn: *Es begrub sich selbst. Auf dem Gipfel – schlug es um. Deshalb sind wir entlassen. Sie – und ich – und alle! – mit reinem Gewissen. Wir sind den Weg furchtlos zu Ende gegangen – nun biegen wir aus. Unser Recht ist es – unser gutes Recht*[13]*!*

So sehr seine Utopie an Hermanns Pläne in den «Epigonen» anklingt, ist ihre Richtung doch die entgegengesetzte: dort die Flucht vor aller Technik, hier die Überwindung einer Technik, die sich als menschenfeindlich erwiesen hat; dort die Bewahrung überlieferter Lebensformen in einer befristeten Scheinwelt, hier die freiwillige Einordnung in die Natur. «Das Maß ist der Mensch[14].»

Die Arbeiter, in den Zwängen der technischen Zivilisation befangen, stellen andere Forderungen: Entlassung des Ingenieurs als Sündenbock, Wiederaufbau des Werkes, Produktion nach der alten Formel. Sie sehen zwar die unwürdige Erniedrigung und die Gefährdung ihrer Existenz, doch sind sie außerstande, sich eine radikal andere Ordnung der Dinge vorzustellen.

Milliardärsohn: *Wenn sie zehnmal in die Luft flögen – sie richteten sich die heiße Zone zum elften Male ein*[15]*!*

Die Entfremdung der Arbeiter von ihren natürlichen Bedürfnissen geht so weit, daß ihre Forderungen sich mit denjenigen decken, die die «fünf schwarzen Herren», die Repräsentanten der Weltindustrie, aus völlig anderen Beweggründen stellen. Ihr Interesse gilt einzig der ungestörten Produktion von Gas; wenn nur die Maschinen nicht stillstehen, sind sie bereit, immer und immer wieder Katastrophen in Kauf zu nehmen.

Zweiter schwarzer Herr: *Die Katastrophe ist ein schwarzes Blatt –*
Vierter schwarzer Herr: *Wir buchen sie –*
Fünfter schwarzer Herr: *– und überschlagen die Seite!*
Milliardärsohn: *– – Dieselbe Formel – –??*
Erster schwarzer Herr: *Wir hoffen –*
Zweiter schwarzer Herr: *Natürlich!*
Milliardärsohn: *– – Dieselbe Formel – –??*
Dritter schwarzer Herr: *Vielleicht verlängern sich die Epochen zwischen –*
Vierter schwarzer Herr: *Man muß Erfahrungen sammeln!*
Milliardärsohn: *Zweimal – – dreimal – –??*
Fünfter schwarzer Herr: *Der Turnus ist ja dann bekannt!*
Zweiter schwarzer Herr: *Wir erleben es jedenfalls nicht mehr*[16]*!*

In einer Betriebsversammlung prallen die Gegensätze aufeinander. Der Milliardärsohn legt seinen Plan vor, beinahe stimmen die Arbeiter ihm zu, da bringt sie der Ingenieur, der nur die Macht kennt, sei es über die Natur, sei es über Menschen, auf seine Seite. Er, dessen Entlassung eben noch gefordert wurde, schwingt sich zum Führer der orientierungslosen Masse auf. Die Stimmung schlägt um, die Arbeiter wenden sich dem Ingenieur zu, der von Leistung, Kraft und Unterjochung der Natur spricht – die alten Vokabeln, die schon einmal die Katastrophe verursacht haben.

Ingenieur: *Kommt aus der Halle!! – – ins Werk!! – – von Explosion zu Explosion!! – – Gas[17]!!*

Sein hysterischer Aufschrei übertönt die Stimme der Vernunft; weggewischt ist, was das Mädchen, die Mutter, die Frau und die drei Arbeiter im Namen aller herausgeschrien haben; sie sind bereit, sich abermals, wider bessere Einsicht, von der Maschinerie mißbrauchen und verstümmeln zu lassen, sie erliegen der Verführung der Macht und wenden sich gegen den Milliardärsohn, der sie zu Dienern und Partnern der Natur erheben möchte.

Der ethische Rigorismus des Milliardärsohns eilt seiner Zeit voraus, seine Kompromißlosigkeit scheitert an der Unvollkommenheit der Menschen, er überfordert sie, indem er sittliche Forderungen an sie heranträgt, denen sie, aufgewachsen und erzogen in einer Welt des Kampfes ums Dasein, der Konkurrenz und Entwürdigung, nicht gewachsen sind. Sie verachten die begrenzte Hege und Pflege, die er ihnen anstelle grenzenloser Hybris anbietet, und folgen jenem, der Ruhm und Macht verspricht, auch wenn diese Macht sich als tödlich erweist.

Die Tragödie der Blindheit wiederholt sich im engsten Kreis der Familie. Als der Milliardärsohn seinem verschuldeten Schwiegersohn die erbetene Unterstützung verweigert, um ihn zur Umkehr zu bewegen, begeht dieser Selbstmord. So erweist sich, was zum Guten gedacht war, letztlich als ebenso mörderisch wie das Festhalten an überkommenen Verhaltensweisen und Werten, ebenso nutzlos und gefährlich wie Hermanns Sehnsucht nach dem «grünen Plätzchen».

Die Frage, auf die Kaisers Drama zielt: ob der Mensch der Zweck der Technik oder die Technik der Zweck des Menschen sei, verweist auf die Frage nach dem Wesen des Menschen schlechthin. In seinem gegenwärtigen Status ist er allenfalls in der Lage, seine mißliche Situation für Augenblicke zu erkennen, doch außerstande, sie bewußt zu verändern und zu seinem Besten zu gestalten. Die Utopie einer neuen Lebensweise ruft nach dem Neuen Menschen.

Milliardärsohn: *Schaute ich ihn nicht schon an – wurde er mir nicht deutlich mit jedem Zeichen seiner Fülle – von großer Kraft mächtig – still in voller Stimme, die redet: – Mensch? – – War er nicht nahe zu mir – – kann er verlöschen – muß er jetzt nicht wieder und wieder kommen, wenn einer ihn einmal erblickte?! – Muß er nicht ankommen – morgen und morgen – und in stündlicher Frist?! – – Bin ich nicht Zeuge für ihn – und für seine Herkunft und Ankunft – – ist er mir nicht bekannt mit starkem Gesicht?! – – – – Soll ich noch zweifeln?!!*
Tochter *(nieder in Knie): Ich will ihn gebären[18]!*

58

Der Neue Mensch: das ist der Kommende, die Zukunft als Möglichkeit, als Chance und Hoffnung. Ihr auszuweichen, wie der Epigone Hermann versucht, müßte nach dem Sieg der Maschinenkultur und nach den Giftgasschwaden des Weltkriegs vermessen erscheinen. Nun am Horizont das Menetekel einer alles zerstörenden Technik erscheint, muß der Weg durch sie hindurch und über sie hinweg zu einer qualitativen Veränderung der Gattung, zu einer «spirituellen Mutation» führen, die, obwohl sie zum festen Bestand expressionistischer Dichtung zählt, in diesem speziellen Fall doch voraussetzt, daß jene andere Utopie, die Selbstzerstörung des Menschen mit Hilfe von Wissenschaft und Technik, noch nicht realisierbar ist. Nach dem Sündenfall sieht sich die Literatur auf die Analyse oder die historisch verkleidete Utopie verwiesen.

Der ästhetisch weniger befriedigende und wegen seiner Überstilisierung auch dramatisch schwächere zweite Teil des «Gas»-Dramas spielt zwei Generationen nach dem ersten. Weil der Milliardärsohn sich weigerte, dem Wiederaufbau des Werkes zuzustimmen, hat die Regierung es übernommen und unter militärische Kontrolle gestellt. Der Enkel des Milliardärsohns, der Milliardärarbeiter (der Neue Mensch, den die Tochter geboren hat) unterscheidet sich, aller Funktionen entkleidet, in nichts mehr von den anderen Arbeitern. Geblieben ist nur der Großingenieur, «gealtert ins Petrefakt fanatischer Werkenergie[19]».
Das Land befindet sich im Krieg, Produktion von Gas ist nötiger denn je. Da sinkt wiederum, wie zu Beginn des ersten Teils, die Leistung, in dem Moment, als sich der Druck des Feindes verstärkt, weil trotz materieller Entschädigungen der Ansporn fehlt; der Krieg, dessen Ausgang «im besten Fall ein Remis mit zwei schachmatten Parteien[20]» sein wird, ist nicht der Krieg der Arbeiter, der Vorteil der Blaufiguren nicht ihr Vorteil. Die Anspannung, aufs äußerste gesteigert, erreicht den Punkt, an dem sie in Apathie umschlägt.

Großingenieur: *Bewegung wurde Gesetz aus sich, Übermaß von Dauer der einen Handlung stumpft den Ansporn aus Willen zum Werk. Gas ist nicht mehr Ziel – in kleiner Handreichung verstieß sich Zweck, der wiederholt und wiederholt, was zwecklos wird im Teil ohne Ganzes. Planlos schafft der Mann am Werkzeug – das Werk entzog sich der Übersicht, wie der Mann durch Tag und Tag tiefer ins gleichförmige Einerlei glitt[21].*

«Die Rechnung ging nicht auf – es blieb ein Rest[22]»: der Mensch, der sich auf die Dauer nicht vergewaltigen läßt. Nach dem völligen Stillstand der Produktion besammeln sich die Werktätigen abermals in der großen Halle. Es scheint zunächst, als besännen sie sich endlich auf ihr Eigenrecht: in einem symbolischen Akt wird die Kuppel, die das Tageslicht als die natürliche Umwelt des Menschen, in der sich zu verwirklichen ihm bestimmt ist, aussperrt, unter Führung des Milliardärarbeiters zurückgerollt und eine Friedensbotschaft an die Welt gerichtet. Aber wie in der analogen Szene in «Gas I» geben sich die Protagonisten «mehr der Rhetorik, dem Klang, dem Rhythmus der Sprache hin als dem Sinn und der Folgerichtigkeit ihrer Reden, um die begrifflich noch nicht zu fassende Zukunft einzuholen[23]». So bleibt der Appell auch vergeblich; es kommt keine Antwort, statt dessen marschiert der Feind ein, besetzt das Werk und erzwingt die Wiederaufnahme der Produktion. Alle sozialen Errungenschaften werden sogleich rückgängig gemacht: statt in die Freiheit führt die Revolte, spontan inszeniert, ohne Ziel und ohne Echo, nur in neue Knechtschaft. Von neuem erfüllt künstliches Licht die Fabrik, Sinnbild für die Zwänge, die auf dem von der Natur getrennten Menschen lasten.

Von Haß und Scham erfüllt, ruft der Großingenieur, der heimlich ein äußerst wirksames Giftgas hergestellt hat, zum Kampf gegen die Unterdrücker auf: «Errichtet die Herrschaft[24]!!» Seinem Aufruf zur Gewalt stellt sich, analog zum entsprechenden Vorgang im ersten Teil und von demselben Sendungsbewußtsein erfüllt wie sein Großvater, der Milliardärarbeiter entgegen, Duldung des Unrechts und seine Überwindung nicht durch Gegenterror, sondern aus den Kräften der Seele fordernd: «Gründet das Reich[25]!!»

Die Positionen sind absolut unvereinbar: dort der der Verführung des erfindenden Geistes, der Verlockung des Machbaren ausgelieferte Großingenieur, hier der von unzerstörbarem Glauben an den Menschen erfüllte, seine weltverändernde Kraft zur unbedingten Forderung erhebende Milliardärarbeiter. Einen Augenblick lang schwankt die Masse, dann entscheidet sie sich, von wildem Zerstörungsdrang erfüllt, ihre verlorene Ganzheit verblendet in der totalen Rache suchend, für das Giftgas. In grenzenloser Enttäuschung über sein Unvermögen, dem Blutdurst der Menge Einhalt zu gebieten, ergreift der Milliardärarbeiter die Kugel mit dem Giftgas und wirft sie so über sich, daß sie zurückfallend zerspringt. Während in der Fabrikhalle sich tödliche Lähmung verbreitet, das ätzende Gas sich in Menschenfleisch frißt, vernichten sich draußen, von Grauen gepackt, im Glauben, das Jüngste Gericht sei angebrochen, die Gelben gegenseitig.

Erst dem heutigen Leser erschließt sich die ganze prophetische Kraft von Kaisers «Gas»-Dramen. Die Vision einer total technisierten Welt, einer gigantischen, monotonen, abstrakten Maschinerie, deren erdrückende Gewalt und kalte Grausamkeit auch eine fortschrittliche Organisation der sozialen Verhältnisse nicht aufzuheben vermag; die «Raserei der Arbeit», die den Menschen aufzehrt und zum willenlosen Automaten erniedrigt; die Erkenntnis, daß Erfindungen, einmal in die Welt gesetzt, nicht mehr zurückzunehmen sind; der Mißbrauch einer neuen, unbegrenzten Energiequelle für die Zerstörung; die Existenz eines wirtschaftlich-politischen Systems, das, statt den Menschen zu dienen, sie rein instrumental zur Verfolgung inhumaner, ihrer Bestimmung wesensfremder Zwecke einsetzt; die Schwäche der ihres Menschseins Beraubten, die, zu unvoreingenommenem, radikalem Denken unfähig, ihre Trauer nach der Katastrophe in der Verketzerung eines Sündenbockes abreagieren, in schicksalhafter Verblendung mit ihren gesellschaftlichen Antagonisten gemeinsame Sache machend; der kollektive Selbstmord von Herrschenden und Beherrschten; die Resignation des gescheiterten Weltverbesserers: dies alles sind Themen und Motive, die, konkretisiert durch die Erfahrungen des Atomzeitalters, in den Physikerdramen der Gegenwart wiederkehren.

Trotz des expressionistischen Glaubens an den Menschen bleibt Kaiser tief skeptisch. Obwohl sozial engagiert, verweigert er sich den Sprung in die soziale Utopie. Die bittere Anklage des Dramas richtet sich nicht gegen die Besitzer der Produktionsmittel, die den Menschen an seiner Selbstverwirklichung hindern, sondern gegen den alles beherrschenden technokratischen Fatalismus, der, vom Ingenieur als dem Repräsentanten des Maschinenzeitalters ausgehend, nur immer dem Machbaren nachjagt, statt das Wünschbare zu fordern. Weder die Umgestaltung der Produktionsverhältnisse noch das romantisch-unrealistische Siedlerprojekt des Milliardärsohns bildet den Gegenpol, sondern allein die Hoffnung auf den Neuen Menschen. Was der Milliardärsohn prophetisch vorwegnimmt, wäre nur von ihm zu leisten; die Masse vermag sich nur augenblicksweise zu artikulieren, sie meint die Zukunft erlangen zu können, ohne sich der Gegenwart auszusetzen.

Nimmt man die drei Dramen («Die Koralle», «Gas I», «Gas II») als Einheit, so führt der Weg vom Privaten ins Öffentliche und schließlich ins Menschheitliche. Immer aber wird die Hoffnung zuschanden. Der Neue Mensch als einzelner in einer traditionell geprägten Gesellschaft unterliegt dem zum Fossil gealterten (d. h. seinem Wesen nach einer vergangenen Epoche angehörenden) Technokraten, der kühne Entwerfer dem, der unproduktive, in ihrem eigenen Bewußtsein Genüge findende Macht verspricht. So bewirkt die Verfassung des Menschen selbst, der noch nicht reif ist, die aus seinem unheimlich angewachsenen technischen Können erwachsenden moralischen und sozialen Verpflichtungen zu übernehmen, den Untergang.

Die Lemuren der Vergangenheit
Max Frisch: «Die chinesische Mauer»

Die gesellschafts- und sozialkritischen Ansätze der Naturalisten und Expressionisten bilden, als Weiterführung und Vertiefung der kämpferischen Impulse des Sturm und Drang und des frühen 19. Jahrhunderts, die wesentliche Voraussetzung für die Inszenierungen Erwin *Piscators,* die das bis anhin im Schatten der offiziell sanktionierten Literatur liegende Arbeitertheater bühnenfähig machten. Sein dokumentarisch untermauerter Realismus hat die Integration sozialer, wirtschaftlicher und historischer Fakten ins Bühnengeschehen mittels einer parteilichen Interpretation von Geschichte und Gegenwart zum Ziel, szenisch raffiniert arrangiert mit Hilfe aller möglichen technischen Mittel: Filme, Tondokumente, Laufbänder, Statistiken usw[26]. So verschiedenartig die Themen des Piscator-Theaters aber auch waren, die Wissenschaftsproblematik hat es – und mit ihm die ganze realistische Literatur der zwanziger Jahre (die sogenannte «Neue Sachlichkeit») – kaum gestaltet. Höchstens daß (z. B. in Ödön von Horvaths frühem Drama «Die Bergbahn») soziale und wirtschaftliche Aspekte von Wissenschaft und Technik am Rande mitspielten[27]. Stärker als die Umwälzungen durch Wissenschaft und Technik beschäftigten Inflation und Wirtschaftskrise, später die Auseinandersetzung mit radikalen politischen Strömungen die zeitgeschichtlich interessierten Bühnenschriftsteller und Theaterleute.

Erst nach dem Zweiten Weltkrieg, als die Atombomben gefallen waren und die Gefährdung der physischen Existenz der Menschheit für jedermann einsichtig wurde, als die geistige Anspannung eines mörderischen Schlachtens einem Gefühl der Leere und Orientierungslosigkeit wich und eine direkte atomare Konfrontation der weltbeherrschenden Supermächte als «schlimmstmögliche Wendung» ins politische Kalkül einbezogen werden mußte, entstand eine ganze Reihe von Dramen, die sich mit der Rolle des Wissenschaftlers in der Gesellschaft, seiner Verantwortlichkeit und seiner Ohnmacht befaßten.

Es ist bezeichnend, daß die beiden Werke, die im literarischen Bewußtsein eines breiteren Publikums untrennbar mit den Weltkriegen verbunden sind, Erich Maria Remarques Roman «Im Westen nichts Neues» und Wolfgang Borcherts Drama «Draußen vor

62

der Tür», traditionelle Erlebnisweisen und Darstellungsformen weiterführen. Beide, das eine zehn, das andere zwei Jahre nach einem verlorenen Krieg in Deutschland entstanden, schildern die Sinnlosigkeit und Verwerflichkeit des modernen Krieges aus der Perspektive des Opfers, des einfachen Soldaten im Schützengraben, des Heimkehrers, der Gesundheit und Glück einem tödlichen, von ihm unerreichbaren Mächten inszenierten Spiel geopfert hat, und beide haben «mit unheimlicher Genauigkeit den Nerv der Zeit[28]» getroffen. In ihnen weitet Einzelschicksal sich zum exemplarischen Fall, vor dem geschichtliches Handeln sich zu verantworten hat.

Max Frischs «Chinesische Mauer», das erste Drama, dessen Hintergrund die Atombombe bildet, ist stets im Schatten dieser archetypischen Darstellungen geblieben. Es hat weder das weltweite Aufsehen erregt, das Remarques Buch zu einem der meistgelesenen Werke unseres Jahrhunderts machte, noch die Verehrung hervorgerufen, die Wolfgang Borchert, der Verkörperung jugendlicher Empörung und Verzweiflung, zuteil wurde. Es hat Mißverständnisse und ästhetische Einwände provoziert, die sich nicht mit unbestreitbar vorhandenen formalen und inhaltlichen Mängeln erklären lassen (die beiden anderen Autoren wären ihnen in ebensolchem Maße ausgesetzt) – offenbar, weil der Versuch, eine komplexe Problematik, und gar eine so erschreckend neuartige und bedrohliche, nicht nur realistisch darzustellen, sondern zu reflektieren und ihre welthistorische Bedeutung für unser Sein und unser Bewußtsein herauszuarbeiten, Angriffe provoziert, vor denen die Kritik angesichts der unbezweifelbaren persönlichen Betroffenheit und Erschütterung Remarques und Borcherts zurückschreckte.

Die Uraufführung der «Chinesischen Mauer» fand 1946 (ein Jahr vor Borcherts Drama!) in Zürich statt; die nachfolgenden Bemerkungen stützen sich auf den Text der 1955 in Berlin aufgeführten neuen Fassung.

Drei Ebenen durchdringen, relativieren und deuten sich gegenseitig: die China-Handlung, die Polonaise der historischen Masken und die Sphäre des Heutigen.

Die erste Ebene bildet das China des Kaisers Hwang Ti, zweihundert Jahre v. Chr. Der Kaiser hat alle äußeren Feinde niedergeworfen und schickt sich nun an, die Chinesische Mauer, das größte Bauwerk der Geschichte, zu erstellen. Nur ein einziger Feind ist ihm geblieben: Min Ko, «die Stimme des Volkes», die die Wahrheit berichtet über seine Unternehmungen und seine Herrschaft als Tyrannei entlarvt. Hwang Ti findet keine Ruhe, ehe auch Min Ko verhaftet und getötet wird. Er sendet seine Häscher aus, die ihm

63

einen stummen Wasserverkäufer aus einer entlegenen Provinz als «Stimme des Volkes» bringen. Ein Scheingericht verurteilt ihn zum Tode. Da aber erhebt sich das Volk, geführt von dem Prinzen Wu Tsiang, dem unglücklichen Liebhaber der Prinzessin Mee Lan, den der Kaiser – wie Eurystheus den Herkules – von einer Aufgabe zur nächsten vertröstet, ohne ihm den versprochenen Märchenlohn (die Prinzessin und die Nachfolge auf dem Thron) zu gewähren. Das Regime wird gestürzt. Geändert hat sich damit freilich nichts. Die «Farce» kann von neuem beginnen; Wu Tsiang wird sich an die Spitze des Staates setzen und Hwang Tis Schreckensherrschaft unter neuer Flagge auferstehen lassen, das Volk nach kurzem Aufschwung wieder in Apathie und Resignation versinken.

Parallel dazu und ebenfalls ohne greifbares Resultat läuft eine Revue historischer Masken aus den verschiedensten Epochen: Napoleon und Kolumbus, Philipp II. und Kleopatra, Brutus, Pontius Pilatus, Don Juan, l'Inconnue de la Seine, Romeo und Julia. Sie alle sprechen andauernd während ihrer Auftritte, doch nicht miteinander; monomanisch wiederholen sie die Worte, die ihnen Dichter und Historiker in den Mund gelegt haben.

Endlich die Gegenwart. Ihr gehören zwei Chargen an, die Herren im Frack und Cut, die am Ende von Brutus erstochen werden; in ihr ist auch der Heutige beheimatet, der «die Rolle eines Intellektuellen[29]» spielt. Mit missionarischem Eifer wendet er sich immer wieder an die Personen der beiden anderen Ebenen (als einziger scheint er sich in allen frei bewegen zu können). Den historischen Masken sucht er begreiflich zu machen, daß im Zeitalter der Atombombe für sie kein Platz mehr ist; beim Kaiser von China wird er Hofnarr, bietet sich anstelle des Stummen für die Hinrichtung als «Stimme des Volkes» an, schleudert dem Kaiser die Wahrheiten ins Gesicht, um derentwillen eben der Stumme zum Tod verurteilt worden ist und bekommt dafür den Großen Preis des Kung Fu Tse. Wie die drei Ebenen zueinander stehen, ist nicht ohne weiteres ersichtlich. Scharfe Scheidungen sind bald da, bald fehlen sie wieder. Kleopatra wechselt aus der Revue in die China-Handlung, Mee Lan aus dieser in die Gegenwart, ebenso vorübergehend Hwang Ti und Wu Tsiang. Brutus ersticht am Ende die Herren im Frack und Cut, ist aber nicht imstande, dem Kaiser ins Gesicht zu spucken. Während des Schauprozesses promenieren die historischen Figuren vorbei, ohne von jemandem (den Zeremonienmeister ausgenommen) wahrgenommen zu werden oder ihrerseits in die Handlung einzugreifen.

Überall gleichermaßen beheimatet ist nur der Heutige, Arrangeur und Opfer, «Spielleiter» und Hauptfigur in einem. Das Vorspiel deutet an, worum es geht:

Der Heutige: *Sie werden fragen, meine Damen und Herren, was mit alledem ge-*
meint sei. Wo liegt (heute) dieses Nanking? Und wer ist (heute) Hwang Ti, der
Himmelssohn, der immer im Recht ist? Und dieser Stumme, der nicht einmal
Heil sagen kann, und Wu Tsiang, der General mit den blutigen Stiefeln, und wie
sie alle heißen: Wer ist gemeint? Hoffentlich werden Sie nicht ungehalten, meine
Damen und Herren, wenn Sie darauf keine Antwort bekommen. Gemeint
(Ehrenwort) ist nur die Wahrheit, die es nun einmal liebt, zweischneidig zu sein.
(Erster Gong)
Das Spiel beginnt! [...] Ort der Handlung: diese Bühne. (Oder man könnte
auch sagen: unser Bewußtsein. Daher beispielsweise die Shakespeare-Figuren,
die nun einmal durch unser Bewußtsein wandeln, und Bibel-Zitate und so.)
Zeit der Handlung: heute abend. (Also in einem Zeitalter, wo der Bau der
Chinesischen Mauer, versteht sich, eine Farce ist [30]*.)*

Ort der Handlung: unser Bewußtsein! Hier, und nur hier, laufen
die Fäden der Handlung zusammen. Die historischen Figuren verkörpern Urbilder der Geschichte und der menschlichen Seele,
Mächtige und Opfer, Tyrannen und Liebende. Doch sind sie nicht
sich selbst, sondern die, die wir uns zurechtgelegt haben nach unserem Bedürfnis, übernommene Attitüden und Rollen: *Masken*.
(«Maschere nude» setzte Pirandello als Titel über 43 seiner Dramen: die vom Dichter geschaffene Maske, die zugleich verhüllt und
entlarvt.) Masken in ihrer Starre, die Wahrheit verbirgt: Pilatus,
den biblischen Bericht ohne Zuhörer wiederholend, Napoleon mit
der Hand im Rockausschnitt, Philipps «Ich habe das Meinige getan»: szenische und verbale Zitate einer vergangenen Welt, erstarrte
Lebensformen und Denkgewohnheiten, Relikte im Bewußtsein der
Lebenden, sinnentleerte, weil vom Lebendigen ins Ästhetische
transponierte klassische Verse. «Diese Herrschaften, die unser Hirn
bevölkern» verkörpern den Schutthaufen der Bildung, die zur
Anekdote und zum schönen Schein entartet ist; schmerzliche und
bedrohliche Erinnerungen an eine Zeit, die nicht mehr wiederkehren
darf. So wenigstens meint der Heutige, der Intellektuelle, der weiß,
wie eine Atomexplosion aussieht und «daß es so nicht weitergeht[31]».
Napoleon und Philipp, wiedergeboren in neuen Herrschern, müßten die Welt zerstören, denn «das Atom ist teilbar[32]».
Der Heutige lebt im Bewußtsein, eine Zeitenwende zu erleben,
einen Umschlagpunkt der Geschichte, an dem die überlieferten
Formen des Zusammenlebens und der Auseinandersetzung mit der
Umwelt in puren Wahnsinn münden; die Gabelung, an der über
Fortsetzung oder Ende aller Geschichte entschieden wird.

Der Heutige: *Wir befinden uns, meine Herrschaften, im Zeitalter der Wasserstoff-*
bombe, beziehungsweise Kobaltbombe, das bedeutet (ohne in die Erkenntnisse
der heutigen Physik näher einzutreten): Wer heutzutag ein Tyrann ist, gleich-
gültig wo auf diesem Planeten, ist ein Tyrann über die gesamte Menschheit. Er
hat (was in der Geschichte der Menschheit erstmalig ist) ein Mittel in der Hand,

um sämtlichem Leben auf dieser Erde – aus einem Bedürfnis heraus, das absurd
erscheint, jedoch bei schweren Neurotikern nicht selten ist – den Garaus zu
machen. [. . .]
Um mich kurz zu fassen: Zum ersten Mal in der Geschichte der Menschheit
(denn bisher war der Tyrann, der sein Rom in Flammen aufgehen ließ, immer
bloß eine temporäre und durchaus lokale Katastrophe) – zum ersten Mal (und
darum, meine Herrschaften, hilft uns keine historische Routine mehr!) stehen
wir vor der Wahl, ob es die Menschheit geben soll oder nicht. Die Sintflut ist
herstellbar. Technisch kein Problem. Je mehr wir (dank der Technik) können,
was wir wollen, umso nackter stehen wir da, wo Adam und Eva gestanden haben,
vor der Frage nämlich: Was wollen wir? vor der sittlichen Entscheidung. ...
Entscheiden wir uns aber: Es soll die Menschheit geben! so heißt das: Eure Art,
Geschichte zu machen, kommt nicht mehr in Betracht. Eine Gesellschaft, die
den Krieg als unvermeidlich erachtet, können wir uns nicht mehr leisten, das ist
klar[33] –

Doch er findet kein Echo. Als er sich anschickt, den historischen
Masken zu erklären, weshalb sie nicht wiederkehren dürfen, unter-
bricht ihn ständig der Kellner mit der sturen Frage: «Mit oder ohne
Gin?» – man nimmt ihn nicht zur Kenntnis, betrachtet sein Drän-
gen als einen unverbindlichen Beitrag zur Konversation. Und als er
seine Wahrheiten dem Kaiser von China ins Gesicht schleudert,
wird er nicht, wie zu erwarten, hingerichtet, sondern bekommt eine
Auszeichnung für seine rhetorische Leistung, «verliehen an die
Geisteskraft, die der Welt zu schildern vermag, was dieser Welt be-
vorsteht, wenn sie es wagen sollte, unser Feind zu sein», weil er
«den Tyrannen jenseits der Chinesischen Mauer die vollkommene
Wahrheit» gesagt hat[34].
Vom Heutigen aus wird die Bedeutung der dreischichtigen Handlung klar. Die Große Mauer: das ist die Chiffre für unser Bemühen,
so zu tun, als gäbe es die Atombombe nicht, den Folgerungen auszuweichen, die sich aus ihrer Existenz ergeben, die Abkapselung
unseres Bewußtseins gegen Einsichten, die den Fortbestand der
Gewalt in Frage stellen müßten; scheinbar für die Ewigkeit gebaut,
aber bei ihrer Errichtung schon (und das ist der Kunstgriff, den die
Simultanhandlung ermöglicht) um zweitausend Jahre hinter der
Gegenwart zurück.

Hwang Ti: *Meine Getreuen! Wir trinken auf die Große Mauer, wie sie in den*
Büchern steht, meine Getreuen, später einmal – heißt das, für Augenblicke ist
mir, als würden wir eine Sache beschließen, die schon seit Jahrtausenden – ge-
wissermaßen – als bauten wir eine Sache, uff! die schon verbröckelt ist – heißt
das, als liege unsere Zukunft – gewissermaßen – uff! hinter uns . . .[35]

Die China-Handlung erweist sich als weitaus realistischer als die
historische Revue; sie ist eine Brechtsche Verfremdung: nicht das
wirkliche China, sondern ähnlich wie Sezuan einfach ein fernes
Land, stellvertretend für jeden Ort, an dem Geschichte sich ereignet.

66

Obwohl der Kaiser im Altertum lebt, wird morgen doch sein Name in der Zeitung stehen. Er vereinigt in sich Hitler (der zum Maskenfest eingeladen wurde, aber am Türhüter gescheitert ist), Napoleon und Philipp (die anwesend sind) in zeitloser Gegenwart, oder besser: was immer Macht kennzeichnet, über örtliche und zeitliche Besonderheiten hinaus, hat in den Gestalten der großen Tyrannen Urbildlichkeit angenommen. «China» ist heute, es ist aber auch vor zweitausend Jahren: das Signum der Herrschaft hat sich nicht verändert. Ein verfremdetes China, dessen Triebkräfte sich in den Gestalten der historischen Revue materialisieren (d. h. in den Bildern, die Historiker und Dichter für uns von geschichtlichen Persönlichkeiten entworfen haben), ohne von den Protagonisten der China-Handlung (jeglicher politischer Handlung) *bewußt* wahrgenommen zu werden, sucht sich durch Errichten einer Mauer abzuschließen gegen das, was kommen muß, will die Menschheit überleben. Innerhalb der Mauer herrscht die künstliche Ordnung der Gewalt: ein Kartenhaus aus überholten Begriffen, Forderungen und Zielvorstellungen.

Hwang Ti: *Eine Mauer, die uns vor jeder Zukunft schützen wird, sage ich – uff! ... Wanlitschangtscheng, sage ich, und was drinnen wohnt, das ist die Republik, die Freiheit, die Kultur – uff! das sind wir, und was draußen wohnt*[36]...

Fassen wir zusammen: Die China-Handlung verfremdet die heutigen (gestrigen) Methoden, Politik zu betreiben, in die Vergangenheit und macht damit ihre Lemurenhaftigkeit, ihre kriminelle Verantwortungslosigkeit, ihren unbegründeten Anspruch auf Unterwerfung durchsichtig. In zweitausend Jahren Geschichte haben sich die Formen politischer Herrschaft nicht verändert. Unreflektiert geistern in unserem Bewußtsein die Urbilder menschlicher Verhaltensweisen, wie wir sie uns zurechtgelegt haben, als Revuegestalten, als Schemen ohne lebensprägende Kraft, ohne Verbindlichkeit und sittliche Verpflichtung herum. Sie sind im übrigen beliebig austauschbar; wie es ans Geschäftliche geht, legen der Kaiser und der Prinz ihre chinesischen Masken ab und agieren als Businessmen des zwanzigsten Jahrhunderts.

Von den «Chinesen» unterscheidet sich der Heutige, der Intellektuelle, darin, daß er kraft seines Intellekts das Gebot der Stunde als rationale Forderung annimmt. Doch vermag er, auf dessen Schultern zweitausend Jahre unbewältigter Geschichte lasten, es nicht zu verinnerlichen, d. h. aus seiner Einsicht nicht die existentiellen Folgerungen zu ziehen. Als Intellektueller, weil logisches Denken nun einmal zu seinem Metier gehört, möchte er die Verblendeten zur Entscheidung zwingen, das Böse und Verwerfliche pragmatischer Machtpolitik, die alles kann, was sie nur will, einsehend. Wurzellos, geistreichelnd, trotz seiner Erschütterung immer noch ironische Distanz bewahrend, verleiht er aber seiner Wahrheit, insgeheim nach Beifall schielend, die Gestalt der Poesie, das heißt hier: des unverbindlich Ästhetischen. So erniedrigt er sich zum Hofnarren der Macht, die er zugleich verachtet und unterschätzt; seine Argumente, ironisch vorgebracht, verwandeln sich in der Hand der Herrscher in blutigen Ernst:

Der Heutige: *Es kommt sehr selten vor, daß das Volk auf die Straße geht. Heutzutage. Denn die Waffen, die das Volk nicht hat, werden immer besser. Trotzdem kommt es vor. Aber heutzutage – wir regen uns nicht darüber auf, Majestät, wir wissen von vornherein: Das ist nicht das wahre Volk, was auf die Straße geht, das ist nicht unser Volk.*
Prinz: *Sondern?*
Der Heutige: *Agitatoren. Spione. Terroristen. Elemente.*
Prinz: *Was heißt das?*
Der Heutige: *Das heißt: Wer das Volk ist, bestimmen die Herrscher. Und wer heutzutage auf die Straße geht, kann nicht erwarten, als Volk behandelt zu werden; denn das Volk, das wahre, ist mit seinen Herrschern stets zufrieden.*
Hwang Ti: *Gut.*
Prinz: *Sehr gut.*
Der Heutige: *Nicht wahr? Das Blut an Ihren wackeren Stiefeln, Prinz, wie könnte es das Blut unseres Volkes sein? Es wäre peinlich. Nicht wahr? Sehr peinlich.*
Hwang Ti: *Wie heißen diese Worte?*
Der Heutige: *Terroristen, Elemente, Agitatoren. Sehr nützliche Worte, Majestät; sie ersticken die Wahrheit im Keime.*
Hwang Ti: *Doktorjur, du bleibst in unserem Dienst* [37].

Als der Heutige sich anbietet, an Stelle des Stummen als Stimme des Volkes, als «öffentliches Gewissen[38]» verurteilt zu werden, nimmt niemand sein Opfer an. Nicht seinetwegen, sondern um eines Stummen willen geht das Volk auf die Straße – um seiner eigenen, ungeistigen, unformulierten Wahrheit willen. «Der Stumme will nicht die Stimme des Volkes sein, aber er wird als solche gehört. Der Heutige will die Stimme des Volkes sein, aber seine Beredsamkeit bleibt stumm[39].» Zuviele Rücksichten, zuviel historischer Ballast, zuviele ironische Vorbehalte (bei aller Ernsthaftigkeit seines Anliegens) halten den Heutigen ab, sich rückhaltlos seiner Aufgabe hinzugeben. Sein Bewußtsein ist erfüllt von historischen Reminiszenzen und Präfigurationen, von Brutus' Rechtlichkeit ebenso wie von Philipps brutaler Macht, von Napoleons militärischem Instinkt und Romeos unbedingter Leidenschaft. So kann er sich zu nichts entscheiden, der Ansturm des Vorgeformten verdammt ihn, zu wissen, ohne sein Wissen praktikabel zu machen, nötigt ihn, sich der Macht zu verdingen, die ihn nicht ernst nimmt, sich seiner Argumente bedient und seine Geistigkeit prostituiert – die den Schauprozeß der Wahrheit vorzieht. Selbst Mee Lan, die doch in Liebe den Schritt aus der

Vorzeit in die Gegenwart tut, ist nicht an der Zukunft der Welt, sondern nur an ihrer eigenen interessiert.

Der Heutige: das ist der Intellektuelle, der Wissenschaftler und der Schriftsteller, der nicht einmal für seine eigene Person die Widersprüche zu lösen imstande ist.

Will ich, wenn ich Stücke schreibe, die Gesellschaft verändern? Will ich es (fragen wir so:) um der Gesellschaft willen oder um des Stückes willen? Die Frage enthält einen Verdacht, der nicht zu überhören ist. Will ich, als Stückeschreiber, wirklich beitragen zur Verwirklichung einer politischen Utopie, oder aber (dies der Verdacht) lieben wir die Utopie, weil das für uns offenbar die produktivere Position ist? Was man Nonkonformismus nennt, kann auch nur eine Geste sein, nicht unwahr, aber eine Geste zum Wohl unserer Arbeit. Verhält es sich so? Ein Engagement ist da; kommt es in die Kunst, weil es uns um die Welt geht, oder umgekehrt? Ich befrage mich selbst. Nicht daß das politische Engagement nicht ernsthaft wäre, o nein; wir sind bereit, denke ich, auch außerhalb des Theaters uns zu stellen, oder wir werden gestellt, eines Tages vielleicht hart; das sind die Folgen auch dann, wenn wir nicht als Agitatoren schreiben und uns bewußt sind: wir brauchen unser Engagement für die Produktion[40].

Spreche ich (um mich nicht wichtig zu machen, sondern um mich auf die Dinge zu beschränken, die ich weiß) von mir selbst, so müßte ich sagen, daß ich die gesellschaftliche Verantwortung des Schriftstellers nicht bloß angenommen, sondern mich, rückläufig sozusagen, sogar zum Irrtum verstiegen habe, daß ich überhaupt aus solcher Verantwortung heraus schreibe[41] ...

Das Problem, das Frisch hier für seine schriftstellerische Arbeit aufwirft, besteht analog für die Naturwissenschaftler: als sie sich daran machten, eine Atombombe zu bauen, diente ihnen das moralische Argument als Rückhalt. Wie der Heutige gedachten sie später die Welt zu warnen vor den unheilvollen Produkten ihres Denkens, sich zu wehren gegen die Befangenheit in veralteten Schemata, und wie er erniedrigten sie sich halb gezwungen, halb freiwillig von neuem zum Werkzeug der Herrscher. Der Heutige vor Hwang Ti, Oppenheimer vor dem Untersuchungsausschuß, Einstein vor Roosevelt: die Bilder gleichen sich mit beklemmender Deutlichkeit.

Max Frisch war der erste Dramatiker, der nach dem Fall der Atombombe ihre Auswirkungen auf das Zusammenleben zur Diskussion stellte. Er beabsichtigte keineswegs, das Problem zu lösen, er war sich der Grenzen schriftstellerischer Weltveränderung bewußt. Im «Tagebuch 1946–1949» notierte er im Zusammenhang mit der «Chinesischen Mauer», er hielte seine Aufgabe als Stückeschreiber für durchaus erfüllt,

wenn es einem Stück jemals gelänge, eine Frage dermaßen zu stellen, daß die Zuschauer von dieser Stunde an ohne eine Antwort nicht mehr leben können – ohne ihre Antwort, ihre eigene, die sie nur mit dem Leben selber geben können[42].

Doch wie sein Heutiger ist auch er zu sehr in einer ironischen Weltsicht befangen, zu sehr mit den Relikten der Vergangenheit belastet, als daß, was er zu sagen hat, anders als negativ ausfallen könnte. In der ironischen Brechung droht alles, Positives und Negatives, gleichgültig zu erscheinen, als reines Spiel eines tief mißtrauischen, jeglicher Bindung abholden Intellekts. Der artistische Aufbau des Stückes trägt nicht dazu bei, die Gefahr zu bannen. Dennoch wären Zweifel an der ehrlichen Erschütterung des Autors verfehlt, ja zuweilen scheint es, als ob Ironie hier einen Schutzwall vor der tiefsten Verzweiflung errichte.

Zweimal Krise des Vertrauens

CARL ZUCKMAYER: «DAS KALTE LICHT»

Neben der visionären Vorwegnahme der Apokalypse in Kaisers «Gas»-Dramen, neben Frischs intellektuellem Spiel um die Chinesische Mauer und den Physikerdramen von Brecht, Dürrenmatt und Kipphardt nimmt sich Zuckmayers 1955 uraufgeführtes Drama aus wie eine mittelmäßige Kolportage. Man könnte versucht sein, es als unerheblich zu übergehen, böte nicht gerade die besondere Art seines Mißlingens, die Tatsache, daß ein so routinierter Bühnenschriftsteller wie Zuckmayer sich von der Atomproblematik völlig in die Irre führen ließ, Anlaß zu weiterführenden Überlegungen.

Die historische Grundlage des Stückes bildet die Geschichte des deutsch-englischen Atomspions Klaus Fuchs. Fuchs, 1911 als Sohn eines protestantischen, der sozial-religiösen Bewegung verpflichteten Pfarrers in Rüsselsheim geboren, gehörte von 1930 bis 1932 der Sozialdemokratischen, dann der Kommunistischen Partei Deutschlands an. Nach Hitlers Machtergreifung emigrierte er zuerst nach Frankreich, darauf nach England, wo er sein Physikstudium beendete. Im Mai 1940, nach dem deutschen Überfall auf Holland und Belgien, wurde er als «feindlicher Ausländer» verhaftet und nach Kanada deportiert. 1941 kehrte er auf Veranlassung des Atomforschers Peierls nach England zurück. Um ihm den Zugang zu geheimem, kriegswichtigem Material zu ermöglichen, erhielt er das englische Bürgerrecht. In den letzten Kriegsjahren arbeitete er zuerst in England, dann in New York und ab 1944 in Los Alamos an der Atombombe mit. Nach dem Krieg übernahm er die Leitung der Abteilung für theoretische Physik im englischen Atomforschungszentrum Harwell.

70

Während der ganzen Zeit seiner Beschäftigung am Atomprojekt, vom Herbst 1941 bis ins Jahr 1949, lieferte Fuchs dem sowjetischen Geheimdienst Material von unschätzbarem Wert, ohne Verdacht zu wecken. 1950 legte er ein freiwilliges Geständnis ab, wurde zu vierzehn Jahren Zuchthaus verurteilt, jedoch 1959 begnadigt und in die DDR abgeschoben.

Dem fast reißerisch anmutenden äußeren Geschehen entspricht ein ungemein komplexes inneres. Wie war es möglich, daß Fuchs ein Jahrzehnt lang Atomdaten verraten konnte, ohne entdeckt zu werden? Im Geständnis, das er 1950 zuhanden des englischen Geheimdienstes ablegte, schrieb er:

Im Lauf dieser Arbeit fing ich natürlich an, persönliche Freundschaftsbande zu bilden, und diese mußte ich vor meinen inneren Gedanken verbergen. Ich benutzte meine marxistische Philosophie, um in meinem Geist zwei getrennte Abteilungen zu schaffen: in der einen erlaubte ich mir, Freundschaften zu schließen, persönliche Beziehungen zu haben, Menschen zu helfen und in jeder Weise die Art von Mensch zu sein, die ich sein wollte, so wie ich früher auf eine persönliche Weise mit den Freunden stand, die zur Kommunistischen Partei gehörten oder ihr nahestanden. Ich konnte mit anderen Leuten frei und gelöst und glücklich sein, ohne befürchten zu müssen, mich aufzudecken, weil ich wußte, daß die andere Abteilung eingreifen würde, wenn ich mich dem Gefahrenpunkt näherte. Ich konnte die andere Abteilung vergessen und mich doch auf sie verlassen. Es schien mir damals, daß ich ein «freier Mensch» sei, weil es mir gelungen war, mich in der anderen Abteilung von den mich umgebenden Kräften der Gesellschaft ganz unabhängig zu machen. Wenn ich jetzt darauf zurückschaue, scheint mir, daß es am besten zu erklären ist, wenn ich es eine kontrollierte Schizophrenie nenne[43].

Ein höchst komplizierter und faszinierender Mechanismus! Klaus Fuchs war überzeugt, das moralische Recht auf seiner Seite zu haben. Während des Krieges gelangte er zur Überzeugung, daß die westlichen Alliierten nur darauf warteten, bis sich Deutschland und die Sowjetunion gegenseitig zerfleischt hätten, um der Welt ihr politisch-ökonomisches System aufzuzwingen. Sein Verhalten betrachtete er als einen Akt ausgleichender Gerechtigkeit; die Rolle, die er sich zuschrieb, war die eines von der Geschichte auserkorenen Werkzeuges, berufen, die Konzentration einer ungeheuren Machtfülle auf einer Seite der Welt zu verhindern. Anfänglich leitete er nur Informationen weiter, die er selbst erarbeitet hatte: wissenschaftliche Erkenntnisse, so argumentierte er, seien Allgemeingut und dürften der Internationale der Wissenschaftler nicht entzogen werden.

Seine Überzeugungen verboten es Fuchs, eine Sache zu betreiben, von deren Richtigkeit er nicht restlos überzeugt war. Zweimal, nach dem Abschluß des Hitler-Stalin-Paktes und während der Berliner Blockade 1948/49, meldeten sich Zweifel an der sowjetischen Politik; beide Male stellte er die Weitergabe von Informationen ein. Politische, wissenschaftliche, psychologische und ethische Fragen durchdringen sich im Fall Fuchs unauflöslich. Sie laufen zusammen in einer Art von weltfremdem Idealismus, der die unvollkommene Wirklichkeit nur am vollkommenen Ideal zu messen fähig ist und aus dieser Diskrepanz die Maxime seines Handelns bezieht. Er führt aber nur in einen neuen Zwiespalt, da sie zu seiner Verwirklichung den Verrat an entgegengebrachtem Vertrauen erfordert. Zeit seines Lebens war Fuchs Einzelgänger: schon in frühester Jugend, als ihn sein Vater anhielt, die Begeisterung des Wilhelminischen Deutschland für Kaiser und Armee zu verachten, später als Emigrant, als man ihn trotz seiner antifaschistischen Einstellung als «feindlichen Ausländer» brandmarkte. Nur zweimal fand der Ausgestoßene und sein Ausgestoßensein Empfindende warme menschliche Kontakte: während des Krieges in Los Alamos und später in Harwell, also immer dort, wo wissenschaftliche und menschliche Verantwortung ineinander übergingen, wo er sich als Glied einer Gemeinschaft fühlte und seine immense Intelligenz menschliche Kontakte erleichterte. Seine Freunde rühmten seine beinahe rührende Hilfsbereitschaft, mit der er allerlei Besorgungen erledigte, Kinder hütete und immer zur Stelle war, wo man ihn brauchte. Der Gemeinde der Wissenschaftler fühlte sich Fuchs zugehörig und verantwortlich. Nachdem er sein Geständnis abgelegt hatte, fragte er: «Wissen Sie, was das für Harwell bedeutet[44]?» Und als er ausgebürgert werden sollte, äußerte er den Wunsch, Engländer zu bleiben. Dennoch betrieb er Verrat in ungeheuerlichem Ausmaß – übrigens ohne irgendeine Entschädigung anzunehmen.

Die Problematik des Falles Fuchs bewegt sich auf drei Ebenen: der wissenschaftlichen, der politischen und der menschlichen. Geht es an, die Ergebnisse wissenschaftlicher Forschung, die keine nationalen Grenzen kennt, aus Gründen der Machtpolitik der allgemeinen Kommunikation zu entziehen? Darf ein einzelner Staat oder eine Gruppe von Staaten mit Hilfe wissenschaftlicher Erkenntnisse, die ihm nicht allein gehören, weil sie auf den Vorarbeiten vieler Generationen basieren, eine Machtposition erlangen, die ihn instand setzt, jeden anderen zu beliebiger Stunde zu vernichten? Was ist von einem Wissenschaftler zu halten, der, um einen Zustand, den er als radikal unmoralisch betrachtet, zu ändern, seine Freunde und das Land, das ihm Asyl gewährt hat, verrät? Kann wissenschaftliche Arbeit von ihren politischen Implikationen getrennt werden? Findet sie ihr Ziel und ihre Rechtfertigung in sich selbst? Kann sich ein Einzelner anmaßen, über Recht und Unrecht zu entscheiden?

Zuckmayer, als Dramatiker und Bühnenpraktiker zweifellos begabt, ist mit dem Stoff nicht zuwege gekommen. Sein Stück nimmt eine unglückliche Mittelstellung zwischen Fiktion und dokumentarischer Treue ein. Die Behauptung des Autors, er habe den

> persönlichen Charakter, das private Schicksal des Klaus Fuchs in keiner Weise «benutzt», nicht einmal informatorisch, wodurch die volle Distanz, auch die Achtung vor dem Eigenrecht eines noch lebenden Menschen, hergestellt und bewahrt[45]

sei, läßt sich wohl für das innere Geschehen, das er in unverantwortlicher Weise vereinfacht und umdeutet, nicht aber für die Verwendung der Fakten aufrechterhalten. Hier folgt Zuckmayer bis in kleinste Einzelheiten und Charakterzüge seinem Vorwurf, so daß Vergleiche und Bezüge sich auf jeder Seite aufdrängen. Die Fragen, die sich bei der Darstellung der historischen Ereignisse und der Persönlichkeit Fuchs' stellten, umgeht er oder tippt sie höchstens an. Statt dessen zeichnet er das Psychogramm eines introvertierten Sonderlings, der sich durch Verrat an einer ihn ewig zurücksetzenden Gesellschaft rächt.
Wurzel des Verrats ist Wolters' spielerisches Verhältnis zur Macht. In der ersten Szene (sie spielt im September 1939) spricht ihn der Sowjetagent Buschmann in einem Londoner Park an. Gleichsam nebenbei klingt das Grundmotiv des Stückes an. Einem spielenden Kind ist der Ball entglitten, Wolters hat ihn aufgefangen und wiegt ihn nun in der Hand:

> Wolters: *Die Macht auf Erden, die ist in ein paar Formeln komprimiert. Und wer die weiß – der könnte den Erdball so in der Hand halten – und wägen – und wegwerfen, wenn er ihn nicht mehr liebt*[46].

Noch widersteht Wolters der Versuchung, obwohl seine Lebensbedingungen als Emigrant und Stipendienempfänger nicht die besten sind. Erst einige Erlebnisse der folgenden Jahre machen ihn reif für den Verrat: die Deportation nach Kanada, die Brandmarkung als feindlicher Ausländer, das Scheitern der Liebe zu seiner norwegischen Kollegin Hjördis, die er aus Schüchternheit nicht einmal anzusprechen wagt, seine Verbitterung über die ständige, teils selbstverschuldete, teils im Kontrast seiner zurückhaltenden Art zur hemdsärmeligen Robustheit seiner Umgebung begründete Zurücksetzung – Motive, die allenfalls einem durchschnittlichen Verräter zuzubilligen wären, aber weder die Gewissenskämpfe des Klaus Fuchs noch die im Nachwort angetönte Wolters-Problematik hinreichend begründen. Der Mensch, heißt es da, tritt [...], wie in den antiken Tragödien, aus seinen natürlichen und sittlichen Grenzen heraus, greift ins Weltschicksal ein. An diesem Übertritt wird er schuldig, an dieser Schuld muß er scheitern. Die Erkenntnis der Schuld, durch die dramatische Gegenüberstellung mit einem in seinen menschlichen Grenzen intakt Gebliebenen, ist die Wurzel einer möglichen Entsühnung[47].

Paradoxerweise trifft der Versuch, das Drama auf einen klassischen Nenner zu bringen, zwar weitgehend die echte Tragik des Falles Fuchs, nicht aber die psychologisierende, Wertvorstellungen – die im kleinen, geschlossenen Kreis Gültigkeit haben mögen – unbesehen auf die Menschheitsproblematik übertragende Bearbeitung. Wolters fällt weder einer ungeheuerlichen Schuld zum Opfer noch einem unabänderlichen Factum, sondern allein seinem Unvermögen die wirkliche oder eingebildete menschliche Distanz zu seiner Umgebung zu überwinden.

Was immer Fuchs zu seiner Rechtfertigung vorbrachte – den Wahn, von der Geschichte ausersehen zu sein, die Welt ins Lot zu rücken, eine naiv-idealistische Begeisterung für die sozialen Experimente in der Sowjetunion, die Internationalität wissenschaftlicher Arbeit – legt Zuckmayer, Wolters' Respektabilität und Glaubwürdigkeit untergrabend, Ketterricks infantilem Assistenten Fillebrown in den Mund. Wolters' Eigen ist schließlich nur noch der Wunsch, «fort aus der ganzen Verstrickung[48]» zu kommen; wie Kaisers Milliardärssohn, wie Immermanns Hermann, wie Möbius und Oppenheimer sehnt er sich, aller Verpflichtungen und Verantwortungen ledig einen locus amoenus zu finden. Seine Handlungen erscheinen als bloße Rationalisierungen eines Minderwertigkeitsgefühls, und die Folgen seines Tuns betreffen wiederum nur seine eigene Seele.

Sie zu retten hat sich der englische Geheimdienstmann Northon vorgenommen. Christoph Kolumbus in Frischs «Chinesischer Mauer» spricht von den «Kontinenten der eigenen Seele[49]», die noch unentdeckt vor uns lägen und die allein zu entdecken sich lohne, Northon von einem «inneren Licht», «das man unter den hohlen Händen bewahren muß[50]».

Northon: *All die Konflikte, um die es heute zu gehen scheint, haben nur ephemere Bedeutung. Zutiefst aber geht es immer um die Selbstentscheidung des Menschen, vor seinem Schicksal und in seiner Seele[51].*

Um dieses innere Licht zu erlangen, muß Wolters den Bannstrahl des «kalten Lichtes», «das von außen kam und mich mit einem inneren Frost erfüllte[52]» überwinden – eine metaphorische Umschreibung seiner Absage an den Glauben an einen vernünftigen und notwendigen Gang der Geschichte und die aus ihm abgeleitete Verpflichtung, sich seinem Gesetz, selbst um den Preis des Verrats, zu unterwerfen.

Nachdem Northon Wolters bewogen hat, ein freiwilliges Geständnis abzulegen, gleitet die Szenerie endgültig ins Melodrama ab. In der letzten Szene sucht Northon die inzwischen verwitwete Hjördis auf einer Bank im selben Park auf, in dem einst Buschmann den jungen Wolters angesprochen hat, um ihr Wolters' Verhaftung mitzuteilen.

Hjördis: *Wird es lange dauern?*
Northon: *Bestimmt nicht für immer. Eine Reihe von Jahren ...*
Hjördis: *Wie viele, glauben Sie?*
Northon: *Zehn vielleicht, wenn die Richter milde sind.*
Hjördis: *Seine besten Jahre.*
Northon: *Vielleicht werden es wirklich seine besten sein. Ich glaube daran. Er ist noch jung*[53].

Wolters hat das innere Licht gefunden, Hjördis wird auf ihn warten, der Verrat ist gesühnt. Ob sein Handeln für die Welt nützlich oder schädlich war, ob Wolters einer Täuschung zum Opfer gefallen ist oder als «mutiger Mensch» auf seine Weise einen (moralisch vielleicht anfechtbaren) Ausweg aus einem tödlichen Dilemma gesucht hat, kümmert Zuckmayer nicht. Weder die Verantwortung wissenschaftlicher Erkenntnisse noch die Probleme, die ein geistig und seelisch noch nicht bewältigter Machtzuwachs aufwirft oder die Perspektive einer auf Wissenschaft gegründeten globalen Diktatur mit der steten Bedrohung der Existenz der Gattung homo sapiens stehen zur Diskussion. Zuckmayer will den Leser glauben machen, worum es gehe, sei

nicht die Spaltung des Atoms, sondern die Krise des Vertrauens. [...] Der moderne [Gewissenskonflikt] ist [...] spezifisch abgewandelt und charakterisiert durch die Abwesenheit des metaphysischen oder religiösen Motivs. An seine Stelle tritt zweierlei: der Totalitätsanspruch einer gesellschaftlichen Doktrin – und die Prädominanz der wissenschaftlichen Erkenntnis. Beide gemeinsam üben eine Faszination aus, deren greller Schein den sittlichen Aspekt verdunkelt, die einfachen Grundlagen menschlichen Rechts- und Ehrgefühls verwirrt und verblendet[54].

Lassen sich aber die Bereiche so säuberlich trennen? Zuckmayers Glauben an eine ungebrochene Ordnung der Welt, an verpflichtende Leitbilder und Verhaltensnormen und sein Trugschluß, Freundschaft und redliches Bemühen um die «einfachen Grundlagen menschlichen Rechts- und Ehrgefühls» vermöchten die Konflikte dieser Welt zu lösen, verhindern, daß sie überhaupt zur Sprache kommen.
Zuckmayer verfehlt sein Thema in doppelter Hinsicht. Weder gelingt es ihm, den Fall Fuchs psychologisch zu durchdringen und aufzuschließen noch die «Krise des Vertrauens» am symptomatischen Einzelfall zwingend und glaubhaft Gestalt annehmen zu

75

lassen. Die neue Qualität wissenschaftlichen und politischen Verhaltens in einer Welt unumschränkter Gewalt, die tragische Komplementarität von Freiheit und Bindung klammert er aus seinem Stück aus; Fuchs' kindliche Naivität, der meinte, sein Vergehen durch den Beweis echter Reue sühnen und seine Stellung in Harwell behaupten zu können, verharmlost er zur rührseligen Bekehrung. Etwas maliziös, aber durchaus treffend faßt Marianne Kesting die Moral des «Kalten Lichts» in der lapidaren Feststellung zusammen, «daß es moralisch sei, die Atombombe für den Westen zu konstruieren, aber höchst unmoralisch, ihr Herstellungsrezept dem Osten zu verraten[55]». Reißerische Milieuschilderungen, auf Klischees reduziert, szenische Gags und Knalleffekte, die gegen Ende dem dürftigen inneren Geschehen aufhelfen sollen, verdecken den Konflikt eher, als daß sie ihn zwingende Gestalt annehmen ließen[56]. Vollends aus der Mottenkiste Zuckmayerscher Dramatik stammen die Nebenfiguren: der kraftstrotzende, unproblematische Löwenschild, der amoralische Nationalist und Machtpragmatiker Ketterick, der die Wissenschaft seinen Gott nennt und nicht davor zurückscheut, den Abwurf einer Atombombe auf Moskau und einer weiteren auf Tokio zu empfehlen, sein von kindischer Russenschwärmerei befallener Assistent Fillebrown, der hirnlose, Wolters auf seltsame Weise freundlich gesinnte Agent Buschmann: offensichtlich vermochte sich Zuckmayer nicht von der weinseligen Fröhlichkeit, den vollsaftigen Kraftnaturen und verstiegenen Schwärmern des «Fröhlichen Weinbergs» zu lösen.

Immerhin bewies er ein gewisses Maß an Einsicht in das Mißlingen seines «Beitrags zum kalten Krieg[57]»: in der Autobiographie «Als wärs ein Stück von mir», wo Entstehung und Aufführung jedes einzelnen Stücks ausführlich beschrieben werden, fällt über «Das kalte Licht» kein einziges Wort.

HANS HENNY JAHNN:
«DIE TRÜMMER DES GEWISSENS»

Die «Krise des Vertrauens» ist auch das zentrale Thema in Jahnns nachgelassenem, erst 1961 in Hamburg unter dem Titel «Der staubige Regenbogen» uraufgeführtem Drama. Doch sind die Bezüge und Perspektiven, in denen sie in diesem stilistisch einem epigonalen Expressionismus verpflichteten Bühnenwerk erscheinen, der simplifizierenden Schwarzweißmalerei Zuckmayers weit überlegen. Zuckmayer verstrickt seinen Wolters in persönliche Schuld, er wirft ihm vor, vom rechten Weg abgeirrt zu sein und führt ihn «durch die

76

dramatische Gegenüberstellung mit einem in seinen menschlichen Grenzen intakt Gebliebenen» einer privaten, für die Gesellschaft unerheblichen und als Leitbild untauglichen Sühne zu; Jahnn begreift die Krise als allgemeines Schicksal, das in mutigem Entschluß zu überwinden dem Menschen als Aufgabe gestellt ist.

Als roter Faden zieht sich die Chervat-Handlung durch das Geschehen. Jakob Chervat, Forschungsdirektor eines gigantischen Atomwerkes, hat, verführt durch scheinbare Macht und Verantwortung, für Geld und Ruhm seinen Seelenfrieden und das Glück seiner Familie dahingegeben und zur Vorbereitung eines verbrecherischen Krieges beigetragen. Während er noch wähnt, mit sich und seiner Bestimmung im reinen zu sein, seinem Land und der Wissenschaft zu dienen («Wir sind [. . .] Verschwörer, die zur Wahrheit stehen, mag sie nützlich, schädlich, willkommen, unerwünscht sein[58]»), hat sein politischer Vorgesetzter, «Exzellenz» Sarkis, schon längst die Hand auf ihn gelegt. Chervat ist Gefangener seiner Formeln, eine Marionette der Machthaber, verurteilt, im goldenen Käfig materiellen Reichtums und innerlicher Verarmung zu leben. Der Besuch seines Jugendfreundes Alexander Ducasse, nun Redaktor einer oppositionellen Zeitung, öffnet ihm die Augen. Ducasse berichtet von einem schrecklichen Unfall im Werk, dessen wahres Ausmaß man Chervat verschwiegen hat. Von Chervat zur Rede gestellt, bestätigt Sarkis nicht nur die Richtigkeit von Ducasses Mitteilung, sondern legt auch mit zynischer Offenheit die Beweggründe für sein Schweigen dar:

Sarkis: *Ich vertraue Ihrem Genie, der Schönheit und Unbestechlichkeit Ihrer Formeln; weniger Ihrem Charakter[59].*

Auf seine Einwände, die ethische Zuständigkeit des Wissenschaftlers für die Folgen seiner Arbeit betreffend, bekommt Chervat zu hören:

Sarkis: *Es ist eine Art von Anmaßung, wenn Sie die Katastrophe auf sich oder au die von Ihnen gelieferten Grundlagen beziehen.*
Chervat: *Es ist doch meine Arbeit.*
Sarkis: *Und die Auswertung durch tausend andere. Ich will Ihre Verdienste nicht schmälern, einzig Ihre Verantwortung.*
Chervat: *Ich muß fragen, was durch mich angerichtet wird.*
Sarkis: *Die Rechenschaft, die Sie sich abverlangen, ist Ihrer kaum würdig.*
Chervat: *Die Folgen zu bedenken wäre eines Menschen unwürdig?*
Sarkis: *Wer der Zukunft so sehr verpflichtet ist wie Sie, kann durch Zaudern schuldig werden. Wir haben, dank Ihrer Verdienste, vor anderen Gruppen im Ausland einen Vorsprung von mehreren Jahren vielleicht[60].*

Doch nun ist der Bann gebrochen. Chervat nimmt die Zerstörung wahr, die ungehemmte Machtentfaltung um ihn, bis in den Kreis seiner Familie, angerichtet hat. Seinen Sohn Elia haben Strahlen schwer geschädigt und in der sexuellen Entwicklung zurückgeworfen; ob ein zweites Kind, das seine Frau Jeanne erwartet, überhaupt lebensfähig sein wird, ist fraglich. Als noch Zeit war, es ungeboren zu lassen, hat Chervat, sich damit zum Komplizen der Macht erniedrigend und dem Mechanismus der Lüge ausliefernd, versagt: wie man ihn belogen hat, als man statt der zweitausend Toten, die die Katastrophe forderte, nur achtundsiebzig Opfer erwähnte, hat er Jeanne den Unfall überhaupt verschwiegen. Die Krise des Vertrauens entfremdet die Menschen einander, sie löst die Bindungen der Gegenwart und trennt sie von ihrem Ursprung und ihrer Zukunft.

Einen weiteren Schritt auf Chervats Weg zur Erkenntnis und zu sich selbst bezeichnet der Besuch im Laboratorium des Biologen Lambacher. Lambacher, dem eben die Züchtung von Riesenlibellen gelungen ist, gefräßigen Ungeheuern, die die Natur in weiser Voraussicht vor Jahrtausenden aussterben ließ, hat den Indianer Tiripa zu sich genommen, um auch mit ihm Experimente anzustellen. Chervat, Elia und dessen Freund Arran nehmen sich Tiripas an und befreien ihn aus Lambachers Gewalt, wenn auch zu spät, als daß sie ihn vor der schleichenden Paralyse retten könnten, die alle befällt, die in den Bannkreis einer ihre Grenzen mißachtenden Wissenschaft geraten.

Sarkis' usurpatorische Anmaßung, ohne das Wissen der legalen Instanzen seine eigene Machtpolitik zu verfolgen, und Lambachers biologische Manipulationen, seine Eingriffe in die Natur, sind Zeichen derselben Hybris, die den militärischen, politischen und wissenschaftlichen Machthabern den wahnwitzigen Plan eingibt, einen Präventivkrieg vom Zaun zu brechen, um die Vorherrschaft der weißen Rasse zu sichern. Ein System von Bunkern soll die biologisch wertvollsten Menschen sowie die Spitzen von Gesellschaft, Politik und Wissenschaft vor der Vernichtung bewahren, während die übrigen einem qualvollen Tod anheimgegeben werden.

Verstrickt in triebhafte, archaische Regungen, vergehen sich die Mächtigen der Welt wider die Natur. Doch bedeutet das Archaische umgekehrt auch Rettung und Verheißung. Tiripa, der Indianer, stellt sich auf den Standpunkt, selbst den besten Freund zu töten sei erlaubt, «aus reiner Freude am Töten[61]» – Verderben um des Verderbens willen, wie es Sarkis betreibt; andererseits aber stiftet die von ihm beschworene Blutsbrüderschaft erst ein Verhältnis unbedingten Vertrauens zwischen den Jugendlichen um Elia und Arran. Ihre Freundschaft, der «Bund der Schwachen», zu dem schließlich auch Chervat und einige andere stoßen, besteht auf der vagen Hoffnung, die Leiden und Versuchungen der Gegenwart zu bestehen und einer besseren Zukunft Bahn zu brechen. Schwärme-

78

rische Nächstenliebe und tätige Selbstverwirklichung, die Hoffnung, «daß die neuen Übungen unseres Verstandes eine neue Sittlichkeit erzwingen könnten[62]» bestimmen sie, der Gewalt die Stirn zu bieten. In einer letzten verzweifelten Anstrengung umgeht Chervat Sarkis' Sicherheitsmaßnahmen, um sich direkt an den Staatspräsidenten und den Wehrminister zu wenden und sie zu Verhandlungen mit dem Gegner aufzufordern. «Leider», so Sarkis bei seinem letzten Besuch in Chervats Haus, bleibt sein Unternehmen nicht ohne Wirkung: noch sind die Weichen zur Vernichtung nicht endgültig gestellt, noch ist der Krieg vermeidbar. Ob er es auf die Dauer sein wird, ob letzten Endes die Zerstörung oder die Vernunft triumphiert, bleibt offen. Denn nun rächt sich Sarkis. Er verlangt von Chervat, daß er sich elementarer Fehler bezichtige, um ihn zu diffamieren und unschädlich zu machen; als dieser sich weigert, kommt es zu einer blutigen Auseinandersetzung, die keiner der Verbündeten überlebt. Gift, Pistolen und Holzknüppel, die Waffen vergangener Zeiten, vernichten, was radioaktive Strahlen und Vivisektion übriggelassen haben.

Die Gefährdung des Menschen durch unkontrollierte oder gar einzig zum Zweck der Vernichtung betriebene Forschung ist das zentrale Thema von Jahnns tief pessimistischem Alterswerk. Leider erlag er der Verführung des Stoffes. Statt ihn zu reduzieren, im Mikrokosmos einer prägnanten Handlung die abstrusen und zerstörerischen Kräfte symbolisch zusammenzufassen, meinte er extensiv verfahren, die Allgegenwart der Bedrohung in eine Totalität der Darstellung zwingen zu müssen. So verwirren zahlreiche, unter sich und mit dem Hauptstrang des Geschehens nur lose verknüpfte Nebenhandlungen und Episoden die Problematik, die sie offenbar ausweiten und in wechselseitiger Spiegelung vertiefen sollten. Alle möglichen Schrecknisse versucht Jahnn einzubeziehen, ohne daß die – trotz seiner Überlänge gegebene – räumliche und zeitliche Begrenzung eines Theaterstücks erlaubte, sie denkerisch zu durchdringen und dramatisch zu erfassen: die Tötung des lebensunfähigen Kindes von Chervats Frau Jeanne, eines «Nichtwesens» ohne Sinnesempfindungen; sexuelle Probleme der Heranwachsenden und der verwitweten Mutter Arrans; Lambachers vergebliche Bemühungen, Elia mittels Urineinspritzungen doch noch zum Mann zu machen; die Prägung des Individuums durch seine Funktion (in einer albernen Simultanszene, deren unfreiwillige Komik ihre Bedeutung für das Ganze verschleiert).

Dennoch verdienen Jahnns «persönliches Leiden an dieser Zeit» und sein «prophetischer Zorn über sie[63]», das Pathos, das er gegen eine jegliches menschliche Fassungsvermögen übersteigende Be-

drohung einsetzt, Achtung und Anerkennung. «Denn», so schreibt
sein Freund und Förderer Walter Muschg, «an diesem Thema zu
scheitern ist ehrenvoller, als die Augen davor zuzudrücken[64].»
Jahnns Drama legt Zeugnis ab von dem leidenschaftlichen Engagement gegen die Atombombe, das seine letzten Lebensjahre bestimmte. Ohne im übrigen näher auf das seiner Meinung nach mißlungene
Stück einzugehen, berichtet Muschg, Jahnn habe schwer mit dem
Stoff gerungen und sich vor künstlerischem Mißlingen gefürchtet,
weil er es als schuldhaftes Versagen empfunden hätte. «Sein jäher
Tod hängt mit dem Schmerz über dieses Werk zusammen[65].»
Jahnn hat keine Lösung anzubieten, weder für das Problem noch
für unser Verhalten ihm gegenüber. Die vage Utopie, die Brecht in
«Leben des Galilei» entwirft, war ebensowenig seine Sache wie
Frischs ironische und Dürrenmatts groteske Brechung des Stoffes.
Sein Stück zwingt zur Auseinandersetzung, wo Zuckmayer im
«Kalten Licht» die beruhigende Gewißheit zu verbreiten hofft,
Konflikte dieses Ausmaßes ließen sich in der Besinnung auf «die
einfachen Grundlagen menschlichen Rechts- und Ehrgefühls» lösen.

Schuld und Sühne
Rolf Schneider: «Prozeß Richard Waverly»

Wolters und Chervat, Galilei und Oppenheimer sind die ersten
Glieder einer unendlich langen Kette. Was sie, die schöpferischen
Neuerer, erdenken, bestimmt die Hoffnungen und Befürchtungen
ganzer Völker, bringt Tod oder Hoffnung, Leiden oder Befreiung –
und nur zu oft beides in einem. Ihre Pläne, ihre Leidenschaften und
Skrupel, ihr Erfolg und ihr Versagen haben weltgeschichtliches Gewicht.
Wie aber steht es am andern Ende der Kette? Bei denen, die, ohne
gefragt zu werden, ohne vielleicht ihre Aufgabe gesucht zu haben,
die Anordnungen der Oberen ausführen, Atombomben abwerfen,
Behälter mit Giftgasen in Bereitschaft halten, um sie im geeigneten
Moment zu öffnen, hinter den Abschußrampen der Fernlenkge-
schosse sitzen, unbekannt und ruhmlos? Bei den Heerscharen von
Technikern und Arbeitern, deren Gehirne und Hände die Formeln
und Entwürfe der Gelehrten in harte Wirklichkeit umsetzen? «Man
kann die Berühmten nicht verstehen, wenn man die Obskuren nicht
durchgefühlt hat»: jene, die, im Schatten der Weltgeschichte ste-

hend, dafür sorgen, daß die Räder nicht ins Leere greifen; die Piloten, die Zeichner, die Soldaten und Laboranten, die Schlosser und Mechaniker, denen Brecht in seinem Gedicht «Fragen eines lesenden Arbeiters» ein Denkmal gesetzt hat. Wiegen nicht ihre Bedenken schwerer als die der Konstrukteure und Generäle? Denn sie stehen als einzige außerhalb der im ersten Kapitel umrissenen Wirkungszusammenhänge und Interdependenzen; ihre Beziehung zu den Massenvernichtungsmitteln ist weder diejenige des Erfinders zum Produkt seines Denkens noch die der Politiker, Militärs und Industriellen zum Instrument ihres Willens.

Paradigmatische Bedeutung für diejenigen unter ihnen, die nicht gewillt sind, Befehl mit Befehl gleichzusetzen, handle es sich nun um die Bedienung eines Straßenbahnwagens oder eines Riesenbombers, um die Herstellung von Heilmitteln oder bakteriologischen Giften, hat das Schicksal des Hiroshima-Piloten Claude Robert Eatherly. Unter den zahlreichen literarischen Bearbeitungen, zu denen es Anlaß gegeben hat, sticht das zuerst als Hörspiel, dann 1963 als Bühnenstück konzipierte halb-dokumentarische Drama «Prozeß Richard Waverly» des begabten DDR-Schriftstellers Rolf Schneider (geboren 1932) hervor. Es gibt in freier Bearbeitung den Verlauf der Gerichtsverhandlung wieder, die Eatherlys Bruder mit moralischer und finanzieller Unterstützung der Air Force im Jahre 1961 anstrengte, um ihn für unzurechnungsfähig erklären zu lassen. Es steht, so der Autor im Nachwort, «nahe jener Grenzlinie, welche literarische Fiktion und Dokumentarisches voneinander trennt[66]». Wegen des Spielcharakters der Kunst und weil ihm zur Zeit der ersten Niederschrift nur der Bericht eines texanischen Reporters, nicht aber das Protokoll des Verfahrens zugänglich war, entscheidet Schneider sich für die Fiktion.

Der Zuschauer soll dieses Mannes Erlebnisse erfahren und seine eigenen Eindrücke davon überprüfen. Erst danach sollte er daran denken, daß ihn das Spiel in eine Wirklichkeit entläßt, in der es einen wirklichen Mann Claude Eatherly gibt[67].

Schneider geht es um das Problem des Täters als Opfer. Was geht in einem Mann vor, der den Befehl erhält, eine neue Waffe im Rahmen eines Kampfauftrages zu erproben, und damit unwissentlich den Tod Zehntausender von Menschen verursacht, die er nie zuvor gesehen hat, von denen er nur weiß, daß sie (wie er) nicht gefragt worden sind, ob sie einen Krieg führen wollten? Obwohl Eatherly über die mutmaßliche Zerstörungskraft der Atombombe im unklaren gelassen wurde, fühlte er sich nach Hiroshima persönlich schuldig, vor allem, als sich nach und nach herausstellte, daß der Einsatz der Atomwaffe nicht kriegsnotwendig gewesen war. Von diesem Zeitpunkt an kreiste sein Denken und Handeln um das einzige Bedürfnis nach Sühne. In der Absicht, nach Nürnberg zu fahren und dort vor dem Kriegsverbrechertribunal Anklage gegen sich selbst wegen hunderttausendfachen Mordes zu erheben, verfaßte er eine mehrere hundert Seiten umfassende Anklageschrift. Wie zu erwarten, durchkreuzte die Air Force seine Absichten. Daraufhin schloß er sich einer Einbrecherbande an, verübte Überfälle auf Ladengeschäfte und Postämter – nicht um sich zu bereichern (die Beute überließ er wohltätigen Institutionen), sondern um endlich vor einen Richter zu kommen, seine Schuld zu bekennen und im Geständnis Ruhe zu finden.

Waverly: *Mein Gott: ich wollte vor ein Gericht. Ich wollte diese grauenvolle Schuld loswerden. Ich dachte, es würde besser werden, wenn ein Richter mir sagte: «Richard Waverly, Sie sind schuldig des Mordes an hunderttausend Menschen in Hiroshima.» Ich hatte plötzlich die verzweifelte Idee, man* müßte *mich vor ein Gericht stellen, wenn ich eine andere strafbare Tat begangen hätte*[68].

Wiederum vergeblich! Zwar wird die Clifford-Bande gefaßt und verurteilt; Eatherly jedoch, einer Gewohnheit der amerikanischen Rechtspflege folgend, als Kronzeuge freigelassen. Monomanisch besessen von dem einen Ereignis, das seine Existenz erschütterte und von Grund auf veränderte, setzt er den Kampf gegen die gleichgültige Stumpfheit der Menschen, gegen die «Trägheit des Herzens» fort – ein reiner Tor, getrieben von dem unstillbaren Wunsch nach Sühne für eine Schuld, die zum geringsten Teil die seine ist. Um die Menschen aufzurütteln und wenigstens symbolisch wiedergutzumachen, was er zerstört hat, adoptiert er fünf Waisen aus Hiroshima, besucht das Strahlenkrankenhaus, hält Vorträge und schreibt Zeitungsartikel. Am Tage nachdem Präsident Truman den Bau der Wasserstoffbombe angekündigt hat, unternimmt er einen Selbstmordversuch, begibt sich daraufhin, wie schon 1948, in eine psychiatrische Klinik, verläßt sie, ruhelos umhergetrieben, nach kurzer Zeit wieder.

Waverly: *Sir, es kann nicht mehr ungeschehen gemacht werden, was in Hiroshima war, und mir kann niemand abnehmen, was ich getan habe. Aber ich möchte der einzige bleiben, Sir, der einzige Mensch in dieser Welt, der jemals einen solchen Befehl hat ausführen müssen*[69].

Schneiders Drama bringt die Tragik des kleinen Mannes, des Ausführenden, des unschuldig Schuldigen, der mit unzulänglichen Mitteln gegen Barbarei und Vernichtung ankämpft, der sich als einzelner mit der perfekten Maschinerie der mächtigsten Militärmacht der Welt anlegt und dabei heroische Größe beweist, obwohl er endlich unterliegt und zertreten wird, mit unübertrefflichem Sinn für dramatische Wirkung zum Ausdruck. Ohne auf Kritik zu verzichten, vermeidet Schneider Klischees. In den Nebenfiguren, den An-

82

wälten und Zeugen, erscheint das ganze Spektrum einer zutiefst zerrissenen, uneinigen und unsicheren, allein durch die Beschwörung tradierter Ideale vor der Auflösung bewahrten Gesellschaft. Nähme sie Waverlys Gewissensqualen ernst, müßte sie sich einer gnadenlosen Selbstprüfung unterziehen, die Tragfähigkeit ihrer Ideale an der Realität messen und ihrem blinden Glauben an die Vortrefflichkeit des amerikanischen way of life entsagen. Da sie zu einem solchen Prozeß der Selbstreinigung nicht bereit ist, hat in ihr Waverly, der kompromißlose Moralist, der Fanatiker der Gerechtigkeit, keinen Raum. «Waverly *hat* verrückt zu sein. Es gibt keine andere Lösung[70].» So läuft die Strategie der Anklage denn auch darauf hinaus, jeglichen direkten Zusammenhang zwischen dem Erlebnis von Hiroshima und Waverlys kriminellen Taten zu leugnen, ihn als geisteskranken Gemeinverbrecher einzustufen, um seine Fragen beiseitezuschieben.

Die Gerichtsverhandlung, formal zweifellos korrekt durchgeführt, klammert, indem sie sich auf die objektiv feststellbaren Tatsachen und die psychiatrische Analyse von Waverlys Persönlichkeit beschränkt, den eigentlichen Konflikt aus der Erörterung aus: die Motive, die einen Menschen bewegen mögen, eine Gesellschaft, die zuläßt, daß hunderttausend Japaner um eines machtpolitischen Vorteils willen getötet werden, mit allen Mitteln aus ihrer satten Selbstsicherheit aufzustören. Denn nicht unter dem Einfluß irgendeiner Weltverbesserungstheorie (wie der Anwalt der Anklage suggerieren möchte), sondern aus eigenem Erleben, selbstlos und bei aller Donquichotterie von tödlichem Ernst beseelt, wandte Eatherly-Waverly sich gegen die sinnlose Vernichtung von Menschenleben, mit der rigorosen Entschiedenheit eines Mannes, der seine Lebensaufgabe gefunden hat.

Wäre die Jury in allen Punkten dem Antrag auf Entmündigung gefolgt, hätte sie die Verwaltung von Waverlys nicht unbeträchtlichem Vermögen seinem bankrotten Bruder übertragen und ihn selbst in eine geschlossene Anstalt einweisen müssen. Doch gelangte sie zum schäbigsten aller denkbaren Urteilssprüche: Waverly wurde für so krank befunden, daß er sich in eine Klinik zu begeben habe, aber für so gesund, sein Vermögen selbst verwalten zu können.

Galilei wurde gezwungen, vor dem Inquisitionstribunal seine Überzeugungen zu widerrufen, Oppenheimer vor dem Sicherheitsausschuß als potentieller Landesverräter hingestellt; Eatherly, die sowjetischen Schriftsteller Amalrik, Daniels und viele andere verschwanden im Irrenhaus: wo eine Macht sich unbequemer Fragen nicht mehr zu erwehren weiß, vor physischer Vernichtung aber zurückscheut, greift sie zur psychischen Gewalt, zu den Methoden der Diffamierung und Verunglimpfung.

Bertolt Brecht: Leben des Galilei

Wer in den Wissenschaften Fortschritte und in
der Moral Rückschritte macht, der macht mehr
Rück- als Fortschritte.   (Aristoteles)

Vorbemerkung

Mit keinem seiner Stücke hat Brecht sich länger und intensiver beschäftigt als mit «Leben des Galilei»; das Nachlaßverzeichnis führt zu ihm mehr Nummern an als zu jedem anderen[1]. Im Laufe von beinahe zwei Jahrzehnten entstanden nicht weniger als drei in Anlage und Intention höchst unterschiedliche Fassungen[2]. Keines hat widersprüchlichere Deutungen erfahren. Einige westliche Interpreten wollen in ihm die Bestätigung für Brechts angebliche Resignation während der letzten Ostberliner Jahre finden – ungeachtet der Tatsache, daß die Textstellen, die sie als Beweis anführen, zum größten Teil bereits 1947 im amerikanischen Exil niedergeschrieben wurden. Marxistische Auslegungen sehen die Galilei-Problematik umgekehrt in einem einseitigen Zusammenhang mit Brechts mißlichen Erfahrungen in Amerika, mit der «Kriegstreiberei» der USA und neofaschistischen Tendenzen in den kapitalistischen Staaten, wenn sie nicht gar eine Apologie der jeweiligen KP-Doktrin herauslesen[3].

Weder biographische noch zeitgeschichtliche Kongruenzen, so verblüffend sie im einzelnen Fall aussehen mögen, reichen jedoch aus, das Phänomen «Galilei» zu erklären. Eine Interpretation, die sich um Sachlichkeit bemüht, wird, bei der ungemein komplizierten Entstehungsgeschichte und den zahlreichen Bezügen zu Brechts Gesamtwerk – vollendeten Dramen, Gedichten und theoretischen Abhandlungen ebenso wie Fragmenten und Plänen – zunächst einen ausführlichen Kommentar herstellen müssen, der die geschichtliche Spannung zwischen dargestellter Vergangenheit und intendiertem Einfluß auf die Gegenwart gleichermaßen berücksichtigt wie theoretische Aspekte von Galileis Wissenschaft, soweit sie das Drama unmittelbar beeinflußten. Besondere Aufmerksamkeit verdienen die Abweichungen der ersten, bisher nicht vollständig gedruckten Fassung von der dritten; an ihnen läßt sich, wie sonst wohl nirgends in seinem Werk, die Wandlung von Brechts Verhältnis zu seiner eigenen Arbeit, zu Methoden und Ergebnissen der exakten Wissenschaften exemplarisch ablesen.

Vom «Einverständnis» zur «Freundlichkeit»

Seit er am Tage nach dem Reichstagsbrand Deutschland verlassen und nach monatelanger Irrfahrt kreuz und quer durch Europa in der Idylle des Svendborger Bauernhauses eine vorläufige Bleibe gefunden hatte, stand Brechts Schaffen ganz im Zeichen des Kampfes gegen den Faschismus. Freilich führte er diesen Kampf oft mit erschreckender Naivität. So klug und differenziert er in manchen Szenen der halbdokumentarischen Revue «Furcht und Elend des Dritten Reiches» die Unmenschlichkeit des nationalsozialistischen Terrors, seine alle menschlichen Bindungen zerstörenden Auswirkungen auf das alltägliche Leben des Durchschnittsbürgers einfing – sobald er sich an eine umfassendere Deutung des Phänomens aus seinen historischen und gesellschaftlichen Voraussetzungen wagte, verfiel er einem schematischen Klassendenken. Das Grundböse, Atavistische, Archaische im Faschismus blieb dem Rationalisten Brecht zeitlebens verschlossen. Seine sämtlichen Hitlerstücke («Die Rundköpfe und die Spitzköpfe», «Der aufhaltsame Aufstieg des Arturo Ui», «Turandot oder Der Kongreß der Weißwäscher») variieren die vulgärmarxistische These vom Faschismus als transitorischer Verschärfung des Klassenkampfes, als durch abstruse Rassentheorien bewußt verschleiertes Arrangement der Besitzenden zum Nachteil der Besitzlosen in einem Moment, wo der Kapitalismus in seiner Existenz gefährdet ist.

Auch über die Dauer und den Rückhalt der faschistischen Herrschaft gab er sich einem trügerischen Wunschdenken hin. Noch 1939 glaubte er offenbar, der Nationalsozialismus werde in kurzer Zeit an seinen eigenen Widersprüchen, an der Unvereinbarkeit der in ihm zusammengeflossenen Erwartungen oder am Widerstand der demokratischen Kräfte zugrundegehen («Gedanken über die Dauer des Exils»). Der um sich greifenden Ratlosigkeit angesichts der politischen und wirtschaftlichen Erfolge der neuen Ordnung setzte er ebenso romantisch wie wirklichkeitsfern die individuell-revolutionäre Tat, den heroischen Entschluß der zu politischem Bewußtsein gelangten Unterdrückten entgegen («Die Gewehre der Frau Carrar»).

Es scheint, daß Brecht, Jahre nach Hitlers Machtergreifung, noch immer überzeugt war, Europa befinde sich in einer revolutionären oder wenigstens prärevolutionären Situation. Anders ist nicht zu erklären, wie er dazu kam, in seinem Werk eine politische Initialzündung zu propagieren. Denn zumindest theoretisch war die direkte Aktion für Brecht zu dieser Zeit nicht die einzig denkbare Form der Verwirklichung seiner Ideale. Schon der Kontrollchor in der «Maßnahme» (1930) definiert die höchste Tugend des Marxisten als die Fähigkeit, sich jeder Situation adäquat zu verhalten:

Wer für den Kommunismus kämpft, der muß kämpfen können und nicht kämpfen; die Wahrheit sagen und die Wahrheit nicht sagen; Dienste erweisen und Dienste verweigern; Versprechen halten und Versprechen nicht halten; sich in Gefahr begeben und die Gefahr vermeiden; kenntlich sein und unkenntlich sein. Wer für den Kommunismus kämpft, hat von allen Tugenden nur eine: daß er für den Kommunismus kämpft[4].

Dieses ebenso zynische wie für die mittlere Periode von Brechts Werk fundamentale Statement enthält einerseits die Bereitschaft, mit offenem Visier und unter Mißachtung des eigenen Lebens die Revolution zu betreiben (d.h. die Haltung des revolutionären Kämpfers), andererseits die totale Mimikry, wie sie nach einer zur selben Zeit entstandenen Keuner-Geschichte den «Wissenden» auszeichnet, der in diesem Stadium von Brechts Auseinandersetzung mit dem Marxismus noch identisch ist mit dem Bewahrer des Dogmas:

«Wer das Wissen trägt, der darf nicht kämpfen; noch die Wahrheit sagen; noch einen Dienst erweisen; noch nicht essen; noch die Ehrungen ausschlagen; noch kenntlich sein. Wer das Wissen trägt, hat von allen Tugenden nur eine: daß er das Wissen trägt», sagte Herr Keuner[5].

Gemeint ist nicht die feige Distanzierung von der Weltgeschichte, wie sie Andreas Kragler praktiziert, sondern ein taktischer Rückzug in Situationen, die für eine gewaltsame Lösung noch nicht reif sind. Der ersetzbare Kämpfer muß sich notfalls im Interesse der Sache mit seiner physischen Auslöschung einverstanden erklären, der unersetzliche Theoretiker mit seiner moralischen. Um sein Wissen zu schützen, hat er jedem Kampf auszuweichen, sich lieber dem Unverständnis und der Verachtung selbst seiner Mitkämpfer auszusetzen, als mit seiner physischen Existenz auch den Fortbestand seiner Erkenntnisse zu gefährden.
In den folgenden Jahren wandelte sich dieses rein mediale Verständnis der Vernunft zu einem umfassenderen Vertrauen in die ihr innewohnende evolutionäre Kraft. Die Vernunft: das ist nun ein selbständig wirkendes Agens, nicht mehr die List, ein vorgegebenes Dogma durchzusetzen. Ihre Methode ist der fruchtbare Zweifel, die unvoreingenommene Überprüfung des Bestehenden auf seinen Wahrheitsgehalt und seine Verwendbarkeit mit dem Ziel, die Welt nach den Bedürfnissen der Menschen zu gestalten.

Inzwischen konsolidierte sich die faschistische Herrschaft in Deutschland und Italien zusehends. An eine militärische oder auch nur verbale Intervention der großen Demokratien war spätestens seit dem Anschluß Österreichs und der Bankrotterklärung von München nicht mehr zu denken – ganz abgesehen davon, daß Brecht eine solche Intervention bestenfalls als Vertauschung eines großen Übels gegen ein kleineres empfunden hätte. Die Arbeiterschaft, auf die er seine Hoffnungen gesetzt hatte, kam, desorganisiert und gespalten, als Träger eines Umsturzes nicht mehr in Frage.

Umso größere Bedeutung gewann das Verhalten derjenigen Intellektuellen, die, ohne mit dem Regime zu paktieren, in Deutschland verblieben waren. Jedes starr ideologisch fixierte System trachtet danach, sämtliche Lebensbereiche, angefangen mit Kunst, Literatur, den Massenmedien und den Gesellschaftswissenschaften, mit zunehmender Stabilisierung aber auch die gemeinhin als apolitisch betrachteten exakten Wissenschaften auf die Staatsideologie zu verpflichten. Auf dem Höhepunkt der Gleichschaltung durften in der Sowjetunion die Mendelschen Gesetze jahrelang nicht gelehrt werden, weil sie dem Dogma von der ausschließlich sozialen Determination des Menschen widersprachen; aus religiösen Gründen war noch vor wenigen Jahren Darwins Deszendenztheorie aus den Schulen der amerikanischen Südstaaten verbannt; unter der Naziherrschaft verlachte der Nobelpreisträger Philipp Lenard in seiner «Deutschen Physik» Relativitätstheorie und Quantenmechanik als «jüdischen Weltbluff». Wer weiterhin für die verpönten Lehren eintrat, und sei es unter dem Schutzmantel äußerlicher Konformität, leistete somit Widerstand gegen den herrschenden Meinungsterror, in der einzigen Form, in der Widerstand überhaupt noch möglich war. In einer Welt der Lüge kam das Festhalten an der Wahrheit einem politischen Bekenntnis gleich – und Wahrheit war alles, «was die Unwahrheit negierte und versuchte, sie zu überlisten und zu besiegen[6]».

Die «sanfte Gewalt der Vernunft» erwies sich mit einem Mal als Waffe gegen die totalitäre Herrschaft; die Waffe des «Wissenden», der, indem er in einer Zeit der Verwirrung das wissenschaftliche Ethos bewahrt, es zugleich gegen alle irrationalen Mächte der Gegenwart ins Feld führt. Nachdem Brecht einmal die politische Relevanz dieses seinen dogmatischen Schriften und Lehrstücken noch fremden alternativen Verhaltensmusters erkannt hatte, rückte es immer mehr in den Mittelpunkt seines Werkes. Eine erste programmatische Formulierung fand es in der Schrift über die «Fünf Schwierigkeiten beim Schreiben der Wahrheit» (geschrieben 1935, veröffentlicht 1939). Das Denken, heißt es da, auf welchem Gebiet es immer erfolge, sei der Sache der Unterdrückten nützlich. Und:

«Eine Betrachtungsweise, die das Vergängliche besonders hervorhebt, ist ein gutes Mittel, die Unterdrückten zu ermutigen[7].» Nicht mehr das «Einverständnis», sondern die dialektische *Veränderung*, begründet auf den Zweifel am Hergebrachten und gestützt auf die Vernunft, bildet fortan den Zentralbegriff von Brechts Werk.

In seinem lyrischen und dramatischen Schaffen manifestiert sich diese liberalere, aufgeklärt marxistische Auffassung seit dem Jahre 1938. Auf die proletarischen Helden, die aus tiefster Verzweiflung über das Elend und die Ungerechtigkeit der Welt zur Revolution aufrufen (übrigens, in merkwürdiger Verkehrung der traditionellen Geschlechtercharakteristika, ausnahmslos Frauen: Johanna Dark, Pelagea Wlassowa, Teresa Carrar) folgen die intellektuellen, unpathetisch optimistischen, die ihre ganze Hoffnung auf die Zukunft setzen. Ihre Grundhaltung ist die geduldige «Freundlichkeit» (Brechts Leitbegriff in seinen späteren Jahren), ihr Mut der Mut dessen, der seine Existenz als unsichere, vorläufige anzuerkennen und anzunehmen bereit ist, der auf jedes Märtyrertum, ja auf jede Rechtfertigung vor seiner Umwelt verzichtet, weil er weiß, daß der unbestimmten, fernen, aber gläubig erwarteten Zukunft mit der Erhaltung seiner Produktivkraft besser gedient ist als mit einer aussichtslosen Demonstration seiner Gegnerschaft zu den herrschenden Mächten. «Wer das Wissen trägt, hat von allen Tugenden nur eine: daß er das Wissen trägt»: aber dieses Wissen ist nun identisch mit der Vernunft.

«Freundlichkeit» entfaltet sich in Brechts Werk in verschiedenen Abstufungen und Abtönungen. Der weise Lao Tse, der vor der zunehmenden «Bosheit» in die Emigration flieht, hinterläßt an der Grenze als Quintessenz seiner Lehre den Satz, daß «das weiche Wasser in Bewegung mit der Zeit den mächtigen Stein besiegt[8]». Schweyk, der Kleinbürger, «der Jasager, der nein denkt[9]», verschafft sich durch ironisch gebrochene Servilität einen geistigen Freiheitsraum, der ihm ermöglicht, die Anordnungen der Okkupanten ad absurdum zu führen, indem er sie genauestens befolgt, ihr Imponiergehabe der Lächerlichkeit preiszugeben, sie gegeneinander auszuspielen – und gleichwohl zu überleben. «Die großen Pläne werden zunichte über dem kleinen Plan des Kleinen, zu überleben[10].»

Die eindrücklichste und reifste dieser humanen, optimistischen Gestalten ist aber zweifellos Galileo Galilei. Brecht hat ihn, auch wenn er es später leugnete, im Sinne der «Fünf Schwierigkeiten beim Schreiben der Wahrheit» als Beispiel für die Vergänglichkeit ideologischen Zwanges konzipiert. Der Galilei von 1938 ist ein Galilei, wie ihn die Legende haben will, ein genialer Wissenschaftler, der in einer hoffnungslosen Situation widerruft, aber sein wissenschaftliches Werk fortsetzt und vollendet. Nicht weniger mutig als Brechts Kämpfergestalten setzt er, unprätentiös hingegeben an sein Werk, das seine Wirkung erst in einer evolutionär verwandelten Welt entfalten kann, um der Wahrheit willen, die zu fördern er sich berufen weiß, seine letzte Bequemlichkeit, seine Gesundheit, ja sein Seelenheil aufs Spiel. Er lebt, nach einem Wort Max Frischs über Brecht,

in Hinsicht auf eine entworfene Welt, die es in der Zeit noch nirgends gibt, sichtbar nur in seinem Verhalten, das ein gelebter, ein unerbittlicher und durch Jahrzehnte außenseiterischer Mühsal niemals zermürbter Widerspruch ist[11].

In der legendären Gestalt des großen Wissenschaftlers, der Nötigung mit List vergalt und darob zum Symbol für erfolgreichen Widerstand unter äußerstem politischem Druck wurde, fand Brecht das klassische Vorbild für die deutschen Intellektuellen der Gegenwart. Galileis Konflikt mit der römischen Kirche spiegelt in seinen wesentlichen Momenten die Lage der Zeitgenossen unter der Naziherrschaft – und zwar (und erst damit taugt er zum dramatischen Vorwurf) in einem historischen Feld, das durch den objektiven Fortgang der Geschichte bereits als vergängliches gekennzeichnet ist. Die Tatsache, daß es einem alten, halbblinden, in der Verbannung gedemütigten und scharf überwachten Mann gelungen war, die allmächtige Inquisition zu überlisten, war wie kaum ein anderes Exempel dazu geeignet, das Vertrauen auf den endlichen Sieg der Vernunft über alle irrationalen Mächte zu stärken.

Dieser Schluß, die eigentliche «Moral» von 1938, bleibt freilich in charakteristischer Weise ausgespart. Wie oft bei Brecht fällt das Ende des Dramas nicht mit seinem Abschluß zusammen. Scheinbar endet es mit dem Triumph der Kirche. Die letzte Szene (der Schmuggel der «Discorsi») öffnet aber die Handlung in die Zukunft, sie lenkt das Bewußtsein des Publikums auf die geschichtliche Entwicklung und schlägt die Brücke zur Gegenwart. Ideeller Zielpunkt des Stückes ist die Nachwelt, die sich Galileis Erkenntnisse angeeignet und die Macht der Inquisition zerschlagen hat.

Die zentrale Frage des Stückes lautet: Hat Galilei sich an der Idee der Wissenschaft versündigt, weil er unter dem Druck der Inquisition die Wahrheit verleugnete? Oder hat er ihr im Gegenteil einen Dienst erwiesen, weil der Widerruf ihm ermöglichte, sein Lebenswerk zu vollenden, unumstößliche Beweise für seine Theorien zu finden, in den «Discorsi» die Grundlagen der modernen Naturwissenschaften niederzulegen?

Die Antworten, die Brecht in den verschiedenen Fassungen gibt, sind einander diametral entgegengesetzt. 1938 unternimmt er alles, um Galileis Verhalten zu rechtfertigen, wenige Jahre später zeichnet er ihn als «sozialen Verbrecher[12]», Ahnherr all jener Wissenschaftler, die ihren Beruf allein um der Wissenschaft willen betreiben und darob ihre Verantwortung für die Gesellschaft vergessen.

Dennoch besteht Brechts Bemerkung, er und Laughton hätten bei der Umarbeitung in Amerika nur wenige Änderungen vorzunehmen gehabt, «keine einzige in der Struktur[13]», zu Recht. Die Vielschichtigkeit des Galilei-Stoffes und Brechts dichterisches Verfahren, die historischen Begebenheiten in eine Chronik umzusetzen, deren einzelne Szenen relativ selbständig sind, sich aber dennoch aufeinander beziehen und trotz des episodischen Aufbaus nicht austauschbar sind, ergaben zusammen ein dramatisches Gerüst, in dem wenige Akzentverschiebungen an den Knotenpunkten der Handlung genügen, den Grundgestus einer Szene oder eines Vorgangs in die gewünschte Richtung zu lenken, d.h. ihn im Hinblick auf die Funktion des Ganzen festzulegen.

Im folgenden sollen vier Problemkreise je für die erste und die dritte Fassung untersucht werden[14]: Galileis Charakter, die soziale Umwelt, die Funktion der Wissenschaft sowie die Darstellung und Beurteilung des Widerrufs. Das kontrastive Vorgehen erlaubt, Brechts Intentionen deutlicher herauszuarbeiten. Die Prämissen sind für alle Fassungen dieselben: Brechts Überzeugung, die Lehren der Geschichte ließen sich für die Bewältigung der Gegenwart verwenden, und sein Bestreben, das Widersprüchliche in Galileis Verhalten dramatisch fruchtbar zu machen.

Die drei Fassungen

GALILEIS CHARAKTER

In der ersten Szene der ersten Fassung[15] führt Brecht seinen Galilei als großen, aber mit sich und seiner Lage unzufriedenen Forscher ein, den drückende materielle Not daran hindert, seine Arbeit voranzutreiben, die Hypothesen, von deren Richtigkeit er überzeugt ist, empirisch zu beweisen und zum wissenschaftlichen Allgemeingut zu machen. Eine später teilweise gestrichene Partie des Dialogs mit dem Kurator lautet:

Kurator: *Wollen Sie sich etwa auch in diesen gefährlichen Streit mischen, der um diese modernen Hypothesen des Herrn Kopernikus tobt?*
Galilei: *(zornig) Nein. Aber nicht euch zu Gefallen, sondern weil euer Gerichtsvollzieher mich an einem Strick davon zurückhält, endlich der Welt die paar Fakten auf den Tisch zu legen, die sie braucht. Und ich wäre daran, Herr! Ich wäre daran! Vielleicht zeigen Sie den Herren Stadträten einmal diese Untersuchungen über die Fallgesetze (er weist auf ein Bündel Manuskripte) und fragen sie, ob das nicht ein paar Skudi mehr wert ist!*

Am Ende der Szene erblickt Andrea durch das soeben konstruierte Fernrohr als erstes den Gerichtsvollzieher, der auf das Haus zugeht (in der dritten Fassung die kupferne Inschrift «Gracia Dei» auf der Glocke des Campanile, Sinnbild für die Allgegenwart und Allmacht der Kirche).

Materielle Not und unbegrenztes Vertrauen in die Vernunft veranlassen Galilei, nach Florenz überzusiedeln.

Sagredo: *Ich liebe die Wissenschaft, aber mehr dich, meinen Freund. Geh nicht nach Florenz, Galileo!*
Galilei: *Hilf mir lieber den Brief schreiben an die Florentiner.*
Sagredo: *Du willst also nach Florenz?*
Galilei: *Sicher. Und mit dem Rohr. Und mit der Wahrheit. Und mit dem Glauben an die menschliche Vernunft.*
Sagredo: *Dann ist nichts mehr zu sagen. (Er geht schweigend und in Hast.)*
Galilei *(setzt sich lachend ans Fernrohr und beginnt Notizen zu machen)*
(3. Szene)

Bis zum Widerruf ist Galilei nicht bereit, sich der etablierten Macht von Wissenschaft und Kirche zu unterwerfen. Eine aufschlußreiche Variante der vierten Szene lautet:

(Ein Höfling holt den Großherzog und den Hofmarschall ab. Während Galilei sie begleitet, nähern sich die Gelehrten dem Rohr)
Mathematiker: *Ich würde es für mein Leben gern einmal untersuchen. (Er geht hastig zu dem Fernrohr)*
Theologe: *Wollen Sie wissen, wie es gemacht wird? Ich werde es Ihnen sagen.*
Galilei *(ist zurückgekehrt. Der Mathematiker ist schnell vom Rohr zurückgetreten): Wollen Sie also die Sterne sehen oder nicht?*
Theologe *(zum Mathematiker): Sind Sie bereit, durchzuschauen?*
Mathematiker *(schüttelt den Kopf): Sie?*
Theologe: *Kaum.*
Philosoph: *Humbug. Gehen wir.*
Galilei: *Geht zum Teufel[16]!*

Galileis «Unzufriedenheit» angesichts der Diskrepanz von Vollbrachtem und noch zu Leistendem, sein missionarischer Eifer und seine unerschrockene Zuversicht sind seine Stärke und die Ursache seines Sturzes.
Anders in der dritten Fassung. Die positiven Züge der Hauptgestalt, ihre Begeisterung für die Wissenschaft, ihr Glaube an die

95

Strahlungskraft der Vernunft, ihre menschliche Wärme und Überzeugungsfähigkeit bleiben erhalten, doch nun gebrochen durch eine zutiefst in Galileis Wesen verwurzelte Unberechenbarkeit. In keinem Moment kann vorausgesagt werden, wie er sich in einer schwierigen Lage entscheiden wird. Der Wissenschaft zuliebe bleibt er trotz der Pest in Florenz; den «Fleischtöpfen» zuliebe (und nicht mehr nur, weil er, die Macht der Kirche falsch einschätzend, meint, dort in Muße die wissenschaftliche Revolution einleiten zu können) übersiedelt er an den Hof des Großherzogs.

Galilei: *Es wird dich interessieren, Virginia, daß wir vermutlich nach Florenz ziehen. Ich habe einen Brief dorthin geschrieben, ob der Großherzog mich als Hofmathematiker brauchen kann.*
Virginia *(strahlend): Am Hof?*
Sagredo: *Galilei!*
Galilei: *Mein Lieber, ich brauche Muße. Ich brauche Beweise. Und ich will die Fleischtöpfe*[17].

Die Polarität von Wissenschaft und Lebensgenuß bestimmt Galileis Handlungen von der ersten bis zur letzten Szene. Man könnte versucht sein, sie, im Blick auf Gestalten wie Shen Te oder Puntila, als Ausdruck einer Persönlichkeitsspaltung zu interpretieren: hier der geniale Wissenschaftler, dort der nur auf sein Wohlergehen bedachte «Schneckenfresser». Jedoch verhält es sich mit Galilei weit komplizierter als mit den genannten Figuren. Durch äußere Umstände gezwungen, weil es nämlich unmöglich ist, «gut zu sein und doch zu leben[18]», streift Shen Te zeitweilig die Maske des harten Vetters über. Puntila, grob, unausstehlich und hartherzig, wenn er nüchtern ist, betrunken zugänglich und leutselig, verkörpert die schon im Lehrstück «Die Ausnahme und die Regel» aufgestellte These, daß unter kapitalistischen bzw. halbfeudalen Produktionsbedingungen menschliche Regungen notwendig Ausfluß eines psychischen Ausnahmezustandes sind. Shen Tes und Puntilas Spaltung hat ihren Ursprung in gesellschaftlichen Gegebenheiten. Sie würde aufgehoben, wären die Güter der Welt gerechter verteilt. Diejenige Galileis hingegen entspringt seinem Charakter[19]. Seine Sinnlichkeit und seine Genialität haben dieselben Wurzeln, die eine Komponente bedingt unausweichlich die andere. Die Wissenschaft betreibt er auf sinnliche Weise, und beim Essen erreicht er denselben Grad von Bewußtheit, den er für seine wissenschaftliche Arbeit benötigt.
Als Ludovico in der 9. Szene Galilei aufsucht, läßt dieser, um ihn zu feiern, einen Krug Wein aus dem Keller holen – ein konventioneller, dem Besuch seines zukünftigen Schwiegersohns durchaus angemessener Empfang. Eine Weile geht das Gespräch über gleichgültige Gegenstände hin und her, bis Ludovico von der bevorste-

henden Wahl eines neuen Papstes berichtet. Galilei hört ihm mit größtem Interesse zu, und nun beginnt ihm der Wein sichtlich zu schmecken; er beschreibt den Weinberg, in dem er gedeiht, er spricht von der Traube und ihrem Geschmack und fordert im selben Atemzug – sein Tonfall hat, angedeutet durch die beiden Gedankenstriche, bereits die Beiläufigkeit des Selbstverständlichen – Andrea auf, «das Zeug», mit dem sie sich bisher beschäftigt haben, beiseitezuräumen. Der bevorstehende Genuß der Wissenschaft erhöht den Genuß des Weines, Sinnliches und Geistiges fließt ineinander; die Wiederaufnahme der Forschung ist für Galilei «ein sinnliches Vergnügen[20]», und «Genießen ist eine Leistung[21]». Der Wein, den er zu Ludovicos Ehren geholt hat, wird unversehens zum Prüfstein für seine sozialen Vorurteile:

Galilei: *Das Wissen wird eine Leidenschaft sein und Forschung eine Wollust. Clavius hat recht, diese Sonnenflecken interessieren mich. Schmeckt dir mein Wein, Ludovico? [...] Würdest du so weit gehen, eines Mannes Wein oder Tochter anzunehmen, ohne zu verlangen, daß er seinen Beruf an den Nagel hängt[22]?*

Ludovico besteht die Prüfung nicht. Dieselben wissenschaftlichen Aussichten, die Galileis Freude am Wein erhöhen, vergällen ihm den Geschmack daran. Er bringt es nicht über sich, zu einem Genuß vorbehaltlos ja zu sagen; seine Beziehung zu Virginia ist so wenig sinnlich wie seine Beteuerung, der Wein schmecke ihm, echt, so verschmäht er den Wein und die Tochter[23]. Galilei hingegen «denkt der Wollust wegen[24]».
Der Kunstgriff, mit dem Brecht den Galilei von 1938 zu dem der dritten Fassung verwandelte, besteht darin, daß er die Wechselwirkung von Lust an der Wissenschaft und Lebensgenuß (das Baalische in Galilei) als Ursache sowohl der positiven wie der negativen Züge des Helden fruchtbar machte[25]. Positiv erscheint sie in dem Hymnus der ersten Szene, in dem das Glücksgefühl des selbstbewußten, aus scholastischer Enge befreiten Individuums sich mit epikuräischem Lebensgenuß und freudiger Hingabe ans Werk amalgamiert; im negativen schließt sie die Möglichkeit eines Widerrufs aus Schwäche in sich:

Galilei: *Würde ich mich zum Schweigen bereit finden, wären es zweifellos recht niedrige Beweggründe: Wohlleben, keine Verfolgung etc.[26].*

Jemandem, für den «das Denken zu den größten Vergnügungen der menschlichen Rasse[27]» gehört, ist planmäßiges Vorgehen fremd. Bis zum Schluß bleibt Galileis Gestalt zwiespältig. Nach dem Widerruf arbeitet er nach Brechts Willen nur weiter, weil ein unwiderstehlicher Trieb ihn dazu nötigt; dennoch brennt er darauf, die

«Discorsi» loszuwerden, sein Wissen der Welt mitzuteilen. Und obwohl er weiß, daß er den letzten Rest von Komfort in Arcetri mit bedingungsloser Unterwerfung und feiger Absage an seine Ideale erkaufen muß, weigert er sich, den einen der ihm vom Erzbischof übersandten Bibelsprüche, den er, auf seine eigene Lage bezogen, als besonders zynisch empfinden muß, auszulegen. Auch Andrea, der gekommen ist, sich kühl von seinem alten Lehrer zu verabschieden, gerät sogleich wieder in den Bann seiner Persönlichkeit[28].

Um die Ambivalenz von Galileis Epikuräertum zu verdeutlichen, hat Brecht für die Berliner Inszenierung gegenüber dem gedruckten Text eine Umstellung vorgenommen. Schon nach den einleitenden Sätzen von Galileis Selbstanalyse, und nicht erst nach ihrem Abschluß, tritt Virginia ein. Während Galilei spricht, steht (ein unvergeßliches Bild!)

Virginia, in der Hand den Teller mit der Gänseleber, links vorn, Andrea, mit den «Discorsi» unter dem Wams, rechts. In der Mitte Galilei. Brecht lachte: «Unser Arrangement ist ganz einfach: da ist die Gänseleber, auf die besteht er, da ist die Wissenschaft, auf die besteht er auch. Er sitzt zwischen seinen beiden großen Lastern, der Wissenschaft und dem Fressen[29].»

Von Fassung zu Fassung und innerhalb der dritten mit dem Fortschreiten der Handlung verschiebt sich der Akzent immer mehr vom Lebensgenuß zur Freßlust. Zwei Varianten der amerikanischen Fassung sind in diesem Zusammenhang von Bedeutung. In der 10. Szene entschließt sich Galilei, Sagredos Einladung nach Padua anzunehmen, um dem Einfluß der Inquisition zu entgehen (Vanni, der hier noch Matti heißt, versichert ihn zwar seiner Unterstützung, bietet aber keinen Wagen an). Der Grund, weshalb er bisher gezögert hat, ist nicht wie in der dritten Fassung die Sorge um den Wein, der einen längeren Transport nicht verträgt, sondern um seine Arbeit:

Galilei: *I may accept Sagredo's invitation to stay with him in Padua for a few weeks.*
Virginia: *You couldn't manage without your books.*
Galileo: *Sagredo has an excellent library*[30].

Und in der 13. Szene besteht nicht Galilei auf der Zubereitung der Gänseleber, sondern Virginia:

Virginia: *Somebody who was passing through sent you something.*
Galileo: *What is it?*
Virginia: *Can't you see it?*
Galileo: *No. (He walks over) A goose. Any name?*
Virginia: *No.*
Galileo (weighing the goose): *Solid.*
Virginia (cautiously): *Will you eat the liver, if I have it cooked with a little apple?*
Galileo: *I had my dinner. Are you under orders to finish me off with food*[31]?

Galileis Verfressenheit allein würde nicht ausreichen, ihn so scharf zu verurteilen, wie Brecht es beabsichtigte. Entscheidend ist der Umstand, daß seine Gegner mit Galileis komplementärem Charakter rechnen können. Im Gespräch mit dem Großinquisitor bemerkt der Papst treffend:

Papst: *Er kennt mehr Genüsse als irgendein Mann, den ich getroffen habe. Er denkt aus Sinnlichkeit. Zu einem alten Wein oder einem neuen Gedanken könnte er nicht nein sagen*[32].

Darauf bauen sie ihren Plan, Galilei ohne körperliche Verletzung, allein durch den Anblick der Instrumente und die Aussicht auf eine bescheidene, aber von unmittelbarem Zwang freie Existenz zum Widerruf zu bewegen[33].

Galilei erscheint als Opfer und als Schuldiger: Als Opfer einer Gesellschaftsordnung, die ihn zwingt, das verhältnismäßig sichere Venedig zu verlassen, wenn er sein Buch schreiben will, die also die Einheit von Selbstverwirklichung und gesellschaftlichem Nutzen aus merkantilen Gründen zerreißt; als Schuldiger, weil er unter allen Umständen auf seinem Recht auf Selbstverwirklichung besteht, weil er überhaupt nichts anderes kennt als nach seiner Bequemlichkeit zu leben und so spätere Generationen an *ihrer* vollen Entfaltung hindert.

Welch geringer Veränderungen es bedurfte, um die erste Fassung in die dritte überzuführen, soll an zwei weiteren Beispielen gezeigt werden. In der dritten Szene der ersten Fassung demonstriert Brecht Virginias mangelnde Intelligenz an einem Gespräch mit Galilei, der sie, um ihr Urteil über das Bewerbungsschreiben bittend, freundlich vom Fernrohr ablenkt. In der dritten Fassung disputiert er über Virginias Kopf hinweg mit Sagredo, macht sich über ihre Dummheit lustig und fertigt sie schließlich mit einem kalten «Geh in deine Messe!» ab: Aufrichtigkeit und Freundlichkeit haben sich in überhebliche Geringschätzung und Verachtung verwandelt. Galilei hat es sich selbst zuzuschreiben, wenn Virginia sich später für die ungerechte Behandlung rächt.

Zu Beginn der zweiten Szene unterhält Galilei sich mit Sagredo:

Galilei: *Ich kann dir nicht versprechen, daß ich den Karneval hier durchstehen werde. Mir fliegen alle Glieder. Die meinen hier wieder, sie kriegen einen lukrativen Schnickschnack. Aber es ist viel mehr. Ich habe es heute nacht auf den Mond gerichtet. Der Rand zwischen der hellen Sichel und dem runden Teil ist* nicht *scharf, sondern ganz unregelmäßig, zackig und rauh. Und von eigenem Licht keine Spur. Verstehst du, was das bedeuten kann?*

Nachdem der Doge erschienen ist, verliest der Kurator ein Schreiben Galileis an die Signoria, in dem dieser das Fernrohr als «Frucht der Wissenschaft, die ich seit vollen siebzehn Jahren in Padua lehre» bezeichnet. Während er noch vom merkantilen Nutzen des Instrumentes schwärmt, macht Galilei Sagredo auf die Perspektiven, die es der Wissenschaft eröffnet, aufmerksam. Inzwischen hat sich Doppone immer wieder durch Winken bemerkbar zu machen versucht. Endlich, als der Doge Galilei mitgeteilt hat, daß die Gehaltserhöhung bewilligt worden ist, gelingt es ihm, durchzubrechen:

Doppone: *Herr Galilei, warum haben Sie mich nicht angehört vor der Überreichung? Das Ding ist ganz falsch. Der Überzug muß grün sein. Er war grün, verlassen Sie sich auf Doppone!*

Galileis Betrug erscheint einigermaßen verständlich: was blieb ihm anderes übrig, als den geizigen Venezianern die Gehaltserhöhung, ohne die er seine wissenschaftliche Arbeit nicht fortsetzen konnte, abzulisten? Der negative Aspekt, der dem Vorgang gleichwohl anhaftet, wird durch die Situation, in der er sich abspielt, durch die Dummheit und Verständnislosigkeit von Galileis Umgebung, den Krämergeist der Venezianer und die stupide Borniertheit Doppones einigermaßen entschärft.

In der dritten Fassung verliest Galilei selbst die Widmungsadresse an die Signoria. Das Teleskop bezeichnet er nun nicht mehr mit ironischem Augenzwinkern als «Frucht der Wissenschaft, die ich seit vollen siebzehn Jahren in Padua lehre», sondern schreckt vor einer glatten Lüge nicht zurück:

Galilei: *Mit tiefer Freude und aller schuldigen Demut kann ich Ihnen heute ein vollkommen neues Instrument vorführen und überreichen, mein Fernrohr oder Teleskop, angefertigt in Ihrem weltberühmten Großen Arsenal, nach den höchsten wissenschaftlichen und christlichen Grundsätzen, Frucht siebzehnjähriger geduldiger Forschung Ihres ergebenen Dieners*[34].

Hier klingt hinter der unleugbaren Lust an der Komödie und der entschuldbaren List gegen erpresserische Taktiken der Krämerrepublik schon eine gewisse Bedenkenlosigkeit in der Wahl der Mittel durch. Der unmittelbar folgende Disput mit Sagredo scheint zwar anzudeuten, daß es Galilei auch jetzt noch allein um seine Forschungen geht und er nur ihretwegen die Venezianer übers Ohr haut; doch dann, während eines kurzen Dialogs Ludovico-Virginia, meldet sich das Mißtrauen erneut:

Virginia: *Habe ich es richtig gemacht?*
Ludovico: *Ich fand es richtig.*
Virginia: *Was hast du denn?*
Ludovico: *Oh, nichts. Ein grünes Futteral wäre vielleicht ebensogut gewesen.*
Virginia: *Ich glaube, alle sind sehr zufrieden mit Vater.*
Ludovico: *Und ich glaube, ich fange an, etwas von Wissenschaft zu verstehen*[35].

100

Nicht zufällig kommt der Kommentar aus Ludovicos Mund. Ludovico, von Galileis Unverfrorenheit ehrlich betroffen, weiß nichts von der wissenschaftlichen Bedeutung des neuen Instrumentes, er sieht nur, wie Galilei sich auf betrügerische Weise ein zusätzliches Einkommen verschafft. Später, wenn er sich über die soziale Stoßrichtung von Galileis Arbeit im klaren ist, wird er nicht nur als Repräsentant der herrschenden Schichten gegen Galileis soziale Pläne kämpfen; er wird auch das Ideal der Wissenschaft als solches nicht mehr ernst nehmen können; sich erinnern, daß Galilei bereit ist, «den leichten Weg zu gehen[36]», wenn dies seinem Wohlbefinden dient.

Im «Kleinen Organon» steht der Satz, die Einheit einer dramatischen Figur werde «durch die Art gebildet, in der sich ihre einzelnen Eigenschaften widersprechen[37]». Auf wenige Gestalten Brechts trifft er in höherem Maße zu als auf Galilei. Am Ende der zweiten Szene sind seine hervorstechendsten Eigenschaften umrissen: sein brennender Ehrgeiz («er ist 46 Jahre alt und hatte noch nicht Zeit, etwas Rechtes zu schaffen[38]»), seine enorme Intelligenz und Begeisterungsfähigkeit, seine Unzuverlässigkeit im ethischen und menschlichen Bereich. Ohne Not schafft er sich Feinde und legt seine schwache Stelle bloß; er verachtet die, von deren Wohlwollen er abhängt; die Wissenschaft ist ihm höchste Erfüllung menschlichen Strebens und «eine Milchkuh, für alle zu melken, allerdings auch für ihn[39]».

DIE SOZIALE UMGEBUNG

Das gesellschaftliche Spektrum der ersten Fassung erscheint, verglichen mit früheren Dramen Brechts, wenig differenziert. Soziales Profil haben lediglich Galileis Gegenspieler: die Vertreter der Kirche und, als Karikatur, der eitle, dumme, geschwätzige, reiche Doppone. Schon Ludovico, seinem Herkommen nach ebenfalls der Oberschicht zugehörig, der Virginia nicht heiraten kann, weil er weder Geld noch Galileis Mut besitzt, erweckt eher Mitleid als Abscheu[40]. Da andererseits Galileis Mitarbeiter und Freunde, die Sartis, der «ältere Gelehrte» und Sagredo (eine Ausnahme bildet einzig der Kleine Mönch) sozial kaum determiniert sind, fehlen tiefgreifende soziale Spannungen. Galileis Konflikt ist der ideale des Neuerers mit überlieferten Lehrmeinungen und einer politischen Gewalt, die ihren Herrschaftsanspruch legitimistisch begründet und, der Anlage des Stückes entsprechend, gerade nicht als gefährdete, jederzeit zu beseitigende dargestellt werden darf.

101

Das änderte sich, als Brecht 1944 unter anderen geschichtlichen und gesellschaftlichen Gesichtspunkten an die Neubearbeitung ging. Nun versetzte er Galilei in ein typisiertes soziales Gefüge, das von Klerikern und Aristokraten über Bürger und Handwerker (Sagredo, Vanni, Federzoni) und den unteren Bauernstand (Kleiner Mönch) bis zu Angehörigen nicht näher bezeichneter Unterschichten (den Sartis) reicht. Die soziale Spannung erscheint nun als eine der Haupttriebfedern des Dramas.

Ludovico, in der ersten Fassung eine blasse und zudem recht unmotiviert erst in der 7. Szene eingeführte Gestalt, erscheint nun von der ersten Szene an (in der er Doppone ersetzt) als Vertreter des reaktionären Feudalismus und als solcher, mit den reichen Familien des Landes im Rücken, als «durchaus ernst zu nehmender Gegner[41]»: dumm, aber einflußreich; borniert, aber entschlossen. Löst er in der ersten Fassung die Verlobung mit Virginia, weil die Umstände gegen seinen eigenen Wunsch eine Verbindung verbieten, so verläßt er Galileis Familie in der dritten allein aus standespolitischen Rücksichten.

Auf seiner Seite steht auch der hohe Klerus. Brecht betont ausdrücklich, «die spezifische kirchliche Ideologie» sei «von der Seite aus gesehen, wo sie als eine Stütze praktischer Herrschaft[42]» erscheine; den Großinquisitor sieht er folgerichtig als «modernen, wendigen, in allen Formulierungen durchaus einleuchtenden Jesuiten [...], einen noch jungen Mann, der dank seiner großen Fähigkeiten Karriere machen würde[43]». Ihre religiöse Autorität dient der Kirche als Vorwand, um, in personeller und ideeller Verbindung mit dem Adel, weltliche Herrschaftsansprüche zu untermauern. Wie sehr sie sich damit von ihrem ursprünglichen Selbstverständnis entfernt, wird in dem Zitatenduell der 7. Szene deutlich: bei den «Sprüchen Salomonis», die Galilei zitiert, um seine Ansichten über vorurteilsfreies Denken und wissenschaftliche Forschung zu artikulieren (sich dabei, wie viele andere Gestalten Brechts, vorformulierter, traditioneller und, ähnlich wie Volksweisheiten und Sprichwörter, keines Beweises bedürftiger Proverbia bedienend), handelt es sich um echte Bibelzitate, während diejenigen Bellarmins und Barberinis entweder völlig frei erfunden sind oder nur entfernt an Bibelstellungen anklingen[44]. Die Kardinäle mit mangelnder Bibelkenntnis zu entschuldigen geht wohl nicht an, es bleibt nur der Schluß, Brecht habe mit dieser subtilen (für den durchschnittlich bibelkundigen Zuschauer allzu subtilen) Differenzierung demonstrieren wollen, daß die «Diener Christi» nicht davor zurückschrecken, selbst die Heilige Schrift zu verfälschen, um machtpolitische Interessen zu verbrämen. Galileis Kampf geht somit nicht gegen die Bibel, sondern gegen eine usurpierte Autorität, die sich zu Unrecht auf die Bibel beruft.

Aufschlußreich ist in diesem Zusammenhang auch die 12. Szene. Parallel mit der Einkleidung geht mit dem Papst eine charakteristische Wandlung vor sich. Anfänglich lehnt er, noch ganz Wissenschaftler[45], die Zumutungen des Inquisitors entschieden ab: «Ich lasse nicht die Rechentafel zerbrechen. Nein[46]!» Dann, während er mit den Insignien der Macht versehen wird, der Inquisitor von den Zusammenhängen zwischen der Kopernikanischen Lehre und dem Wunsch nach sozialen Veränderungen spricht und draußen sich, den Aufmarsch des kurialen Establishments ankündigend, das «Geschlurfe vieler Füße[47]» bemerkbar macht, wächst er zusehends in die Rolle eines Repräsentanten dieser Macht. Um der Institution zu genügen, von der Institution geprägt (und nicht etwa nur aus gekränkter Eitelkeit wegen der Rollenverteilung in den «Discorsi») verleugnet Urban seine mathematischen Kenntnisse und willigt in das Verfahren gegen Galilei ein: die rationale Diskussion geht so weit, wie sie die bestehenden Verhältnisse nicht gefährdet.

In scharfem Kontrast zu den Interessen von Adel und Kirche stehen die fortschrittlichen Tendenzen in Handwerk und Gewerbe. Exponenten dieser aufsteigenden Schichten sind Vanni und Federzoni: der Eisengießer, der in der Förderung der Wissenschaften ein Mittel sieht, die soziale Benachteiligung seiner Klasse aufzuheben, und der Linsenschleifer, dem Talent und Fleiß in Galileis Kreis zu einer bedeutenden, von den Florentiner Gelehrten mißbilligend zur Kenntnis genommenen Stellung verhalfen. Federzoni ruft nach neuen Büchern, Vanni nach neuen Produktionsmethoden. Beider Hoffnungen (und in ihnen stellvertretend die Hoffnungen der oberitalienischen Städte und der von höherer Bildung ausgeschlossenen unteren Schichten) sind untrennbar mit Galileis Standhaftigkeit verbunden; nach dem Widerruf schleift Federzoni wieder Linsen, und Vanni wird weiter vergeblich auf ein Buch über die holländischen Kanäle warten.

Zwischen den Fronten – und Fronten, nicht einfach Fraktionen, haben sich gebildet – steht der Kleine Mönch, die einzige tragische Figur des Dramas, insofern er einander ausschließenden Ansprüchen ausgesetzt ist. Seine Herkunft reiht ihn unter die Ärmsten der Armen ein; als Kleriker fühlt er sich an das Dekret der Heiligen Kongregation gebunden; als gläubiger Christ möchte er aus ihm «ein edles mütterliches Mitleid, eine große Seelengüte[48]» herauslesen; als Physiker vermag er den Verlockungen rationaler Weltdeutung nicht zu widerstehen. In echter Gewissensqual hält er Galilei emphatisch das ärmliche Leben der Campagnabauern vor Augen, überzeugt, es würde, falls sie nicht mehr die Gewißheit hätten, «daß das ganze Welttheater um sie aufgebaut ist, damit sie, die Agierenden, in ihren großen oder kleinen Rollen sich bewähren können[49]», für sie vollends jeden Sinn verlieren. Er ahnt nicht, daß der ungeheuerliche Zynismus der Kardinäle in der vorhergehenden Szene bereits alles widerlegt hat, was er zugunsten seiner Obrigkeit vorbringt: Nicht «Seelengüte», sondern kalte Berechnung, nicht «Mitleid», sondern brutale Tyrannei liegen dem Dekret zugrunde. Der Konflikt des Kleinen Mönchs ist, christlich und humanitär gebrochen, der des jungen Genossen in der «Maßnahme»: indem er sich zum Anwalt der Schwachen macht, den Einzelfall zur Richtschnur seines Handelns wählt, arbeitet er ohne sein Wissen und gegen seinen Willen den Unterdrückern in die Hand. Das «Welttheater» Calderonscher Manier erweist sich als dichterische Verklärung und Rechtfertigung nicht göttlich gesetzter, sondern von menschlichem Egoismus künstlich geschaffener und aufrechterhaltener Zustände.

DIE FUNKTION DER WISSENSCHAFT

In einem emphatischen Hymnus begrüßt Galilei in der ersten Szene das neue Zeitalter, das mit den Entdeckungen angebrochen ist. Es ist das Zeitalter des fruchtbaren Zweifels, der Lust am Erkennen, der Wißbegierde; das Jahrhundert, in dem sich ein globales Bewußtsein herauszubilden beginnt; die Epoche des Aufbruchs nach außen zu fernen Kontinenten, zu den Wundern des gestirnten Himmels und nach innen zu den Geheimnissen der belebten und unbelebten Natur. Bewegung, Veränderung, Neubeginn sind die Leitworte, in denen humanistisches Bildungsstreben ebenso Platz findet wie die Entdeckungsreisen und der beginnende Kolonialismus.

Den Wissenschaften kommt bei diesem Neubeginn eine Schlüsselstellung zu. An die Stelle eines statischen, geschlossenen Weltbildes setzen sie einen dynamischen Kosmos. Derselbe Drang, der Kolumbus über die Weltmeere treibt, fesselt Galilei ans Fernrohr; mit der unendlichen Weite des Sternenhimmels korrespondiert die neugewonnene Bewegungsfreiheit auf der Erde: die Schiffahrt überwindet die Säulen des Herakles, die Astronomie die kristallenen Sphären des ptolemäischen Fixsternhimmels, «selbst im Schachspiel die Türme gehen neuerdings weit über alle Felder[50]».

Wesentlicher als die Ergebnisse der Wissenschaften sind die Methoden wissenschaftlichen Denkens als Symbol für die Autonomie des Menschen. In den drei Galilei-Fassungen erscheinen sie unter grundsätzlich verschiedenen Aspekten. In der ersten Fassung liegt das Schwergewicht auf der Wissenschaft selbst. Ihre dringlichste

Aufgabe besteht darin, zunächst ihre eigenen Grundlagen zu klären, methodische Ansätze herauszuarbeiten und einen vorläufigen Grundstock an empirisch gesicherten Fakten zu schaffen, um das scholastische spekulative Denken zu überwinden. In gewisser Hinsicht sitzt sie tatsächlich, wie Galilei in der 13. Szene betont, «mit der gesamten Menschheit in einem Boot[51]»: Als Denksystem, d. h. indem sie zu der Einsicht führt, «daß man die Fakten nicht den Meinungen unterwerfen darf, sondern die Meinungen den Fakten unterwerfen muß[52]», vermag sie einer neuen, realistischeren und gerechteren Einschätzung gesellschaftlicher Verhältnisse Bahn zu brechen und damit zu einer künftigen Veränderung traditioneller Strukturen beizutragen – ganz abgesehen von ihren praktischen Auswirkungen: neuen Produktionsmethoden, medizinischen und technischen Fortschritten, wirtschaftlichen Erleichterungen usw. Weitergehende Forderungen an sie zu stellen wäre bei dem embryonalen Stand ihrer theoretischen und praktischen Grundlegung jedoch vermessen. Schon die Zielvorstellungen, die Galilei im Gespräch mit dem Kleinen Mönch entwickelt (7. Szene), übersteigen den Horizont des damaligen historischen und gesellschaftlichen Bewußtseins bei weitem[53], erst recht seine Schwärmereien über die emanzipatorische Bedeutung seiner Entdeckungen für das Volk und die konkreten Zukunftsperspektiven der Karnevalsszene[54]. Zudem unternimmt Brecht nichts, um sie im Verlauf der Handlung hinreichend zu motivieren; weder die reaktionäre Macht von Adel und Kirche noch fortschrittliche Gegenkräfte artikulieren sich so deutlich, daß eine dramatisch nutzbare Spannung entstünde. In dem sozialen Rahmen der ersten Fassung kann und darf die Wissenschaft nichts anderem verpflichtet sein als ihrer eigenen Entwicklung.

Dennoch glaubt Galilei in der 13. Szene sich vorwerfen zu müssen, er habe seine «weitergehenden Verpflichtungen» versäumt –

Galilei: *Zum Beispiel die Verpflichtung, an der Aufrechterhaltung ihrer selbst als Wissenschaft mitzuarbeiten. Selbst ein Wollhändler muß, außer billig einzukaufen und solide Wolle zu liefern[55], auch noch darum besorgt sein, daß der Handel mit Wolle überhaupt erlaubt ist und vor sich gehen kann. Demzufolge kann ein Mitglied der wissenschaftlichen Welt logischerweise nicht auf seine etwaigen Verdienste als Forscher verweisen, wenn er versäumt hat, seinen Beruf als solchen zu ehren und zu verteidigen gegen alle Gewalt. Dies ist aber ein umfangreiches Geschäft. Denn die Wissenschaft beruht darauf, daß man die Fakten nicht den Meinungen unterwerfen darf, sondern die Meinungen den Fakten unterwerfen muß. Sie ist nicht in der Lage, diese Sätze einschränken zu lassen und sie nur für «einige Meinungen» und «die und die Fakten» aufzustellen. Um sicher zu sein, daß diese Sätze allzeit uneingeschränkt von ihr vollzogen werden können, muß die Wissenschaft dafür kämpfen, daß sie auf allen Gebieten geachtet werden. Die Wissenschaft befindet sich nämlich mit der gesamten*

Menschheit in einem Boot. So kann sie nicht etwa sagen: was geht es mich an, wenn am andern Ende des Bootes ein Leck ist! Die Wissenschaft kann Menschen, die es versäumen, für die Vernunft einzutreten, nicht brauchen. Sie muß sie mit Schande davonjagen. Denn sie mag so viele Wahrheiten wie immer wissen, in einer Welt der Lüge hätte sie keinen Bestand. Wenn die Hand, die sie füttert, ihr gelegentlich und ohne Warnung an die Gurgel greift, wird die Menschheit sie abhauen müssen[55a].

Von den psychologischen Bedingungen für Galileis Selbstkritik wird noch zu sprechen sein. Vorläufig sei festgehalten, daß Galilei durch seine praktische Handlungsweise der von ihm postulierten Verpflichtung in hohem Maße genügt hat. Sein (auffällig vages) Räsonieren über versäumte Pflichten markiert einen thematischen Bruch, der auf Brechts Bestreben, Galileis Situation derjenigen der Intellektuellen seiner eigenen Gegenwart parallel zu setzen, zurückgeht. Es ist nicht Ausdruck einer Selbsttäuschung des großen Wissenschaftlers, sondern ein direkter, innerhalb der dramatischen Handlung wie von ihren sozialen und wissenschaftlichen Prämissen her nicht motivierter Autorkommentar, bezogen auf aktuelle Probleme des Jahres 1939. Denn vom Verhältnis von Wissenschaft und Gesellschaft aus betrachtet sind die beiden Situationen in gewissem Sinne konträr: Zu Galileis Zeit hatte sich die Astronomie zunächst einmal gegen jahrhundertealte Vorurteile und Traditionen durchzusetzen, sie mußte übermächtige, bislang fraglos anerkannte Lehrmeinungen widerlegen und ihre irdische Empirie gegen theologisch verbrämte Spekulation behaupten. Sie war zu sehr mit ihrer eigenen Konsolidierung beschäftigt, als daß sie in den sozialen oder politischen Bereich hätte übergreifen können.

Anders die zeitgenössische Wissenschaft: Ungleich gefestigter in Methode und Organisation, durfte sie sich in der Tat nicht damit begnügen, «daß ihre Mitglieder [...] eine bestimmte Anzahl von Sätzen abliefern[56]». Ihre Aufgabe wäre es gewesen, ihre Ratio und ihr Prestige (ein gerade in Deutschland nicht zu unterschätzender Faktor) der aufkommenden Barbarei entgegenzusetzen und den irrationalen Appellen der Nazis die Gefolgschaft zu verweigern – wenn nicht im aktiven Widerstand, so doch in unbeirrtem Beharren auf der Wahrheit. Um der Gefahr zu entgehen, daß unter Mißachtung der grundsätzlich verschiedenen Ausgangslage eine Rechtfertigung anpasserischer Tendenzen in das Stück hineingelesen wurde, war Brecht genötigt, in der letzten Szene die innere Logik zu sprengen und in der Maske Galileis den Autor zu Wort kommen zu lassen – eine von der Theorie des epischen Theaters legitimierte, in einem so weitgehend aristotelisch gebauten Drama, das den Untergang des Helden und das Fortbestehen und Weiterwirken seines Werkes zum Thema hat, jedoch befremdliche Technik.

Eine unmittelbar gesellschaftsverändernde Rolle kommt der Wissenschaft erst im Sozialgefüge der dritten Fassung zu. Nun erkennen sowohl die Vertreter der etablierten Macht wie die Bürger und Handwerker die revolutionäre Potenz wissenschaftlichen Denkens. Vanni, der Eisengießer, sieht in ihr das wichtigste Instrument zur Emanzipation der unteren Schichten. Indem die Wissenschaft neue, rationellere Arbeitsmethoden für Landwirtschaft und Manufaktur entwickelt, schafft sie die Voraussetzungen, die Bevormundung durch Kirche und Adel abzuschütteln. Sie setzt die Städte instand, fortan ihr Geschick selbst, auf kommunaler statt auf patriarchalischer Basis, in die Hand zu nehmen. Auf dem Weg über diese unmittelbar praktische Bedeutung der Wissenschaft gelangt Vanni schließlich zu ihrer theoretischen Bedeutung für eine neue Weltordnung.

Vanni: *Ich bin nicht ein Mann, der viel von den Bewegungen der Sterne weiß, aber für mich sind Sie der Mann, der für die Freiheit kämpft, neue Dinge lehren zu dürfen*[57].

Die Folgen nimmt Brecht in der Karnevalsszene vorweg: Wenn die Menschen erfahren, daß eine himmlische Hierarchie, wie man sie jahrhundertelang gelehrt hat, nicht besteht, werden sie auch die irdischen Hierarchien nicht mehr unbesehen hinnehmen. Die Auseinandersetzung zwischen ptolemäischem und kopernikanischem Weltbild wird sich zum Kampf zwischen dem Alten und dem Neuen schlechthin, und das heißt in Brechts Perspektive: zum Klassenkampf ausweiten. In einer Gesellschaftsordnung, die jedem ihrer Bürger ermöglicht, eine seinem Talent entsprechende Stellung zu finden, auch dem Linsenschleifer Federzoni, ist für die überlieferten Privilegien von Adel und Kirche kein Raum mehr.
Niemand weiß das besser als Galilei. Bereits in der ersten Szene spricht er von der «Zugluft», die der Aufbruch der Wissenschaft hervorrufen werde, in der achten nennt er die Gründe, die hinter dem Kampf der Kirche gegen die kopernikanische Lehre stehen:

Galilei: *Warum ist denn nichts da? Warum ist die Ordnung in diesem Land nur die Ordnung einer leeren Lade und die Notwendigkeit nur die, sich zutode zu arbeiten? Zwischen strotzenden Weinbergen, am Rande der Weizenfelder! Ihre Campagnabauern bezahlen die Kriege, die der Stellvertreter des milden Jesus in Spanien und Deutschland führt. Warum stellt er die Erde in den Mittelpunkt des Universums? Damit der Stuhl Petri im Mittelpunkt der Erde stehen kann! [...] Sie haben recht, es handelt sich nicht um die Planeten, sondern um die Campagnabauern. [...] Wären Ihre Leute wohlhabend und glücklich, könnten sie die Tugenden der Wohlhabenheit und des Glückes entwickeln. Jetzt stammen diese Tugenden Erschöpfter von erschöpften Äckern, und ich lehne sie ab. Herr, meine neuen Wasserpumpen können da mehr Wunder tun als ihre übermenschliche Plackerei*[58].

Gegen Ende der Szene ruft er zum offenen Widerstand auf:

Galilei: *Zum Teufel, ich sehe die göttliche Geduld Ihrer Leute, aber wo ist ihr göttlicher Zorn*[59] ?

Die Früchte wissenschaftlicher und technischer Neuerungen sollen allen zukommen. Galilei sträubt sich gegen das offenkundige Bestreben der Kirche, die Wissenschaft nur als zweckfreie Spielerei oder aber als Zuträger für ihre eigenen reaktionären Zwecke anzuerkennen. In der Kontroverse mit Ludovico, die Brecht, wie zahlreiche weitere Verschärfungen, auf Laughtons Betreiben einfügte[60], spielt er mit der Absicht, Bauern, Dienstleute und Verwalter «auf[zu]stören, neue Gedanken zu denken[61]» – also mit dem Gedanken an soziale Revolution.

Galilei: *Ich könnte in der Sprache des Volkes schreiben, für die vielen, statt in Latein für die wenigen*[62].

Zwar verfaßt Galilei später tatsächlich die «Dialoghi» und die «Discorsi» in der Volkssprache, doch wagt er nicht, sich konsequent von den Herrschenden abzuwenden. Obwohl er den Klassencharakter der Wissenschaft erkannt und theoretisch formuliert hat, gibt er sich der Illusion hin, ein mathematisch interessierter Papst werde zumindest wohlwollende Neutralität bewahren, wenn nicht gar die Schirmherrschaft über die Wissenschaften übernehmen, also entweder seine weltliche Macht kampflos preisgeben oder aber die grundsätzliche Unvereinbarkeit von wissenschaftlicher Weltsicht und feudalistischer Weltordnung, die für Galilei und Vanni offen zutage liegt, verkennen.
Wiederum wäre es falsch, diese Fehlleistung als Verblendung im Sinne der klassischen Tragödie zu interpretieren. Sie ist viel eher das Produkt hemmungslosen Wunschdenkens, Galileis epikuräischer Lebenshaltung entsprossen, als eine tatsächliche Unterschätzung kirchlicher Machtpolitik. Galileis soziales Engagement reicht bis zu dem Punkt, an dem es ihm ernstliche Unannehmlichkeiten bereiten könnte; die «Kluft zwischen oben und unten[63]» existiert für ihn so lange, wie er auf beiden Seiten Fuß fassen kann. Als er seiner kritischen Situation in Florenz gewahr wird und die Notwendigkeit sieht, sich für eine der beiden Parteien zu entscheiden (oder wenigstens, nun tatsächlich in einer Wallenstein-Situation, meint, sich noch frei entscheiden zu können), weigert er sich, mit denen gemeinsame Sache zu machen, die aus seiner Arbeit den größten Nutzen ziehen und ihrerseits bereit sind, sich für ihn einzusetzen. Im Vorzimmer des großherzoglichen Palastes weist er Vanni, der ihm Schutz und Hilfe anbietet, schroff zurück:

Galilei: *Jeder Nächstbeste mit irgendeiner Beschwerde hierzulande wählt mich als seinen Wortführer, besonders an Orten, wo es mir nicht gerade nützt. Ich habe ein Buch geschrieben über die Mechanik des Universums, das ist alles. Was daraus gemacht oder nicht gemacht wird, geht mich nichts an*[64].

Hier, und nicht erst in der formellen Verhandlung vor dem Inquisitionsgericht, widerruft Galilei. Er stellt sich, wenn auch zu spät, um sich vor der Inquisition zu retten, endgültig auf die Seite der Machthaber. Denn die Gegnerschaft der Kirche betrifft allein die soziale Brisanz naturwissenschaftlicher Erkenntnisse; die Sorge um das Seelenheil ihrer Mitglieder verwendet sie lediglich als propagandistisch effektvollen Vorwand:

Inquisitor: *Man könnte sich fragen: welch ein Interesse plötzlich an einer so abliegenden Wissenschaft wie der Astronomie? Ist es nicht gleichgültig, wie diese Kugeln sich drehen? Aber niemand in ganz Italien, das bis auf die Pferdeknechte hinab durch das böse Beispiel dieses Florentiners von den Phasen der Venus schwatzt, denkt nicht zugleich an so vieles, was in den Schulen und an anderen Orten für unumstößlich erklärt wird und so sehr lästig ist. [...] Wenn das Weberschifflein von selber webte und der Zitherschlegel von selber spielte, dann brauchten allerdings die Meister keine Gesellen und die Herren keine Knechte. Und so weit sind sie jetzt, denken sie. Dieser schlechte Mensch weiß, was er tut, wenn er seine astronomischen Arbeiten statt in Latein im Idiom der Fischweiber und Wollhändler verfaßt*[65].

Gefährlich sind nicht die Ergebnisse der Wissenschaften, gefährlich ist ihre Denkweise, der «Geist der Auflehnung und des Zweifels», der untrennbar mit ihnen verbunden ist. Der Inquisitor findet nichts Anstößiges am Vorschlag, die kopernikanische Lehre zu verdammen und gleichzeitig, sich auf «materielle Interessen[66]» berufend, dem Begehren der Seestädte nach den auf ihrer Basis hergestellten Sternkarten nachzugeben. Nach dem Wortlaut des Dekretes von 1616 durfte Galilei seine Ansichten ungehindert in Form der Hypothese verbreiten, «als braver Doktor der Schulmeinung kostümiert» sich jede Freiheit erlauben[67]. «Es ist meine Maske, die mir heute ein wenig Freiheit gestattet», bemerkt Barberini am Karneval, «in einem solchen Aufzug können Sie mich murmeln hören: Wenn es keinen Gott gäbe, müßte man ihn erfinden. [...] Der arme Galilei hat keine[68].» In der Tat: die Maske der Hypothese paßt Galilei nicht, sie verdeckt gerade das, worauf es ihm ankommt: den Zusammenhang zwischen der Meßbarkeit des Himmels und dem Kampf der römischen Hausfrau um Milch.
Etwas später legt Barberini die machtpolitischen Beweggründe der vorgeblich theologisch motivierten Entscheidungen des Heiligen Offiziums mit zynischer Offenheit dar:

109

Barberini: Bedenken Sie einen Augenblick, was es die Kirchenväter und so viele nach ihnen für Mühe und Nachdenken gekostet hat, in eine solche Welt (ist sie nicht abscheulich?) etwas Sinn zu bringen. Bedenken Sie die Roheit derer, die ihre Bauern in der Campagna halbnackt über ihre Güter peitschen lassen und die Dummheit dieser Armen, die ihnen dafür die Füße küssen. [...] Wir haben die Verantwortung für den Sinn solcher Vorgänge (das Leben besteht daraus), die wir nicht begreifen können, einem höheren Wesen zugeschoben, davon gesprochen, daß mit derlei gewisse Absichten verfolgt werden, daß dies alles einem großen Plan zufolge geschieht[69].

Die Kirche möchte sich die Entscheidung über richtig und falsch (d.h. über erwünscht und unerwünscht) vorbehalten, in der Absicht, das Werk von seinen geistigen Grundlagen zu trennen, der politischen Instanz das alleinige Verfügungsrecht über die Ergebnisse der Wissenschaft zuzuschanzen, um ihre soziale Verwendbarkeit zu verhindern. Sie ist aber, nach dem Entwurf zu einem hippokratischen Eid der Naturwissenschaftler, die einzige Rechtfertigung wissenschaftlicher Arbeit:

Galilei: Ich halte dafür, daß das einzige Ziel der Wissenschaft darin besteht, die Mühseligkeit der menschlichen Existenz zu erleichtern[70].

Enteignung

In der 13. Szene der ersten Fassung fordert Galilei Andrea auf, das Manuskript der «Discorsi» an sich zu nehmen:

Galilei: Ich bin ein alter Mann, und es ist leicht, mir alles wegzunehmen, in der Tat, ich sehe kaum dich, der mir doch nahe genug gegenübersitzt. [...] Man weiß an höherer Stelle, daß hier nichts mehr ist. Man ist sicher. Nur noch einige Außenstehende wie du könnten auf den Gedanken kommen, in einem solchen Schutthaufen nachzugraben, ob sie nicht doch etwas Brauchbares herausfischen könnten. Warum sollte übrigens sonst noch hier und da einer zu mir kommen? Denn an mir selber ist nichts mehr, da ich mich selber zerstört habe. Tatsächlich würde mich solch ein Mann enteignen. Diese Anfänge einer neuen Physik, würde er sagen, aus trüber Quelle stammend, habe ich irgendwo gefunden. Der Name des Verfassers hatte einmal einige Bedeutung in der wissenschaftlichen Welt. Aber er hat sich als Lügner entpuppt. So müssen diese Blätter mit äußerster Vorsicht geprüft werden, denn sie stehen auf nichts als sich selber[71].

Hinter Galileis etwas weinerlichem Ton verbirgt sich ein hochbedeutsamer Vorgang. Für den von jeglicher Kommunikation abgeschnittenen Galilei haben die «Discorsi» keinen Wert mehr; seine Aufgabe ist mit der Fertigstellung und Weitergabe des Manuskripts erfüllt. Er hat, mit Andreas Worten, die Fundamente eines gewaltigen Turms errichtet, an dem andere weiterbauen können. Dazu ist es jedoch notwendig, das Werk von der Person, die es hervorgebracht hat und nun nicht mehr imstande ist, es weiter zu fördern, zu trennen und in eine ihm gedeihlichere Umgebung zu verbringen.

110

Einmal aus der Obhut seines Schöpfers entlassen, steht es, wie die Sprüche, die der weise Lao Tse an der Grenze niederschreibt, «auf nichts als sich selber», frei von erdrückender persönlicher Autorität, bereit, kritisch geprüft und verwertet zu werden.

Der Hinweis auf Lao Tse, der wie Galilei sein Werk kommentarlos der Mit- und Nachwelt hinterläßt, ist deshalb von Interesse, weil in der letzten Strophe der «Legende von der Entstehung des Buches Taoteking auf dem Wege des Laotse in die Emigration» (1938) nachdrücklich darauf hingewiesen wird, daß der Dank nicht nur dem Weisen, sondern auch dem Zöllner gebühre, der ihm sein Wissen «abverlangt». Mit anderen Worten: worauf es ankommt, ist nicht so sehr die schöpferische Persönlichkeit als das Werk, das sie zum Gebrauch bereitstellt. Der Vorgang der Enteignung hat einen durchaus positiven Sinn, er bezeichnet einen geschichtlichen Ablösungsprozeß, in dessen Rahmen streng genommen weder von Verdienst nach von Schuld die Rede sein darf. Zwischen dem schöpferischen Subjekt und seinem Werk besteht jene besondere Beziehung, die noch der Sänger im «Kaukasischen Kreidekreis» als abschließende Lehre formuliert:

Ihr aber, ihr Zuhörer der Geschichte vom Kreidekreis,
Nehmt zur Kenntnis die Meinung der Alten:
Daß da gehören soll, was da ist, denen, die für es gut sind, also
Die Kinder den Mütterlichen, damit sie gut gedeihen,
Die Wagen den guten Fahrern, damit gut gefahren wird,
Und das Tal den Bewässerern, damit es Frucht bringt [72].

«Was da ist», d. h. jegliches Produktionsmittel, somit auch die Wissenschaft, das produktive Denken, soll denen zukommen, «die für es gut sind», die also zugleich sich selbst und dem Objekt nützen, indem sie den in ihm schlummernden Reichtum entfalten. Das Objekt ist sowohl Mittel zum Zweck wie Ziel der Anstrengung, das tätige Subjekt der Beherrscher des Werkes und sein Diener. In den Anmerkungen zum «Kreidekreis» schreibt Brecht, es komme «nicht auf den Anspruch der Magd auf das Kind, sondern den Anspruch des Kindes auf die bessere Mutter an, und die Eignung der Magd zur Mutter [73]». Der Handänderung des grusinischen Tales entspricht die Übergabe der «Discorsi» an Andrea, Symbol für die «Zukunft der Vernunft», die «eine zu große Sache» ist, als daß sie «ein einzelner Mann zur Geltung oder in Verruf bringen könnte»: «Sie ist nämlich die Selbstsucht der gesamten Menschheit [74].» «Selbstsucht», auf ein Kollektiv bezogen, bedeutet das Gegenteil des individuellen Egoismus: keine negative Eigenschaft, sondern ein positives Streben, gerichtet auf das Überleben der Gesamtheit, ihr Wohlergehen und ihre optimale Entwicklung.

In der dritten Fassung hat die Enteignung einen anderen Stellenwert. Es steht außer Zweifel, daß Brecht nach wie vor das Werk denen übereignen will, «die für es gut sind», doch liegt jetzt die Perspektive anders. Nicht mehr die Förderung des Objekts, sondern die Übertragung des Wissens an eine neue soziale Schicht, «für die es gut ist», steht jetzt im Vordergrund. Das Objekt ist nicht mehr Zweck, sondern Instrument zu einem Zweck, der erst seine sinnvolle Verwendung garantiert. Wenn eine wechselseitige Beziehung, eine Symbiose zwischen denen, die das Wissen bewahren und überliefern, und denen, die es für ihre Lebenspraxis dringend benötigen, nicht mehr besteht, wenn es gar zur Ausbeutung mißbraucht wird, muß es einer neuen Klasse übereignet werden. Was damit gemeint ist, geht aus der Szene 6c der «Mutter» hervor. Der Lehrer klagt über die Verwirrung, die trotz oder vielmehr gerade wegen der Anhäufung von Wissen in die Welt gekommen ist; er zweifelt an dessen Brauchbarkeit überhaupt, weil er mit ihm nichts anzufangen weiß. Pelagea Wlassowa fordert ihn auf: «So gib es nur her, dein Wissen, wenn du es nicht brauchst[75].» Da es sich bei den Empfängern des Wissens um eine Klasse handelt, deren Bedürfnisse denjenigen der Mächtigen entgegengesetzt sind, wird das Wissen zu einem Instrument des Klassenkampfes: «Lesen, das ist Klassenkampf[76].»
Ebenso verhält es sich in der dritten Fassung des «Galilei». Zweimal berichtet Ludovico in einem Wust belanglosen Geschwätzes von Dingen, die für ihn, den Repräsentanten der Herrschenden, von keinem besonderen Interesse sind, für Galilei sich jedoch als hochbedeutsam erweisen: in der ersten Szene von der Erfindung des Fernrohrs, in der neunten von der bevorstehenden Wahl eines neuen Papstes. Galilei «enteignet» ihn, ohne daß er dessen gewahr wird. Dennoch handelt es sich nicht um eine vollständige Enteignung, denn die Wissenschaft ist nicht mehr, wie noch in der ersten Fassung, lediglich die theoretische Basis für einen künftigen gesellschaftlichen Umwälzungsprozeß, sondern bereits eine seiner Manifestationen. Zu der Vermehrung des Wissens tritt als zweite nicht minder wichtige Komponente die Verwirklichung der theoretischen Erkenntnis von den Bewegungen in der gesellschaftlichen Realität. Das Werk ist unentbehrliche Bedingung für die Emanzipation der Bürger und Handwerker, und umgekehrt ermöglicht erst diese Emanzipation eine humanitäre, allen Schichten des Volkes gleichermaßen zum Nutzen gereichende Verwendung des Wissens. Beides ist untrennbar mit der Person Galileis und der einmaligen historischen Situation verbunden; der Widerruf verhindert somit, daß die Enteignung vollendet wird. Sie wäre es erst, wenn die Wissenschaft nicht nur aus einer ihr schädlichen Konstellation gelöst, sondern auch in eine neue eingefügt, d.h. Galileis potentiellen Verbündeten übereignet würde.

DER WIDERRUF UND SEINE BEURTEILUNG
Die erste Fassung

Aus einleuchtenden Gründen verzichtet Brecht darauf, den Widerruf auf der Bühne darzustellen, wie vor ihm Jakob Bührer[77] und eine ganze Reihe weiterer Dramatiker des 19. und 20. Jahrhunderts versucht hatten. Ein Widerruf auf der Bühne würde die Emotionen des Publikums dem Zugriff des Autors entziehen, die Aufmerksamkeit von der modellhaften Bedeutung des Falles Galilei auf die einmalige historische Persönlichkeit (oder gar auf ihre Spiegelung im Schauspieler!) ablenken. Zu tief ist das legendäre «eppur si muove» im allgemeinen Bewußtsein verankert, als daß Brecht hoffen konnte, das Verhalten des großen Wissenschaftlers in der kritischen Szene einer unvoreingenommenen Beurteilung zu unterwerfen.

Dennoch steht der Widerruf als Angel- und Perspektivpunkt im Zentrum des Dramas. Galileis Charakter, seine soziale Umwelt, das Bild der Wissenschaft, die rührende und achtunggebietende Erscheinung Galileis in der vorletzten Szene – dies alles beeinflußt die Beurteilung des einen zentralen Ereignisses und mit ihr die aktuelle politische Lehre.

Bis zur achten Szene verläßt Brecht sich völlig auf das Assoziationsvermögen des Zuschauers, auf sein Vermögen, Galileis schwierige materielle Lage, den Betrug mit dem Fernrohr, die Begeisterung über die astronomischen Entdeckungen, die Übersiedlung nach Florenz, seine mutige Haltung während der Pestepidemie, seinen Kampf mit der traditionellen Wissenschaft und der Kirche in Beziehung zum Widerruf zu setzen und von ihm her zu beurteilen. Der erste direkte Hinweis auf den Widerruf findet sich im Gespräch mit dem Kleinen Mönch, in dem Galilei sein wissenschaftliches Credo ablegt:

Kleiner Mönch: *Und Sie meinen nicht, daß die Wahrheit, wenn es Wahrheit ist, sich durchsetzt, auch ohne uns?*
Galilei: *Nein, nein, nein. Es setzt sich nur so viel Wahrheit durch, als wir durchsetzen; der Sieg der Vernunft kann nur der Sieg der Vernünftigen sein*[78].

Im selben Sinne äußert sich Galilei mit höchstem Pathos in der folgenden Szene zu Mucius, einem ehemaligen Schüler, der die Kopernikanische Lehre verleugnet hat:

Galilei: *Und ich sage Ihnen: wer die Wahrheit nicht weiß, der ist bloß ein Dummkopf. Aber wer sie weiß und sie eine Lüge nennt, der ist ein Verbrecher! Gehen Sie hinaus aus meinem Haus*[79]*!*

Galilei weiß auch, daß von seiner Standhaftigkeit alles abhängt:

113

Galilei: *Da wird wieder von Sonnendünsten geschwatzt und von Planeten, die Flecken machen sollen, lauter Unsinn, und ich soll schweigen? Sollen sie sagen, Galilei wagt nicht, den Mund aufzutun? Nach mir sieht man hin, Mensch. Die Erde dreht sich, das bin ich, der das sagt, verstanden? Wenn ich schweige, bleibt sie wieder stehen[80]!*

Angesichts solcher Radikalität der Gesinnung darf man freilich nicht außer acht lassen, daß Galileis apodiktische Thesen sich nicht gegen jegliche Anpassung richten. Er selbst hat jahrelang das ptolemäische Weltbild gelehrt, solange er keine unumstößlichen Beweise für die Kopernikanischen Theorien vorweisen konnte, und er verdammt Mucius nicht, weil er die Wahrheit verleugnet hat, sondern weil er sie ohne Not verleugnete. In derselben Szene, als Andrea ihm wegen seines Schweigens in der Frage der Sonnenflecken Vorhaltungen macht, entwickelt Galilei wie vorahnend das Gegenmodell einer Ethik des Durchhaltens:

Galilei: *In die Wohnung des kretischen Philosophen Keunos, der wegen seiner freiheitlichen Gesinnung bei den Kretern sehr beliebt war, kam eines Tages während der Gewaltherrschaft ein gewisser Agent, der einen Schein vorzeigte, der von denen ausgestellt war, welche die Stadt beherrschten. Darauf stand, ihm sollte jede Wohnung gehören, in die er seinen Fuß setzte; ebenso sollte ihm auch jedes Essen gehören, das er verlangte; ebenso sollte ihm auch jeder Mann dienen, den er sähe. Der Agent setzte sich auf einen Stuhl, verlangte Essen, wusch sich, legte sich nieder und fragte, mit dem Gesicht zur Wand, vor dem Einschlafen: wirst du mir dienen? Keunos deckte ihn mit einer Decke zu, vertrieb die Fliegen, bewachte seinen Schlaf, und wie an diesem Tage gehorchte er ihm sieben Jahre lang. Aber was immer er für ihn tat: vor einem hütete er sich wohl, das war: auch nur ein Wort zu sagen. Als nun die sieben Jahre um waren und der Agent dick geworden war vom vielen Essen, Schlafen und Befehlen, starb der Agent. Da wickelte ihn Keunos in die verdorbene Decke, schleppte ihn aus dem Haus, wusch das Lager, tünchte die Wände, atmete auf und antwortete: nein[81].*

Bei dem Parabel-Keunos dieser in Galileis Mund höchst erstaunlichen Geschichte handelt es sich um niemand anderen als Herrn Keuner, Brechts alter ego. Bereits im ersten Heft der «Versuche» (1930) findet sich dieselbe Geschichte unter dem Titel «Maßnahmen gegen die Gewalt[82]».

Erinnern wir uns: vom austauschbaren Kämpfer erwartet Brecht, daß er ohne Rücksicht auf seine physische Existenz die der jeweiligen Situation adäquate Verhaltensweise wählt; umgekehrt muß derjenige, der berufen ist, den Anbruch einer neuen Zeit zu befördern, unter allen Umständen seine Produktivkraft erhalten. Damals probeweise angenommene Attitüde des «Denkenden», enthält die Parabel nun in nuce die Moral von «Leben des Galilei». Galilei befindet sich ohne Zweifel in einer vergleichbaren Lage, nicht aber Mucius. Verrat ereignet sich erst da, wo die Mimikry ohne äußeren Zwang stattfindet oder der zu einer doppelten Moral Gezwungene nicht mehr willens oder in der Lage ist, nach Aufhebung des unmittelbaren Zwanges zu einer unverfänglicheren Haltung zurückzufinden[83].

Andrea ist anderer Ansicht. Er kann die Notwendigkeit scheinbarer Anpassung nicht einsehen. Während die übrigen Schüler über die Geschichte lachen, murrt er: «Mir gefällt die Geschichte nicht, Herr Galilei[84].» Er verkörpert jenen älteren Typ Brechtscher Helden, der sich in Gestalten wie Johanna Dark, Teresa Carrar und Pelagea Wlassowa ausprägt. Den Widerruf betrachtet er als einen Akt der Feigheit, den er seinem Lehrer bis zum letzten Besuch in der Abgeschiedenheit des Landhauses von Arcetri nicht verzeiht.

Die Ereignisse geben indes Galilei recht – eine indirekte Kritik am revolutionären Heldentum. Zu Beginn der 13. Szene unterhält Galilei sich mit dem Hafner, dem Mittelsmann, der die Aufgabe übernommen hat, die «Discorsi» aus Italien herauszuschmuggeln. Nach drei vergeblichen Versuchen hat er das Manuskript zurückgebracht, entschlossen, bei der ersten sich bietenden Gelegenheit seine Anstrengungen fortzusetzen. Galilei leistet systematisch aktiven Widerstand, er macht das Beste aus seiner trübseligen Lage.

Wenig später erscheint Andrea auf der Durchreise, noch immer unversöhnt mit Galilei, aber auch noch immer von seiner Persönlichkeit fasziniert. Insgeheim hofft er, hinter dem rätselhaften Verhalten des Gelehrten Anzeichen eines Plans zu entdecken. Galilei, eingeschüchtert, von Virginia und einem Beauftragten der Inquisition überwacht, möchte ihn ausforschen und zugleich durch «verdecktes Sprechen» in der «Sklavensprache» auf seine schwierige Lage und sein ungebrochenes Interesse an der Wissenschaft hinweisen. «Steif», «verbissen», «mühsam[85]» schleppt sich das Gespräch in gegenseitigem Unverständnis dahin, solange Virginia im Zimmer weilt. Ein einziges – in der dritten Fassung getilgtes – Wort läßt für einen Augenblick Galileis wahre Überzeugungen durchschimmern:

Galilei: *Leider gibt es Länder, die sich der Obhut der Kirche entziehen. Ich fürchte, daß die irrtümlichen und verurteilten Lehren dort wenigstens weiter gefördert werden*[86].

In diesem einen «wenigstens» malt sich das ganze Elend des genialen Wissenschaftlers, der verurteilt ist, sein Wissen «in den Ofen [zu] schreien[87]». Dann, sobald Virginia den Raum verlassen hat, kann er nicht mehr an sich halten. Er berichtet von der Vollendung der «Discorsi» und fordert Andrea auf, ihn zu enteignen, das Manuskript an sich zu nehmen und ins Ausland zu bringen. Andrea ergreift es, begierig «nach der neuen Arbeit seines Lehrers, des größten Physikers der Zeit[88]» und spricht den abschließenden Kommentar:

Andrea: *Ich sehe, es ist, als ob ein Turm einstürzte, von ungeheurer Höhe und für unerschütterlich gehalten. Der Lärm des Einsturzes war weit lauter als das Lärmen der Bauleute und der Maschinen während der ganzen Zeit seines Aufbaus, und die Staubsäule, die sein Einsturz erzeugte, höher, als er selber gewesen war. Aber möglicherweise zeigt es sich, wenn sich der Staub verzieht, daß die zwölf oberen Stockwerke gefallen sind, aber die dreißig unteren noch stehen. Der Bau könnte dann weitergeführt werden. Ist es das, was Sie meinen? Dafür spräche, daß ja die Unstimmigkeiten in unserer Wissenschaft alle noch vorhanden sind, und sie wurden gesichtet. Die Schwierigkeit scheint gewachsen, aber die Notwendigkeit ist ebenfalls größer geworden. Ich bin froh, daß ich hergekommen bin*[89].

Der Einsicht des Zuschauers überlassen bleibt die Folgerung, daß Galilei mit der Vollendung der «Discorsi» entscheidend beigetragen hat, das neue Zeitalter heraufzuführen. Es ist auch Brechts eigene Folgerung. Wenige Wochen nachdem er die erste Fassung vollendet hatte, erklärte er in einem Interview mit der dänischen Zeitung «B.T.», das Stück stelle «den heldenmütigen Kampf Galileis für seine moderne wissenschaftliche Überzeugung» dar. Es sei ohne aktuelle Spitze gegen Deutschland oder Italien[90]. Man darf wohl annehmen, Brecht habe mit dem Nachsatz die von den Nazis arg bedrängten dänischen Behörden über die Tendenz des «Galilei» beruhigen wollen. Dann belegt diese Bemerkung Brechts neues Verständnis des Heldentums, das er nun nicht mehr, wie noch keine zwei Jahre zuvor in den «Gewehren der Frau Carrar», mit der Bereitschaft zum revolutionären Kampf gleichsetzt: Mut beweist sich nicht in Widerstand um jeden Preis, sondern in der Suche nach einem gangbaren Weg. Wird der Nachsatz wörtlich genommen, klingt in ihm spezifisch Brechtsche List durch: «aktuell», d.h. unmittelbar auf den Umsturz der totalitären Regimes gerichtet, ist «Leben des Galilei» keineswegs, vielmehr auf deren Überdauerung und Aushöhlung.

Dieser überwiegend positiven Beurteilung des Widerrufs scheinen einige Stellen der 13. Szene zu widersprechen. Vor Andreas Besuch läßt sich Galilei von Virginia einen Abschnitt aus den «Discorsi» vorlesen[91], der von der unterschiedlichen Widerstandskraft kleiner und großer Maschinen handelt und, auf Galilei übertragen (ein Schluß, der sich aus der Frage, ob diese Sätze wohl richtig verstanden würden, zwangsläufig ergibt), den Widerruf als subjektives Versagen, freilich von einem Naturgesetz bedingt und daher entschuldbar, darstellt[92]. Im Dialog mit seinem Schüler kommt Galilei dann direkt auf sein «Verschulden» zu sprechen. Er betont die unabdingbare Verpflichtung der Wissenschaft, «an der Aufrechterhaltung ihrer selbst als Wissenschaft mitzuarbeiten» und schließt mit der apodiktischen Feststellung: «Die Wissenschaft kann Menschen, die es versäumen, für die Vernunft einzutreten, nicht brauchen[93].» Ge-

116

radezu grotesk der folgende Vorgang: Galilei, der eben – zum dritten Mal! – das «Discorsi»-Manuskript vom Hafner zurückbekommen hat, zögert, die einzigartige Gelegenheit zu ergreifen, die ihm Andreas Besuch bietet, und ihm das Werk anzuvertrauen; unentschlossen, ja ängstlich redet er darum herum, beinahe weinerlich erinnert er sich daran, daß seine Strafe einmal furchtbar sein werde (und er meint das himmlische Strafgericht, nicht die Inquisition). Als er sich endlich doch dazu durchringt, Andrea das Versteck zu nennen, hält er hartnäckig an der Fiktion eines Diebstahls fest und weigert sich, irgendwelche Verantwortung zu übernehmen.

Weder Altersblödsinn noch Koketterie können für Galileis merkwürdiges Verhalten haftbar gemacht werden. Der Beginn der Szene zeigt ihn durchaus im vollen Besitz seiner Geisteskräfte, und seine entschlossene Konspiration mit dem Hafner (hinter dem offensichtlich weitere Mittelsmänner stehen) schließt sowohl jede Preziosität wie übertriebene Furcht vor der Inquisition aus; objektiv betrachtet hat Galilei alles getan, was billigerweise von ihm erwartet werden konnte.

Wozu also diese Widersprüche? Zweifellos, um die Beziehung zur Gegenwart schärfer herauszuarbeiten. In der 13. Szene steht ein alter, halbblinder Mann auf der Bühne, körperlich gebrochen, vom Wohlwollen der Inquisition und einer grämlichen, ihre Macht auskostenden Tochter abhängig. Dieser Galilei ist im höchsten Grade geeignet, Rührung und Mitleid zu erwecken. Dies aber wollte Brecht unbedingt vermeiden: Mitleid mit der Person Galileis würde auf eine Identifikation mit ihm herauslaufen und der Einsicht in den Vorbildcharakter seines Verhaltens im Wege stehen. Indem Brecht seinen Galilei sich Andrea gegenüber unentschlossen und ängstlich verhalten und den Widerruf als menschliche Schwäche verdammen läßt, diese subjektive Beurteilung für das Publikum aber durch die Darstellung der ihr widersprechenden Fakten aufhebt, hofft er jedes etwa aufkeimende Mitleid zu ersticken und an die Stelle einer Identifikation mit der Person die Einsicht in die Motive ihres Verhaltens zu setzen.

ähnlich wie in der «Johanna» brauchte ich am schluß einen kunstgriff, um auf jeden fall dem zuschauer den nötigen abstand zu sichern. selbst der unbedenklich sich einfühlende muß zumindest jetzt, auf dem weg der einfühlung selber in den galilei, den v-effekt verspüren[94].

Deshalb widerruft Galilei nicht, um sein Werk vollenden zu können (wie Brecht, einem frühen Fragment zufolge, ursprünglich geplant hatte[95]), sondern er schreibt *trotz* des Widerrufs die «Discorsi»; unmittelbare Ursache für den Widerruf ist Furcht vor Schmerzen, nicht Sorge um das Werk.

Indem Brecht Galilei so das Air des positiven Helden nimmt, bringt er zugleich eine ideale Komponente ins Spiel. Galileis Verhalten ist stets das Ergebnis von Kompromissen. Nachdem er sich einmal entschlossen hat, nach Florenz überzusiedeln – eine Entscheidung, die, wie sich gezeigt hat, ebenso als Konsequenz seiner gedrückten materiellen Lage verständlich wie als conditio sine qua non zur Fortsetzung der wissenschaftlichen Arbeit notwendig war –, bleibt ihm nichts anderes übrig, als auf die Forderungen der kirchlichen Instanzen einzugehen. Was hätte er allein denn gegen die Übermacht der «Welt der Lüge[96]» vermocht? Und welche positiven Folgen hätte ein Martyrium des großen Gelehrten überhaupt zeitigen können? Zweifellos wäre die wissenschaftliche Welt davon stärker erschüttert worden als durch den Widerruf, von dem jedermann wußte, daß er erzwungen war und den die Zeitgenossen durchaus billigten[97]. Der Erfolg rechtfertigte nachträglich die Demütigungen, die Galilei auf sich nahm. Überspitzt formuliert: worauf es damals ankam, waren Beweise und nicht Überzeugungen. Und diese Beweise vermochte Galilei nur zu liefern, wenn er die Möglichkeit besaß, weiterzuarbeiten. Zudem bewies er damit indirekt, daß es selbst der weltumspannenden, scheinbar allgegenwärtigen und allmächtigen katholischen Kirche an Machtmitteln fehlte, den Fortschritt der Wissenschaft und die Verbreitung der Wahrheit aufzuhalten. «Sein Widerruf hatte ihm die Möglichkeit verschafft, ein entscheidendes Werk zu schaffen. Er war weise gewesen[98]», gibt auch Brecht aus der Rückschau zu. Dennoch spricht er Galilei schuldig – schuldig am höchsten Ideal der Wissenschaft (ihrer Verpflichtung, «an der Aufrechterhaltung ihrer selbst als Wissenschaft mitzuarbeiten[99]» und der daraus abgeleiteten Pflicht des Forschers, «seinen Beruf als solchen zu ehren und zu verteidigen gegen alle Gewalt[100]»). Aber dieses Ideal, das auch Andrea vertritt, der an der Keunos-Geschichte keinen Geschmack findet und Galilei wegen des Widerrufs verachtet, ist rein abstrakt, nicht praktizierbar in der sozialen Umwelt des Dramas und bei dem damaligen Stand der Wissenschaft; somit regulatives Prinzip und nicht verpflichtende Anweisung zum Verhalten, da die Wissenschaft keinesfalls über ihren primären Bereich etwa in die Sozialstruktur der Gesellschaft überzugreifen vermag. Brecht führt es ein, um, wiederum im Blick auf die Gegenwart, zu verhindern, daß die Kompromisse zwischen Ideal und Wirklichkeit, die Galilei einzugehen genötigt ist, für das Ideal selbst gehalten werden. Die Naziwissenschaftler mögen zwar gezwungen sein, sich politischem Zwang zu unterwerfen, doch läßt sich Nachgiebigkeit nur rechtfertigen, wenn sie nicht als persönliches Heldentum, sondern als Dienst an der Wissenschaft, am überzeitlichen Anspruch der Wahrheit verstanden wird und der objektive Nutzen für die

118

Wissenschaft das persönliche Versagen (Galileis Todesfurcht, die Angst der deutschen Wissenschaftler vor Repressalien) aufwiegt. Die erste Fassung des «Galilei» lebt von der barocken Fülle der Hauptgestalt und von der dialektischen Spannung zwischen Geschichte und Gegenwart. Ernst Schumacher – und mit ihm die übrigen marxistischen Interpreten – leiten daraus die These ab, Brecht habe in «Leben des Galilei» den Wissenschaftlern in den faschistischen Staaten eine «goldene Brücke» bauen[101], ihnen einen Weg weisen wollen, wie sie, nachdem sie sich anfänglich dem Faschismus kaum widersetzt hatten, ihren Irrtum wenigstens teilweise wiedergutmachen und ihren Beitrag zu einer besseren Zukunft leisten könnten. Dazu mußten sie, so Schumacher,

selber zum Bewußtsein kommen, daß ihr Verhalten falsch war, sie selber hatten die Depravierung und Pervertierung ihrer Wissenschaft zu analysieren, sie selber mußten zu der Folgerung kommen, daß es notwendig war, sie zu enteignen (so unhistorisch sich diese Auffassung in Galileis Mund ausnehmen mußte), sie selber hatten dieses Einverständnis mit der Warnung zu verbinden, daß das Werk «mit äußerster Vorsicht» geprüft werden müsse, da sich sein Verfasser als Lügner entpuppt habe[102].

Eine lehrhafte Tendenz kann «Leben des Galilei» sicher nicht abgesprochen werden, und es ist auch mindestens sehr wahrscheinlich, daß die Domestizierung der Wissenschaften unter dem Naziregime Brecht veranlaßte, den Stoff überhaupt aufzugreifen. Er sah die Notwendigkeit, das Selbstvertrauen und die Widerstandskraft jener zahlreichen Wissenschaftler zu stärken, die, ohne dem aktiven Widerstand anzugehören, sich doch nicht mit den Zielen der Nazis identifizierten und bereit waren, nach ihrem Vermögen der Wahrheit über eine dunkle Zeit hinwegzuhelfen. In ihrem Interesse und um im Ausland das «bessere Deutschland» (an dessen Existenz Brecht nicht zweifelte[103]) nicht in Vergessenheit geraten zu lassen, um Verständnis für ein Verhalten zu wecken, das mit den üblichen moralischen Maßstäben gemessen befremdlich, ja nahe am Verrat erscheinen mußte, hob er die positiven Aspekte des Widerrufs hervor. Andererseits gedachte er jene zu warnen, die sich versucht fühlen mochten, mit einzelnen Angehörigen von Partei und Regierung zu paktieren, in denen sie, wie Galilei in Barberini, eine vermittelnde oder sogar fortschrittliche Tendenz innerhalb der herrschenden Reaktion verkörpert glaubten.
Wie realistisch Brecht die Lage einschätzte, bestätigt auf höchst verblüffende Weise ein Gespräch, das der deutsche Physiker Werner Heisenberg kurz vor Kriegsausbruch mit Max Planck führte. Heisenberg war unschlüssig, ob er emigrieren oder seine Stellung in Deutschland behalten sollte. Max Planck sagte ihm damals folgendes:

Die Öffentlichkeit würde von Ihrem Schritt praktisch nichts erfahren. Die Zeitungen würden entweder gar nichts berichten oder nur in einem so hämischen Ton von Ihrem Rücktritt sprechen, daß niemand auf die Idee käme, daraus ernsthafte Folgerungen zu ziehen. [...]
Ihr Schritt würde bis zum Ende der Katastrophe also nur Rückwirkungen für Sie selber haben [...], aber für das Leben in unserem Land wird alles, was Sie tun, bestenfalls nach dem Ende wirksam werden. Darauf müssen wir also unser Augenmerk richten. Wenn Sie zurücktreten, so würde Ihnen im günstigsten Fall wohl nur übrigbleiben, im Ausland eine Stellung zu suchen. [...] Sie könnten dort wahrscheinlich ruhig arbeiten. Sie wären außer Gefahr, und nach dem Ende der Katastrophe könnten Sie, wenn Sie den Wunsch haben, nach Deutschland zurückkehren – mit dem guten Gewissen, daß Sie nie Kompromisse mit den Zerstörern Deutschlands geschlossen haben. Aber bis dahin sind vielleicht viele Jahre vergangen. Sie sind anders geworden, und die Menschen in Deutschland sind anders geworden; und es ist sehr fraglich, wieviel Sie in dieser veränderten Welt dann wirken könnten. Wenn Sie nicht zurücktreten und hierbleiben, haben Sie eine Aufgabe ganz anderer Art. Sie können die Katastrophe nicht aufhalten und müssen, um überleben zu können, sogar immer wieder irgendwelche Kompromisse schließen. Aber Sie können versuchen, mit anderen zusammen Inseln des Bestandes zu bilden. Sie können junge Menschen um sich sammeln, ihnen zeigen, wie man gute Wissenschaft macht, und ihnen dadurch auch die alten richtigen Wertmaßstäbe im Bewußtsein bewahren. Natürlich weiß niemand, wieviel von solchen Inseln am Ende der Katastrophe noch übriggeblieben sein wird; aber ich bin sicher, daß selbst kleine Gruppen von begabten jungen Menschen, die man in einem solchen Geist durch die Schreckenszeit hindurchbringen kann, für den Wiederaufbau nach dem Ende die größte Bedeutung haben. [...] Das wird sicher sehr schwierig sein und nicht ohne Gefahren; und die Kompromisse, die eingegangen werden müssen, werden später mit Recht vorgehalten und vielleicht bestraft werden. Aber vielleicht muß man es trotzdem tun. Natürlich kann ich es niemandem verdenken, wenn er anders entscheidet, wenn er auswandert, weil er das Leben in Deutschland unerträglich findet, weil er das Unrecht, das hier geschieht, einfach nicht mit ansehen und sicher nicht verhindern kann. Aber in einer solchen entsetzlichen Situation, wie wir sie jetzt in Deutschland vorfinden, kann man nicht mehr richtig handeln. Bei jeder Entscheidung, die man zu treffen hat, beteiligt man sich an irgendeiner Art von Unrecht. Daher ist auch letzten Endes jeder auf sich allein gestellt. Es hat keinen Sinn mehr, Ratschläge zu geben oder anzunehmen[104].

Damit sind aber erst die vordergründigsten Motivierungen formuliert. Sie allein vermögen die Tatsache, daß Brecht «Leben des Galilei» geschrieben und umgeschrieben hat, nicht hinreichend zu erklären. Es war mehr als fraglich, ob das Stück in Deutschland irgendwelche Resonanz finden könnte: weder eine Publikation noch eine Aufführung konnte ernsthaft ins Auge gefaßt werden, und eine illegale, getarnte Veröffentlichung (die «Fünf Schwierigkeiten beim Schreiben der Wahrheit» waren in einem Tarnumschlag als «Satzungen des Reichsverbandes deutscher Schriftsteller» verbreitet worden, andere Schriften wurden als Reclam-Bändchen verkleidet) vermochte nur einen sehr beschränkten Kreis zu erreichen. Auf breite Wirkung aber hätte Brecht bedacht sein müs-

120

sen, wäre es ihm lediglich um die angeführten Thesen gegangen (für die sich freilich in seinem Schaffen zahlreiche Belege finden[105]).

Auch 1939, ein Jahrzehnt nach der Entstehung der eigentlichen Lehrstücke, ist das Theater für Brecht immer noch ein «Publikationsorgan[106]» mit letztlich außerkünstlerischer Funktion, doch haben seine Ansichten über Möglichkeiten und Wirkungsweise dramatischer Weltgestaltung sich inzwischen grundlegend gewandelt. Mit dem dogmatischen Marxismus hat er auch eine gewisse künstlerische Erstarrung überwunden. Seine späten Dramen sollen «Erkenntnisse und Impulse in Form von Genüssen vermitteln[107]» – Genuß in der doppelten Bedeutung von «delectatio» und «Teilhabe»: so wenig Teilhabe sich in reiner Abstraktion zu verwirklichen vermag, so wenig darf das Vergnügen sich auf bloßen Konsum, auf unkontrollierte Einfühlung und Hingabe beschränken. Das Geheimnis von Brechts «großen» Stücken besteht vielmehr in der geglückten Vereinigung beider, in dem unerhört dichten Ineinander von Vernunft und Gefühl, Vergnügen und Lehre[108].

«Leben des Galilei» in der ursprünglichen Fassung ist weder ein Lehrstück noch ein Nachfahre der klassischen Tragödie (allenfalls eine «optimistische Tragödie»), sondern der Versuch, einen komplexen Sachverhalt objektivierend darzustellen. In einer Anmerkung hebt Brecht die Spannung zwischen der «Begrüßung der neuen Zeit durch Galilei in der ersten Szene» und «gewissen Partien der vierzehnten Szene» hervor[109]:

Nach den herrschenden Regeln des Stückebaus muß der Schluß eines Stückes schwerer gewogen werden. Aber das Stück ist nicht nach diesen Regeln gebaut. Das Stück zeigt den Anbruch einer neuen Zeit und versucht, einige Vorurteile über den Anbruch einer neuen Zeit zu revidieren[110].

Die Vorurteile, auf die Brecht hier anspielt, betreffen das Verhältnis von Reaktion und Fortschritt, die Weise, in der neue Modelle der Weltbetrachtung und Weltdeutung sich durchsetzen. Der Übergang vom Alten zum Neuen vollzieht sich ja keineswegs so organisch, wie es sich aus historischer Distanz ausnehmen mag. Wirklich radikale Neuerungen, die nicht nur neue Denkinhalte schaffen, sondern auch neue Denkstrukturen erzwingen, setzen sich erst allmählich durch, weil die Anhänger veralteter Auffassungen, die ihr Denken nicht mehr im erforderlichen Maße anzupassen vermögen, kraft ihres Ansehens den endgültigen Sieg des Neuen hinauszögern. Gilt dies für jede bedeutende wissenschaftliche Neuorientierung, so erst recht dort, wo wissenschaftliche Autorität mit politischer Macht verquickt ist und allein schon das Beharrungsvermögen der Institutionen jeder Veränderung feindlich gegenübersteht; noch weit mehr, wenn die politischen Instanzen ihren Machtanspruch ideologisch untermauern und eine neue wissenschaftliche Theorie die Axiome dieser Integrationsideologie in Frage stellt[111].

Eine derartige Verflechtung bestand sowohl zu Galileis Zeit als auch – mit teilweise umgekehrten Vorzeichen, da die politische Ideologie zu ihrer Rechtfertigung nicht eine neue Theorie unterdrückte, sondern, gesicherte wissenschaftliche Erkenntnisse rundweg ableugnend, an archaische Anschauungen anknüpfte – in den faschistischen Diktaturen unseres Jahrhunderts: damals die Auseinandersetzung zwischen der sich emanzipierenden Wissenschaft und einer in der Tradition erstarrten Kirche, in der Gegenwart zwischen dem Kommunismus, den Brecht als den Vertreter des Fortschritts schlechthin auffaßt, und der bürgerlichen Reaktion, als deren konsequente Fortsetzung und Überhöhung er den Faschismus betrachtete. Diese Analogien, die in der dritten Fassung, wo der Antagonismus sich eindeutig auf einen Klassengegensatz zuspitzt, noch deutlicher hervortreten, erweisen sich aber in gewissem Sinne auch als Hemmnis für das Verständnis des Stückes. Von einigen Unterschieden in der Struktur der beiden Konflikte war bereits die Rede; dazu kommt der historisch belegte Umstand, daß Galilei keineswegs beabsichtigte, die religiöse Autorität der Kirche in Frage zu stellen. Ganz im Gegenteil bemühte er sich, seine wissenschaftlichen Erkenntnisse mit den theologischen Lehren in Übereinstimmung zu bringen. Dies aber war den deutschen Wissenschaftlern und Intellektuellen verboten: allein aus dem Bestreben, das oben skizzierte Ideal der Wissenschaft zu erfüllen, und nicht aus dem Wunsch nach Verständigung mit den Nazis durfte die äußere Anpassung erwachsen.

Wenn Brecht diese Unstimmigkeiten in Kauf nahm und sich der Gefahr aussetzte, falsch verstanden zu werden, so offenbar, weil es ihm ebensosehr wie auf die Illustration der aktuellen Schwierigkeiten der deutschen Intellektuellen am historischen Präzedenzfall auf die dahinter stehende historische Gesamtbewegung ankam, auf die allmähliche Veränderung der Welt zum Guten, auf die Einsicht, daß Irrtum und Erniedrigung, Zwang und Verblendung notwendig sein mögen, um einen Weg in die Zukunft zu öffnen; daß *Veränderung* des selbstlosen Opfers bedarf, um die Hypotheken der Vergangenheit zu überwinden. Des selbstlosen Opfers, nicht des heroischen Selbstopfers: Galilei ist kein tragischer Held, der in einer Gloriole untergeht. Er ist es wahrscheinlich von allen Gestalten Brechts am wenigsten, weit weniger jedenfalls als der amerikanische Galilei oder derjenige der dritten Fassung, die beide als «negative Hauptpersonen» immerhin im Mittelpunkt der Handlung stehen. Der Galilei von 1938 tritt völlig hinter sein Werk zurück. Aber wie die großen tragischen Helden läßt er eine veränderte Welt zurück.

«Leben des Galilei» ist ein Hohelied auf die Vernunft, auf die neue Zeit, «die nicht kommt wie der Morgen nach durchschlafener Nacht[112]» und das Vermögen des Menschen, sich kraft der Vernunft aus den Verstrickungen einer finsteren Epoche zu lösen. Der Grundtenor des Dramas ist trotz Galileis Schwäche und seinen kritischen Reflexionen über sein Versagen und dem utopischen Gegenentwurf einer auf ihre Reinheit bedachten Wissenschaft optimistisch. Andreas Argumente sind die stärkeren; das Bild des eingestürzten Turms der Wissenschaft, dessen Fundamente dank Galileis unerschrockenem Bemühen zu weiterem Ausbau noch stehen, reiht den einmaligen Vorgang in eine geschichtliche Bewegung im Großen ein, die allen Rückschlägen zum Trotz in die Richtung einer glücklicheren, humaneren Gesellschaftsordnung verläuft. Endlich schließt sich auch Galilei der Meinung seines Schülers an. Seine letzten Worte weisen in eine Zukunft, die, in der Gegenwart potentiell schon enthalten, aber von der noch immer mächtigen Vergangenheit überschattet, einst entfalten wird, was Galilei für sie erarbeitet hat; die sein Werk nutzt, ohne sich um seine Skrupel, um sein zwielichtiges Verhalten und seine Irrwege zu kümmern.

Galilei: *Einige Erlebnisse hätten dich zu einer ganz falschen Ansicht bringen können über das, was wir immer die Zukunft der Vernunft genannt haben. Aber natürlich, ein einzelner Mann kann sie weder zur Geltung noch in Verruf bringen. Sie ist eine zu große Sache. Die Vernunft ist eine Sache, in welche die Menschen sich teilen. Sie ist nämlich die Selbstsucht der gesamten Menschheit. Diese Selbstsucht ist zu schwach, aber selbst ein Mensch wie ich kann ja noch sehen, daß die Vernunft nicht am Ende ist, sondern am Anfang. Ich bleibe auch dabei, daß dies eine neue Zeit ist. Sollte sie aussehen wie eine blutbeschmierte alte Vettel, dann sieht eben eine neue Zeit so aus! Der Einbruch des Lichtes erfolgt in die allertiefste Dunkelheit. Während an einigen Orten die größten Entdeckungen gemacht werden, liegen sehr große Teile dieser Welt ganz im Dunkel. Die Finsternis hat dort sogar noch zugenommen! Nimm dich in acht, wenn du durch Deutschland fährst und die Wahrheit unter dem Rock trägst[113]!*

Zur Entstehungsgeschichte

Die vorliegende Interpretation der ersten Fassung widerspricht allen authentischen Äußerungen Brechts über seine Beweggründe, den «Galilei»-Stoff aufzugreifen. In der ersten gedruckten Ausgabe[114] steht als Vorbemerkung:

Das Schauspiel «Leben des Galilei» (19. Versuch) wurde 1938/39 im Exil in Dänemark geschrieben. Die Zeitungen hatten die Nachricht von der Spaltung des Uran-Atoms durch den Physiker Otto Hahn und seine Mitarbeiter gebracht[115].

Ein Großteil der wissenschaftlichen Literatur hat, gestützt auf diese Bemerkung und weitere Anspielungen Brechts, die Entstehung des «Galilei» mit der Eröffnung des Atomzeitalters in Verbindung gebracht. Aus den historischen Daten und den zeitlich fixierbaren Notizen Brechts ergibt sich jedoch, daß diese Annahme falsch ist.

Fritz Sternbergs Mitteilung, er habe anläßlich eines Besuches in Dänemark zur Zeit des Münchner Abkommens (September 1938) den eben im Manuskript fertiggestellten «Galilei» zu sehen bekommen, klingt glaubwürdig[116]; es ist jedoch anzunehmen, daß es sich dabei noch nicht um die erste Fassung, sondern um eine der zahlreichen Vorstufen gehandelt hat[117]. Jedenfalls wird Brecht sich zu dieser Zeit schon mit dem «Galilei» beschäftigt haben. Das erste sichere Zeugnis bildet ein Brief von Brechts langjähriger Mitarbeiterin Margarete Steffin an Walter Benjamin vom 17. November 1938:

> Der «Caesar» liegt etwas, Brecht fing vor zehn Tagen an, den «Galilei», der ihm ja schon länger im Kopf spukte, herunterzudramatisieren, er hat jetzt von vierzehn Szenen bereits neun fertig, sie sind sehr schön geworden[118].

Damit stimmt eine Aufzeichnung in Brechts Arbeitsbuch überein: ««Das Leben des Galilei» abgeschlossen. brauchte dazu drei Wochen[119].» Wenig später, am 5. Januar 1939, teilte die dänische Zeitung «Berlingske Aftenavis» mit, Brecht habe ein Schauspiel mit dem Titel «Leben des Galilei oder die Erde bewegt sich» vollendet[120].

Zu diesem Zeitpunkt konnte Brecht noch nicht einmal von der geglückten Atomspaltung Kenntnis bekommen haben! Otto Hahns aufsehenerregende «Mitteilung» trägt das Datum des 22. Dezember 1938; veröffentlicht wurde sie in der ersten Januarnummer der «Naturwissenschaften» (6. Januar 1939). Eine Kopie der Aufzeichnungen ging an die langjährige Mitarbeiterin Lise Meitner nach Schweden; ihr Neffe, Mitarbeiter an Niels Bohrs Kopenhagener Institut, besuchte sie an Weihnachten und brachte die Nachricht um Neujahr nach Kopenhagen. Selbst wenn man Brechts Verbindungen zum Bohr-Institut berücksichtigt, kann er kaum vor dem Jahreswechsel von der Atomspaltung erfahren haben, abgesehen davon, daß die praktische Verwendbarkeit der neu entdeckten Energiequelle erst Wochen und Monate später diskutiert wurde.

Bei der Atomspaltung handelte es sich nicht um eine Entdeckung, die vorauszusehen gewesen wäre, in dem Sinne, daß lediglich die wissenschaftlichen Methoden, eine bereits vorliegende Hypothese zu beweisen, noch nicht bekannt gewesen wären. Vielmehr waren die notwendigen Experimente längst durchgeführt, aber falsch interpretiert worden. Die Entdeckung der Atomspaltung bedeutete eine echte wissenschaftliche Sensation. Robert Jungk, der Historiker der Atomphysik, berichtet anschaulich, wie Otto Hahn, als er nach langer Ungewißheit dank einer Mitteilung des Forscherehepaars Joliot-Curie die wahre Natur der vermeintlichen «Transurane» erkannte, innerhalb weniger Wochen den experimentellen Nachweis der Kernspaltung leistete[121].

Gewichtiger noch als dieser Anachronismus (es wäre ja denkbar, daß Brecht, nachdem er intuitiv die wissenschaftliche Entwicklung vorweggenommen hätte, seine Auffassungen durch die Realität bestätigt gefunden hätte) ist der Umstand, daß sich im ganzen Stück nur eine einzige Stelle findet, die unter Umständen auf die Atomspaltung oder ähnliche Perspektiven bezogen werden könnte – und diese Stelle klingt durchaus optimistisch, sie beweist, daß es Brecht zur Zeit der Niederschrift überhaupt nicht darum zu tun war, den Eindruck zu erwecken, den der Vorspruch der «Versuche» suggeriert:

Galilei: *Während an einigen Orten die größten Entdeckungen gemacht werden, welche die Glücksgüter der Menschen unermeßlich vermehren müssen, liegen große Teile dieser Welt ganz im Dunkel*[122].

Auf die Frage, weshalb denn Brecht den Anschein erwecken wollte, er habe sich bereits in der ersten Fassung des «Galilei» auf die zerstörerischen Folgen der Atomspaltung bezogen, kann erst die Interpretation der dritten Fassung eine Antwort geben. Vorläufig sei festgehalten, daß jedenfalls 1939 (vielleicht noch 1943, da der Zeitpunkt, an dem Brecht sein Manuskript ans Zürcher Schauspielhaus sandte, nicht mehr auszumachen ist[123]) die Wissenschaft, wissenschaftliches Denken und wissenschaftliche Vernunft als erste und verläßlichste Gegenkräfte zur Unmenschlichkeit totalitärer Systeme erscheinen.

Die zweite und dritte Fassung · Brechts These

Galilei: *Aber können wir uns der Menge verweigern und doch Wissenschaftler bleiben*[124]?

An der historischen Schwelle, die Brechts Drama darstellt, hätte sich – nach den Prämissen des Stücks – Gelegenheit geboten, mittels der Wissenschaft eine gerechtere Gesellschaftsordnung heraufzuführen.

125

Galilei: *Unsere neue Kunst des Zweifelns entzückt das große Publikum. Es riß uns das Teleskop aus der Hand und richtete es auf seine Peiniger. Diese selbstischen und gewalttätigen Männer, die sich die Früchte der Wissenschaft gierig zunutze gemacht haben, fühlten zugleich das kalte Auge der Wissenschaft auf ein tausendjähriges, aber künstliches Elend gerichtet, das deutlich beseitigt werden konnte, indem sie beseitigt wurden*[125].

Vereint mit Bürgertum und Handwerk, den aufstrebenden Klassen, wäre es Galilei ein leichtes gewesen, die Vorherrschaft von Adel und Klerus zu brechen, das «tausendjährige, aber künstliche Elend» zu beseitigen, mit der Blüte der Wissenschaft einer neuen, humanen Kultur den Weg zu ebnen. Die historischen Bedingungen hätten erlaubt, den Forderungen der Inquisition erfolgreich die Stirn zu bieten.

Galilei: *Ich habe [...] die Überzeugung gewonnen, Sarti, daß ich niemals in wirklicher Gefahr schwebte. Einige Jahre lang war ich ebenso stark wie die Obrigkeit*[126].

Über die soziale Brisanz seiner Forschungen war sich Galilei im klaren. Mit der Absage an die traditionelle Wissenschaft, an Ludovico und die Weisungen der Heiligen Kongregation hatte er den Kampf auf einem Gebiet aufgenommen, auf dem er unbestritten führend war, und mit dem Entschluß, in der Volkssprache zu schreiben, ihm den sozialen Impuls verliehen[127]. Seine Pflicht wäre es gewesen, die Auseinandersetzung bis zum Ende durchzufechten: Einen Rückschlag konnte sich die soziale Bewegung keinesfalls leisten, sie war darauf angewiesen, Siege zu erringen, wo immer sie die Herrschenden zum Kampf forderte[128]. Hätte sich Galilei von Anfang an von ihren Bestrebungen distanziert, würde er der Sache der Unterdrückten nicht so sehr geschadet haben; die Auseinandersetzung hätte sich dann auf einem anderen Gebiet abgespielt. Statt dessen nahm er den Kampf in vollem Bewußtsein um seine Folgen auf und verließ ihn dann, aus Gründen, die ausschließlich in seinem Charakter, nicht in objektiven Gegebenheiten lagen. Allein Galileis Feigheit, seine Sehnsucht nach den «Fleischtöpfen» und seine Furcht vor Schmerzen (die ihm, wie man in der 12. Szene erfährt, wohl gar nicht zugefügt worden wären), seine Wankelmütigkeit und Unzuverlässigkeit bewogen ihn, wider besseres Wissen und entgegen den Ansichten, zu denen er sich so oft bekannte, den falschen Weg einzuschlagen.

Die Folgen des Widerrufs sind bei dem dialektischen Verhältnis von wissenschaftlicher Forschung und gesellschaftlicher Verwertung ihrer Ergebnisse verheerend. Galileis Versagen brachte nicht nur die Astronomie in Mißkredit, es erschwerte auch für alle späteren Zeiten eine sinnvolle Verwendung wissenschaftlicher Arbeit.

126

Seine Feigheit, die das Werk seiner gesellschaftlichen Verankerung beraubt, bedeutet somit nicht halbes Verdienst (weil immerhin die «Discorsi» gerettet sind), sondern doppeltes Versagen: am Ideal der Wissenschaft und an den Ansprüchen der Gesellschaft.

In Wirklichkeit hat Galilei die Astronomie und die Physik bereichert, indem er sie zugleich eines Großteils ihrer gesellschaftlichen Bedeutung beraubte. [...] Es ist wahr, der Umschwung vollzog sich trotzdem in den folgenden Jahrhunderten, und sie waren daran beteiligt, aber es war eben ein Umschwung anstatt einer Revolution, der Skandal artete sozusagen in einen Disput aus, unter Fachleuten. [...]
Galileis Verbrechen kann als die «Erbsünde» der modernen Naturwissenschaften betrachtet werden. Aus der neuen Astronomie, die eine neue Klasse, das Bürgertum, zutiefst interessierte, da sie den revolutionären sozialen Strömungen der Zeit Vorschub leistete, machte er eine scharf begrenzte Spezialwissenschaft [...][129].

Das ist das schärfste Verdikt, das Brecht jemals über eine seiner Gestalten gefällt hat. Denn die einzige Rechtfertigung wissenschaftlicher Arbeit besteht ja darin, «die Mühseligkeit der menschlichen Existenz zu erleichtern» – und eben dies verhindert der Widerruf. Andrea nimmt einen Torso mit sich, der ohne die Person, die mit ihrer Integrität und ihrer Verantwortung hinter ihm steht, und eine Klasse, der er nützlich ist, seiner gesellschaftlichen Funktion verlustig geht.

Bis zur 14. Szene bleibt freilich offen, wem denn die Hauptschuld zukommt: Galilei oder einer korrupten Gesellschaft, die «Produktion zum Verbrechen macht[130]», welche schöpferische Arbeit nur anerkennt, soweit sie unmittelbar materielle Bedürfnisse befriedigt. Andreas empörtem Ausruf: «Unglücklich das Land, das keine Helden hat[131]!» entspricht dialektisch Galileis Replik: «Nein. Unglücklich das Land, das Helden nötig hat[132].» Unglücklich die Gesellschaft, deren Organisation eine freie Entfaltung der Persönlichkeit verbietet!
Sobald ihm Galilei eine praktisch verwertbare Erfindung in Aussicht stellt, ist der Kurator geneigt, sein Gesuch um Gehaltserhöhung zu befürworten. «Skudi wert ist nur, was Skudi bringt[133].» Weniger schroff bemerkt der Doge: «Unglücklicherweise brauchen wir in der Republik immer einen Vorwand für unsere Stadtväter, um unseren Gelehrten etwas zukommen lassen zu können[134].» Ändern seine Entschuldigungen aber auch nur das geringste an der Lage der Dinge? Sind sie nicht nur ein Abklatsch jener Argumente, mit denen die Verfechter einer liberalen Marktwirtschaft systembedingte Ungerechtigkeiten als unvermeidbare Härtefälle interpretieren?

Galilei hat keinen Grund, sich den Venezianern in irgendeiner Weise verpflichtet zu fühlen. Ihre Liberalität erweist sich als recht gutes Geschäft. Gerade deswegen aber hätte er alles daran setzen müssen, eine Veränderung der Produktionsverhältnisse herbeizuführen. Das Versagen der Gesellschaft, ihr gespanntes Verhältnis ausgerechnet zu ihren produktivsten Mitgliedern, erklärt manche Zweideutigkeit in Galileis Verhalten (z. B. den Betrug mit dem Fernrohr), doch verringert es nicht seine persönliche Schuld, die in der Mißachtung der ihm auferlegten historischen Rolle besteht.

Dieses Fazit zieht Galilei ad usum spectatorum im Monolog der 14. Szene; noch einmal zeigt er, in der tiefsten Erniedrigung, «wie intakt dieses perfekte Gehirn funktioniert[135]», wenn er sich mit den Folgen befaßt, die sein Versagen für kommende Generationen haben wird.

Galilei: Wie es nun steht, ist das Höchste, was man erhoffen kann, ein Geschlecht erfinderischer Zwerge, die für alles gemietet werden können[136].

Künftig werden die Wissenschaftler, nach seinem Vorbild, sich nicht mehr darum kümmern, was mit ihrer Arbeit geschieht; zufrieden, wenn ihre politischen Herren sie finanziell entschädigen, werden sie sich für jedes Verbrechen, jedes totalitäre Regime und gegen ihre eigenen Interessen verwenden lassen. Sein Werk, entworfen, um «die Verdammten dieser Erde» zu erlösen, gibt ihren Peinigern ein neues, feineres Instrument zu Zwang und Terror in die Hand. Galilei ist ein «sozialer Verbrecher[137]».

Galilei: Und ich überlieferte mein Wissen den Machthabern, es zu gebrauchen, es nicht zu gebrauchen, es zu mißbrauchen, ganz wie es ihren Zwecken diente[138].

Mit allen nur denkbaren szenischen und verbalen Mitteln sucht Brecht die Behauptung zu stützen, «daß der Widerruf ein Verbrechen war und durch das Werk, so wichtig es sein mochte, nicht aufgewogen[139]». Die Keunos-Geschichte, die in der ersten Fassung das Urteil über den Verräter Mucius relativierte und einen Widerruf unter bestimmten Umständen rechtfertigte, fällt weg, ebenso die Hafner-Episode und mit ihr jeder Hinweis auf Galileis systematische Bemühungen, die «Discorsi» in die Welt gelangen zu lassen[140]. Statt dessen gibt er dem Kleinen Mönch deutlich zu verstehen, daß er seinen sinnlichen Begierden wehrlos ausgeliefert sei und eine ernstliche Bedrohung seines Komforts ihn daher sehr wohl bewegen könnte, seine Grundsätze und Überzeugungen zu verleugnen[141]. Auch die Übergabe des Manuskriptes erfolgt rein zufällig. Galilei, mehr von persönlicher Eitelkeit getrieben als von dem Willen, ein

Verschulden wiedergutzumachen, benutzt die günstige Gelegenheit von Andreas Besuch, es loszuwerden[142]. Er gibt zu, die Abschrift «hinter seinem Rücken» angefertigt zu haben, und weist jede Verantwortung zurück[143]:

Galilei: *Solltest du erwägen, sie [die Abschrift] nach Holland mitzunehmen, würdest du natürlich die ganze Verantwortung zu schultern haben. Du hättest sie in diesem Fall von jemandem gekauft, der Zutritt zum Original im Heiligen Offizium hat*[144].

Liegt in der ersten Fassung das Schwergewicht auf dem vollendeten Werk, so in der dritten auf dem Versagen der Person. Das geht schon aus den Überschriften der 13. bzw. 14. Szene hervor. In der ersten Fassung heißt es:

1633–1642: Als Gefangener der Inquisition setzt Galilei bis zu seinem Tode seine wissenschaftlichen Arbeiten fort. Es gelingt ihm, seine Hauptwerke aus Italien herauszuschmuggeln[145].

Der entsprechende Titel der dritten Fassung erwähnt die Vollendung des Werkes nur noch nebenbei, der Akzent liegt auf Galileis Ohnmacht:

1633–1642: Galileo Galilei lebt in einem Landhaus in der Nähe von Florenz, bis zu seinem Tod ein Gefangener der Inquisition. Die «Discorsi[146]».

Dieselbe Akzentverschiebung ist Ursache einer Umstellung in der 14. Szene, die Brecht auf Laughtons Vorschlag vornahm. In der ersten Fassung widerlegt die Übergabe der «Discorsi» die Argumente, mit denen Galilei soeben den Widerruf verurteilt hat, und Andrea vergleicht unwidersprochen das Werk seines Lehrers mit einem Turm, von dem zwar ein bedeutender Teil eingestürzt ist, doch so, daß der Bau weitergeführt werden kann, und Galilei stimmt ihm schließlich zu. In der dritten Fassung dagegen folgt Galileis «mörderische Analyse[147]» auf die Übergabe und Andreas Rechtfertigungsversuch; sie bildet den abschließenden Kommentar, das Fazit eines ungeheuerlichen Versagens[148].

Tragik oder Schuld[149]?

Setzt sich aber die neue Zeit nicht trotz Galileis Versagen durch? Die Frage scheint unlösbar. Sie verneinend zu beantworten verbietet die geschichtliche Entwicklung, sie zu bejahen geht auch nicht an – wozu dann fünfzehn Szenen, um eine nicht existente Schuld zu beweisen?

Eine solche Argumentation, die Galileis moralisch-ethisches Versagen gegen die vermeintlich selbsttätig wirkende Dialektik der Geschichte ausspielt, geht am Kern des Dramas vorbei; sie provoziert unvermeidbar paradoxe Schlüsse, ohne etwas zur Erhellung des Stückes beizutragen. Die beiden Gesichtspunkte stehen vielmehr in einem *komplementären* Verhältnis.

Der Begriff der Komplementarität, der schon bei der Analyse von Galileis Charakter verwendet wurde, besagt, daß zwei oder mehr Aussagen, die sich gegenseitig ausschließen, zur vollständigen Beschreibung eines Phänomens notwendig sind. Niels Bohr hat ihn in das naturwissenschaftliche Denken eingeführt, wo er seither zu einem der wichtigsten theoretischen Ansätze wurde. Beispielsweise muß je nach Art des Experiments das Licht als Teilchen oder als Welle aufgefaßt werden; chemische Struktur und biologische Funktion eines lebenden Organismus können ebensowenig gleichzeitig bestimmt werden wie Ort und Geschwindigkeit eines Elementarteilchens. Die Unsicherheit («Unschärfe») liegt nicht in der Unvollkommenheit der Meßinstrumente oder der Unkenntnis der Ausgangsbedingungen, sondern in der Sache selbst[150].

Die Dialektik der Geschichte ist das eine. Sie bildet die Basis von Brechts Dichtung, sie ermöglicht das optimistische Axiom, daß verantwortliches Handeln sinnvoll und notwendig sei und sich einst auszahlen werde. Sie kann sich aber nicht ohne menschliches Zutun verwirklichen, sie ist kein seelenloser Mechanismus, der Untätigkeit legitimierte.

Nicht als anonymes Zahnrad im Räderwerk der Geschichte erhält Galilei eine historische Rolle zugewiesen (dann eignete er sich nicht zum exemplarischen Fall), sondern als verantwortlich handelndes Individuum. In scharfem Gegensatz zum absurden und grotesken Theater unserer Zeit, zu unter sich so gegensätzlichen Autoren wie Beckett, Dürrenmatt und Handke, aber auch zu Brechts eigenem Frühwerk, den Lehrstücken und selbst einigen der «großen» Dramen («Mutter Courage und ihre Kinder», «Der gute Mensch von Sezuan») wird das Individuum wieder in seine Rechte und Pflichten eingesetzt, wenn auch nicht als der große Einzelne, der aus sich und für sich besteht, sondern als Teil eines größeren Ganzen: «Nicht ich, die Vernunft hat gesiegt[151]»: die geschichtliche Gesamtbewegung, der sich der Einzelne zu unterwerfen hat. Trotzdem kann aber «der Sieg der Vernunft [...] nur der Sieg der Vernünftigen sein»: die Geschichte bedarf, um sich zu verwirklichen, des Individuums, das in freier Entscheidung das leistet, was geschichtlich notwendig ist[152].

Eben dies versäumt Galilei. Oberflächlich betrachtet, ließe sich Brechts Vorwurf mit der Charakterisierung Hamlets durch Wilhelm Meister vergleichen:

Eine große Tat auf eine Seele gelegt, die der Tat nicht gewachsen ist. [...] Das Unmögliche wird von ihm gefordert, nicht das Unmögliche an sich, sondern das, was ihm unmöglich ist[153].

Im Unterschied zur klassischen Auffassung resultiert aus der Diskrepanz von Auftrag und Erfüllung aber nicht Tragik, sondern Schuld. Im ideologischen Drama (zu dem beispielsweise auch das Jesuitentheater des Barock zu rechnen ist) kann es überhaupt keine echte Tragik geben, weil der notwendige Gang der Geschichte und also das Sollensgebot für den einzelnen Menschen klar vorgezeichnet ist. An die Stelle einer Schicksalsmacht, welche menschliches Planen zunichte macht oder zweier absoluter, im Helden sich überkreuzender Ansprüche tritt das eine, bedingungslose Unterwerfung fordernde Wertsystem. Auch die Situation des Kleinen Mönchs ist nicht tragisch, nur die Gestalt: würden die gesellschaftlichen Verhältnisse geändert (und Galilei zeigt ihm, daß sie zu ändern wären), bestünde kein Zwiespalt zwischen unvereinbaren Ansprüchen mehr. Galilei ist nicht einmal mehr als Gestalt tragisch, da er die wahre Natur der Verhältnisse erkennt.

«Leben des Galilei» markiert somit den Übergang vom Weltanschauungstheater, das auf die rechte Gesinnung zielt, zum politischen Theater, das zum rechten Handeln aufruft.

Funktionale Ethik

Die zahlreichen Änderungen, die Brecht bei der Niederschrift der dritten «Galilei»-Fassung vornahm, lassen sich im wesentlichen auf die Öffnung der Wissenschaft in den gesellschaftlichen Bereich zurückführen. Ob und weshalb eine bestimmte Verhaltensweise positiv oder negativ zu werten sei, entscheidet erst ihr *Erfolg*. Die Ethik, die Galilei im Schlußmonolog postuliert, ist eine «funktionale Ethik[154]», die Wahrheit kein Wert an sich, sondern nützlich oder schädlich für die Geschichte[155].

Anrüchige Maßnahmen anzuwenden, um ein positiv bewertetes Ziel zu erreichen, erscheint Brecht nicht grundsätzlich suspekt, sofern die Bedeutung der Aufgabe die Methode, mit der sie gelöst wird, rechtfertigt. Im Filmentwurf «Die Fliege[156]» schildert er mit unverhohlener Bewunderung, wie eine amerikanische Ärzteequipe es anstellt, dem Erreger des Gelben Fiebers auf die Spur zu kommen, der in den achtziger Jahren des vergangenen Jahrhunderts die

Erbauung des Panamakanals verhinderte. Um den Mechanismus der Übertragung einwandfrei zu klären, ist ein Doppelexperiment notwendig, das für die eine Gruppe von Versuchspersonen schwere Erkrankung, vielleicht den Tod zur Folge haben wird. Obwohl auf Verlangen der amerikanischen Regierung, die diplomatische Komplikationen vermeiden möchte, nur Freiwillige für die Experimente verwendet werden dürften, sieht sich die Kommission gezwungen, gegen Bezahlung weitere Versuchspersonen anzuwerben, nachdem sich nur ein Soldat und ein Angestellter freiwillig zur Verfügung gestellt haben. «Allerdings durfte dann nichts passieren, in solchen Dingen verstand Washington keinen Spaß[157].» So unterwirft man denn die «gemieteten» Leute dem ungefährlichen Test, während die beiden Freiwilligen, die sich ohne Entschädigung, allein «der Wissenschaft zuliebe[158]» gemeldet haben, mit den Fliegen, die man als Überträger vermutet, zusammen eingesperrt werden. Das Ergebnis (der Nachweis, daß das Gelbe Fieber tatsächlich von einer Fliege übertragen wird) rechtfertigt in Brechts Augen die Gefährdung der Idealisten.

Den Erfolg erklärt aber auch Andrea zur Richtschnur seines Urteils. Auf Galileis Mitteilung hin, er habe die «Discorsi» fertig geschrieben, zimmert er aus dem Stegreif eine «neue Ethik[159]», als deren ersten Vertreter er seinen Lehrer feiert:

Andrea: *Dies ändert alles. [...] Sie versteckten die Wahrheit. Vor dem Feind. [...] Mit dem Mann auf der Straße sagten wir: Er wird sterben, aber er wird nie widerrufen. – Sie kamen zurück: Ich habe widerrufen, aber ich werde leben. [...] Als es Ihnen [...] 33 gefiel, einen volkstümlichen Punkt Ihrer Lehren zu widerrufen, hätte ich wissen müssen, daß Sie sich lediglich aus einer hoffnungslosen politischen Schlägerei zurückzogen, um das eigentliche Geschäft der Wissenschaft weiter zu betreiben.*
Galilei: *Welches besteht in ...*
Andrea: *... dem Studium der Eigenschaften der Bewegung, Mutter der Maschinen, die allein die Erde so bewohnbar machen werden, daß der Himmel abgetragen werden kann. [...] Sie gewannen die Muße, ein wissenschaftliches Werk zu schreiben, das nur Sie schreiben konnten. Hätten Sie in einer Gloriole von Feuer auf dem Scheiterhaufen geendet, wären die andern die Sieger gewesen[160].*

Und nachdem Galilei mit dem Eingeständnis, nicht ein vorbedachter Plan, sondern die Furcht vor körperlichem Schmerz habe ihn zum Widerruf bewogen, seinen Versuch, den Fall Galilei zu mythologisieren, vereitelt hat, will er nichts anderes mehr sehen als das Manuskript, das er in Händen hält:

Andrea: *(laut) Die Wissenschaft kennt nur ein Gebot: den wissenschaftlichen Beitrag[161].*

Was Andrea hier vorbringt, deckt sich recht genau mit der Intention der ersten Fassung. Andrea, der Verfechter einer «reinen», «wertfreien» Wissenschaft, orientiert sich an der Vollendung des Werkes. Galilei hat nichts weiter als einen «volkstümlichen Punkt» der Kopernikanischen Lehre widerrufen, eine, gemessen an der Bedeutung seines Lebenswerkes, nebensächliche Einzelheit. Entscheidend ist das Bleibende, das Werk, das späteren Generationen von Wissenschaftlern unschätzbare Einsichten vermitteln wird. Mit Recht macht Jendreiek darauf aufmerksam, daß Andreas Argumente diejenigen sind,

die ein in der Weltauslegung der bürgerlichen Tragödie geschultes Publikum auf Galilei anzuwenden geneigt ist. Galilei würde nach dem bürgerlich gängigen Interpretationsschema zum großen heldischen Charakter, den die Gewalt der Umstände zwar beugen, aber nicht überwältigen und von seinem Weg abbringen kann[162].

Die populäre Galilei-Legende besagt ja nichts anderes, als daß Galileis Heldentum in der Vollendung eines dauerhaften Werkes unter widrigen Umständen bestehe.

Nun aber wendet sich Brecht in der Maske des alten Galilei gegen diese bürgerliche Vorstellung von Heldentum, die vom singulären Fall ausgeht, statt nach dem Nutzen eines Verhaltens für die geschichtliche Gesamtentwicklung zu fragen. Der Galilei der dritten Fassung plädiert für eine Wissenschaft, die sich der Gesellschaft gegenüber verantwortlich weiß und sich deshalb in erster Linie nicht um ihre eigene Akkumulation, sondern um die Entwicklung der Gesellschaft bemüht. Der Erfolg, von dem Andrea spricht, erweist sich als Scheinerfolg, der vermeintliche Fortschritt als Rückschritt.

Geschichte und Drama

Bei der Wiedergabe historischer Fakten hielt sich Brecht meist außerordentlich genau an die Überlieferung, historische Quellen, Galileis Werke und Zeugnisse aus seinem Umkreis; höchstens, daß er der dramatischen Wirkung zuliebe mehrere auseinanderliegende Ereignisse zusammengezogen hat[163]. Selbst für einzelne Szenen und Vorgänge lassen sich historische Belege finden, so z.B. ein Brief Galileis an Kepler vom 19. August 1610 für die vierte Szene:

Was wirst Du zu den ersten Philosophen unserer hiesigen Hochschule sagen, die trotz tausendfacher Aufforderungen in eiserner Hartnäckigkeit sich dagegen sträubten, jemals die Planeten oder den Mond oder das Fernglas selbst zu betrachten, und die somit ihr Auge mit Gewalt gegen das Licht der Wahrheit verschlossen? [...] Diese Sorte Menschen glaubt, die Philosophie sei ein Buch wie die Äneis oder die Odyssee: und die Wahrheit sei nicht in der Welt oder in der Natur, sondern – dies sind ihre eigenen Worte – durch die Vergleichung der Texte zu erforschen. Wie würdest Du lachen, wenn Du hören könntest, wie der angesehenste Philosoph unserer Hochschule sich abmühte, die neuen Planeten durch logische Argumente, als wären es Zaubersprüche, vom Himmel wegzudisputieren und loszureißen[164].

Bei weitem interessanter als die Übereinstimmungen zwischen Geschichte und Drama sind aber jene Bruchstellen, wo sich eine bewußte Mißachtung gesicherter Ergebnisse der historischen Forschung nachweisen läßt, d.h. Gesichtspunkte und Problemkreise, die in der ersten Fassung fehlen, als Anachronismen oder Verfälschung der historischen Situation in der dritten neu eingeführt werden. Im wesentlichen handelt es sich dabei um folgendes:

1. Brecht setzt Galileis wissenschaftliche Leistung bewußt zu hoch an. Von unwiderlegbaren Beweisen für das Kopernikanische Weltbild und einer dementsprechend starken Stellung der Kopernikaner konnte keine Rede sein. Galileis Beobachtungen waren zwar richtig, seine Schlüsse jedoch rein hypothetisch (vielleicht hat das Wissen darum auch seine Nachgiebigkeit gegenüber der Inquisition beeinflußt). Zudem widersprach das neue Weltbild nicht nur der überlieferten Wissenschaft, sondern auch der naiven Anschauung. Ob man sich zu ihm oder zum ptolemäischen bekannte, war zu jener Zeit weitgehend Glaubenssache[165]! Sieht man von den Kometen (über die zu jener Zeit so gut wie nichts bekannt war) und den bis zur Erfindung des Fernrohrs gar nicht sichtbaren Satelliten der Planeten ab, genügte das ptolemäische Modell durchaus zur Beschreibung der Vorgänge am Himmel, eingeschlossen die Vorhersage von Sonnen- und Mondfinsternissen. Nach den *Ursachen* dieser Bewegungen fragte auch Galilei nicht. Erst die Formulierung des Gravitationsgesetzes durch Newton hat sie geklärt (obwohl das Problem der Gravitation bis heute nicht gelöst ist) und schlüssige Beweise für die Hypothese des Kopernikus geliefert. So erweist sich auch der Gedankensprung von der aufgehobenen Hierarchie des Himmels auf die aufzuhebende irdische Hierarchie, der immer wieder (in der 1., 7., 8., 9., 10., 12. und 14. Szene) aus den verschiedensten Perspektiven erörtert wird und die ideelle Grundlage für die dritte Fassung bildet, als Anachronismus – nicht nur, weil er die Newtonsche Mechanik voraussetzt, sondern auch, weil derartige Verknüpfungen dem Denken der Zeit fremd waren[166].

2. Galileis Bemühungen um eine volksverbundene Wissenschaft, seine Gänge in die Schiffswerften, Arsenale und Manufakturen, sein Interesse an der praktischen Anwendung wissenschaftlicher Erkenntnisse sind historisch belegt und seit Leonardo gute italienische Tradition. Daraus aber nun ein marxistisches Klassenbewußtsein, ein Bewußtsein um die Relevanz wissenschaftlicher Arbeit für die gesellschaftliche Entwicklung zu konstruieren, geht entschieden zu weit. Dies gilt schon für die entsprechenden Stellen der ersten Szenen; erst recht, wenn Galilei in seiner Replik auf Andreas «neue Ethik» prophezeit, der Fortschritt der Wissenschaft werde eines Tages nur noch ein Fortschreiten von der Menschheit sein und von dem «universalen Entsetzensschrei» spricht, der einst den Jubelschrei über irgend eine neue Erfindung übertönen könnte. Die Folgen von Galileis Widerruf waren zu seinen Lebzeiten keinesfalls zu ahnen, weder die Entfremdung von Wissenschaft und Gesellschaft noch die unheilvolle Entwicklung der Wissenschaften selbst. Brecht projiziert eine gegenwärtige Problematik auf die Geschichte.

3. Andreas Beharren auf einer wertfreien Wissenschaft, die nichts anderes fordert, als daß ihre Mitglieder «eine Anzahl von Sätzen abliefern[167]», die «Wissen um des Wissens willen» anhäuft[168], und Galileis scharfe Ablehnung dieser Tendenzen setzen eine Wissenschaftstheorie voraus, die erst im Verlauf des 19. Jahrhunderts zu einiger Bedeutung gelangte. Noch David Friedrich Strauß verstand unter der Voraussetzungslosigkeit eines wissenschaftlichen Werkes, wie er sie im Vorwort zu seinem «Leben Jesu» (1835) postulierte, die Verpflichtung des Forschers, ohne vorgefaßte Meinungen an seinen Gegenstand heranzutreten, also eben die Methode wissenschaftlichen Denkens, die Brecht seinem Galilei als epochale Tat zurechnet. Erst im letzten Viertel des vergangenen Jahrhunderts setzte sich, im Gefolge des herrschenden naturwissenschaftlichen Positivismus und unter dem Einfluß der Historiker Mommsen und Treitschke, das Ideal einer «objektiven», gesellschaftliche Bezüge bewußt ausklammernden Wissenschaft durch.

4. Ähnlich verhält es sich mit den Prämissen der «mörderischen Analyse». Die These, Galilei habe ohne Not eine bürgerliche Revolution verraten, ist historisch betrachtet unhaltbar. Nach marxistischer Auffassung bestehen für einen erfolgreichen Umsturz zwei Bedingungen: einmal muß der Geschichtsprozeß die erforderliche Stufe erreicht haben, d.h. eine aufstrebende Klasse über die zur Revolution notwendige Potenz

135

verfügen; zum andern sind Führer nötig, welche in den Massen im rechten Moment eine Initialzündung auslösen.

An beidem fehlte es in der konkreten historischen Situation. Galilei war alles andere als ein potentieller Revolutionär auf politischem Gebiet, das italienische Bürgertum zu Beginn des 17. Jahrhunderts nach einer Zeit des Aufschwungs, in der die Akademien eine führende Rolle spielten, längst in Selbstzufriedenheit und Konservativismus erstarrt, die Bereitschaft zum Wagnis einer auf Bewahrung und Sicherung gerichteten «Rentnerideologie» gewichen. Ein revolutionärer Impetus war von ihm nicht mehr zu erwarten[169].

Dennoch hat Brecht nicht einfach dem Galilei-Stoff eine gänzlich fremde Problematik aufgepfropft. Der Umstand, daß eine soziale Spannung, wie er sie wahrhaben möchte, wenn nicht in Italien, so doch in anderen, demokratischeren europäischen Ländern bestand, vor allem in England und Holland, legt nahe, nach möglichen weiteren Einflüssen aus dem Denken, den historischen und sozialen Konstellationen der Zeit zu fragen. Sie lassen sich in der Tat ohne große Mühe ausfindig machen.

Die bedeutsamste dieser Querverbindungen führt zu Francis Bacon, dem Verfasser des «Novum Organum». Wesentliche Äußerungen über wissenschaftliche Autorität, methodische Ansätze, die Idee, wissenschaftliche Gedankengänge auf andere Lebensbereiche zu übertragen (wobei allerdings anzumerken ist, daß Bacon sich über die Anwendbarkeit seiner Methoden auf den gesellschaftlich-politischen Bereich widersprüchlich geäußert hat), fand Brecht in diesem grundlegenden Werk des naturwissenschaftlichen Empirismus. Selbst der Entwurf eines hippokratischen Eides dürfte auf Brechts Bacon-Lektüre zurückgehen[170].

Eine weitere Spur führt zu Thomas Hobbes. Der Satz: «Die Winkelsumme im Dreieck kann nicht nach den Bedürfnissen der Kurie abgeändert werden[171]» hat einen Vorläufer in der «Rede über die Widerstandskraft der Vernunft» (1937):

Der Mensch vermag unter Umständen ebensogut zu lernen, daß zwei mal zwei fünf, als daß es vier ist. Der englische Philosoph Hobbes sagt schon im XVII. Jahrhundert: «Wenn der Satz, daß die Winkel eines Dreiecks zusammen gleich zwei rechten sind, den Interessen der Geschäftsleute widersprechen würde, würden die Geschäftsleute sofort alle Lehrbücher der Geometrie verbrennen lassen[172].»

Bacon, Montaigne[173], Hobbes, Descartes[174] – die erleuchtetsten Geister der Epoche spiegeln sich in Brechts Galilei. Die Grundlage dieses eklektischen Verfahrens bilden die Kategorien, die Marx, Engels und Lassalle in der «Sickingen-Debatte», einer der wichtigsten literaturtheoretischen Schriften des Marxismus, entwickelt haben. Am 27. Mai 1859 schreibt Lassalle an seine Gesprächspartner:

Da ich einmal das Recht des Dichters, seine historischen Gestalten zu idealisieren, erwähne, so will ich gleich die *beiden Grenzen* angeben, innerhalb deren er von diesem Recht Gebrauch machen darf:
1. Er darf seinem Helden *keine* Anschauungen leihen, welche über den Horizont der *ganzen Zeit,* in der er lebte, hinausgehen. Tut er dies, so wird er unhistorisch, wird tendenziös im schlechten Sinne. Aber alles, was *innerhalb dieser Zeit* von den Freiesten, Entwickeltsten, von irgendeiner Seite her gedacht, gesprochen, angeschaut wurde, darf er wie auf einen einzigen Brennpunkt auf das Haupt seines Helden konzentrieren. [...] 2. Aber auch für diese Freiheit, alle geistigen Strahlen einer Zeit auf das Haupt des Helden wie auf einen Brennpunkt zu konzentrieren, *ihm ein so hohes Bewußtsein zu leihen, wie es in jener Zeit nur möglich* (wenn auch nicht in dem Helden wirklich) war, hat der Dichter nur wieder die schon oben entwickelte Grenze, daß der Held nicht durch eine von ihm erlebte *tatsächliche Entwicklung mit diesen Anschauungen in Gegensatz getreten ist*[175].

Aus dem bisher Gesagten ergibt sich ohne weiteres, daß Brecht sich an die erste der von Lassalle genannten Bedingungen (dem Helden keine Anschauungen zu leihen, welche über den Horizont der Epoche hinausgehen) nach Möglichkeit gehalten hat (von den Ausnahmen war bereits die Rede), die zweite hingegen (ihm nichts zuzuschreiben, was seiner tatsächlichen Entwicklung widerspricht) völlig außer acht ließ, obwohl sie doch für ein *historisches* Drama, in dessen Mittelpunkt eine so populäre Gestalt wie Galilei steht, die ungleich wichtigere wäre. Zudem gibt die erste Fassung in manchem die historischen Fakten getreuer wieder als die dritte, die Brecht als die gültige betrachtete!
Dieser zunächst merkwürdig erscheinende Befund findet seine Erklärung, vergegenwärtigt man sich Brechts Verhältnis zur Geschichte. Historische Treue hielt er zu keiner Zeit seines Lebens für erstrebenswert. Wie das Wort des Dichters ist ihm auch das des Historikers nicht heiliger als es wahr ist, d.h. praktikabel gemacht werden kann. In einer Notiz bezeichnet er «Leben des Galilei» als «gegenbeispiel zu den parabeln: dort werden ideen verkörpert, hier eine materie gewisser ideen entbunden[176]». Auf diese «Ideen» allein kam es ihm an. 1938 waren sie von solcher Art, daß sie ohne Schwierigkeiten aus dem geschichtlichen Rohmaterial herauszuarbeiten waren: das Problem des Überlebens im totalitären Staat; der Vorrang des Werkes vor der historischen Persönlichkeit; das ungebrochene Vertrauen auf einen geschichtlichen Fortschritt im Großen. Schon damals sah er sich gezwungen, den geschichtlichen Konflikt zu «enthistorisieren», um ihn einer kritisch distanzierten und abwägenden Betrachtung zugänglich zu machen. Als sich einige

137

Jahre später die Problematik derart verschob, daß eine durchgreifende Umarbeitung sich als notwendig erwies, reichte die historisierend-enthistorisierende Technik nicht mehr aus, den neuen Konflikt zu fassen. Nun war Brecht genötigt, den Charakter der Hauptgestalt wie das historische Feld zu verändern, Galilei und Andrea von Dingen sprechen zu lassen, die ihrer Zeit fremd waren, ihnen ein Bewußtsein zu verleihen, das, so gut es einem aufgeklärten Sozialisten des 20. Jahrhunderts anstehen mag, den Horizont eines Naturwissenschaftlers der ersten Hälfte des 17. überfordert.

Geschichte steht für Brecht stets in einer dialektischen Spannung zur Gegenwart. Nicht das Ereignis ist wesentlich, sondern seine Folge; nicht die Person, sondern ihr Verhältnis zu anderen Personen. Es liegt ihm nichts daran, Galileis Biographie nachzuzeichnen, wenn er das Abbild nicht zugleich als Vor-Bild (mit negativem oder positivem Vorzeichen) darstellen kann. Vorbild aber wird eine geschichtliche Persönlichkeit erst aus der Perspektive der Nachwelt. Ihr erteilt Brecht denn auch in der vierzehnten Szene das Wort. In der vorletzten Szene, in der die dramatischen Linien zusammenlaufen, liefert Brecht den Kommentar des Autors, nicht wie im «Guten Menschen von Sezuan» als Epilog, sondern innerhalb des Stückes verankert. Um den Preis der Verfälschung des historischen Feldes hat er ihn der einzigen persona dramatis in den Mund gelegt, deren fachliche Kompetenz und menschliche Verstrickung ihm Glaubwürdigkeit zu geben vermag. Galilei analysiert seinen Fall in der Weise, wie ihn die Nachwelt nach dem Willen des Autors zu interpretieren haben wird[177].

Offenbar war es weder Brechts Absicht, einen Kommentar zum Fall Galilei aus der Sicht eines heutigen Marxisten zu geben noch den Mechanismus einer verpaßten bürgerlichen Revolution am Modell darzulegen. Das eine hätte sich mit weit geringerem Aufwand tun lassen, für das andere sich ein geeigneterer Vorwurf gefunden. Auch für die dritte Fassung muß nach einem Anknüpfungspunkt in der Gegenwart gesucht werden, den über die äußerliche Analogie hinaus ein innerer Zusammenhang mit dem Galilei-Thema verbindet.

Brecht selbst weist auf eine Kontinuität in den Beziehungen von Wissenschaft und Gesellschaft hin, die Galileis Epoche mit der Gegenwart verbindet:

Galileis Verbrechen kann als die «Erbsünde» der modernen Naturwissenschaften betrachtet werden. Aus der neuen Astronomie, die eine neue Klasse, das Bürgertum, zutiefst interessierte, da sie den revolutionären sozialen Strömungen der Zeit Vorschub leistete, machte er eine scharf begrenzte Spezialwissenschaft, die sich freilich gerade durch ihre «Reinheit», d.h. ihre Indifferenz zu der Produktionsweise, verhältnismäßig ungestört entwickeln konnte.

138

Die Atombombe ist sowohl als menschliches als auch soziales Phänomen das klassische Endprodukt seiner wissenschaftlichen Leistung und seines sozialen Versagens[178].

Selbst wenn man diese Kontinuität nicht als historisch-prozeßhafte, sondern als phänomenologische interpretiert, bleibt ein Grundwiderspruch bestehen. Die in der Tat verblüffenden strukturellen Übereinstimmungen des Falles Galilei mit heutigen Verfahren gegen unbotmäßige Wissenschaftler[179] reichen nicht aus, «Leben des Galilei» schlüssig zu deuten, und dies nicht nur deswegen, weil die «Hexenjagden» gegen liberale Wissenschaftler, Schriftsteller und Filmschaffende (unter ihnen Brecht selbst) erst nach der Konzeption der amerikanischen Fassung einsetzten. Es geht nicht an – und darüber war sich der geschulte Marxist Brecht im klaren –, moralische und ethische Postulate, die für eine Epoche zutreffen mögen, unbesehen auf andere historische Gegebenheiten zu übertragen. Zu Galileis Zeit war die von Andrea proklamierte «neue Ethik» und Galileis Zurückweichen vor den massiven Drohungen der Kirche die der Situation einzig angemessene Reaktion.
Eine Notiz im Arbeitsjournal enthält den Schlüssel zur Behebung der Aporie:

im «Galilei» ist die moral natürlich in keiner weise absolut. wäre die gesellschaftliche bürgerliche bewegung, die sich seiner bedient, als absteigend dargestellt, könnte er ruhig wiederrufen (sic!) und damit etwas recht vernünftiges besorgen[180].

Worauf es Brecht ankommt, ist also die *Darstellung* der gesellschaftlichen Bewegung, nicht ihre reale Grundlage! Wir dürfen daher annehmen, Brecht habe die Umarbeitung nicht aufgrund neuer Einsichten in die gesellschaftliche und wissenschaftliche Konstellation zu Galileis Zeit, sondern aus einer neuen Einstellung zu Problemen der Gegenwart vorgenommen. Konnte das dramaturgische Verfahren der ersten Fassung als *Parallelisierung* bezeichnet werden, handelt es sich hier um eine *Projektion*.
Es fragt sich nur, wie diese neue Problematik zu umschreiben sei. In verschiedenen Entwürfen, Kommentaren, Studien über das Verhalten der Physiker, Notaten zu einzelnen Szenen versucht Brecht eine Verbindung zur Atombombe herzustellen. Die aufschlußreichste dieser Aufzeichnungen befaßt sich mit dem Hintergrund der Aufführung in Amerika:

Man muß wissen, unsere Aufführung fiel in die Zeit und das Land, wo eben die Atombombe hergestellt und militärisch verwertet worden war, und nun die Atomphysik in ein dichtes Geheimnis gehüllt wurde. [...]

139

Es war der Sieg, aber es war die Schmach einer Niederlage. Dann kam die Geheimhaltung der gigantischen Energiequelle durch die Militärs und Politiker, welche die Intellektuellen aufregte. Die Freiheit der Forschung, das Austauschen der Entdeckungen, die internationale Gemeinschaft der Forscher war stillgelegt von den Behörden, denen stärkstens mißtraut wurde. Große Physiker verließen fluchtartig den Dienst ihrer kriegerischen Regierung; einer der namhaftesten nahm eine Lehrstelle an, die ihn zwang, seine Arbeitszeit auf das Lehren der elementarsten Anfangsgründe zu verschwenden, nur um nicht unter dieser Behörde arbeiten zu müssen. Es war schimpflich geworden, etwas zu entdecken[181].

An anderer Stelle noch eindeutiger:

Das «atomarische Zeitalter» machte sein Debüt in Hiroshima in der Mitte unserer Arbeit. Von heute auf morgen las sich die Biographie des Begründers der neuen Physik anders. Der infernalische Effekt der Großen Bombe stellte den Konflikt des Galilei mit der Obrigkeit in ein neues, schärferes Licht. Wir hatten nur wenige Änderungen zu machen, keine einzige in der Struktur[182].

Der «infernalische Effekt der Großen Bombe», den Brecht nachträglich (die zitierten Passagen entstanden 1946/47) als Motivation für die Verschärfung des Urteils über Galilei anführte, war aber nicht mehr als die zufällige Koinzidenz eines politischen Ereignisses mit seiner dichterischen Vorwegnahme. Am 6. August 1945 war die Umdeutung Galileis zu einer negativen Hauptperson längst festgelegt. Bereits im Frühjahr 1944 hatte Brecht die «Moral» des «Galilei» im Hinblick auf eine Aufführung in den Vereinigten Staaten nachgeprüft und die Auffassung, die er in der ersten Fassung vertreten hatte, an entscheidenden Stellen revidiert. Galileis Sinnlichkeit sollte nun die alleinige Triebkraft seines Handelns werden; die politischen und sozialen Umstände gedachte er derart darzustellen, daß der Widerruf als Verbrechen erscheinen mußte[183]. Am 10. Dezember desselben Jahres notierte er:

arbeite mit laughton nun systematisch an der übersetzung und bühnenversion des «Leben des Physikers Galilei»[184].

Es erscheint mehr als unwahrscheinlich, daß der Emigrant Brecht zu diesem Zeitpunkt auch nur die geringste Ahnung von einem der bestgehüteten Kriegsgeheimnisse der USA hatte. Hingegen konnte ihm nicht entgehen, welche bedeutende Funktion den Wissenschaften im allgemeinen – «reinen» und «angewandten» – in einem modernen Krieg zukam. Natürlich waren auch der Ottomotor, das Flugzeug und viele andere technische und wissenschaftliche Errungenschaften für die Kriegführung verwendet worden. Nun aber diente wissenschaftliche Forschung primär kriegerischen Zwecken. Immer zerstörerischere Hilfsmittel standen den Strategen zur Verfügung, die das Gesicht des Krieges von Grund auf wandelten: U-Boote, die Radartechnik, gegen Ende des Krieges die deutschen

V-Waffen. Dazu kam, spätestens mit der Aufnahme der Flächen-bombardemente in den Jahren 1942/43, die Ausweitung der unmit-telbaren Kriegshandlungen auf die Zivilbevölkerung, d.h. der qualitative Sprung von der militärischen Strategie zur Massenver-nichtung. Der totale Krieg verlegte die Front tief ins Hinterland hinein. Die ersten Berichte über medizinische Experimente in den Konzentrationslagern, über die Pläne zur völligen Ausrottung der europäischen Juden, Hitlers Kommissarbefehle und andere Scheuß-lichkeiten drangen in die fassungslose Öffentlichkeit. Währenddes-sen arbeiteten auf beiden Seiten Techniker an der Verbesserung von Kriegsgeräten; Naturwissenschaftler spürten den Naturgesetzen nach, um sie für die Vernichtung einzuspannen; Biologen vertraten diensteifrig abstruse Rassentheorien; Geisteswissenschaftler liefer-ten Argumente für jede gewünschte These.

Einem scharfsichtigen Beobachter mußte schon früh klar werden, daß die Instrumentalisierung der Wissenschaften nie mehr ganz rückgängig zu machen sein würde, auch nicht in den demokratisch regierten Ländern. Brecht war zeitlebens für die Ausweitung wis-senschaftlichen Denkens auf politische Entscheidungen eingetreten; nun erschreckte ihn die Vision einer Armee hochqualifizierter Wis-senschaftler, die als bloße Fachgehirne unter der Kontrolle fremder Instanzen wissenschaftsfeindliche Zwecke verfolgten. Entgegen der von ihm ersehnten Entwicklung drohte machtpolitisches Denken sich der Wissenschaften zu bemächtigen. So sah er sich genötigt, die Galilei-Legende, an der er 1938 – wenngleich mit Einschränkungen – festgehalten hatte, zu zerstören. Damals sah er in der konsequenten Anwendung wissenschaftlicher Methoden einen Ausweg aus der Gefangenschaft in ideologischen Ansprüchen und tagespolitischen Zwecksetzungen in die Freiheit ungebundener Vernunft, der nach seiner Meinung zwangsläufig in eine gesellschaftliche Evolution ausmünden würde. Nun aber wurde die Wissenschaft selbst zum Problem. Es konnte sich nicht mehr darum handeln, die Wahrheit auf listige Weise zu verbreiten – im Gegenteil: da diejenigen fehlten, die berufen waren, sie «handhabbar zu machen als eine Waffe[185]» wie auch jene, «in deren Händen die Wahrheit wirksam wird[186]», mochten «neue Maschinen nur neue Drangsale bedeuten[187]». Die erste Aufgabe des verantwortungsbewußten Stückeschreibers be-stand nicht mehr darin, eine Utopie zu schaffen, sondern vor der Verwirrung ethischer Kategorien und den Folgen ungehemmten, im Dienste globaler Machtpolitik staatlich geförderten Forschens zu warnen, mit der Waffe des Dichters gegen die negative Utopie der völligen Ausrottung des Menschen zu kämpfen.

Nicht ein bestimmter äußerer Anlaß bewog Brecht, die «Moral» seines «Galilei» zu verändern, sondern die menschheitsfeindliche

Perspektive, die er in der Entwicklung des Verhältnisses von Wissenschaft und Politik erkannte. Die Katastrophe von Hiroshima war nur die Konsequenz und letzte Bestätigung seiner Befürchtungen. Umso bestürzender die nachtwandlerische Sicherheit, mit der er künftige Probleme vorwegnahm. Brecht selbst erklärt, er und Laughton hätten nach Hiroshima «nur wenige Änderungen zu machen [gehabt], keine einzige in der Struktur[188]».

Kurz nach Kriegsende schien es zwar, als ob er mit seiner pessimistischen Prognose unrecht behalten würde. Prominente Wissenschaftler wehrten sich gegen die Zumutung, stets nur das Geschäft der Militärs zu betreiben. Sie verfaßten Memoranden, um Regierung und Öffentlichkeit aufzuklären, und viele von ihnen verließen die militärischen Forschungsstätten[189]. Die Vereinten Nationen diskutierten Vorschläge zu einem internationalen Abkommen über die Ächtung der Vernichtungswaffen.

Brecht betrachtete den «Kreuzzug der Wissenschaftler» (Jungk) mit skeptischen Augen. In einem undatierten, aus dem Nachlaß veröffentlichten Fragment mokiert er sich über die Gewissensbisse der Physiker, hinter denen er egoistische, von der angeblichen Besorgnis um das Fortbestehen der Menschheit nur oberflächlich übertünchte Motive zu erkennen glaubt:

Die Gewissensbisse der Atomphysiker sind als Moralia besonders komisch; diese Spezies sieht durch die Reglementierung, gegen die die heilige Inquisition harmlos war, weniger ihre Jobs als ihre Arbeit selbst bedroht. Da geht der Uraniumvorhang nieder über der gesamten Wissenschaft. Zugleich werden sie fernerhin weder Briefe schreiben, noch Reisen machen dürfen. Will in Zukunft ein Gelehrter den andern in Lebensbedingungen bringen, die bisher nur Gefängnisinsassen kannten, braucht er ihm nur eine atomphysikalische Entdeckung nachzusagen. Demgegenüber ist die Möglichkeit, daß unser Planet morgen in die Luft geht, nur publizistisch interessanter für die Herren[190].

Er schloß mit dem Satz: «Kurzum, es ist nicht die beste Zeit für Hoffnungen[191].»

So ungerecht diese Beschuldigung im einzelnen sein mag (eine bedeutende Anzahl von Wissenschaftlern verzichtete unter großen persönlichen Opfern auf jede militärische Forschung, Organisationen wie die Society for Social Responsibility in Science oder die Pugwash-Bewegung gewannen und gewinnen noch immer an Resonanz), die Ereignisse bestätigten seine schlimmsten Befürchtungen: die meisten der Wissenschaftler, die sich gegen die einseitige Bevorzugung der Kriegsrüstung gewandt hatten, kehrten nach kurzer Zeit in die Atomstädte zurück, um neue, noch fürchterlichere Waffen zu ersinnen; die ersten Wasserstoffbomben (1952 die amerikanische, 1953 die sowjetische) verlagerten das labile «Gleichgewicht des Schreckens» auf eine Stufe, die sich eines Tages sehr wohl als Ausgangspunkt für die Vernichtung alles Lebens erweisen konn-

142

te. Die Freiheit der Wissenschaftler, die Ansprüche, die sie an ihre Auftraggeber stellen durften, ihre persönliche Bewegungsfreiheit und die Freiheit der Kommunikation wurden weiter eingeschränkt. Eine erbarmungslose, unter der Flagge eines blinden Antikommunismus vom Senator Joseph McCarthy und seinen Gesinnungsgenossen (unter denen sich auch der junge Rechtsanwalt Richard Milhous Nixon befand) inszenierte Verfolgung liberaler, unabhängig denkender Regierungsbeamter und Wissenschaftler beseitigte die letzten Reste bürgerlicher Freiheitsrechte. Verleumdungen, Bespitzelungen, wütende Attacken schürten das Feuer des Hasses und der Verdächtigung derart, daß unter den Forschern die Parole umlief: «Sprich nicht, schreib nicht, rühr dich nicht!» Auf ihre Arbeit mochte man nicht verzichten, sie selbst aber gedachte man – wie Brechts Inquisitor den unbequemen Galilei – persönlich zu diffamieren, um ihre Glaubwürdigkeit herabzusetzen und zu verhindern, daß sie die Kriterien wissenschaftlichen Denkens mit Erfolg in politische Entscheidungen tragen konnten. Freilich war wohl auch ein gut Teil Angst mit im Spiel, eine untergründige, uneingestandene Angst, daß die mächtigste Nation der Welt, die sich selbst die Rolle eines Hortes der Freiheit und Gerechtigkeit zugeschrieben hatte, in deren Unabhängigkeitserklärung das Recht auf Glück und Sicherheit an erster Stelle steht[192], einer neuen, die ethischen und moralischen Kräfte des Menschen übersteigenden Gewalt gegenüberstand, die die ungeprüft überlieferten Glaubenssätze einer harten Bewährungsprobe unterziehen würde. Das Modell für diese «Hexenjagden» (so der Titel eines Dramas von Arthur Miller, das im historischen Gewand der Hexenhysterie von Salem diese moderne Inquisition zum Thema hat) war das Verfahren gegen J. Robert Oppenheimer, den brillanten wissenschaftlichen Organisator und begehrten Regierungsberater, der von einem Tag zum andern als Volksschädling angeklagt wurde.

Brecht hat sich mit diesen Ereignissen intensiv auseinandergesetzt[193]. Unter ihrem Einfluß verfaßte er 1953 bis 1955 zusammen mit Elisabeth Hauptmann und Benno Besson eine neue deutsche Fassung, die er, nochmals überarbeitet, vom 14. Dezember 1955 an mit dem Berliner Ensemble inszenierte. Im großen und ganzen handelt es sich um eine erweiterte Rückübersetzung der amerikanischen Fassung. Veränderungen finden sich in den meisten Szenen; sie dienten dazu, Galileis epikuräischen Charakter und die sozialen Spannungen schärfer herauszuarbeiten und sein Versagen besser zu motivieren. Die Szenen 5 und 15, die in Amerika weggefallen waren, wurden wieder eingefügt, letztere allerdings nur für die Buchausgabe, im übrigen blieben Aufbau und Szeneneinteilung beinahe unverändert[194].

Aus dem Text der dritten Fassung und den schon öfters erwähnten Probennotaten geht hervor, daß Brecht im Vergleich zur amerikanischen Inszenierung die negativen Züge noch deutlicher herausgearbeitet haben wollte. Vor allem in der vorletzten Szene (die den Abschluß der Berliner Inszenierung bildete) trachtete er danach, den sozialen Aspekt unmißverständlich herauszuarbeiten und die Selbstverurteilung ins Grundsätzliche auszuweiten, den partikulären Fall als Signal einer umfassenden geschichtlichen Krise darzustellen[195].

Brechts Schaudern angesichts der Diskrepanz von technischer Macht und – wie er glaubt – selbstverschuldeter politischer Ohnmacht der Wissenschaftler, die Befürchtung, sie würden sich zu willigen Werkzeugen ihrer jeweiligen Auftraggeber degradieren lassen, ihre Intelligenz statt der Beglückung und Befreiung der Menschheit ihrer Unterdrückung und endlich der völligen Auslöschung widmen, erscheint in der schauerlichen Antithetik des nachgelassenen «Epilogs der Wissenschaftler»:

Und wie er das Werk begonnen
Haben wir es fortgeführet
Tiefgebückt und hochgenommen
Grenzenlos und eingeschnüret.
Kommandierend die Gestirne
Knieend vor den Obrigkeiten
Tragen wir zu Markt unsre Gehirne
Unsrer Leiber Notdurft zu bestreiten.
So, verachtet nur von oben
Und verlacht zumeist von unten
Haben wir der Weltengloben
Große Formeln ausgefunden.
Stetig größer wird das Wissen
Und es wird die Knechtschaft größer.
Wahrheit wird zum Leckerbissen
Und zum Büttel der Erlöser.
In den neuen Eisenzügen
Zu der neuen Schiffe Hafen
Fahren, ihnen zu genügen
Sklavenhalter nur und Sklaven.
Sklaven nur und Sklavenhalter
Fliegen ihnen
In den jungen Flugmaschinen
Durch der Himmel blaues Alter.
Denn sie widmen feig der Schröpfung
Einer Menschheit ihre Schöpfung
Bis die Letzte alles wendet
Bis die Gnomische
Weiße, Atomische
Sie und uns und alles endet[196].

144

In diesen elegischen Versen ist nichts mehr von der Begeisterung des Aufbruchs in eine neue Zeit zu verspüren. Der Tonfall einer leisen fin-de-siècle-Wehmut, den das Metrum der ersten Zeilen anzukündigen scheint, schlägt schon bald in nacktes Entsetzen um.

Brechts Hoffnung auf die «sanfte Gewalt der Vernunft», auf das «weiche Wasser in Bewegung», das «mit der Zeit den mächtigen Stein besiegt», ist einem tiefen Pessimismus gewichen.

Um das Ausmaß seiner Enttäuschung und Verzweiflung über den Mißbrauch der Wissenschaft auszuloten, ist es notwendig, sich auf die Bedeutung zu besinnen, die Brecht der Vernunft in seinem späten Werk für die «Erziehung des Menschengeschlechts» beimaß. Sein ganzes dichterisches Werk lebt aus dem Glauben an das produktive Potential des Denkens, an seine emanzipative, regulierende Funktion für einen neuen, sozialistischen Humanismus. Wie es nun stand, drohte die vernünftige Weltordnung, auf die er seine Existenz gestellt hatte, in die reine Absurdität umzuschlagen; die Veränderbarkeit der Welt, unabdingbares Axiom von Brechts Dichtung, war in Frage gestellt und mit ihr nicht nur die Hoffnung auf eine Veränderung zum Wohle der Menschen, sondern jegliche rational erfaßbare Weltordnung schlechthin.

In jenen Jahren geriet Brecht in eine Lebenskrise, deren Rigorosität und existentielle Bedrohlichkeit Kleists Kantkrise vergleichbar ist. Schon deshalb steht «Leben des Galilei» im Zentrum von Brechts Werk. Sein Ringen um Galilei spiegelt das innere Ringen um die Rechtfertigung des eigenen Werkes, ja der Existenz, die bei Brecht mehr als bei jedem anderen Schriftsteller unserer Zeit an eine Mission geknüpft war. Sprach er 1938 durch den Mund seines Galilei die Hoffnung auf eine neue Zeit aus, die sich trotz der herrschenden Finsternis verwirklichen werde, so warnte er nach dem Weltkrieg vor einem «Geschlecht erfinderischer Zwerge, die für alles gemietet werden können[197]».

Die Gefährdung des selbstauferlegten Auftrags erklärt das aller historischen Treue widersprechende vernichtend scharfe Urteil über Galilei. Aus ihr erwächst aber auch eine neue Utopie: der Entwurf eines hippokratischen Eides der Naturwissenschaftler. Brecht war allen mißlichen Erfahrungen zum Trotz nicht bereit, an das Ende des Zeitalters der Vernunft zu glauben. Seiner unbezweifelbaren Ratlosigkeit setzte er eine ebenso allgemein gehaltene wie optimistische Formulierung entgegen, die, als unbedingte Forderung in die Zeit gesetzt, ihre Berechtigung verlöre, stünde hinter ihr nicht die rational unableitbare Hoffnung, sie möchte angenommen und verwirklicht werden.

Brechts Schwanken zwischen Furcht und Hoffnung manifestiert sich bis in die Umkehrung von Tempus und Modus des Schlußmonologs:

145

Galilei: *Hätte ich widerstanden, hätten die Naturwissenschaftler etwas wie den hippokratischen Eid der Ärzte entwickeln können, das Gelöbnis, ihr Wissen einzig zum Wohle der Menschen anzuwenden*[198]*!*

Galilei spricht in der irrealen Form der Vergangenheit. Angesprochen sind aber die Wissenschaftler der Gegenwart; der Sinn des Satzes impliziert somit den Konditionalis der Gegenwart: «Wenn ihr widersteht, könnt ihr etwas wie den hippokratischen Eid der Ärzte entwickeln ...»; oder gar den Imperativ: «Widersteht und versprecht, euer Wissen einzig zum Wohle der Menschen anzuwenden!» Die affirmative Folgerung des nächsten Satzes («Wie es nun steht, ist das Höchste, was man erhoffen kann, ein Geschlecht erfinderischer Zwerge, die für alles gemietet werden können») müßte, da sie nicht eine zwingende, sondern eine mögliche Folge bezeichnet, falls nämlich Galileis Warnung mißachtet wird, vom Sinn her ebenfalls konditional gefaßt werden: «Andernfalls ist das Höchste, was man erhoffen kann, ein Geschlecht erfinderischer Zwerge, die für alles gemietet werden können.»
Die Verkehrung von Tempora und Modi hat denselben Effekt wie die Projektion der Gegenwartsproblematik auf eine geschichtliche Begebenheit: sie läßt eine Spannung entstehen, die durch den Kommentar, d.h. streng genommen einen doppelten Kommentar, verbal und syntaktisch, als Aufruf an Galileis Nachfolger funktionalisiert wird:

Ihr seid stärker als ihr denkt. Lernt aus meinem Verhalten und widersteht den Drohungen der Mächtigen! Entwickelt etwas wie den hippokratischen Eid der Ärzte, das Gelöbnis, euer Wissen einzig zum Wohle der Menschen anzuwenden! Andernfalls ist das Höchste, was man erhoffen kann, ein Geschlecht erfinderischer Zwerge, die für alles gemietet werden können.

Angesprochen sind nicht nur die Wissenschaftler. Dieselbe Kopernikanische Wende, die sich in den Naturwissenschaften zu Beginn des 17. Jahrhunderts vollzog, erwartet Brecht in der Gegenwart im gesellschaftlichen Bereich. In dieser implizierten Analogie dürfte auch der tiefere Grund für Brechts eigensinniges Beharren auf Anachronismen (der Verknüpfung von himmlischer und irdischer Hierarchie) und für die Projektion der Gegenwartsproblematik auf die Historie zu suchen sein. Eine direkte Indoktrination müßte an der Realität scheitern[199]; die historisch verkleidete Utopie jedoch vermag Gegenkräfte zu aktivieren, indem sie an den menschlichen Widerspruchsgeist appelliert, der sich weigert, ein möglicherweise abwendbares Unheil fatalistisch hinzunehmen.
Nicht allein der hippokratische Eid, auch die von der Forschung fast völlig vernachlässigte 15. Szene deutet die Möglichkeit einer Wendung zum Guten an. Helmut Jendreiek will in ihr zwar nur die

146

Bestätigung der von Galilei heraufbeschworenen düsteren Zukunftsaussichten sehen: «Mit ihm [Andrea] geht seine ‹neue Ethik› in die Welt[200].» Die Nachwelt werde sich nur an das von Andrea vermittelte Werk halten, die soziale Dimension der Wissenschaft, an diesem Angelpunkt einmal mißachtet, nie wieder zu ihrem Recht kommen. Andererseits darf aber nicht übersehen werden, daß Andrea in der Schlußszene die aufklärerische Aufgabe übernimmt, die Galilei nicht mehr erfüllen kann. Er belehrt die wißbegierigen Knaben im selben Ton geduldiger Freundlichkeit, in dem einst Galilei den jungen Andrea belehrt hat. Der alten Marina, die Opfer eines irrsinnigen Hexenglaubens geworden ist, kauft er einen Krug Milch, wenn er schon vorderhand nichts weiter unternehmen kann. Seine letzten Worte könnten dem morgendlichen Monolog seines Lehrers entnommen sein:

Andrea: *Wir wissen bei weitem nicht genug, Giuseppe. Wir stehen wirklich erst am Beginn*[201].

Die Hoffnung auf die reinigende Kraft der Vernunft besteht weiterhin, und es besteht auch Galileis Werk, das noch immer «die Glücksgüter der Menschen unermeßlich vermehren[202]» könnte, sofern die Erben es zum Wohle aller verwalten, wenn auch belastet durch die Hypothek von Galileis Versagen[203]. Wie grau der Morgen der neuen Zeit heraufdämmern mag: am Horizont zeigt sich dennoch ein rosiger Schimmer. Die letzte Szene biegt in den Anfang zurück; «die Schwierigkeit ist gewachsen, aber die Notwendigkeit ist ebenfalls größer geworden[204]».

«Leben des Galilei» ist das Drama von der schmerzlichen Geburt bewußter, vernünftiger Weltgestaltung. Niemand weiß, ob endlich die «furchtbare» oder die «fruchtbare» Tendenz obsiegen wird[205] – auch Brecht nicht. Er hat darauf verzichtet, die optimistische fünfzehnte Szene in Berlin zu inszenieren, er hat sie als einzige nie kommentiert – doch sie steht in der authentischen Buchausgabe. Und nachdem er in der dritten Fassung Galileis Verhalten aufs schärfste verurteilt hatte, nahm er in das letzte Heft der «Versuche» ein Bruchstück aus der allerersten Fassung auf, das Galileis erzwungene Nachgiebigkeit an Montaignes grundsätzlichem Opportunismus spiegelt und damit indirekt rechtfertigt[206].

Bezeichnenderweise läßt sich Galilei nirgends konkret darüber vernehmen, wie er sich die erwartete gesellschaftliche Umwälzung und den darauf folgenden Zustand «der Wohlhabenheit und des Glücks[207]» vorstellt. Wie oft in Brechts Werk verschwimmt die ersehnte Zukunft im Unumrissenen, drängt ein beinahe mythisch zu nennendes Glücksverlangen, gepaart mit absolutem Vertrauen in die Vernunft, nach Verwirklichung. Dahinter steht nicht nur eine mechanistisch-vulgärmarxistische Dialektik der Geschichte, die sich selbsttätig zum Guten entwickle; Brechts Dichtung fordert die tätige Veränderung der Welt aus dem ihr seit je innewohnenden, aber von sozialen Egoismen und Perversionen verdrängten Guten. Die Möglichkeit und Notwendigkeit positiven Handelns steht nirgends in Frage. Bis zu seinem Tod blieb Brecht Optimist. Noch in einer seiner letzten theoretischen Betrachtungen, geschrieben vom Krankenbett an die Darmstädter Dramaturgentagung 1955, hält er daran fest, die heutige Welt sei auf dem Theater darstellbar – «aber nur, wenn sie als eine veränderbare Welt beschrieben wird».

Für heutige Menschen sind Fragen wertvoll der Antworten wegen. Heutige Menschen interessieren sich für Zustände und Vorkommnisse, denen gegenüber sie etwas tun können. [...] In einem Zeitalter, dessen Wissenschaft die Natur derart zu verändern weiß, daß die Welt schon nahezu bewohnbar erscheint, kann der Mensch dem Menschen nicht mehr lange als Opfer beschrieben werden, als Objekt einer unbekannten, aber fixierten Umwelt. Vom Standpunkt eines Spielballs aus sind die Bewegungsgesetze kaum konzipierbar[208].

Das großartigste, vielschichtigste Zeugnis seines Willens zur Veränderung der Welt, sein menschlichstes und ergreifendstes, sein undogmatischstes und offenstes hat Brecht in «Leben des Galilei» hinterlassen.

Theorie und dichterische Praxis

«Leben des Galilei» führt eine Folge von Ausschnitten aus einem fortwirkenden historischen Prozeß vor, den als Totalität zu erfassen und zu deuten dem Zuschauer überlassen bleibt. Mit Lessing gesprochen: eine epische («malerische») Reihung «fruchtbarer Momente[209]», die, um ihren Stellenwert und ihre aktuelle Relevanz aufzuschließen, der Ergänzung durch das historische Wissen und die Imagination des Publikums bedürfen. Die «Fortsetzbarkeit der Handlung» bildet, wie Walter Hinck in seiner grundlegenden Untersuchung über die Dramaturgie des späten Brecht gezeigt hat (übrigens ohne den «Galilei», geradezu ein Paradebeispiel für seine These, heranzuziehen), eins der fundamentalen Gesetze von Brechts Dramaturgie. Man könnte es, ausgehend von dem berühmten Gedicht «Der Schneider von Ulm», auch als «Aussparung der dritten Strophe» umschreiben[210]. In der ersten Strophe des Gedichts kon-

148

frontiert Brecht die Überzeugung des Schneiders, der Mensch könne fliegen, mit der apodiktischen Feststellung des Bischofs: «Es wird nie ein Mensch fliegen[211].» Die zweite Strophe bestätigt scheinbar die These des Bischofs: der Schneider zerschellt beim Versuch, mit künstlichen Schwingen vom Kirchendach zu gleiten, «auf dem harten, harten Kirchenplatz[212]». Hans Mayer berichtet, wie seine Studenten, aufgefordert, den Inhalt des Gedichtes nachzuerzählen, von sich aus eine dritte Strophe hinzufügten: «die Voraussage des Schneiders sei aber erfüllt worden; die Menschen könnten jetzt fliegen: Und es sei die Voraussage des Bischofs und nicht des Schneiders von Ulm durch die Tatsachen widerlegt[213]». Die ersten Strophen initiieren einen Erkenntnisvorgang; indem Brecht die Schlußfolgerung ausspart, fordert er die kritische Kommentierung des Erzählten, die scheinbar unvollständige Belehrung erweist sich als vollständige, weil sie den aktiven Nachvollzug und die selbständige Ergänzung erzwingt.

Die Ergebnisse aus der Analyse des Mikrotextes lassen sich ohne weiteres auf «Leben des Galilei» übertragen. Auch hier ist das Stück vor der Fabel zu Ende. Der Verzicht auf eine ex cathedra ausgesprochene Lehre impliziert die Aufforderung an den Zuschauer, den Faden von sich aus zu Ende zu spinnen, aus dem Gezeigten die notwendigen Schlüsse zu ziehen. Seit Brechts Wendung vom Agitprop zu einem blutvolleren Theater, das «lebende Abbildungen von überlieferten und erdachten Geschehnissen» herstellt, «und zwar zur Unterhaltung[214]», geht die Lehre in die Fabel, «die Seele des Dramas[215]» ein – selbstredend eine derart präparierte Fabel, daß die gewünschte Reaktion des Publikums sich nach Brechts Meinung als unausweichliche Folge des von der Aufführung angeregten Denkprozesses einstellt.

Formale und inhaltliche Strukturelemente, das «parataktische Aufbauprinzip[216]» und die «Aussparung der dritten Strophe», die epische Reihung fruchtbarer Momente aus Galileis Biographie und das sie umfassende historische Wissen des Zuschauers bilden eine stilistische Einheit. Die doppelte Interferenz von Fabel und Form einerseits, punktueller Szene und kontinuiertem historischem Prozeß andererseits ermöglicht die von Brecht immer wieder geforderte epische Distanz des Publikums. Anders als beispielsweise im «Guten Menschen von Sezuan» oder in den Lehrstücken ergibt sie sich jedoch weder aus der Inkongruenz eines utopischen Weltentwurfs mit dem dramatisch gestalteten Weltbild noch aus rein dramaturgischen Verfremdungsmitteln (Spruchbändern, Kommentaren, Anreden der Schauspieler usw.), sondern aus der dramatischen Handlung selbst, aus der fabelimmanenten zeitlichen Differenz zwischen dem Ende der Bühnenhandlung und ihrem Abschluß, aus dem Kontrast zwischen der Darstellung einer anscheinend unveränderlichen Welt und dem Wissen des Zuschauers um ihre Veränderbarkeit, was, extrapoliert, die Veränderbarkeit auch der gegenwärtigen Verhältnisse einsichtig machen soll.

Hält man sich an die Definition:

Verfremden heißt also Historisieren, heißt Vorgänge und Personen als historisch, also als vergänglich darstellen[217].

scheint sich «Leben des Galilei» als Musterbeispiel für die Technik der Historisierung, mithin der Verfremdung, anzubieten. Die Vergänglichkeit des Dargestellten ist ja das wesentliche sinntragende Element des Dramas, das sich, da es nicht aufgrund eines apriorisch vorgegebenen Weltbildes behauptet, sondern an der realen geschichtlichen Entwicklung demonstriert wird, durch keinerlei Interpretationskünste wegdisputieren läßt. Ebenso definiert Brecht die Historisierung in Übereinstimmung mit der dramaturgischen Struktur des «Galilei» im zweiten Nachtrag zum «Messingkauf» wie folgt:

Bei der *Historisierung* wird ein bestimmtes Gesellschaftssystem vom Standpunkt eines anderen Gesellschaftssystems aus betrachtet. Die Entwicklung der Gesellschaft ergibt die Gesichtspunkte[218].

Besinnt man sich jedoch auf die Funktion der Demonstration, fragt man nach ihrem Gegenwartsbezug, erweist sich, dass der Begriff der Historisierung weit eher auf die Parabeln und Lehrstücke zugeschnitten ist als auf «Leben des Galilei». Denn an anderer Stelle verlangt Brecht von historisierend dargestellten Vorgängen, sie müßten «einmalige, vorübergehende, mit bestimmten Epochen verbunde Vorgänge» sein[219]; im «Kleinen Organon» fordert er gar, daß das historische Feld deutlich in seiner Relativität gekennzeichnet werde, d. h. einen

Bruch mit unserer Gewohnheit, die verschiedenen gesellschaftlichen Strukturen vergangener Zeitalter ihrer Verschiedenheiten zu entkleiden, so daß sie alle mehr oder weniger wie das unsere aussehen, welches durch diese Operation etwas immer schon Vorhandenes, also schlechthin Ewiges bekommt. Wir aber wollen ihre Unterschiedlichkeit belassen und ihre Vergänglichkeit im Auge halten, so daß auch das unsere als vergänglich eingesehen werden kann[220].

Mit ebensolcher Berechtigung wie von einer «Historisierung» könnte man beim «Galilei», wegen der Strukturverwandtschaft von Geschichte und Gegenwart und weil Brecht Galileis Verhalten seinen Zeitgenossen entweder als praktikables Muster (in der ersten Fassung) oder als warnendes Beispiel (in der dritten) vorführt, von einer «Enthistorisierung» der geschichtlichen Persönlichkeit sprechen.

Es erscheint wenig ratsam, die Kategorien der theoretischen Schriften für die Interpretation des «Galilei» heranzuziehen, einmal, weil sie, zu verschiedenen Zeitpunkten und aus verschiedenem Anlaß entstanden, sich oft gegenseitig widerlegen, dann auch, weil in jedem Fall, wendet man sie auf die Stücke an, sich zwangsläufig ambivalente Schlüsse ergeben. Die gelegentliche Verwendung episch-verfremdender szenischer Mittel etwa (in der ersten Fassung Titel zu den einzelnen Szenen, in der dritten außerdem Vorsprüche, die Verlesung eines Abschnittes aus den «Discorsi» vor dem Vorhang und die Projektion der Schlußsätze des Briefes an den Großherzog) vermag nicht über die weitgehend konventionelle Bauart des «Galilei» hinwegzutäuschen[221]. Die zahlreichen Kommentare, die Brecht von der ersten Szene an einschiebt[222], sind derart in den Text eingebaut, daß sie zunächst überhaupt nicht als solche auffallen.

Eine Verstärkung des dramatischen Zuges auf Kosten des epischen ergibt sich auch daraus, daß die überlieferte Abfolge der Geschehnisse die äußere Handlung in großen Zügen vorzeichnet: «die Geschichte konnte gerahmt werden, aber sie ließ sich nicht montieren[223]». Zudem gleicht der Verlauf von Galileis Biographie in überraschender Weise der klassischen Struktur des Dramas[224]. Vor allem aber steht im Zentrum des Stückes die überragende Gestalt Galileis mit ihren Widersprüchen, ihren menschlichen Vorzügen und Schwächen, die vorweg mit emotioneller Zustimmung des Publikums rechnen kann, nicht eine konstruierte Parabelfigur, die eine gesellschaftliche Schicht oder ein abstraktes Prinzip verkörpert. (Ähnliche Schwierigkeiten ergaben sich beim «Puntila», als sich herausstellte, daß Puntila den Zuschauern wesentlich sympathischer war als der blutlose Matti.)

In beiden Fassungen sah sich Brecht genötigt, diese Zustimmung für die kritische Beurteilung von Galileis Werk, seiner historischen und gesellschaftlichen Bedeutung zu nutzen, sie nicht zu zerstören, vielmehr zu kanalisieren, aus dem Respekt vor der wissenschaftlichen Leistung die Verurteilung des sozialen Versagens beziehungsweise die Übertragbarkeit von Galileis Verhalten auf die Gegenwart herauszuholen. Dazu bediente er sich einer äußerst kunstvollen *Verzahnung der Szenen,* die keineswegs, wie es die Theorie des epischen Theaters, idealtypisch genommen, verlangte, linear aufeinander folgen, selbständig und austauschbar sind. Jede Szene steht in einem mehrfachen Spannungsverhältnis zu den vorangehenden und nachfolgenden wie auch zum Ganzen des Stücks. Was sich zunächst als simple Aneinanderreihung von Lebensstationen ausnimmt, erweist sich bei genauerem Hinsehen als überlegene Gradation der Affekte.

Die ersten Szenen dienen der Entfaltung von Galileis Persönlichkeit[225]. Zu Beginn erscheint er als Prophet und Inaugurator einer neuen Zeit, von materiellen Sorgen geplagt, die ihn daran hindern, die Wissenschaft zu bereichern und das Leben der Menschen zu erleichtern. Zu diesem positiven Aspekt kontrastiert die zweite Szene, in der sich Galilei auf betrügerische Weise nimmt, was ihm der Geiz der Venezianer vorenthält. Das Mittel, dessen er sich bedient (das Fernrohr) ist aber unentbehrlich für umwälzende Entdeckungen auf seinem Fachgebiet. So relativiert die dritte Szene, die den Zuschauer unmittelbar an der Erforschung des Sternenhimmels teilhaben läßt, die in der zweiten vorgebrachte Kritik, indem sie, den Dialog mit Sagredo während der Zeremonie im Arsenal von Venedig aufnehmend, offen läßt, ob primär wissenschaftliche Neugier oder die Absicht, sich materielle Vorteile zu verschaffen, Galilei veranlaßt hat, sich mit dem Teleskop zu befassen. Sie verschärft sie aber auch, wenn gegen Ende der Szene Galilei seinen Wunsch nach einer Umsiedlung an den florentinischen Hof mit dem Verlangen nach den «Fleischtöpfen» begründet. Nachträglich erscheint Galileis – für sich betrachtet berechtigter – Anspruch auf ein seinen Fähigkeiten entsprechendes Einkommen und die zeitlichen und materiellen Voraussetzungen, sein Lebenswerk voranzutreiben, als Ausfluß einer epikuräischen Lebenshaltung – die aber wiederum (man erinnert sich an die morgendliche Waschung in der ersten Szene) unabdingbares Erfordernis auch seiner wissenschaftlichen Arbeit ist. In der vierten Szene soll Galileis Verhalten einerseits (im Kontrast zur Stupidität der Hofgelehrten) positiv bewertet werden, andererseits, wenn er den gelehrten Ignoranten nachläuft, eindeutig negativ. Ähnlich ambivalent die folgende Szene: Galilei widersteht mutig der Pest, bringt dadurch aber Frau Sarti und Andrea in unmittelbare Lebensgefahr, mit derselben Rücksichtslosigkeit, mit der er sich über die Fragen seiner Tochter hinwegsetzt (3. Szene)[226].

Dieselbe Verzahnung kennzeichnet die folgenden Szenen, in denen die gesellschaftliche Bedeutung von Galileis Arbeit im Vordergrund steht. Die Bestätigung seiner Entdeckungen durch Clavius (6. Szene) schließt jede rational begründbare Ablehnung seiner Theorien aus. Die zynische Argumentation der Kardinäle in der Ballszene erscheint somit nicht als Übertreibung des Autors, sondern als einzig denkbare Motivation des kirchlichen Vetos. Sie widerlegt im voraus die von echter Besorgnis erfüllten Einwände des Kleinen Mönchs (8. Szene) und erleichtert Galileis Entschluß, seine Forschungen wieder aufzunehmen (9. Szene): er setzt ja nicht sein Seelenheil aufs Spiel, er verletzt keinen ernsthaften Glaubenssatz, im Gegenteil erfüllt er, der «Ketzer», als einziger die Verpflichtung der Kirche, sich um das Wohlergehen ihrer schwächsten Glieder zu kümmern. Die zehnte Szene knüpft einerseits an die neunte an, indem sie die sozialen Auswirkungen von Galileis Forschungen antizipiert, und bestätigt zugleich die Befürchtungen der Kardinäle, des Inquisitors und des Papstes, so vieles, was bisher für unerschütterlich gehalten worden sei, werde sich als veränderbar erweisen (7. und 12. Szene).

Weitere Bezüge ließen sich ohne Mühe ausfindig machen. Das Verhältnis von Distanz und Einfühlung, Emotion und kritischer Begutachtung wird weiter kompliziert durch die weitgehenden Parallelen der Situation von 1640 mit der von 1940. Das Fehlen der «stofflichen Sensation[227]», den Anmerkungen zur «Dreigroschenoper» zufolge günstige Vorbedingung für das Zustandekommen einer beobachtend-abwägenden Haltung, setzt hier Kräfte frei, das Geschehen auf der Bühne in eine sowohl intuitive wie rationale Beziehung zur Gegenwart zu setzen, es zu aktualisieren und für die Lebenspraxis nutzbar zu machen. Da sie nicht Produkt einer (von Brecht bekanntlich scharf abgelehnten) unkritischen Einfühlung sind, sondern beabsichtigtes und – so meint Brecht – weitgehend kontrollierbares Ergebnis der Parallelsetzung von Historie und Gegenwart und notwendige Bedingung für die Vermittlung praktischer Impulse, handelt es sich um eine «Einfühlung erlaubter Art[228]».

Aus dem Vorstehenden geht deutlich hervor, daß Brechts dramatische Theorien der Anlage von «Leben des Galilei» in entscheidenden Punkten widersprechen, obwohl umgekehrt der «Galilei» zweifellos bedeutenden Einfluß auf das «Kleine Organon für das Theater» ausgeübt hat. Ich habe daher verzichtet, sie für die Interpretation des Stückes heranzuziehen, das eben nicht Illustration einer wie immer gearteten Theorie, sondern ein seiner eigenen Gesetzlichkeit unterworfenes Kunstwerk ist.

Das Werk als Funktion

Brechts Hoffnungen, seine Befürchtungen und Appelle haben sich während seiner fruchtbarsten Schaffenszeit in den verschiedenen Fassungen des «Galilei» niedergeschlagen. Trotz der fundamentalen Unterschiede in Anlage und Aussage darf aber nicht vergessen werden, daß die «Materie», die er «gewisser Ideen entbunden» hat, dieselbe geblieben ist. Auch finden sich in der ersten wie in der dritten Fassung genügend Hinweise auf die jeweils andere Deutung. Auf die optimistischen Züge der dritten ist schon hingewiesen worden; mit gleicher Berechtigung kann aber auch aus einigen Partien der 8. und 13. Szene und namentlich der Karnevalsszene der ersten auf eine äußerst kritische Distanz Brechts geschlossen werden[229]. Lange bevor sie im «Galilei» thematisiert werden, erscheinen die Hauptcharakteristika der dritten Fassung, die Perspektive einer zerstörerischen Wissenschaft und das Motiv persönlichen Versagens des Wissenschaftlers, jedoch auch schon explizit in Brechts Werk. In der «Ballade von der Billigung der Welt» (1930) etwa charakterisiert Brecht den feigen Anpasser mit beinahe denselben Worten, wie sie ein Vierteljahrhundert später Galilei Andrea entgegenschleudert; andere Strophen des Gedichts befassen sich mit der Nachgiebigkeit der Wissenschaftler gegenüber politischen Auftraggebern sowie dem Zusammenhang von Wissenschaft und Ausbeutung. Und bereits 1940 formuliert Brecht in einem Vortrag vor finnischen Studenten die Quintessenz der «mörderischen Analyse»:

Die Kenntnis der Natur der Dinge, so sehr und so ingeniös vertieft und erweitert, ist ohne die Kenntnis der Natur des Menschen, der menschlichen Gesellschaft in ihrer Gesamtheit nicht imstande, die Beherrschung der Natur zu einer Quelle des Glücks für die Menschheit zu machen. Weit eher wird sie zu einer Quelle des Unglücks. So kommt es, daß die großen Erfindungen und Entdeckungen nur eine immer schrecklichere Bedrohung der Menschheit geworden sind, so daß heute beinahe jede neue Erfindung nur mit einem Triumphschrei empfangen wird, der in einen Angstschrei übergeht[230].

Vor allem aber erscheint der andere große Begründer der empirischen Naturforschung, Francis Bacon, immer wieder als Gegenbild, an dem Galileis Verhalten erläutert und aus anderer Perspektive kritisiert wird. Zur selben Zeit wie die erste «Galilei»-Fassung und ein Jahr vor der eben zitierten Rede entstand die Erzählung «Das Experiment», deren letzte Sätze lauten:

[Der Knabe] saß noch, als von fernher drei Kanonenschüsse hörbar wurden. Sie wurden abgefeuert zu Ehren von Francis Bacon, Baron von Verulam, Viscount St. Alban, ehemaliger Lordgroßkanzler von England, der nicht wenige seiner Zeitgenossen mit Abscheu erfüllt hatte, aber auch viele mit Begeisterung für die nützlichen Wissenschaften[231].

Abscheu und Begeisterung! Dieselben Gefühle gedachte Brecht dann mit dem «Galilei» von 1955 zu erwecken. Bei den Proben zur Berliner Inszenierung bemerkte er:

Galilei ist gezeigt als ein Mann, der recht hat, einer der großen Helden der nächsten fünfhundert Jahre, der alle Widerstände niedertrampelt – der dann aber umfällt und zum Verbrecher wird. Das ist eine der großen Schwierigkeiten: aus dem Helden den Verbrecher herauszuholen. Trotzdem: er ist ein Held – und trotzdem: er wird zum Verbrecher[232].

Bacon wie Galilei haben unbestreitbaren Einfluß auf Brechts Schaffen ausgeübt. Seine beiden wichtigsten theatertheoretischen Schriften orientieren sich nach Form und Methode an den beiden Klassikern der empirischen Naturwissenschaften: der «Messingkauf» an Galileis «Dialoghi», das «Kleine Organon für das Theater» an Bacons «Novum Organum»; in den großen Dramen suchte er dieselbe Verbindung von wissenschaftlicher Klarheit und unterhaltsam Spielerischem, wie sie wenigstens Galileis Werk auszeichnet, zu erreichen. Schon früh erkannte er aber auch die Ambivalenz in beider Verhalten, wie die Anspielungen im ersten «Galilei» und der Schluß der Bacon-Erzählung beweisen. Im «Experiment» und in der ersten «Galilei»-Fassung überwiegt die positive Komponente, die «Begeisterung für die nützlichen Wissenschaften», in der Berliner Inszenierung verlegte Brecht den Akzent auf den Abscheu vor dem sozialen Verbrechen – und wiederum zieht er, im Entwurf zu einem Vorwort, die Parallele zu Bacon:

Denken wir zurück an den Erzvater der experimentellen Naturwissenschaften Francis Bacon, der seinen Satz, man solle der Natur gehorchen, um ihr zu befehlen, nicht umsonst schrieb. Seine Zeitgenossen gehorchten seiner Natur, indem sie ihm Geld zusteckten, und so konnten sie ihm, dem obersten Richter, so viel befehlen, daß das Parlament ihn am Ende einsperren mußte. Macauley, der Puritaner, trennte Bacon, den Politiker, den er mißbilligte, von Bacon, dem Wissenschaftler, den er bewunderte. Sollen wir das mit den deutschen Ärzten der Nazizeit auch tun[233]?

Es verhält sich offensichtlich nicht so, daß Brecht erst in den vierziger Jahren die negativen Aspekte von Galileis Verhalten bewußt geworden wären. Bei der Einschätzung Bacons wie bei der Umdeutung von «Leben des Galilei» handelt es sich um eine veränderte Akzentuierung, nicht um eine völlige Neuinterpretation (das stützt auch die These, daß die 15. Szene positiv zu lesen sei). Offenbar war Brecht 1955 nichts mehr daran gelegen, Bacon und Galilei als Helden der Wissenschaft zu zeichnen, während er vorher die negativen Züge ihrer Persönlichkeit hinter die positiven zurücktreten ließ. Die Gründe liegen nach dem bereits Gesagten auf der Hand: Maßstab der Beurteilung ist für Brecht der gegenwärtige Zweck der Dichtung, ihre Funktion für die Bewußtseinsbildung der Zeitgenossen, ihr Erkenntniswert für das aktuelle Handeln. Nur so ist zu erklären, weshalb Brecht gleichzeitig (in der ersten «Galilei»-Fassung) die «Erfindungen, welche die Glücksgüter der Menschen unermeßlich vermehren» preisen und (im Aufsatz «Über Experimentelles Theater») vor den zerstörerischen Folgen der Wissenschaft warnen konnte.
Die Umdeutung des «Galilei» muß somit als «Umfunktionierung» verstanden werden (der Begriff mag sprachlich anfechtbar sein,

trifft aber den Sachverhalt präzis). Sie steht nicht isoliert in Brechts Werk. Ähnlich verfuhr er mit dem frühen Stück «Mann ist Mann». Nach der Bekehrung zum Marxismus schien ihm die nihilistische, pröblerische Freude an der «Ummontierung» des Packers Galy Gay, die Lust an der versuchsweisen Manipulation eines Durchschnittsmenschen, unbezweifelbarer Freude am reinen Experiment entsprungen, verwerflich; so fügte er in den Zwischenspruch der Witwe Begbick einige Verse ein, die dem Experiment einen lehrhaften, moralisierenden Anstrich geben:

Und wozu auch immer er umgebaut wird
In ihm hat man sich nicht geirrt.
Man kann, wenn wir nicht über ihn wachen
Ihn uns über Nacht auch zum Schlächter machen[234].

Man könnte dieses Verfahren als Vorstufe der Umfunktionierung, als «Funktionalisierung» bezeichnen. Was damit gemeint ist, erläutert ein Vorschlag Brechts für eine zeitbezogene Inszenierung aus dem Jahre 1936:

Die Parabel «Mann ist Mann» kann ohne große Mühe konkretisiert werden. Die Verwandlung des Kleinbürgers Galy Gay in eine «menschliche Kampfmaschine» kann statt in Indien in Deutschland spielen. Die Sammlung der Armee zu Kilkoa kann in den Parteitag der NSDAP zu Nürnberg verwandelt werden. Die Stelle des Elefanten Billy Humph kann ein gestohlenes, nunmehr der SA gehörendes Privatauto einnehmen. Der Einbruch kann statt in den Tempel des Herrn Wang in den Laden eines jüdischen Trödlers erfolgen. Jip würde dann als arischer Geschäftsteilhaber von dem Krämer angestellt. Das Verbot sichtbarer Beschädigung jüdischer Geschäfte wäre mit der Anwesenheit englischer Journalisten zu begründen[235].

Eine vergleichbare Aktualisierung nahm Brecht mit der «Heiligen Johanna der Schlachthöfe» vor. In der ursprünglichen Fassung spielte das Stück während der Gründerzeit in Chicago[236]:

Die Originalfassung zeigte die Geschichte einer Spekulation in der Zeit allgemeinen wirtschaftlichen Aufbruchs um 1900, und es waren weniger die Gesetze der zyklischen Krise, sondern das rastlose Gehirn des Mauler, das die Geschichte in Gang bringt [...] [Den Schlachthofarbeitern fehlte jedes proletarische Bewußtsein;] sie erkennen zwar die Schlachthöfe als die Hölle, kämpfen aber nur um eines: in dieser Hölle arbeiten zu können. [...] Die Johanna der frühen Fassung ist nicht Leutnant der Schwarzen Strohhüte, sondern ein Neuankömmling vom Land. Nicht Wissensdurst eines Galilei, eher Verwirrung und Neugier des noch nicht «Gebildeten», besser: des noch nicht Verbildeten, lassen sie ihre Fragen stellen. [...] Johanna ist das große unbeschriebene Blatt, das nun ausgeschickt wird in die Welt der Industrie, der Klassenkämpfe. Selbst unwissend, wird sie benutzt, falsches Wissen zu häufen und zu verbreiten im gefährlichsten aller Kämpfe: das ist die Verschleierung des Klassenkampfes.

Dieser Johanna tritt in der frühen Fassung ein Mauler gegenüber, der nicht einfach von der Weltwirtschaftskrise determiniert ist (also verhältnismäßig leicht zu durchschauen), sondern das rastlose Subjekt der Gründerjahre der großen amerikanischen Vermögen. Ein Pionier, der Chicago in sieben Tagen neu «schafft». Ihm kann Johanna verfallen, ohne den Fluch intellektueller Verblendung auf sich nehmen zu müssen[237].

Als dann die Weltwirtschaftskrise einen günstigeren, d. h. aktuelleren und wirkungsvolleren Ansatzpunkt bot, zögerte Brecht keinen Augenblick, die Handlung (übrigens sehr zum Vorteil der poetischen Qualitäten des Stücks) in die Gegenwart zu verlegen, um, ähnlich wie im Galilei von 1955, einen direkten Denkanstoß zu vermitteln.

Brechts Werk darf nie isoliert von der Wirklichkeit, d.h. der gesellschaftlichen und ethischen Problematik, die ihn zur Zeit der Niederschrift bewegte, interpretiert werden. Besteht die Konstellation, der ein Stück seine Entstehung verdankt, nicht mehr oder droht der Schaden, den es, in einer bestimmten Perspektive betrachtet, anrichten könnte, den Nutzen zu überwiegen, den es in einer anderen bringen mag, verliert es seine historische Relevanz.
Das treffendste Beispiel für letzteres ist außer dem «Galilei» das Radiolehrstück «Der Flug der Lindberghs»/«Der Ozeanflug». Ursprünglich als Hymnus auf die kühne Ozeanüberquerung Lindberghs gedacht, durfte es später auf Brechts Wunsch nur noch unter dem Kollektivtitel gesprochen werden; in der Buchausgabe wurden «die Lindberghs» ausblockiert und durch «die Flieger» ersetzt, einige Textänderungen vorgenommen und ein warnender Prolog vorangestellt. Die Gründe nannte Brecht in einem Brief an den Süddeutschen Rundfunk vom 3. Januar 1950:

Lindbergh hat bekanntlich zu den Nazis enge Beziehungen unterhalten; sein damaliger enthusiastischer Bericht über die Unbesieglichkeit der Nazi-Luftwaffe hat in einer Reihe von Ländern lähmend gewirkt. Auch hat L. in den USA als Faschist eine dunkle Rolle gespielt. In meinem Hörspiel muß daher der Titel in «Der Ozeanflug» umgeändert werden, man muß den Prolog sprechen und den Namen Lindbergh ausmerzen. [...] Die Änderungen mögen eine kleine Schädigung des Gedichts bedeuten, aber die Ausmerzung des Namens wird lehrreich sein[238].

Mit der Auslöschung des Namens Lindbergh (auf die im Prolog ausdrücklich verwiesen wird) wollte Brecht das im öffentlichen Bewußtsein verankerte Heldentum eines «sozialen Verbrechers» zur Diskussion stellen, ohne den Respekt vor seiner sportlich-technischen Leistung anzutasten. Ob es ihm gelungen ist, mag dahinstehen; jedenfalls bestätigt der Brief an den Süddeutschen Rundfunk die These, daß in «Leben des Galilei» der Aufruf an die zeitgenös-

157

sische Wissenschaft gewichtiger zu werten sei als die Verfälschung der historischen Gestalt. Auch Galileis wissenschaftliche Leistung sollte ja nicht verkleinert, nur sein soziales Verhalten zur Diskussion gestellt werden. Als Brecht klar wurde, daß unter den Bedingungen wissenschaftlicher Arbeit, wie sie während des Krieges herrschten und wohl in Zukunft weiterhin herrschen würden, die «Moral» der ersten Fassung untragbar geworden war, unterlegte er dem Stoff eine neue Idee. Im Vorspruch, den er der «Versuche»-Fassung voranstellte, suchte er die Intention, die ihn zur Umarbeitung bewogen hatte, als die ursprüngliche darzustellen, Galilei als *Helden* auszulöschen, indem er ihn mit der Zeitgeschichte konfrontierte. An die Stelle des Hinweises auf die Geschichte trat die «historische Utopie»: politisches Theater in historischem Gewand.

In der Auffassung des Werks als Funktion treffen sich die Intentionen des späten Brecht mit denen des jungen Schiller: beide betrachten die Geschichte als «Materie», die «gewisser Ideen entbunden» wird, das Theater als moralische Anstalt. Während jedoch Schiller später resignierte und statt einer faktischen Veränderung einer inneren Erhebung das Wort redete (die eine Verwandlung der Welt freilich als Möglichkeit offenläßt), hielt Brecht an seinem Glauben an eine in der Zeit verhaftete Befreiung des Menschen fest. Nicht auf die überzeitliche philosophische Idee der Freiheit kommt es ihm an, sondern auf das Recht auf irdisches Glück, nicht auf Erhebung über die Welt, sondern auf Verwirklichung in der Welt.

Stil

Brechts dialektisch-funktionelles Denken stimmt in der Struktur mit fundamentalen erkenntnistheoretischen Grundsätzen der modernen Naturwissenschaften überein. Im Zusammenhang mit der Erforschung des inneren Aufbaus der Materie gelangte die Physik zur Erkenntnis, daß eine strenge Scheidung von Subjekt und Objekt, somit eine isolierte, «wertneutrale» Wissenschaft nicht zulässig sei, die Annahme einer unabhängig vom Menschen funktionierenden und als solche beschreibbaren Naturgesetzlichkeit vielmehr einer Interdependenz von Subjekt und Objekt zu weichen habe. Der Experimentator, der sich in den Mikrokosmos vorwagt, hat sich Rechenschaft darüber abzulegen, daß er nicht auf einem archimedischen Punkt außerhalb des beobachteten Phänomens verharrt, sondern durch die Wahl der Ausgangsbedingungen und die Durchführung des Versuchs auf jeden Fall einen autonomen, der Beobachtung unzugänglichen Zustand unwiderruflich zerstört, das Ergebnis des Experimentes also weitgehend von seinem Erkenntnisinteresse abhängt. Je nach der Frage, die durch das Experiment beantwortet werden soll, muß eine Arbeitshypothese vorgegeben werden (das Licht beispielsweise als Teilchen oder als Welle angenommen werden), die für andere Problemstellungen keine Gültigkeit hat; die Veränderung der Hypothese bringt auch eine entsprechende Veränderung der Ergebnisse mit sich.

Sobald aber naturwissenschaftliche Erkenntnis sich nicht mehr im Aufdecken eines an und für sich Seienden erschöpft, kommt automatisch eine *Wertkategorie* ins Spiel: erst im Blick auf ein Ziel (auf die Frage, die der Natur gestellt wird) wird das Beobachtete zum Objekt! «Erst die Theorie entscheidet darüber, was man beobachten kann[239].»

Brecht wirft den Naturwissenschaftlern vor, sie seien nicht gewillt, die Erkenntnisse, die sie aus der Beobachtung der Natur gewonnen hätten, insbesondere das Wissen um die Funktionalität wissenschaftlicher Fragestellungen, auf ihre Beziehung zur Gesellschaft zu übertragen:

Was mich lachen macht, ist die Art, wie diese Leute ihre Resultate verallgemeinern oder – wie sie sie nicht verallgemeinern. Es ist lustig, zu sehen, wie sie einerseits die Philosophen auffordern, Konsequenzen daraus zu ziehen, daß bei ihnen, in der Atomphysik, die Kausalität aussetzt, und wie sie andrerseits versichern, so was komme eben nur bei ihnen, nur in der Atomphysik vor und gelte keineswegs für das Abbraten von Rumpsteaks von seiten normaler Kleinbürger[240].

Eben die Haltung, die aus der Einsicht in die Interdependenz von Forscher und Erforschtem hervorgeht, erwartet Brecht von seinem Galilei, der allein schon deswegen keine Gestalt des 16. Jahrhunderts, sondern ein Naturwissenschaftler unserer Gegenwart ist. In diesem Lichte besehen ist Galilei nicht mehr wie noch in der ersten Fassung (positives oder negatives) Vorbild, sondern Urbild; er irrt, solange er nach «reiner» Erkenntnis strebt, weil Erkenntnis immer nur Erkenntnis *für* jemanden, und das heißt, aufs Soziale übertragen: Erkenntnis entweder für die Herrschenden oder für die Beherrschten sein kann. Dies rechtfertigt eine parteiliche Interpretation der Geschichte, oder besser: jede Interpretation der Geschichte erweist sich letzten Endes als parteilich.

Naturwissenschaftliche Begriffs- und Denkkategorien in die Interpretation von «Leben des Galilei» einzubeziehen, ist somit nicht nur legitim, sondern unerläßlich. Wiederholt bezeichnete Brecht sein Theater als einen Versuch, «die eigentliche Unterhaltung unseres eigenen Zeitalters[241]», des *wissenschaftlichen Zeitalters* zu entwickeln. Sein Interesse für naturwissenschaftliche Probleme steht außer jedem Zweifel, ebenso die Überzeugung, Denk- und Darstellungsweisen der exakten Wissenschaften ließen sich einerseits auf die Gesellschaft, andererseits auf die Künste übertragen. Sprechende Beispiele sind im theoretischen Bereich die Herstellung von Probennotaten, die zahlreichen Versuche, ästhetische Empfindungen zu rationalisieren, in der Theaterpraxis das experimentelle Vorgehen bei der Inszenierung, die Herstellung von Modellen (die Brecht ausdrücklich als Fixierung eines bestimmten Bewußtseinsstandes, nicht als kanonische Vorschriften verstanden wissen wollte) und Fotoserien.

Als besonders bedeutsam hat sich der Begriff der Komplementarität erwiesen. Komplementär sind die Folgen des Widerrufs für die Entwicklung der «reinen» Wissenschaft und der Gesellschaft, komplementär ist Galileis Charakter, der bald als Held, bald als Verbrecher erscheint, aber eben erst in der Vereinigung der widersprüchlichen Elemente Größe und Elend des Wissenschaftlers verkörpert[242].

Aber nicht nur in den Kategorien von Funktionalität und Komplementarität trifft sich die Thematik des Stückes mit seiner formalen Durchführung. Thema und Zielpunkt des «Galilei» ist die *Veränderung der Welt*. Dem historischen Prozeßdenken, das einen Vorgang zu seinen Folgen in Beziehung setzt, entspricht die Zweiteilung des Stückes in Handlung (Szene 1–13) und Kommentar (14. Szene); da es sich um ein vergangenes Geschehen handelt, befindet sich der Zuschauer (die Nachwelt, aus deren Perspektive die Analyse in der 14. Szene erfolgt) in der Rolle eines Beobachters in einem realen Gerichtsprozeß, der zunächst nur über ein vages Vorwissen verfügt (daß Galilei widerrufen hat), dann mehr und mehr Beweisstücke vorgeführt bekommt und schließlich das Urteil erfährt. Spätestens in diesem Moment muß er sich der epischen Distanz zum Vorgeführten bewußt werden, «mit dem Urteil dazwischenkommen» und – das wenigstens beabsichtigt Brecht – die Folgerungen für sein eigenes Verhalten ziehen. Die vorgeführte Veränderung der Welt, sei es als reale Entwicklung (in der ersten Fassung), sei es als verpaßte Chance (in der dritten) soll die geleistete Veränderung bewirken. Veränderungen zu untersuchen und durchzuführen ist aber auch die Aufgabe von Galileis Wissenschaft. So darf «Leben des Galilei» trotz aller inneren Widersprüche als eins der einheitlichsten Stücke Brechts bezeichnet werden: es entnimmt die Kategorien zur Beurteilung dem dargestellten Objekt (den Naturwissenschaften und der Geschichte) und führt das Exempel an einem Vorwurf durch, den nicht nur ein innerer Zusammenhang mit dem ideellen Ausgangspunkt (der Situation der Wissenschaft in unserer Zeit) verbindet, der vielmehr auch in seiner Widersprüchlichkeit der Komplexität des Themas gerecht wird. Zudem spiegelt die formale Struktur den Erkenntnisprozeß des Zuschauers. Versteht man unter stilistischer Einheit nicht nur die immanenten Bezüge eines dichterischen Werkes, erweitert man den Stilbegriff auf den Zusammenhang von Werk und Wirkung, Darstellung und Bewußtsein, so bietet er sich geradezu als dominierendes Merkmal dieses in mehrfacher Hinsicht «großen» Dramas an.

Ausblick auf verwandte Werke Brechts

«Leben des Galilei» steht thematisch wie nach dem Interesse, das Brecht ihm entgegenbrachte, ohne Zweifel im Zentrum des Spätwerks; es bringt, nach der treffenden Charakterisierung Walter Felsensteins, «das universelle Wollen und Wirken des Dichters am sinnfälligsten zum Ausdruck[243]». Bis zu seinem Tod beschäftigte Brecht sich intensiv mit der Galilei-Problematik, ohne zu einer endgültigen Lösung zu gelangen. Von den Abweichungen der verschiedenen Druckfassungen untereinander und vom Regiebuch war bereits die Rede; zum selben Komplex gehören aber auch einige nicht ausgeführte Entwürfe und, in einem weiteren Umkreis, die wichtigsten Inszenierungen des Berliner Ensembles in den frühen fünfziger Jahren.
Aus einigen Notizen zu einem Prometheus-Drama, von denen eine sich bezeichnenderweise auf der Rückseite eines zum «Galilei» gehörigen Blattes befindet[244], geht hervor, daß Brecht mindestens probeweise daran dachte, den Konflikt in mythische Distanz zu rücken. Er beabsichtigte, den überlieferten Mythos umzukehren und Prometheus als den erfinderischen Menschen darzustellen, der, nachdem er das Feuer erfunden hat, es den bösen, habgierigen Göttern ausliefert, die mit seiner Hilfe die Menschen brandschatzen[245]. Auf diesen Plan dürften wohl einige der wesentlichen Verschärfungen im Schlußmonolog, die Reflexionen über das «Geschlecht erfinderischer Zwerge» zurückgehen – oder umgekehrt: angesichts der apokalyptischen Dimensionen, in die der «Galilei»-Konflikt hineinzuwachsen drohte, zweifelte Brecht an der Möglichkeit, ihn mit realistischen Mitteln zu bewältigen.
Weiter fanden sich im Nachlaß Vorarbeiten zu einem dokumentarischen «Leben Einsteins», der Tragödie des Genies, das, um die

Welt vor einem skrupellosen Diktator zu retten, unwissentlich und wider seine humanitären Ansichten die Mittel zu ihrer Vernichtung bereitstellt[246].

Beide Pläne enthalten, soweit aus den zugänglichen Fragmenten ersichtlich, je besondere Aspekte des gesamten Komplexes – doch keiner von ihnen hätte sich wohl an Wirksamkeit und Prägnanz, an Weltgehalt und prophetischer Kraft wie an Glaubwürdigkeit mit der schließlich allein vollendeten dritten «Galilei»-Fassung messen können, die mythologische Vor-Bildlichkeit der Problematik mit dokumentarischem Realismus in der szenischen Verwirklichung vereinigt.

Deutliche Bezüge zur Galilei-Problematik weisen auch jene Inszenierungen und Bearbeitungen klassischer Stücke auf, die Brecht unter dem Gesichtspunkt der «Deutschen Misere» (und sehr zum Mißvergnügen der DDR-Prominenz) in den frühen fünfziger Jahren am Berliner Ensemble aufführte: Lenz' «Hofmeister», der «Urfaust» und der «Zerbrochene Krug». Vom «Galilei» her betrachtet lesen sie sich wie Vorstufen zu dieser letzten, die Summe seiner Welt- und Lebenserfahrungen in sich vereinigenden, «Weite und Vielfalt der realistischen Schreibweise» unübertrefflich demonstrierenden Inszenierung Brechts.

Hier geht es um die Diskrepanz zwischen den überholten Ansprüchen einer herabgewirtschafteten adeligen Klasse und der Servilität ihrer berufenen Nachfolger, der deutschen Intellektuellen und Schulmeister, die, unter dem Vorwand, die Ideale der Humanität zu bewahren und zu tradieren, sich stets für die Reproduktion der bestehenden gesellschaftlichen Verhältnisse einspannen lassen und so die Kontinuität zwischen der feudalistisch-absolutistischen und der bürgerlichen Ordnung garantieren; um die Korruption einer Justiz, die, gedrückt und geknechtet, ihr Fähnchen nach dem Winde hängt, in selbstherrlicher Anmaßung ihre verbogenen Maßstäbe ansetzend; um Schwäche und Arroganz auf beiden Seiten und die daraus resultierende Stagnation; um die Weltfremdheit der bürgerlichen Intellektuellen, «welche nicht nur die Revolution anderer Völker, sondern auch ihr eigenes Privatleben nur ‹im Geiste erleben[247]›».

Zum «Urfaust» bemerkte Brecht, das Neue an Faust sei «seine Begierde [...], seine Fähigkeiten auszubilden und sich alles einzuverleiben, was Natur und Gesellschaft sich will entreißen lassen»; die bürgerliche Faust-Rezeption unterschlage jedoch, «daß der strebende Faust, wenn er sich dem rein geistigen Ringen ab- und dem ‹wirklichen Leben› zuwendet, sich in einen Pakt mit dem Teufel einläßt», sich der Welt zunächst «rein verbrauchend, plündernd, unproduktiv nähert», dann erst «vom Unproduktiven, durch den

162

Teufel bereiteten Lebensgenuß zum Produktiven» übergehend[248].
Mephisto führe dem «jungen Fäustchen» (dem Schüler) «die Wissenschaft, wie sie gelehrt wird» vor, er lehre ihn «den Mißbrauch der Wissenschaft[249]».

Noch aufschlußreicher ist die Gestalt des Pätus im «Hofmeister». Bei Lenz eine reine Charge, erscheint er in Brechts Bearbeitung als Parallelfigur zu Läuffer und Präfiguration Galileis: nachdem er viermal im Examen durchgefallen ist, schwört er seinem auf der Universität mißliebigen Leibphilosophen Kant ab, wenngleich «nur öffentlich»: er trennt Idee und Wirklichkeit und beraubt so die Idee ihrer praktischen Verwertbarkeit. So wie Läuffer körperlich, entmannt er sich geistig, indem er Kant heimlich liest und öffentlich verleugnet.

Das nachgelassene Drama «Turandot oder Der Kongreß der Weißwäscher», in dem Brecht mit den Intellektuellen der Weimarer Republik ins Gericht geht, bringt demgegenüber wenig Neues; da es aber für die «Zurücknahme» des «Galilei» durch Dürrenmatt von einigem Interesse ist, soll es im folgenden Kapitel kurz gestreift werden.

Friedrich Dürrenmatt: «Die Physiker»

Wenige Menschen haben die Bombe je gesehen.
Aber alle Menschen können die Probleme verstehen, vor denen sich heute die Menschheit befindet, wenn man ihnen ein paar Fakten gibt und
sie darüber aufklärt, daß diese Bombe und die
Kriegsgefahr etwas Greifbares sind und nicht
irgendwo in der Ferne liegen. Dies geht jeden
Menschen in der zivilisierten Welt unmittelbar an.

(Albert Einstein)

Das Drama

Einen völlig anderen Weg als Brecht schlägt Friedrich Dürrenmatt in seinem Drama «Die Physiker» (Uraufführung Zürich 1962) ein. Was dem Marxisten Brecht die historische Utopie, bedeutet ihm die Fiktion, die nicht eine gewesene, zur aktuellen Aussage funktionalisierte, sondern eine mögliche Faktizität enthält. In seinen frühesten Stücken («Es steht geschrieben», «Der Blinde») steht die historische Umwelt noch als Deutungshorizont im Hintergrund, dann, mit den ersten «Komödien», vollzieht sich ein Übergang, den der Autor als Übergang vom «Denken über die Welt» zum «Denken von Welten» bezeichnet[1]. Diente im Wiedertäuferdrama der historische Bezug als Modell für das Verhältnis von Macht und Idealismus, Ideologie und Erlösungssehnsucht, so tritt er in den folgenden Stücken zugunsten eines zwar an vergangenen oder gegenwärtigen Geschehnissen orientierten, sie aber nicht beschreibenden, vielmehr in der dichterischen Fiktion neuschöpfenden und damit umfassendere Gültigkeit beanspruchenden schriftstellerischen Verfahrens zurück. Selbst wo sich ein historisches Vorbild findet («Romulus der Große»), will Dürrenmatt sein Werk als «ungeschichtliche historische Komödie» verstanden wissen[2].

Kennzeichen des neuen Verfahrens ist die Konzeption theatralischer Strukturen, die weder reale Zustände schildern noch Thesen ausführen, sondern mögliche Aussagen über die Welt enthalten, d.h. im Mikrokosmos der Bühne ein Analogon des Makrokosmos schaffen, eine «mögliche Welt» als Funktion der «wirklichen Welt», die mehr ist als ein bloßer Wirklichkeitsausschnitt, auch keine Allegorie, die sich durch eine einfache Transformation entschlüsseln ließe. Während der Arbeit an den «Physikern» bemerkte Dürrenmatt in einem Werkstattgespräch mit Horst Bienek, dem Theaterdichter sei es nur auf diese Weise möglich, einer vielschichtigen Wirklichkeit beizukommen; er jedenfalls traue sich nicht zu,

mit einem Theaterstück die Wirklichkeit wiedergeben zu können; dazu halte ich die Wirklichkeit für zu gewaltig, für zu anstößig, für zu grausam und zu dubios und vor allem für viel zu undurchsichtig. Ich stelle mit einem Theaterstück nicht die Wirklichkeit dar, sondern für den Zuschauer eine Wirklichkeit auf[3].

Dürrenmatts Kunst ist jeder naturalistischen Technik entgegengesetzt; im Vertrauen auf die weltstiftende Einbildungskraft des Dichters verfährt er symbolisch, wenn auch mit der wesentlichen Einschränkung, daß der Bezugspunkt nicht in einem jederzeit und überall gültigen Absoluten, sondern in den bestimmenden Kräften der Gegenwart liegt[4]. Um das Verhältnis von Realität und Fiktion, von Wirklichkeit und dramatischer Darstellung braucht sich der Schriftsteller nach Dürrenmatts Ansicht nicht zu kümmern, denn «eine logische Eigenwelt kann gar nicht aus unserer Welt fallen»[5]. Konsequentester Ausdruck von Dürrenmatts dramaturgischen Überlegungen ist bisher neben dem «Meteor» wohl sein «Physiker»-Drama, obwohl eine rein fiktive Behandlung auf den ersten Blick gerade einem so weitgehend von politischen und naturwissenschaftlichen Faktizitäten umgrenzten Thema wenig angemessen scheint. Andererseits vermag aber auch reiner Realismus dem Thema nicht gerecht zu werden: Die Gefährdung der Welt durch die Naturwissenschaften und die Probleme, die sich aus ihr für das Selbstverständnis der Wissenschaftler und ihre Beziehungen zur sozialen Umwelt ergeben, in der ganzen Breite zu artikulieren, ist auf dem beschränkten Raum einer Bühne und in der begrenzten Zeit eines Theaterabends schlechterdings unmöglich; so oder so ist ein Ausschnitt notwendig, ein eminenter Fall, der das Bedeutsame heraushebt. Nichts anderes leisten denn auch die Dramen Brechts und, wie sich zeigen wird, Kipphardts: Brecht projiziert den aktuellen Konflikt auf eine historische Gestalt, Kipphardt wählt die bewährte Form des Gerichtsverfahrens, das erlaubt, die verschiedensten Geschehnisse in Sprache umzusetzen und aus beliebiger Perspektive zu deuten. Von da aus ist es nur noch ein Schritt zur Fiktion. Eine fiktive Behandlung vermag nur dann der Problematik nicht gerecht zu werden, wenn sie – wie in Jahnns Stück – zugleich zeigen und deuten, Totalität und Symbolgehalt vereinigen möchte.

Dürrenmatts Einfall, eine Irrenanstalt am Neuenburgersee zum Schauplatz der Fabel zu machen, trägt dem Rechnung. In seiner dramaturgischen Funktion dem in der klassischen Komödie beliebten Wirtshaus verwandt, das erlaubt, Personen verschiedensten Standes ohne Rücksicht auf Wahrscheinlichkeit und gesellschaftliche oder politische Konventionen zusammenzuführen, unterscheidet sie sich von der harmlos idyllischen Lokalität etwa der «Minna von Barnhelm» dadurch, daß meist für immer bleibt, wer einmal dort anlangt, und direkte Einflüsse der Außenwelt auf ein Minimum beschränkt sind.

Die theatralischen Möglichkeiten, die sich aus der Wahl des Schauplatzes ergeben, hat Dürrenmatt voll ausgeschöpft: dominiert zu Beginn der Eindruck eines komfortablen Ruhesitzes für «die geistig verwirrte Elite des halben Abendlandes[6]», so verwandelt sich im Verlaufe der Handlung, parallel zur Enthüllung der wahren Absichten der hier weilenden Physiker, die Heilanstalt in ein Gefängnis; der Innenraum gewinnt einen bedrohlichen Aspekt. Wie kaum eine andere Örtlichkeit des neueren Dramas eignet sich Dürrenmatts Irrenhaus dazu, inneres und äußeres Geschehen, Wort und Szenerie in völliger Übereinstimmung zu entwickeln. Das gilt selbst für Details: Nachdem Möbius ahnungslos und eindringlich die möglichen Konsequenzen seiner Entdeckungen klargelegt hat, läßt die Ärztin das Porträt des Wirtschaftsführers Geheimrat von Zahnd entfernen und an seiner Stelle das des großväterlichen Generals aufhängen. Kurz darauf berichtet sie vom Aufbau ihres Trusts und tut ihren Willen kund, mit ihm die Welt zu beherrschen. Das Bild ist der Handlung immer einen Schritt voraus, es schlägt die Brücke über den in Worten unauslotbaren Abgrund zwischen Furcht und Hybris, angstvoller Prophetie und schamloser Verwirklichung.

Auch wenn Gegenstände und Szenerien ihre Wirkung unterstützen, ist eine Handlung, die sich so fern von allem realen Geschehen abspielt wie diejenige der «Physiker», in erster Linie aufs Wort angewiesen. Sie läuft damit Gefahr, sich in akademischer Spiegelfechterei zu verlieren. Ein möglicher Ausweg, der sich vor allem im dokumentarischen Theater (Weiß, Kipphardt) als äußerst erfolgreich erwiesen hat, ist das Gerichtsverfahren mit seiner per se anhaftenden Spannung, ein anderer, die Aufmerksamkeit des Zuschauers zunächst durch eine mit dem eigentlichen Thema des Stückes zwar verbundene, es jedoch nicht antizipierende äußere Handlung zu fesseln. Diese Aufgabe erfüllt in den «Physikern» die Kriminalkomödie des ersten Teils. In der großen Bekenntnisszene des zweiten Aktes mündet sie in die innere, nun direkt auf das Problem bezogene, aus der sie auch – und zwar erst in der Rückschau – ihren Erkenntniswert für das Ganze bezieht. Die vielschichtige, Einbildungskraft und Urteilsvermögen des Zuschauers gleichermaßen beanspruchende Dynamik des Stückes, die im Verlauf des Abends bis zum Unerträglichen steigende, dann rasch abfallende Spannung rühren von der Überlagerung beider Handlungsebenen her, die abwechselnd das Geschehen dominieren und derart ineinander verwoben sind, daß zu keinem Zeitpunkt die eine völlig hinter die andere zurücktritt und doch ihr enger Bezug erst in den letzten Minuten erkennbar wird.

Dieser ungemein komplizierte Aufbau verlangt ein formales Gegengewicht. Es findet sich in der strengen Beobachtung der Einheit der Zeit, des Ortes und der Handlung. Dürrenmatts Bonmot, einer Handlung, die unter Verrückten spiele, komme nur die klassische

Form bei, klingt sarkastischer als es gemeint ist[7]; an anderer Stelle
äußerte er, er habe keine Bedenken, die klassische Einheit als Ideal
einer Theaterhandlung anzuerkennen, nur sei sie leider kaum mehr
durchzuführen. Ein Drama, das sie berücksichtige, benötige eine
umfangreiche Vorgeschichte, umso länger, je weniger Personen zur
Verfügung ständen und je weniger bekannt der Stoff sei[8]. Die
strenge Form der antiken Tragödie sei nur möglich gewesen, weil
sie sich allseits bekannter Mythen bediente und das Publikum
«wußte, worum es ging», «nicht so sehr auf den Stoff als auf die
Behandlung des Stoffes neugierig» war[9]. Dürrenmatts Kunstgriff,
die klassische Form dennoch für «Die Physiker» nutzbar zu machen, besteht darin, das Publikum in die «Mausefalle» der Komödie
zu locken[10], d. h. die Exposition so zu gestalten, daß längere Erklärungen zu Beginn unnötig sind und sie sich bis in die zweite Hälfte
des zweiten Teils hinziehen kann. Dies erfordert eine beinahe
mathematisch streng konzipierte Struktur, die das Hauptthema des
Stückes so lange als irgend möglich unterschwellig mitschwingen
läßt, es nicht ausspricht, obwohl jede Handlung und jede Replik
unmittelbar darauf bezogen ist.

Das Drama beginnt scheinbar unverbindlich nach dem klassischen
Muster der Kriminalstory: eine ermordete Krankenschwester liegt
auf der Bühne, die Polizei nimmt den Tatbestand auf. Noch liegen
die Motive der Tat völlig im dunkeln, fest steht nur, daß vor einigen
Monaten ein anderer der hier inhaftierten Physiker ebenfalls eine
Krankenschwester ermordet hat. Der Hinweis der Ärztin, das Ge-
hirn der «Täter» habe sich möglicherweise unter dem Einfluß von
Radioaktivität verändert, hilft nicht weiter. Da es sich bei beiden
um Irre handelt, bleibt dem Inspektor nichts übrig, als verschärfte
Aufmerksamkeit und die Anstellung von Pflegern zu empfehlen.

Nun schiebt sich ein zweiter Handlungsstrang in den Vordergrund.
In einer abgründig bösartigen Szene verabschiedet sich Möbius'
Familie, um eine neue Existenz auf den Marianen aufzubauen. Die
abstoßende Rührseligkeit des Vorgangs spielt auf das Thema des
aus der menschlichen Gemeinschaft verstoßenen Irren an; unklar
bleibt nur, ob der fürchterliche «Psalm Salomos, den Weltraumfah-
rern zu singen» als Reaktion eines Wahnsinnigen oder als bewußte
Provokation zu deuten sei. Dann scheint sich mit Schwester Monikas Heiratsantrag und ihrem Versprechen, für die Anerkennung
seiner wissenschaftlichen Arbeit zu kämpfen, für Möbius ein neues
Leben zu öffnen. Aber es kommt anders: nach einer in ihrer un-
pathetischen Verhaltenheit ergreifenden Liebesszene erdrosselt
Möbius Monika Stettler.

Was brachte Möbius zu seiner Tat? Und hängt sie möglicherweise
mit den anderen Morden zusammen? Diese Fragen, aus denen das

170

Thema des Stückes noch keineswegs extrapoliert werden kann, begleiten das Publikum in die Pause.

Den Beginn des zweiten Aktes bildet eine der ersten analoge Tatbestandsaufnahme, nur daß jetzt die Ärztin Möbius einen Mörder und seine Tat einen Mord nennt, während sie sich vorher, als Voß diese Bezeichnungen verwendete, energisch dagegen verwahrte; der Inspektor hat sich mit der Tatsache abgefunden, daß die Gerechtigkeit zum ersten Mal Ferien macht.

Die Aufklärung über die wahren Verhältnisse kann nun (bis auf die Rolle der Ärztin) nicht länger hinausgeschoben werden. In der großen «Bekenntnisszene» erfährt der Zuschauer, was die drei Physiker ins Irrenhaus getrieben hat, sie verknüpft den vorher beziehungslos in der Luft hängenden «Psalm Salomos» und die zahlreichen im ersten Akt, in den Gesprächen Newton-Voß und Möbius-Schwester Monika versteckten Anspielungen mit dem Ganzen der Handlung. «Grundgestus» der Szene ist die Entstehung von Newtons und Einsteins Problembewußtsein, das bis auf den Stand gelangt, auf dem Möbius sich entschloß, sich in die Anstalt zu begeben. Aber noch einmal führt Dürrenmatt den Zuschauer aufs Glatteis, indem er auf dieser vorletzten Stufe haltmacht, ihm «scheinbar nachgibt[11]», das bestätigt, was ihm aus Leitartikeln und Science-Fiction-Romanen, moralischen Appellen und populärwissenschaftlichen Abhandlungen immer wieder entgegentönt. Die drei beschließen, auf jede weitere wissenschaftliche und politische Tätigkeit zu verzichten, ihr persönliches Glück dem der Menschheit aufzuopfern und Möbius' Schicksal zum ihrigen zu machen, «verrückt, aber weise / gefangen, aber frei / Physiker, aber unschuldig[12]». Die Bekehrung der hartgesottenen Geheimdienstler geschieht verdächtig rasch, wird aber hingenommen, weil sie den Erwartungen entspricht.

Es folgt eine Atempause, die einzige des Stücks. Die Sprache geht über ins Lyrische, die Physiker verlassen «verklärt» ihre Zimmer, sprechen von der «andächtigen», «geheimnisvollen», «glücklichen» Nacht aus dem fraglosen Allgefühl dessen, der seinen inneren Frieden gefunden hat. Umso grausamer zerstören dann die Enthüllungen der Ärztin alle Illusionen. Möbius' letzter Satz enthält die Quintessenz des Dramas: «Was einmal gedacht wurde, kann nicht mehr zurückgenommen werden[13].» Ob diese Einsicht zugleich als Aussage verstanden werden soll, wird noch zu untersuchen sein.

Die Absicht hinter Dürrenmatts Technik, den Zuschauer hinters Licht zu führen, ihn listig dahin zu bringen, wo er ihn *nicht* haben will, und darauf die Schwäche der gesetzten Position hinterrücks zu demonstrieren, liegt klar zutage: zunächst soll die Einsicht in einen bisher unbesehen hingenommenen Tatbestand geweckt werden, ohne durch bestimmte Aussagen über darin enthaltene Probleme Abwehrreaktionen hervorzurufen, die mit der Aussage unter Umständen auch die Probleme negierten. Erst wenn sich der Zuschauer in seinen eigenen Ansichten bestätigt glaubt, ist der Weg frei, bequeme, gängige «Lösungen» in Frage zu stellen.

Christian Jauslin bezeichnet dieses in den «Physikern» mehrfach angewandte Verfahren als «Dramaturgie der Provokation»:

Die Wirklichkeit, wie man sie gemeinhin zu sehen glaubt, wird zuerst bestätigt, ganz zum Schluß aber entlarvt und als fragwürdig hingestellt, so daß man beginnen muß, diese «Wirklichkeit» zu bezweifeln und nach einer neuen Lösung zu suchen[14].

Die Entlarvung ist mit der «schlimmstmöglichen Wendung[15]» vollendet, d.h. wenn das eintritt, was man um jeden Preis zu vermeiden sucht. Die Tatsache, daß jedes gesprochene Wort, jede Handlung im Augenblick der Aktualisierung bereits durch eine noch unbekannte Wirklichkeit widerlegt sind und also von vornherein ins Leere stoßen, macht «Die Physiker» zu Dürrenmatts ausweglosestem Drama. Möbius spricht seine sittlichen Forderungen in dem Augenblick aus, da die Ärztin die letzten Steine zum furchterregenden Gebäude ihres Trusts fügt; sein Jahre zurückliegender Entschluß, die Arbeit in der vermeintlichen Abgeschiedenheit der Heilanstalt fortzusetzen, spielt deren Ergebnisse mit tödlicher Sicherheit denen in die Hände, denen er sie vorenthalten wollte. Um sich selbst vor der drohenden Vernichtung zu schützen, töten die drei Physiker ihre Krankenschwestern – aber sie erreichen damit einzig die unbegrenzte Fortdauer ihrer nun sinnlos gewordenen Gefangenschaft. Handlung im äußeren, Reflexion und Dialog im inneren Geschehen versuchen gleich vergeblich gegen ein unbekanntes, unabänderliches Fatum anzugehen.

Der Schluß des Stückes macht es dem Zuschauer nicht leicht. Endete Brechts «Leben des Galilei» mit dem vorweggenommenen Urteil der Nachwelt, Kaisers erstes «Gas»-Drama mit der Hoffnung auf den «neuen Menschen», das zweite mit totaler Vernichtung, so bleibt der Ausgang der «Physiker» scheinbar offen. Es wird nicht einmal völlig klar, ob die drei Physiker nun tatsächlich verrückt werden oder nur resigniert ihre alten Masken wieder vornehmen[16]. Jedenfalls kann das Kommende nur geahnt werden, wenn auch für den, der Dürrenmatt zu folgen bereit ist, kein Zweifel besteht, daß es der schlimmstmögliche Ausgang sein wird; daß er nicht auf der Bühne gezeigt wird, kann nicht allein damit erklärt werden, die Katastrophe eigne sich eben nicht zur dramatischen Darstellung. Ganz bewußt bleibt Dürrenmatt bei der Analyse: «Ich bin Diagnostiker, nicht Therapeut[17].»

172

Im Willen, den Zuschauer aus unreflektierten Stereotypen zu lösen, ohne ihn sogleich wieder an neue zu binden, liegt wohl der tiefere Sinn des kunstvoll inszenierten Spiels, der transitorischen Bestätigung gängiger Klischees, deren Brüchigkeit sich umso schauerlicher ausnimmt, je geläufiger sie herumgeboten werden. «Nur dem kann ich eine Antwort auf seine Fragen geben, der diese Antwort selber findet, nur dem Trost, der selber mutig ist[18].» Ein Drama, das eine These enthalte, mache es dem Zuschauer allzu leicht, da es bestenfalls diese These illustriere, sie aber nicht beweise, «ebensowenig wie eine mathematische Operation das Axiom zu beweisen vermag, von dem sie ausgeht[19]». Eine These beziehe sich stets auf ein Problem, d.h. eine begrifflich fixierbare Fragestellung. Wer ein Problem darstelle, habe es auch zu lösen, heißt es in der Rede zum Tode Ernst Ginsbergs:

die Lösung eines Problems ist etwas Positives, [...] sie befriedigt den Intellekt, doch stellt sich ihr die Wirklichkeit entgegen, denn die Lösung eines Problems ist nicht auch schon die Lösung des Konflikts, der dem Problem zugrunde liegt, der Konflikt als das Konkrete ist vielschichtiger als das Problem, als das Abstrakte[20].

Aus diesem Grund fordert Dürrenmatt eine Dramaturgie der Konflikte. Geht der Schriftsteller vom Konflikt aus,

braucht er keine Lösung, sondern nur ein Ende, seine Handlung ist keine Illustration eines Problems, sondern die Darstellung eines Konflikts, bei der die verschiedenen Probleme, die der Konflikt stellt, zwar gezeigt werden können, jedoch nicht gelöst werden müssen[21].

Dabei braucht er

dann ruhig nur am Stoff zu arbeiten und nicht an den Problemen. Von der Natur wird auch nicht verlangt, daß sie Probleme enthalte oder gar löse. Die Natur enthält nur insofern Probleme, als wir sie in ihr suchen[22].

Kümmert man sich [...] beim Schreiben nicht um die Wahrheit, wird es auf einmal unmöglich, sie nicht zu schreiben. Im Unabsichtlichen bricht sie durch[23].

Dürrenmatt versucht keineswegs, sich der Sinnfrage zu entziehen; aus der Einsicht heraus, daß jede bestimmte Antwort sie der ästhetischen oder ideologischen Auseinandersetzung ausliefert und damit ihrer Wirksamkeit beraubt, integriert er sie jedoch in das Spiel, auf eine Weise, die einzig den reflektierenden Nachvollzug zuläßt.

Der Konflikt

Das Thema der komplexen Wechselbeziehungen von Wissenschaft, Wirtschaft und Gesellschaft taucht in Dürrenmatts Werk immer wieder auf. Schon die Texte, die er für das Cabaret Cornichon verfaßte, «kreisen um die Probleme Atombombe und Flüchtlingsschicksale[24]», und die 1943 entstandene, bisher unveröffentlichte «Komödie» endet in einem Inferno entfesselter Technik:

In einem Laboratorium voller Schalter und Hebel wird eine gewaltige Maschine mit ungeheuren Zerstörungsmöglichkeiten geschaffen; Adam aber sagt zum Schöpfer der Maschine – einige Jahre vor der Anwendung der Atombombe –: «Die Gewalt muß dem Stärksten zurückgegeben werden, und das ist Gott.» Er erhält das Verfügungsrecht über die Maschine, doch ein anderer greift ein, und die Explosion zerreißt alles[25].

Hier wie auch in dem 1951 geschriebenen Aufsatz über die Teppiche von Angers[26] herrscht nackte Weltangst vor; bei späteren Gelegenheiten[27] setzte sich Dürrenmatt kritischer mit den Phänomenen auseinander. Auch der Rahmen weitet sich in allgemeinere Bezüge: herrschten in den theoretischen Abhandlungen und Rezensionen Angst und Bedrohung vor, so erscheinen im Drama die überlieferten, unbesehen hingenommenen Idealvorstellungen, die dem Erschrecken und der Bedrohung zugrundeliegen, als nicht mehr tragfähige Hintergrundvorstellungen.

Newton, der glaubt, sich für die Freiheit der Wissenschaft einzusetzen, erkennt nicht, daß auch er in Unfreiheit arbeitet; Einstein versucht mit Hilfe der Physik Machtpolitik zu betreiben, hat aber seine Macht an eine nicht mehr kontrollierbare Instanz delegiert. Beide haben die Wissenschaft verraten, indem sie Mittel zu einem Ziel wählten, welche dieses Ziel selbst gefährden. Von Tragik kann daher in ihrem Fall nicht die Rede sein, da unvoreingenommenes Nachdenken die Unhaltbarkeit ihrer Thesen erweisen müßte.

Sind Newton und Einstein sich immerhin in gewissem Maße der Tragweite wissenschaftlicher Erkenntnis, wenn auch nicht ihrer gesellschaftlichen Auswirkungen bewußt, so ist Schwester Monika noch im aufklärerischen Ideal befangen, Wissen an sich sei gut, es handle sich lediglich darum, für seine Anerkennung zu kämpfen – und sie bezahlt mit dem Leben für ihre Verblendung.

Newtons, Einsteins, Schwester Monikas Worte beleuchten je einen besonderen Aspekt der Gesamtproblematik: die Schizophrenie des in Unfreiheit angeblich für die Freiheit arbeitenden Wissenschaftlers, das Verhältnis von Wissenschaft und Macht, Wissenschaft und Gesellschaft. In ihrer ganzen Ausweglosigkeit erscheint sie schließlich im Bekenntnis des Wissenschaftlers, dem zwischen Universität und Wirtschaft nur die Flucht ins Irrenhaus übrig bleibt, will er der Menschheit die totale Vernichtung ersparen. Obwohl sein Vorhaben scheitert, das Opfer vergeblich war, ist Möbius im Gegensatz zu Newton und Einstein keine lächerliche Figur; als einziger ist er sich nicht nur der Dimensionen wissenschaftlicher Erkenntnis, sondern auch der aus ihr folgenden Verantwortung bewußt. Nur sucht er sie auf dem falschen Wege zu verwirklichen, das Beharrungsvermögen der von ihrem Promotor emanzipierten wissenschaftlichen Erkenntnis wie die vor den privatesten Bezirken nicht haltmachende enge Verflechtung von Wissenschaft, Wirtschaft und Macht unterschätzend. In seinem Scheitern und in den zu gedankenlos verwendeten Klischees gesunkenen Idealvorstellungen Newtons und Einsteins eröffnet sich die Sinndeutung des Stückes. Wäre es mit der Scheinlösung im zweiten Teil zu Ende, entspräche es weitgehend dem klassischen Tragödienschema: der Held versinkt im namenlosen Dasein eines Irren, sein Ideal aber, in freiem Entschluß gelebt und im Untergang seines Trägers bestätigt, besteht in unbefleckter Reinheit. Für sich betrachtet repräsentieren die Idealvorstellungen der drei Physiker höchste Werte, die an sich durchaus das Selbstopfer rechtfertigten, allein, sie sind in der heutigen Zeit nicht mehr zu verwirklichen. Anders gesagt: die Idee scheitert an der Wirklichkeit. Absolute Werte können bestenfalls als individuelle ethische Leitbilder, als regulative Prinzipien der privaten Existenz dienen.

Dürrenmatts Grundaxiom liegt jenseits des Klassisch-Tragischen, das eine gestörte sittliche Weltordnung wieder ins Gleichgewicht rückt oder im Untergang des Helden die Idee triumphieren läßt: das als richtig Erkannte und für den Fortbestand der Gesellschaft Notwendige ist in einer pervertierten Weltordnung nicht mehr zu verwirklichen. Den Grund nennt Dürrenmatt in den «21 Punkten zu den Physikern»:

Was alle angeht, können nur alle lösen.
Jeder Versuch eines Einzelnen, für sich zu lösen, was alle angeht, muß scheitern[28].

Möbius' Verhängnis ist das des Einzelnen, der die Konflikte der Welt in seiner privaten Existenz austragen möchte. In diesem Punkt sind «Die Physiker» weit pessimistischer als frühere Dramen

Dürrenmatts. Noch in den «Theaterproblemen» bezeichnete Dürrenmatt es als eins seiner Hauptanliegen, «den mutigen Menschen zu zeigen[29]»; ähnlich in der «Ansprache anläßlich der Verleihung des Kriegsblinden-Preises»:

Die Welt als ganze ist in Verwirrung, allzuviel rächt sich nun, allzuschnell ist die Menschheit angewachsen. Die Welt des einzelnen dagegen ist noch zu bewältigen, hier gibt es noch Schuld und Sühne. [...] Nur im Privaten kann die Welt auch heute noch in Ordnung sein und der Frieden verwirklicht werden[30].

Der Blinde, Romulus, Übelohe, Akki, in gewissem Sinne auch Ill, erheben sich über die widerständige, mißgünstige Welt und finden, beinahe Schillersche Helden, innere Wahrheit und Ruhe, sei es in der Anerkennung ihrer Schuld (Ill, Trapps), in der ungebrochenen Hingabe ans Ideal noch im Tod oder in der Pensionierung (Übelohe, Romulus) oder im Rückzug ins absolut Private, in den Versuch, «von dieser Erde zu leben», «da man nicht auf dieser Erde leben kann» (Akki)[31]. «Die verlorene Weltordnung wird in ihrer Brust wiederhergestellt[32].» Dieselbe ruhige Entschlossenheit bewog Möbius, den Rest seines Lebens im Irrenhaus zu verbringen: «Die Vernunft forderte diesen Schritt[33].» Noch im selben Monolog spricht er jedoch davon, daß es für die Physiker nur noch die Kapitulation geben könne. Anders als für Akki ist aber eine solche Kapitulation da, wo es um den möglichen Untergang der Menschheit geht, nicht mehr die Tat eines «mutigen Menschen», sondern Flucht vor der Verantwortung. In einer Welt, die praktisches Handeln verlangt, deren universelle Bedrohung verbietet, die Verwirklichung der Idee in eine ungewisse Zukunft zu projizieren oder sie lediglich als moralisches Leitbild des Individuums gelten zu lassen, ist Möbius wie Brechts Galilei ein «sozialer Verbrecher», freilich in charakteristischer Umdeutung: nicht mehr als einzelner, von dessen Entscheidung Wohl und Wehe abhängt, sondern als zwar zufälliges, aber signifikantes Beispiel, als «Dutzendgesicht», aus dem mit einemmal «die Menschheit blickt[34]», individuelle Existenz, deren «Pech sich ohne Absicht ins Allgemeine weitet[35]». Sein «Vergehen» besteht darin, daß er sich anmaßt, die Konflikte der Welt in seiner privaten Existenz zu lösen – aus Verblendung, nicht aus Hybris. Im Gegensatz zu Brecht mißt Dürrenmatt seinem Möbius keine persönliche Schuld zu, sein Schicksal ist notwendige Konsequenz des Zusammenpralls eines auf überlieferte Ideale vertrauenden Individuums mit einer Weltordnung, in der «die echten Repräsentanten fehlen[35a]», die weder als ordo noch als Hierarchie oder durchschaubares Wertsystem faßbar ist, sondern unbegreifliche, chaotische «Wurstelei[36]».

Nach der Atempause im zweiten Teil erweitert sich der thematische Rahmen und evoziert die Vorstellung eines politisch-wirtschaftlichen Systems, das unter dem Mantel der Humanität (die Ärztin verspricht, wohltätige Stiftungen anzugehen, die Geheimdienstler locken mit Ruhm und materiellem Reichtum) das Individuum zwingt, sich entweder integrieren zu lassen oder sinnlos zugrundezugehen. Das gilt nicht allein für Möbius: wer die Macht in Staat und Wirtschaft innehat, wird im Stück nicht deutlich, unter der Herrschaft eines gut funktionierenden Apparates sehen sich die Gesichter der Diktatur und einer pervertierten Demokratie zum Verwechseln ähnlich. Das Unheimliche dieser Gewalt besteht darin, daß sie sich nirgends sichtbar manifestiert – kein Barberini und kein McCarthy dringt in die abgesonderte Welt der Anstalt, es genügt, wenn gegen Ende grell aufleuchtendes Scheinwerferlicht die Herrschaft der gesichtslosen Manager verkündet[37], Signum des Gefühls, «einem boshaften, unpersönlichem Staatsungeheuer gegenüberzustehen[38]». Auch die Ärztin braucht, wie Claire Zachanassian, nichts zu tun als zu warten, bis das Verhängnis sich erfüllt. Sitzt Claire während des ganzen zweiten Aktes des «Besuchs der alten Dame», mit Nebensächlichkeiten beschäftigt, auf dem Balkon, während unten ohne ihr Eingreifen die Solidarität der Güllener mit Ill in Haß und Verfolgung umschlägt, kann sich Mathilde von Zahnd damit begnügen, die Berechnungen, die Möbius ahnungslos anstellt, zu kopieren und ohne Auseinandersetzung, ohne sichtbares Interesse ihre Vollendung abzuwarten. Eine «Enteignung» ist nicht mehr nötig.

Die Vision einer gesichtslosen Welt, zwar vom Menschen geschaffen, aber nicht mehr vom Menschen begreifbar, erscheint in Dürrenmatts theoretischen Schriften immer wieder als Fixpunkt, von dem aus er sein dramatisches und erzählerisches Werk versteht. «Kreons Sekretäre erledigen den Fall Antigone[39]»: eine echte Tragödie setzt eine wenigstens partiell zu verwirklichende Idee voraus, die Hoffnung, der Mensch vermöchte schließlich über die Verhältnisse zu triumphieren. Unser Schicksal ist dagegen «die Explosion der Menschheit ins Milliardenhafte[40]», die kaum noch dem unmittelbar betroffenen Spezialisten verständliche Abstraktheit der täglichen Umwelt, die in ein Konglomerat isolierter Teilbereiche zerfällt. Verantwortliches Handeln, das die Unterordnung des Subjekts und seines Erfahrungs- und Handlungsbereichs unter anerkannte und die einzelnen Subsysteme übergreifende Kategorien voraussetzt, ja selbst ein naiv-unbefangenes Verhalten einer hochkomplizierten Wirklichkeit gegenüber läuft der anonymen Macht zuwider. Da aber die menschliche Sehnsucht nach Erlösung, der Anspruch auf universales Seinsverständnis gleichwohl besteht, ist der Weg geebnet für Ersatzreligionen, auf unreflektierte Axiome gegründete Ideologien, die die Orientierungslosigkeit der Gegen-

177

wart durch romantische Beschwörungen ihres Inhalts entleerter Werte der Vergangenheit (Newton) oder Absolutheit beanspruchender Verheißungen (Einstein) zu kaschieren suchen.

Anonymität und Utilitarismus herrschen auch im Reich der Wissenschaft. Die Ärztin versteht die Wissenschaft als Milchkuh, Newton als wertneutralen Bereich, Einstein als Instrument politischer Macht; in jedem Falle ist der Wissenschaftler lediglich Akkumulator eines politischer und ethischer Diskussion entzogenen Besitzes:

Newton: *Ihre persönlichen Gefühle in Ehren, aber Sie sind ein Genie und als solches Allgemeingut. Sie drangen in neue Gebiete der Physik vor. Aber Sie haben die Wissenschaft nicht gepachtet. Sie haben die Pflicht, die Türe auch uns aufzuschließen, den Nicht-Genialen*[41].

Die Emanzipation der Ergebnisse hat ihre äußerste Grenze erreicht:

Einstein: *Es tut mir leid, daß die Angelegenheit ein blutiges Ende findet. Aber wir müssen schießen. Aufeinander und auf die Wärter ohnehin. Im Notfall auch auf Möbius. Er mag der wichtigste Mann der Welt sein, seine Manuskripte sind wichtiger*[42].

Der Mensch ist nicht nur von Dingen umstellt, die er nicht mehr begreift, so daß zwischen der Betätigung eines Lichtschalters und der Zündung einer Atombombe, wie Newton dem Inspektor in einer Anwandlung tieferer Einsicht klarmacht, nur mehr ein gradueller Unterschied besteht – auch der bescheidene Beitrag, den er an die Erhellung seiner Existenz zu leisten vermöchte, geht ein in den Besitz eines anonymen Kollektivs, das Produkt wissenschaftlicher Arbeit entfremdet sich ihm und seiner Verantwortung. «Was einmal gedacht wurde, kann nicht mehr zurückgenommen werden[43]»: der Verlust des übergreifenden Bewußtseins hat objektiv eine totale Funktionalisierung der Wissenschaft zur Folge, subjektiv den Eindruck,

daß all diese Bomben nicht erfunden wurden, sondern sich selber erfunden haben, um sich, unabhängig vom Willen einzelner, vermittels der Materie Mensch zu verwirklichen[44].

So wird das Wissen zum Fluch, wenngleich nur dem als Fluch erkennbar, der bereit ist, Wissenschaft nicht nur zu betreiben, sondern existentiell zu vollziehen, das heißt: allein für Möbius, der nicht umsonst statt der Gestalt eines beliebigen Physikers der Vergangenheit die Erscheinung Salomos, des Königs der Weisheit, zur Maske wählt, ja sich am Ende des Stücks mit ihm identifiziert. In der Gestalt Salomos betritt das Wissen selbst die Bühne; «gewaltiger Engel», «goldener König» im Munde der wahnwitziger Herrschgier verfallenen Ärztin[45], kauert er «nackt und stinkend» im Zimmer des Johann Wilhelm Möbius als «der arme König der Wahrheit[46]»; «seine Psalmen sind schrecklich», erfüllt von der Eiseskälte eines toten Weltenraumes und hymnisch beschworenem apokalyptischem Grauen. Nur für einen kurzen, trügerischen Augenblick leuchten seine Augen noch einmal auf[47], Chiffre der Hoffnung auf die Wiederkehr einer glücklichen Zeit, da er noch «der Fürst des Friedens und der Gerechtigkeit» war[48].

Möbius ist zum Wissen verdammt, und das Wissen macht ihn zum unglücklichsten und einsamsten der Menschen, dessen Bekenntnis, Ausdruck äußerster, bedrückender Not, der ahnungslosen Außenwelt als Rede eines Schizophrenen erscheint.

Möbius: *Er ist in mein Dasein eingebrochen, auf einmal, ungerufen, er hat mich mißbraucht, mein Leben zerstört, aber ich habe ihn nicht verraten*[49].

Solche Worte bezeichnen sonst den göttlichen Anruf, und in der Tat: wie jener bricht das Wissen unverdient, unverschuldet in die menschliche Existenz ein und verwandelt sie auf eine nur noch in Andeutungen mitteilbare Weise. Diesen letzten Schleier vermag auch Monika Stettlers Liebe nicht zu lüften, die zwar die Isolation des vom Wissen Getroffenen für kurze Zeit durchbrechen kann, ohne jedoch zu der dem Mitwissenden vorbehaltenen Teilhabe zu gelangen.

Als weltimmanenter Bereich vermag aber das Wissen das Individuum nicht in einem Umfassenden aufzuheben und eine wahrhafte Erlösung zu bewirken. Mit anderen Worten: wenn an die Stelle der Offenbarung die Wissenschaft tritt, bedeutet dies den Verlust der Vertikaldimension, wie ihn Salomo-Möbius am Ende expressis verbis ausspricht:

Möbius: *Ich bin Salomo. Ich bin der arme König Salomo. Einst war ich unermeßlich reich, weise und gottesfürchtig. [. . .] Aber meine Weisheit zerstörte meine Gottesfurcht, und als ich Gott nicht mehr fürchtete, zerstörte meine Weisheit meinen Reichtum*[50].

Die Weisheit, die ihr Ziel in sich selber findet, verarmt zum scheinbar autonomen, auf die Horizontale der steten Anreicherung beschränkten positiven Wissen und begibt sich ihres Reichtums, d.h. dessen, was dem Leben einen Sinn gibt.

Möbius: *Nun sind die Städte tot, über die ich regierte, mein Reich leer, das mir anvertraut worden war, eine blauschimmernde Wüste, und irgendwo um einen kleinen, gelben, namenlosen Stern kreist, sinnlos, immerzu, die radioaktive Erde*[51].

179

Eine entmythisierte («sinnlos» kreisende) Erde ist keine Heimat mehr. Ihre chaotische Unbegreiflichkeit und Gesichtslosigkeit gründet im Verlust der Vertikalen, für den die Geschichte der Naturwissenschaften nur ein Beispiel ist. Aus ihm erklärt sich die Unüberschaubarkeit und Zusammenhanglosigkeit von Wirtschaft und Politik und, auf der menschlichen Ebene, die Gegenwartslosigkeit des Individuums, das hilflos einer unbegreiflichen Welt gegenübersteht.

Schon in der frühen Komödie «Ein Engel kommt nach Babylon» leben die Menschen in einer Welt «eigener Mache», die sich, «im Vergleich zu der Welt Gottes als schäbig, verlottert» erweist[52], doch bilden dort die Perspektive des Engels, der ihre Schönheit und Vollkommenheit preist, und die bloße Tatsache von Akkis Existenz, der das Dasein immer wieder von neuem wagt, einen Hintergrund, vor dem menschliches Leiden und Treiben zur Farce verblaßt. Im Hörspiel «Das Unternehmen der Wega» stellt Dürrenmatt der schönen und reichen, aber korrupten Erde eine scheußliche und unbarmherzige Welt gegenüber, die die Menschen zwingt, einander zu helfen und nach ihren Erkenntnissen zu leben, und sie dafür in die Freiheit entläßt, «recht zu handeln und das Notwendige zu tun[53]». Auch wenn Akki schließlich fliehen muß und die Venus von Wasserstoffbomben zerstört wird, scheint doch noch die Möglichkeit einer menschenwürdigen Existenz auf.

In den «Physikern» fehlt dieser Gegenpol völlig, es bleibt allein die «Welt der Pannen».

Selbst der Krieg wird abhängig davon, ob die Elektronen-Hirne sein Rentieren voraussagen, doch wird dies nie der Fall sein, weiß man, gesetzt die Rechenmaschinen funktionieren, nur noch Niederlagen sind mathematisch denkbar; wehe nur, wenn Fälschungen stattfinden, verbotene Eingriffe in die künstlichen Hirne, doch auch dies weniger peinlich als die Möglichkeit, daß eine Schraube sich lockert, eine Spule in Unordnung gerät, ein Taster falsch reagiert, Weltuntergang aus technischem Kurzschluß, Fehlschaltung. So droht kein Gott mehr, keine Gerechtigkeit, kein Fatum wie in der fünften Symphonie, sondern Verkehrsunfälle, Deichbrüche infolge Fehlkonstruktion, Explosion einer Atombombenfabrik, hervorgerufen durch einen zerstreuten Laboranten, falsch eingestellte Brutmaschinen[54].

In dieser Welt der Pannen erhält der Zufall konstitutive Funktion; er tritt an die Stelle von Schicksal und Vorsehung als dramaturgisches Prinzip, in den «Physikern» verkörpert in der Ärztin, die weder als «außerirdisches Wesen, das über Wohl und Leiden der Menschen bestimmen kann[55]», noch als «Inkarnation des Bösen[56]» verständlich ist, schon gar nicht als «Ausdruck grandiosesten Weltspießertums[57]», sondern einzig als Mittel zum Zweck, den Zufall auf die Bühne zu bringen, ohne die Anonymität der wirtschaft-

180

lichen und politischen Macht zu durchbrechen (und sie dennoch in der aus Politikern, Generälen und Wirtschaftsführern bestehenden Ahnengalerie ins Bewußtsein zu rufen). Verkörperte die Ärztin das absolut Böse, müßte das Physikerdrama als moralischer Aufruf zu verstehen sein: «Das Böse ist in die Welt gekommen; seht zu, daß ihr es wieder loswerdet.» Das ist aber offensichtlich unmöglich. Auch ohne Mathilde von Zahnd fände die Katastrophe statt: der Zufall ist vertauschbar, aber notwendig und unausweichlich. Dem schäbigen, sinn-losen und unmetaphysischen Zufall steht der Mensch wehrlos gegenüber, er wird seiner nicht eher gewahr, als bis es zu spät ist.

Die dramaturgische Funktion des Zufalls ist aufs engste verknüpft mit Dürrenmatts Konzeption der Komödie.

Die schlimmstmögliche Wendung, die eine Geschichte nehmen kann, ist die Wendung in die Komödie[58].

Ohne Zweifel böte der den «Physikern» zugrundeliegende Konflikt Ansätze zu einer Tragödie. Allein, die Tragödie im klassischen Sinn «setzt Schuld, Not, Maß, Übersicht, Verantwortung voraus[59]», sie fordert absolute Werte und ein Publikum, das sie anerkennt. Persönliches Schicksal, soll es mehr bedeuten als die Ausschaltung eines Massenpartikels, soll es überhaupt «bedeuten», ruft nach einer (sichtbaren oder unverrückbar transzendenten) Macht, die sich im Helden verkörpert oder ihn zerschmettert. Wo aber Ideen und Werte im Leeren stehen, die Welt in Anonymität und Gestalt-losigkeit verfließt, mündet jeder Versuch, sie als Tragödie, als Zu-sammenstoß letzter Prinzipien oder als Konflikt von Freiheit und Notwendigkeit, autonomem Willen und Schicksal zu gestalten, in die bare Verzweiflung. In den «Theaterproblemen» bezeichnet Dürrenmatt die Verzweiflung denn auch als eine mögliche Antwort auf die hoffnungslose Welt, lehnt sie aber für sein eigenes Schaffen ab[60]. Der Entschluß, die Welt als «mutiger Mensch» zu bestehen, wäre eine andere Antwort; weshalb sie für «Die Physiker» nicht in Frage kommt, hat sich gezeigt. So versucht Dürrenmatt das Tra-gische (wenn auch nicht die Tragödie) auf Umwegen, «aus dem Komischen heraus» ohne die Mittel der klassischen Tragödie zu erzielen, sein Drama «will nicht mitleiden wie die Tragödie», es «will darstellen[61]», es schafft Distanz, indem es Gegenwärtiges iro-nisiert und dadurch ins Bewußtsein rückt, wo die Tragödie Distanz überwindet und Allgemeines, Überzeitliches sichtbar macht. «Wer verzweifelt, verliert seinen Kopf, wer Komödien schreibt, braucht ihn[62].» Die Komödie ist für Dürrenmatt das Kunstmittel einer niedergehenden Zeit, die mit Mythen und tragischen Konflikten

nichts mehr anzufangen weiß, einer Welt, «die am Zusammen-
packen ist wie die unsrige[63]».

Das wichtigste Stilmittel von Dürrenmatts Komödie ist das Groteske, weniger das Groteske im Sinne des traditionellen Grotesk-
Komischen (obwohl die derben Spässe der Hanswurstiaden oft
nicht so fern liegen) als eine Weise die Welt zu sehen. Das Absurde
verneint jeden sinnvollen Zusammenhang der Welt, in der Groteske gewinnt eine in sich logische, aber als Ganzes pervertierte
Ordnung Gestalt[64]. Das groteske Bild der Welt ist das getreue Abbild einer grotesken Welt. Die Komödie, wie Dürrenmatt sie versteht, tendiert zum Welttheater, zur Comédie humaine, in der tragische Gestalten sehr wohl möglich sind, nicht aber tragische Konflikte[65].

Hinter Dürrenmatts Konzeption steht die Überzeugung, die Groteske sei die einzige Möglichkeit, ein heterogenes Publikum zum
Nachdenken zu «überlisten», die einzige Möglichkeit auch, Begebenheiten darzustellen, die nicht mehr von Napoleon oder Wallenstein, sondern «von Weltmetzgern inszeniert und von Hackma-
schinen ausgeführt werden[66]»; sie sei

eine äußerste Stilisierung, ein plötzliches Bildhaftmachen und gerade darum
fähig, Zeitfragen, mehr noch, die Gegenwart, aufzunehmen, ohne Tendenz
oder Reportage zu sein. Ich könnte mir sehr wohl eine schauerliche Groteske
des Zweiten Weltkrieges denken, aber *noch* nicht eine Tragödie, da wir noch
nicht die Distanz dazu haben können[67].

Die Story des genialen Physikers, der ins Irrenhaus flieht, um das
politische und wirtschaftliche Gefüge der Welt vor dem völligen
Ruin zu retten, der aber seinerseits von wahnhaften Vorstellungen
bedrängt ist (wenn auch anderen als er seine Umwelt glauben machen will) und dessen Flucht Zerstörung und Untergang beschleunigt, weil die Welt selber ein Irrenhaus ist – dieses halsbrecherische
Spiel mit der Dialektik des Irreseins ist in der Tat grotesk, aber es
führt auch über das Groteske hinaus zum Paradoxen, das Dürrenmatt in den «21 Punkten zu den Physikern» als die Erscheinungs-
weise der Wirklichkeit schlechthin bezeichnet. Paradox ist die Tatsache, daß die Ermordung der drei Krankenschwestern, die die Entlarvung der Physiker verhindern sollte, sie nur umso sicherer der
Ärztin ausliefert; auf ein Paradoxon führt auch Möbius' Einschätzung der Situation:

Möbius: *Es gibt für uns Physiker nur noch die Kapitulation vor der Wirklichkeit.
Sie ist uns nicht gewachsen. Sie geht an uns zugrunde. Wir müssen unser Wissen
zurücknehmen, und ich habe es zurückgenommen. Es gibt keine andere Lösung,
auch für euch nicht*[68].

182

Eine Kapitulation erfolgt gemeinhin vor einer übermächtigen Wirklichkeit. Möbius meint jedoch das genaue Gegenteil: weil die Wirklichkeit den Entdeckungen der Physiker nicht gewachsen ist, müssen sie kapitulieren: nicht kampflos die Waffen strecken, sondern in sittlichem Entschluß sich bescheiden. Andererseits aber siegt endlich doch die Wirklichkeit über die sittliche Forderung, sie erzwingt die Kapitulation. So erfüllt sich Möbius' paradoxe Formulierung wörtlich, weil sie beides enthält: die ethische Forderung und die Unmöglichkeit, sie zu verwirklichen, die Gefährdung der Welt durch die Wissenschaft und das Scheitern des Individuums, das sie beheben möchte, an der gesichtslosen Wirklichkeit. Das Paradoxon dient der exakten Beschreibung einer grotesken Welt.

Möbius: *Wir sind in unserer Wissenschaft an die Grenzen des Erkennbaren gestoßen. Wir wissen einige genau erfaßbare Gesetze, einige Grundbeziehungen zwischen unbegreiflichen Erscheinungen, das ist alles, der gewaltige Rest bleibt Geheimnis, dem Verstande unzugänglich. Wir haben das Ende unseres Weges erreicht. Aber die Menschheit ist noch nicht so weit. Wir haben uns vorgekämpft, nun folgt uns niemand nach, wir sind ins Leere gestoßen. Unsere Wissenschaft ist schrecklich geworden, unsere Forschung gefährlich, unsere Erkenntnisse tödlich*[69].

Möbius versteht den Sachverhalt klar zu analysieren; wie steht es aber mit den Folgerungen, die er zieht?

Möbius: *Entweder bleiben wir im Irrenhaus, oder die Welt wird eines. Entweder löschen wir uns im Gedächtnis der Menschen aus, oder die Menschheit erlischt*[70].

Möbius meint offenbar, die Physik als solche sei gefährlich und die Vernichtung der Menschheit demnach durch eine Aktion der Physiker zu verhindern. Er erkennt nicht, daß in seinem Konflikt nur die Beschaffenheit der Welt Gestalt annimmt, daß somit nicht die Wissenschaft, sondern die undurchschaubare Wechselwirkung von hochentwickeltem Spezialwissen, das überall und jederzeit dieselben Ergebnisse zeitigt, und überlieferten ideologischen, sozialen und wirtschaftlichen Kämpfen, die sekundäre Unterschiede dogmatisch gegeneinander ausspielen, im Zeitalter der allverbindenden und allbedrohenden Entdeckungen nicht mehr verantwortbar ist. In Möbius' Äußerung, die Menschheit sei noch nicht reif genug, die Entdeckungen der Physiker zu ertragen, findet sich zwar ein Schimmer jener tieferen Erkenntnis, aber er wagt nicht den letzten Schritt zu der Einsicht, «daß die Politik und ihr letztes Mittel, der Krieg, nicht mehr stimmen, daß das menschliche Zusammenleben neu überdacht werden muß[71]», wie Dürrenmatt anläßlich der Rezension von Jungks Buch, dieser «Chronik vom Untergang einer Welt der reinen Vernunft[72]», feststellte; sein Rückzug ins Irrenhaus reduziert die Notwendigkeit einer qualitativen Veränderung des Verhältnisses von Wissenschaft und Politik auf eine quantitative Diskrepanz von wissenschaftlicher und moralischer Erkenntnis.

Möbius' Verhängnis ist es, zu spät einzusehen, daß das einmal Gedachte nicht mehr zurückgenommen werden kann und jede Aktion nur als Aktion einer größeren Gemeinschaft denkbar wäre. Verhängnis, nicht Schuld: so verlockend die Vision einer weltweiten Verbindung von ihrer Verantwortung der Gesellschaft gegenüber bewußten und sie praktizierenden Menschen scheinen mag, muß doch auch sie, sowohl in Bezug auf die Möglichkeit, sie in einer instrumentalisierten und partikularisierten Welt zu verwirklichen, als auch im Hinblick auf ihre praktischen Auswirkungen, folgenlose Utopie bleiben. Eine gewaltige, anonyme Macht, die nicht mehr repräsentiert, die sich vielmehr in der Herrschaft eines gesichtslosen Apparates mehr verbirgt als manifestiert, ist durch rationale Argumente, Appelle an Vernunft und politische Einsicht nicht zu erschüttern, sie entzieht sich der Diskussion und damit der Veränderung. Dürrenmatts These, was alle angehe, könnten nur alle lösen, überschlägt sich in sich selbst, die Welt als solche erscheint als Paradoxon. Möbius handelt falsch, aber selbst wenn er «richtig» handelte, vermöchte er die Katastrophe nicht zu verhindern! Weder das Individuum, dessen «mutige Tat» sich als Selbsttäuschung erweist, noch ein Kollektiv fände Ansatzpunkte, die Machtstrukturen aufzubrechen, weil jede Veränderung bereits veränderte Institutionen bedingte.

Dürrenmatt und Brecht

Trotz aller inneren Dynamik bleibt Dürrenmatts Drama statisch; es vermag Konflikte im Dialog herauszuarbeiten, eine Welt zu bauen, dem Zuschauer am Beispiel des unausweichlichen Scheiterns der Physiker ein Modell seiner eigenen Gefangenschaft vorzuführen, das wegen seiner phantastischen Züge instinktive Hemmungen, die Analogien zur wirklichen Welt zu erkennen, gar nicht aufkommen läßt – aber es muß ihn in dem Augenblick entlassen, da Folgerungen und Schlüsse zu ziehen sind, mit Schiller zu sprechen: am Übergang aus dem Zustand ästhetischer Freiheit in den tätigen des Denkens und Wollens[73], wenn auch mit der wesentlichen Einschränkung, daß die Prämissen der Reflexion dennoch hintenherum mitgeliefert werden. Damit stellt sich Dürrenmatt in entschiedenen

Gegensatz zu Brechts «Leben des Galilei»: er schreibt nicht das Drama des potentiellen Revolutionärs, sondern das des die Wirklichkeit falsch einschätzenden Idealisten. Möbius' Forderungen richten sich an eine Menschheit, die sie nicht zu realisieren vermag; «es sind Forderungen, nicht zu sündigen nach dem Sündenfall[74]». Der Gegensatz spitzt sich zu auf die Frage nach der Veränderbarkeit der Welt. In einer seiner letzten theoretischen Schriften stellte Brecht, sich ausdrücklich auf Dürrenmatts «Theaterprobleme» beziehend, fest, die Welt sei dem heutigen Menschen nur beschreibbar, wenn sie als eine veränderbare Welt beschrieben werde[75]. Dürrenmatt hingegen meint:

Der alte Glaubenssatz der Revolutionäre, daß der Mensch die Welt verändern könne und müsse, ist für den einzelnen unrealisierbar geworden, außer Kurs gesetzt, der Satz ist nur noch für die Menge brauchbar, als Schlagwort, als politisches Dynamit, als Antrieb der Massen, als Hoffnung für die grauen Armeen der Hungernden[76].

Später präzisierte er im Gespräch mit Bienek seine Ansichten in Bezug auf den Schriftsteller. Auf Bieneks Frage, ob der Schriftsteller die Welt beeinflussen könne, antwortete er: «Beunruhigen im besten, beeinflussen im seltensten Falle – verändern nie[77].» So ist auch das Theater «nur insofern eine moralische Anstalt, als es vom Zuschauer zu einer gemacht wird[78]».
Zwei Dramaturgien stehen sich gegenüber, eine, die Fragen der Antworten wegen stellt, weil der Theaterbesucher sich für Zustände und Vorkommnisse interessiere, denen gegenüber er etwas tun könne[79], und eine andere, die ihr Ziel in der Frage selbst findet, eine Dramaturgie der Probleme und eine der Konflikte, eine utopische der Möglichkeiten und eine analytische der Wirklichkeit. In der Terminologie der «Theaterprobleme»: Brecht stellt die Welt als Ei (als Potential) dar, Dürrenmatt die Welt als Huhn (als Gegebenheit). Brecht hofft auf die Kraft des Arguments, auf den menschlichen Willen zum Glück und das Bestreben, ihn zu verwirklichen, und zeichnet deshalb seinen Galilei als den einzelnen, auf den es ankommt und der versagt, weil er seine Chancen unterschätzt, während Möbius die seinen zu hoch veranschlagt. Die 14. Szene des «Galilei» zeigt eine Alternative auf, die in historischer Verfremdung dem Zuschauer einen Impuls vermitteln soll. Dürrenmatt hingegen ist nicht bereit, die Forderung nach einem hippokratischen Eid der Naturwissenschaftler zu akzeptieren, für ihn ist sie fromme, aber unerfüllbare Utopie, dem Menschen gefährlich, weil sie ihn in trügerische Zuversicht hüllt und ihn hindert, die ganze Unmenschlichkeit seiner Verstrickung zu erkennen; seine Physiker sind weder negative noch positive Helden, sondern Ausgelieferte,

185

blinde Werkzeuge des Willens zur Macht, vertauschbare Faktoren in einer Rechnung, die nicht aufgehen kann. Wenn überhaupt von Schuld gesprochen werden kann, so nur wegen der Bereitschaft, sich ungeprüfte Ideale vorschnell zu eigen zu machen.

Um die Tragweite dieses Gegensatzes darzulegen, muß ein weiteres Stück Brechts herangezogen werden. Kurz vor seinem Tod bemerkte er, er habe, nachdem er in «Leben des Galilei» den heraufdämmernden Morgen der Vernunft schilderte, Lust bekommen, auch ihren Abend darzustellen, den Mißbrauch des Intellekts, die Zerstörung der Hoffnung auf die Wissenschaften als Mittel, Vernunft und Humanität zum Sieg zu verhelfen[80]. Die Äußerung bezieht sich auf das postum veröffentlichte Drama «Turandot oder Der Kongreß der Weißwäscher», aber sie trifft auch das Verhältnis zu Dürrenmatts «Physikern». Der innere Zusammenhang der drei Dramen ist nicht zu übersehen. «Turandot» liest sich einerseits als Gegenstück zum «Galilei», andererseits als zeitgeschichtliche Konkretisierung des «Physiker»-Themas. Von Galileis Selbstanklage führt eine gerade Linie zu den Tuis in «Turandot», diesem Alptraum eines «Geschlechts erfinderischer Zwerge, die für alles gemietet werden können»; ohne große Mühe ist zu erkennen, daß die Intellektuellen vor Hitlers Machtergreifung gemeint sind, das Versagen der meisten und die Ohnmacht der wenigen, die in letzter Stunde begriffen, worum es ging. Dürrenmatts «Physiker» haben mit «Leben des Galilei» die Problematik gemeinsam, mit «Turandot» die Darstellung einer Spätzeit abendländischer Wissenschaft und kritischer Vernunft, die Perversion des Intellekts in einer von politischen und wirtschaftlichen Abenteurern beherrschten Welt.

Was «Die Physiker» grundsätzlich von Brechts Dramen unterscheidet, ist der Verzicht auf die Verwendung eines historischen Vorwurfs. Das hat einen doppelten Grund. Einmal ist Dürrenmatt überzeugt, daß in einer Zeit, die die Historie zur Wissenschaft, ja beinahe zur eigenständigen Kunst entwickelt habe, die Objekte dieser Wissenschaft nicht mehr künstlerisch gestaltbar seien. Historische Stoffe seien nicht mehr Möglichkeiten, sondern schon Geformtes, die Resultate der Wissenschaft nicht zu umgehen.

Shakespeares «Cäsar» war auf Grund Plutarchs möglich, der noch nicht ein Historiker in unserem Sinne, sondern ein Geschichtenerzähler war, ein Verfasser von Lebensbildern. Hätte Shakespeare Mommsen gekannt, hätte er den Cäsar nicht geschrieben, weil ihm in diesem Augenblick notwendigerweise die Souveränität abhanden gekommen wäre, mit der er über seine Stoffe schrieb[81].

Deshalb müsse die Dramaturgie der vorhandenen Stoffe von einer Dramaturgie der erfundenen Stoffe abgelöst werden.

186

Dazu kommt ein zweiter Gesichtspunkt. Der Zuschauer, der ein Stück wie «Leben des Galilei» oder «Turandot» vor sich hat, ist nur allzu gerne bereit, im Blick auf historische Faktizitäten (im einen Fall die Tatsache, daß Galileis Widerruf einen nicht wegzuleugnenden Fortschritt der Wissenschaft bewirkte, im anderen die Überzeugung, der Irrsinn des Tausendjährigen Reiches werde sich nicht wiederholen) den Gegenwartsbezug zugunsten einer vom Autor nicht beabsichtigten optimistischen Haltung zu verdrängen, d.h. das Drama *nur* historisch zu betrachten. Im konkreten Fall heißt das: Galilei taugt nach Dürrenmatts Meinung nicht zum Helden eines Dramas, das sich mit dem Problem der gegenwärtigen Verantwortung des Wissenschaftlers befaßt, weil jedermann weiß, daß er zwar möglicherweise aus Feigheit widerrief, aber der Widerruf notwendige Bedingung für die theoretische Befestigung eines neuen Weltbildes war und ein Konflikt zwischen wissenschaftlichem und sozialem Fortschritt, wie ihn Brecht konstruiert, nicht bestand. Das Wissen um historische Bezüge erschwert es dem Zuschauer, die Parallele zu ziehen und den «Galilei» nicht als Historie, sondern als Modell zur Kenntnis zu nehmen. Deshalb, um den Modellcharakter des Stückes zu unterstreichen, verzichtet Dürrenmatt auf eine zeitlich, örtlich und historisch fixierte Handlung und einen persönlichen Schuldspruch.

Die engen Beziehungen zwischen «Leben des Galilei», «Turandot» und den «Physikern» führen auf die Frage nach möglichen direkten Einflüssen. Für «Turandot» und «Die Physiker» kann sie verneint werden, die beiden Stücke sind nachweisbar unabhängig voneinander entstanden. Zu überraschenden Resultaten führt jedoch eine vergleichende Betrachtung von «Leben des Galilei» und Dürrenmatts «Physikern». Bisher war allein von Unterschieden und Gegensätzen die Rede: Galilei wird schuldig gesprochen, Möbius in seiner Verstrickung gezeigt; Brecht versucht zur Veränderung der Welt beizutragen, Dürrenmatt ihre Beschaffenheit im Paradoxon aufzuzeigen, Brecht ein historisches, Dürrenmatt ein symbolisches Modell der Gegenwart zu gestalten. Eine genauere Untersuchung zeigt jedoch, daß damit nicht grundsätzlich unvereinbare Positionen anvisiert sind; die beiden Dramen stehen vielmehr in einem Verhältnis der Spiegelsymmetrie. Das wirkliche Gegenstück zu «Leben des Galilei» ist nicht «Turandot», sondern das «Physiker»-Drama; Dürrenmatt «nimmt» Brechts Stück «zurück[82]».

Ein erstes Indiz dafür bildet schon die Anlage der beiden Stücke. Galilei verbringt, von brutalem Zwang genötigt, die letzten zehn Jahre seines Lebens im Hausarrest in Arcetri; Möbius zieht sich, verzweifelt über eine Welt, in der seine Entdeckungen tödlich wirken, freiwillig ins Irrenhaus zurück. Beide arbeiten weiter, wenn auch mit entgegengesetztem Ergebnis. Die heimliche Vollendung von Galileis Lebenswerk enthält trotz Brechts Bemühungen, sie als routinemäßiges Funktionieren eines intakt gebliebenen Geistes, als sinnliche Notwendigkeit darzustellen, die Zuversicht, das Wissen werde sich eines Tages zum Wohl der Menschen verwenden lassen. Um sein Ziel, die Aktivierung des Zuschauers, zu erreichen, braucht Brecht beides, das negative Beispiel Galileis und das im hippokratischen Eid gipfelnde Vertrauen in die Wissenschaft als Denksystem, das erst den Ruf nach verantwortlichem Gebrauch des Wissens rechtfertigt.

Anders Möbius. Auch er arbeitet in der Isolation weiter, möglicherweise unter demselben Zwang wie Brechts Galilei, vermutlich aber, um, wie der historische Galilei, seine Ergebnisse für eine bessere Zukunft niederzulegen, sie zu konservieren für die erwartete Zeit, da die Menschheit sie zu ertragen vermag. Als er die vorzeitige Entdeckung fürchten muß, vernichtet er sie, bereit, sein Wissen zurückzunehmen. Aber er kommt zu spät; die Ärztin hat sich seine Arbeit angeeignet und einen riesigen Trust aufgebaut, um sie zu verwerten. Erst hier wird deutlich, wie radikal die im ersten Monolog Galileis so freudig begrüßte «neue Zeit» negiert wird: wandte Galilei seine ganze Kraft an die Durchsetzung einer emanzipatorisch verstandenen Wahrheit, so versucht Möbius vergeblich, die tödliche Wahrheit zurückzuhalten. Das Vertrauen in die Wissenschaft als Möglichkeit, das Dasein zu bewältigen, hat sich zum Entsetzen über ihre Ergebnisse gewandelt, das Menetekel sich erfüllt; der Ruf nach verantwortlichem Gebrauch schlug um in den von Galilei prophezeiten universalen Entsetzensschrei. Im Falle Galileis ging es um eine Kraftprobe, bei der Schlauheit und List schließlich (selbst in der dritten Fassung) über Gewalt und Einschüchterung triumphierten; für Möbius fällt schon die Kraftprobe außer Betracht, er wird nicht überwunden, sondern ausgeschaltet!

Selbst der Name Galileis erscheint indirekt im Stück. Auf die Frage nach den drei bedeutendsten Physikern der letzten Jahrhunderte werden spontan die Namen Galilei, Newton, Einstein genannt[83]. In Dürrenmatts Stück treten Newton und Einstein als Masken auf die Bühne, der dritte, charakterisiert als Wegbereiter einer neuen Physik, arbeitet heimlich an einem revolutionären Werk, nachdem schon seine Dissertation von den Grundlagen einer neuen Physik handelte. In seiner Hand steht es, Newton und Einstein «die Türe aufzuschließen[84]»: Newton, dem ersten Systematiker der klassischen Physik, und Einstein, ihrem Vollender!

Eine so weitgehende Analogie dürfte kaum Zufall sein. Obwohl Dürrenmatt aus den oben genannten Gründen keinen Galilei auf die Bühne bringt, setzt er sich mit ihm und seiner Umdeutung durch Brecht auseinander und lädt den Zuschauer durch die Verschlüsselung ein, dasselbe zu tun. Die Technik der «Zurücknahme» besteht darin, daß Dürrenmatt, wo Brecht einen gegenwärtigen Konflikt auf die Geschichte projiziert, einen parallelen Fall setzt, den Fall der *Imitatio:* er stellt die Frage, was wohl geschähe, wenn ein heutiger Physiker (nun allerdings gegen den Willen der Mächtigen, denn die Stellung der Wissenschaft hat sich radikal verändert) Galileis Schicksal auf sich nähme, um die Menschheit vor Schaden zu bewahren. Das Resultat ist niederschmetternd. Dennoch kann Dürrenmatt Brechts bitterer Anklage nicht zustimmen, obwohl auch er überzeugt ist, daß die Wissenschaftler die «einmalige Stellung», in der sie sich befanden, nicht genutzt, d.h. nie als Einheit und aus einer ethischen Entscheidung gehandelt hätten[85]. «Oft war es einfach nicht möglich, schuldlos zu bleiben[86]»: stärker als Möbius' Versagen wiegt das Versagen einer Weltordnung, die persönliche Verantwortung nicht gestattet.

Auch über den «Physikern» könnte das Brechtsche «Ändert die Welt – sie braucht es» stehen[87]. Doch verfügt Dürrenmatt nicht über den Optimismus des überzeugten Marxisten Brecht, der an eine sinnvolle geschichtliche Gesamtentwicklung glaubt, und er setzt weniger Vertrauen in den Zuschauer, aus einer These die richtigen Schlüsse zu ziehen – und sie zu verwirklichen.

Die Dramatik kann den Zuschauer überlisten, sich der Wirklichkeit auszusetzen, aber nicht zwingen, ihr standzuhalten oder sie gar zu bewältigen[88].

So beschränkt er sich auf die Analyse. Sein «Physiker»-Stück ist offener als Brechts Galilei, es läßt dem Zuschauer größere Entscheidungsfreiheit und bürdet ihm größere Verantwortung auf, auch wenn es in der Dichte der Darstellung und der Vielfalt der Bezüge Brechts Meisterwerk nicht erreicht.

Heinar Kipphardt: «In der Sache J. Robert Oppenheimer»

Wenn du das Unglück hast, am Hof der Fürsten und Könige leben zu müssen, werden sie nicht aufhören, dich zu fragen: «Nun, Meister, wie geht es voran mit dem Werk? Wann werden wir endlich etwas Rechtes zu sehen bekommen?» Und in ihrer Ungeduld werden sie dich einen Schelm und Taugenichts nennen und dir tausenderlei Unannehmlichkeiten bereiten. Und wenn deine Arbeit nicht gelingt, wirst du ihren Zorn zu spüren bekommen. Wenn sie jedoch glückt, werden sie dich in ewiger Gefangenschaft bei sich behalten und dich zwingen, für ihren Profit zu arbeiten. (Albertus Magnus)

Historischer Exkurs:
Der Fall Oppenheimer

Im Frühjahr 1954 befaßte sich ein von der Atomenergiekommission der Vereinigten Staaten eingesetzter Untersuchungsausschuß mit der Frage, ob Julius Robert Oppenheimer (1904–1967) die für den Regierungsdienst unerläßliche Sicherheitsgarantie weiterhin erteilt werden könne – jenem Oppenheimer, der während des Krieges die Laboratorien von Los Alamos, wo die ersten Atombomben hergestellt wurden, aufgebaut und geleitet und später als wissenschaftlicher Berater der Regierung an zahlreichen wichtigen Entscheidungen mitgewirkt hatte. Die Kommission kam zum Schluß, daß Oppenheimers Neigungen zum Kommunismus, seine Mißachtung des Sicherheitssystems, seine persönliche Unaufrichtigkeit und seine Weigerung, sich voll für die Entwicklung der Wasserstoffbombe einzusetzen, eine ernste Gefahr für das Land darstellten und eine weitere Mitarbeit an geheimen Projekten nicht zu verantworten sei. Anderthalb Monate später bestätigte die Atomenergiekommission als letzte Rekursinstanz diese Empfehlung.

Um die Tragweite dieser Entscheidung sichtbar zu machen, ist es nötig, Oppenheimers Lebensgang zu skizzieren. Nach Studien in Harvard, Cambridge und Göttingen, den damaligen Zentren der modernen Physik, kehrte er 1929 nach den USA zurück und nahm Lehraufträge an der Universität Berkeley und am California Institute of Technology an, wo er die bedeutendste amerikanische Schule für Nachdiplomstudien aufbaute. Obwohl ihm keine wirklich grundlegende Entdeckung gelang, brachten ihm zahlreiche Aufsätze in Fachzeitschriften bald einen Namen. In politischer Hinsicht war Oppenheimer zu dieser Zeit völlig ahnungslos, las keine Zeitungen, besaß weder Radio noch Telefon und lebte völlig seiner Wissenschaft sowie literarischen, philosophischen und linguistischen Studien; vor seinem Tod beherrschte er acht Sprachen, darunter Sanskrit.

I learned of the stock-market crack in the fall of 1929 only long after the event; the first time I ever voted was in the presidential election of 1936[1].

Das änderte sich, als er sah, wie seine Studenten unter den Auswirkungen der Wirtschaftskrise litten, als die Judenverfolgungen in Deutschland einsetzten und der spanische Bürgerkrieg Amerika

193

aufrüttelte. Eine wirkliche Alternative schien nur die kommunistische Bewegung zu bieten. Oppenheimers Frau, seine erste Verlobte, sein Bruder und dessen Frau und fast alle seine Bekannten gehörten damals der kommunistischen Partei an oder standen ihr doch nahe. Er selbst weigerte sich, sich blindlings einer Ideologie zu verschreiben und trat ihr deshalb nie bei, aber er spendete Geld für die Spanienkämpfer, arbeitete in prokommunistischen wissenschaftlichen Vereinigungen mit und befaßte sich mit den theoretischen Grundlagen des Marxismus. Rückblickend bezeichnete er sich als «fellow traveller», der beinahe allen kommunistischen Organisationen der Westküste angehört habe. Das war in der Zeit der Sowjetfreundlichkeit des Rooseveltschen New Deal nicht weiter verdächtig, der Wunsch, die durch die Wirtschaftskrise arg beeinträchtigten Lebensbedingungen zu verbessern, damals allgemein verbreitet und der Eindruck, zur Bekämpfung der Nazi-Barbarei sei eine wirksame Gegenideologie notwendig, verständlich. Oppenheimers Ansichten waren den zuständigen Stellen bekannt, als er 1942 aufgefordert wurde, die bisher an verschiedenen Orten zerstreuten Bemühungen zur Herstellung einer Atombombe zu koordinieren und die Leitung der Produktionsanlagen in Los Alamos zu übernehmen. Seine wissenschaftlichen Fähigkeiten und sein Talent, andere für eine Aufgabe zu begeistern, triumphierten über jeden Verdacht, zumal sich in der letzten Zeit seine Beziehungen zum Kommunismus merklich abgekühlt hatten.

Ein Ereignis war den Sicherheitsbehörden freilich noch nicht bekannt, das später als Affäre Eltenton-Chevalier Schlagzeilen machen sollte. Anfangs 1943 teilte Oppenheimers Freund Haakon Chevalier, Professor für Romanistik, ihm mit, ein gewisser Eltenton, Ingenieur bei Shell, habe mit ihm über eine mögliche Übermittlung technischer Informationen an sowjetische Wissenschaftler gesprochen. Beide, Chevalier und Oppenheimer, waren sich einig, daß ein derartiger Vorschlag nicht einmal diskussionswürdig sei, und hielten die Sache damit für erledigt. Einige Zeit später fand es Oppenheimer im Zusammenhang mit einer Spionageaffäre an der Universität Berkeley ratsam, den Sicherheitsbehörden von Eltentons Annäherungsversuch zu berichten; aber statt das Gespräch mit Chevalier wahrheitsgemäß wiederzugeben, erfand er eine «wilde Räubergeschichte» mit einem Mann in der sowjetischen Botschaft, Mikrofilmen und mehreren Kontakten. Eigentlich hätte ihm klar sein sollen, daß er damit seinem Freund Chevalier einen schlechten Dienst leistete, denn schließlich war er doch genötigt, Chevaliers Namen, den er anfänglich verschwiegen hatte, zu nennen und diesen damit weit schwerer wiegenden Verdächtigungen auszusetzen. In der Tat ruinierte Oppenheimer Chevaliers Karriere; Chevalier war

194

nicht einmal in der Lage, sich zu verteidigen, da er bis 1954 keine Ahnung hatte, wer ihn der versuchten Spionage bezichtigt hatte und welcher Art die gegen ihn erhobenen Beschuldigungen waren. So bedauerlich Oppenheimers Verhalten vom menschlichen Standpunkt aus war, hatte er doch nichts getan, was den staatlichen Interessen der USA abträglich war. Erst recht war der Erfolg seiner Arbeit in Los Alamos, die Entwicklung und Herstellung der Atombombe innerhalb von zwei Jahren, dazu angetan, die Bedenken der Sicherheitsbehörden zu zerstreuen.

Nach dem Krieg war Oppenheimer vor allem in verschiedenen Regierungsgremien als Berater tätig, unter anderem im General Advisory Committee, das 1949 die Möglichkeiten zur Herstellung einer Wasserstoffbombe zu prüfen hatte. Schon während des Krieges war über die Superbombe gesprochen worden; da die technische Durchführbarkeit jedoch umstritten war und es nötig schien, zunächst alle Anstrengungen auf die Atombombe zu konzentrieren, wurde das H-Bombenprojekt zurückgestellt. Nach der Explosion der ersten russischen Atombombe im Juli 1949 ergab sich eine neue Situation; die Vereinigten Staaten besaßen fortan kein Kernwaffenmonopol mehr. Eine einflußreiche Gruppe von Wissenschaftlern und Politikern, deren prominenteste Mitglieder der Physiker Edward Teller, der spätere Vorsitzende der Atomenergiekommission Lewis Strauß und Senator McMahon waren, drängte auf Wiederherstellung des Rüstungsvorsprungs der USA, der nach ihrer Meinung nur durch die Wasserstoffbombe zu erreichen war. Das General Advisory Committee beschloß jedoch, aus technischen, strategischen und nicht zuletzt moralischen Gründen dem Präsidenten eine ablehnende Empfehlung zu unterbreiten. Der von Oppenheimer verfaßte Mehrheitsbericht drückte sich recht vorsichtig aus:

In determing not to proceed to develop the super bomb we see a unique opportunity of providing by example some limitations of the totality of war and thus of eliminating the fear and arousing the hope of mankind[2].

Deutlicher wurden Fermi und Rabi im Minderheitsbericht:

The fact that no limits exist to the destructiveness of this weapon makes its very existence and the knowledge of its construction a danger to humanity as a whole. It is necessarily an evil thing considered in any light. For these reasons, we believe it important for the President of the United States to tell the American public and the world that we think it wrong on fundamental ethical principles to initiate the development of such a weapon[3].

Drei Monate später wurde bekannt, daß der Atomspion Klaus Fuchs 1946 an einer Konferenz über die Superbombe teilgenommen hatte, an der Edward Teller erklärte, eine Wasserstoffbombe könnte innerhalb zweier Jahre hergestellt werden; es war anzunehmen, daß

Fuchs diese Äußerung seinen Auftraggebern gemeldet hatte und die Sowjetunion seit längerer Zeit fieberhaft an der H-Bombe arbeitete. Dem Präsidenten schien nur die Flucht nach vorn übrigzubleiben. Er erklärte am 31. Januar 1950 öffentlich, er habe der Atomenergiekommission die Direktive erteilt, die Arbeit an allen Arten von Atomwaffen, eingeschlossen die Super, fortzusetzen. So kam das Wasserstoffbombenprojekt in Gang. Nach Trumans Erklärung verzichtete Oppenheimer, im Gegensatz zu vielen seiner Fachgenossen, auf jede weitere Erörterung.

I believe that our report of that meeting, January 29, 1950, said something like this: we are not going to go into the question of the wisdom of the decision. We now have to look how to carry it out[4].

Allerdings arbeitete er, nachdem er 1947 einen neuen Wirkungskreis als Direktor des Institute for Advanced Studies in Princeton gefunden hatte, auch nicht aktiv an der neuen Waffe mit.
Dies wurde ihm einige Jahre später zum Verhängnis. Im November 1953, als des Senators McCarthy trauriger Ruhm seinen Höhepunkt erreicht hatte und ganz Amerika vom Fieber des Kommunistenschrecks geschüttelt wurde, richtete William L. Borden, Geschäftsführer des Kongreßausschusses für Atomenergie, einen Brief an das FBI, worin es hieß, Oppenheimer sei «more probably than not» ein Agent der Sowjetunion[5]. Mehr brauchte es nicht, um die Maschinerie der Verdächtigung in Gang zu setzen. Am 23. Dezember 1953 erfuhr Oppenheimer von der Atomenergiekommission, daß seine Sicherheitsgarantie mit sofortiger Wirkung aufgehoben sei. In 24 Punkten waren die Anschuldigungen spezifiziert; die meisten bezogen sich auf Beziehungen zu Kommunisten oder kommunistenfreundlichen Organisationen, selbst Einzelheiten wie das Abonnement der Zeitschrift einer angeblich kommunistisch unterwanderten Verbraucherorganisation der Westküste wurden nicht vergessen. Der einzige wichtige Punkt, der sich nicht direkt auf Oppenheimers linke Neigungen bezog, war die Behauptung, er habe sich der Entwicklung der Wasserstoffbombe widersetzt.
Dasselbe traf aber auf viele andere Wissenschaftler zu; Oppenheimer war, wie aus den zitierten Berichten hervorgeht, nicht einmal einer der aktivsten Gegner der H-Bombe. Die Gründe, weshalb gerade er der wissentlichen Verletzung amerikanischer Interessen beschuldigt wurde, sind in den psychologischen und politischen Gegebenheiten der Zeit zu suchen. Das Nationalprestige der USA war in den frühen fünfziger Jahren auf einem Tiefpunkt angelangt, das Vertrauen in die bisher als selbstverständlich hingenommene technische, wirtschaftliche und politische Überlegenheit der Vereinigten Staaten erschüttert. Der sowjetischen Expansion in Europa

196

vermochten die USA nichts als eine rein defensive Politik entgegen-
zusetzen; ihr technischer Vorsprung, unmittelbar nach dem Zweiten
Weltkrieg auf ein bis zwei Jahrzehnte geschätzt, betrug nach der
Explosion der russischen Atombombe noch vier Jahre; 1953, als
die Sowjetunion als erste Nation der Welt über eine einsatzfähige
Wasserstoffbombe verfügte, war er zu einem Rückstand geworden.
Es ist eine massenpsychologische Tatsache, daß es schwer fällt, das
Bewußtsein der eigenen Überlegenheit und Unangreifbarkeit von
einem Tag auf den anderen aufzugeben; Bestürzung und erschütter-
tes Selbstvertrauen schlagen in solchen Situationen leicht in Hysterie um. Amerika weigerte sich, die technische Ebenbürtigkeit der
Sowjets anzuerkennen. Joseph McCarthys Patentrezept erlaubte, die
notwendige Auseinandersetzung auf unbestimmte Zeit zu vertagen
und innere Konflikte auf einen äußeren Feind zu projizieren: wenn
es den USA nicht gelungen war, ihren technischen Vorsprung zu
halten, so war dies die Schuld von Verrätern, die rüstungswichtige
Geheimnisse an den potentiellen Feind weitergaben und zugleich
die eigenen Anstrengungen auf jede mögliche Weise hintertrieben.
Unter den zahllosen Verfahren gegen hohe und höchste Beamte
kam dem Fall Oppenheimer Modellcharakter zu. Nach dem Krieg
war der «Vater der Atombombe» als nationaler Held gefeiert worden; seine Funktion als wissenschaftlicher Berater der Regierung
verschaffte ihm eine kaum je zuvor von einem Wissenschaftler erreichte Machtposition. Sein Sturz, falls es gelang, ihm illoyales
Verhalten oder gar Spionage nachzuweisen, würde barocke Dimensionen annehmen und eine plausible Erklärung für das plötzliche
technische Aufholen der Sowjetunion abgeben. So kam es, daß
Oppenheimers längst bekannte Sympathien für die kommunistische
Idee in Beziehung gesetzt wurden zu seinem Verzicht, an der Entwicklung der Wasserstoffbombe mitzuarbeiten, und ein Wissenschaftler, der eben noch das uneingeschränkte Vertrauen von Regierung und Volk besessen hatte, einem Ausbruch nationaler Hysterie zum Opfer fiel, deren Motive und Methoden den seit dem
Mittelalter periodisch wiederkehrenden Judenverfolgungen und den
Hexenjagden im Amerika des 17. Jahrhunderts glichen.
Obwohl mit der einzigen Ausnahme Edward Tellers alle befragten
Wissenschaftler (die prominentesten des Landes), ja selbst hohe
Sicherheitsbeamte und Militärs zugunsten Oppenheimers aussag-
ten, kam der Ausschuß mit zwei Stimmen gegen diejenige des Che-
mieprofessors Evans – des einzigen wissenschaftlich gebildeten
Ausschußmitgliedes – zur Entscheidung, Oppenheimer sei die
Sicherheitsgarantie zu verweigern und er damit von jeder qualifi-
zierten Tätigkeit im Dienste des Landes auszuschließen – dies, obwohl im Mehrheitsbericht ausdrücklich festgehalten wurde, Oppen-

heimer sei «a loyal citizen», er verdiene für seine gewaltige Leistung den Dank der Nation und habe eine ungewöhnliche Fähigkeit, Geheimnisse für sich zu behalten. Ein eigentliches Verschulden konnte Oppenheimer in keinem Punkt nachgewiesen werden[6].

Die Atomenergiekommission übernahm den Spruch des Gray-Ausschusses mit einigen Modifikationen. Der Vorwurf des mangelnden Enthusiasmus für die H-Bombe tauchte nicht mehr auf, da von ihm allzu viele Wissenschaftler, auf deren Mitarbeit man nicht verzichten konnte, betroffen worden wären; die Beschuldigungen der Unehrlichkeit und der Beeinflußbarkeit flossen zusammen in der vagen Feststellung grundlegender Charakterfehler («fundamental defects in his character»); dafür leistete sich eins der Kommissionsmitglieder den makabren Scherz, die genaue Einhaltung der Sicherheitsbestimmungen zum Prüfstein der Loyalität zu machen, gleichgültig, ob der Betreffende Staatsgeheimnisse verraten habe oder nicht:

Consequently, their faithfulness to the lawful Government of the United States, that is to say their loyalty, must be judged by the standard of their obedience for security regulations[7].

Einzig Henry de Wolf Smyth (wiederum der einzige Wissenschaftler) folgte der Stimme der Vernunft. Wesentlich sei, so steht in seinem Minderheitsbericht zu lesen, ob jemand seinem Land Schaden zugefügt habe; das treffe in Oppenheimers Fall nicht zu, so daß der Mehrheitsentscheid nicht nur eine Ungerechtigkeit gegen einen verdienten Wissenschaftler, sondern auch eine Gefährdung der Sicherheit der Vereinigten Staaten bedeute, die es sich nicht leisten könnten, einen ihrer hervorragendsten Berater zu verlieren[8].

Smyth und Evans standen von vornherein auf verlorenem Posten. McCarthys Hexenjäger brauchten einen Sündenbock. Die Mitglieder eines Ausschusses, der Oppenheimer die Unbedenklichkeitsbescheinigung erteilt hätte, wären wohl als nächste auf der Anklagebank gesessen. Dafür liefert die Weise, in der das Verfahren durchgeführt wurde, Beweise von nicht zu überbietender Deutlichkeit. Die Atomenergiekommission war zugleich Ankläger und oberster Richter. Wiederholte Hinweise, es handle sich um ein Untersuchungsverfahren und nicht um eine formelle Gerichtsverhandlung, bedeuteten im Grunde nichts anderes als daß die dort geltenden Bestimmungen zum Schutz der Persönlichkeit aufgehoben seien. Als Grundlage für die Beurteilung der – mit einer einzigen geringfügigen Ausnahme – mehrere Jahre zurückliegenden angeblichen Verfehlungen Oppenheimers diente nicht das damals gültige Gesetz, sondern ein neues aus dem Jahre 1950, dessen Ausführungsbestimmungen sogar erst 1953 erlassen worden waren, und auch dieses juristisch fragwürdige Vorgehen wurde stets zu Oppenheimers Ungunsten modifiziert. Niemand kümmerte sich darum, daß bereits in den Jahren 1946/47 unter der persönlichen Leitung des FBI-Chefs Hoover alle Verbindungen Oppenheimers zu Kommunisten aufs gründlichste untersucht worden waren, mit dem Ergebnis, daß ihm die volle und endgültige Sicherheitsgarantie erteilt wurde. Neues Material war seither, von der Haltung gegenüber der H-Bombe abgesehen, die mit derjenigen vieler, wenn nicht der meisten Wissenschaftler übereinstimmte, nicht mehr zum Vorschein gekommen. Sämtliche FBI-Akten wurden Oppenheimer, nicht aber den Anwälten der Atomenergiekommission vorenthalten; es war ihm nicht einmal gestattet, in seine eigenen, Monate vor Beginn des Verfahrens beschlagnahmten Briefe und Memoranden Einsicht zu nehmen, so daß er zu seiner Verteidigung allein auf sein Gedächtnis angewiesen war. Und obwohl die Atomenergiekommission nach ihrem eigenen Statut verpflichtet war, sämtliche Unterlagen unvoreingenommen zu prüfen, stellte sie nur Oppenheimer belastendes Material zur Verfügung; alle von ihr benannten Zeugen sagten gegen Oppenheimer aus, selbst General Groves und Oberst Lansdale, der eine militärischer Leiter des gesamten Atomprojektes, der andere verantwortlicher Sicherheitsoffizier in Los Alamos, wurden erst auf energisches Betreiben der Verteidigung angehört. Das ganze Verfahren spielte sich in einer Atmosphäre persönlicher Verdächtigungen, gezielter Indiskretionen, unbeweisbarer Anschuldigungen und Verdrehungen ab, in der nur eins von vornherein feststand: Oppenheimers Verurteilung.

Offenbar war sich der Untersuchungsausschuß der tiefen juristischen und menschlichen Fragwürdigkeiten des Verfahrens bewußt. Der Hinweis im Mehrheitsbericht, ohne die starren Regeln und Maßstäbe des vorgeschriebenen Verfahrens wäre es vielleicht möglich gewesen, zu einem anderen Urteil zu kommen, enthält das offene Bekenntnis, daß hier ein Mensch der bürokratischen Schablone geopfert wurde[9]. Aber diese Schablone war lediglich das passende Instrument eines verblendeten politischen Machtwillens. Professor Evans, der Verfasser des Minderheitsberichtes, kam zu der bitteren Erkenntnis:

I personally think that our failure to clear Dr. Oppenheimer will be a black mark on the escutcheon of our country[10].

Ein Jahrzehnt später erfolgte so etwas wie eine offizielle Rehabilitation: auf Vorschlag des vorjährigen Preisträgers Edward Teller überreichte Präsident Johnson Oppenheimer den Enrico-Fermi-Preis «für Verdienste um das Atomenergieprogramm während kritischer Jahre».

Zum Problem des dokumentarischen Theaters

Das Protokoll des Hearings «In The Matter of J. R. Oppenheimer» gehört zweifellos zu den erregendsten Dokumenten unserer Zeit. Da allen Beteiligten Geheimhaltung zugesichert worden war, gaben sie Tatsachen und Zusammenhänge preis, die das «fact-find-proceeding», die verwaltungsinterne Untersuchung gegen einen der Illoyalität bezichtigten Regierungsberater unversehens zum Spiegelbild einer ganzen Epoche ausweiteten, zur Analyse einer Gesellschaft, die ihr technisches Potential nicht mit ihrer ethischen und moralischen Kapazität zu vereinbaren vermag. Als schließlich der dickleibige Band (er umfaßt beinahe tausend eng bedruckte Seiten) aus politischen Gründen dennoch veröffentlicht wurde, löste er eine bis heute anhaltende Diskussion aus, die den Fall Oppenheimer schon recht bald als Symptom einer tiefgreifenden politischen Krise erkannte.

Heinar Kipphardt (geb. 1922) hat es unternommen, das Hin und Her des langwierigen, zermürbenden und oft verwirrenden Verfahrens zu einer spielbaren dramatischen Handlung zu verdichten[11]. Damit stellt er sich in die Tradition jenes in den 1920er Jahren von Erwin Piscator begründeten, nach kriegsbedingter Stagnation von Hochhuth, Kipphardt, Weiß und anderen wieder zum Leben erweckten dokumentarischen Theaters, das Sachverhalte des öffentlichen Lebens auf die Bühne bringt, um sie zur Diskussion zu stellen. Peter Weiß etwa nennt das Dokumentartheater «ein Theater der Berichterstattung» und fügt bei:

Protokolle, Akten, Briefe, statistische Tabellen, Börsenmeldungen, Abschlußberichte von Bankunternehmen und Industriegesellschaften, Regierungserklärungen, Ansprachen, Interviews, Äußerungen bekannter Persönlichkeiten, Zeitungs- und Rundfunkreportagen, Fotos, Journalfilme und andere Zeugnisse der Gegenwart bilden die Grundlage der Aufführung[12].

Von Hochhuths Dramen abgesehen liegt den Autoren dokumentarischer Stücke weniger an der retrospektiven Erhellung historischer Vorgänge als an der politisch-didaktischem Interesse entsprungenen, zukunftsbezogenen Diskussion gesellschaftlicher und ideologischer Strukturen. Ausgehend von dem Axiom, die Welt sei grundsätzlich veränderbar, will das dokumentarische Theater die Gesellschaft auf Veränderungsbedürftiges hinweisen.

200

Die Entdeckung der Autoren des dokumentarischen Dramas ist die, daß die Wirklichkeit selber die ungeheuerlichsten Stoffe produziert und daß die Gesellschaft mit dieser ihrer eigensten Produktion wieder vertraut gemacht – anders gesagt: konfrontiert werden muß[13].

Weiß bezeichnet das Dokumentartheater als «Mittel des öffentlichen Protests[14]», vergleichbar einer Demonstration. Da es jedoch nie deren Spontaneität und unmittelbare Einbeziehung des Publikums erreichen könne, müsse es «erfahrenen Wirklichkeitsstoff zum künstlerischen Mittel umfunktionieren[15]», d. h. Zufälliges, Persönlich-Einmaliges ausmerzen und jenseits bloßer Anhäufung von Fakten die gesellschaftliche Relevanz des jeweiligen Vorgangs herausarbeiten, die vorgefundene Wirklichkeit historisch-strukturell interpretieren. Mit dem traditionellen historischen Drama, das spätestens seit der Reformationszeit immer wieder Persönlichkeiten der Zeitgeschichte auf die Bühne brachte (Wallenstein und Friedrich den Großen noch zu Lebzeiten, Karl Stuart, Elisabeth I. und Napoleon kurz nach ihrem Tode) hat es, wiederum mit der Ausnahme Hochhuths, wenig gemeinsam: es geht nicht um die große Persönlichkeit, sondern um die treibenden Kräfte der Geschichte. Anknüpfungspunkte wären allenfalls im politischen Drama des 16. Jahrhunderts oder, paradoxerweise, in jenen Dramen zu finden, die Zeitprobleme in historischer («Dantons Tod», «Götz von Berlichingen») oder halbfiktiver Brechung («Die Kindermörderin») gestalteten.
Schon für Piscator

war das Theater ein Parlament, das Publikum eine gesetzgebende Körperschaft. Diesem Parlament wurden die großen, Entscheidungen heischenden, öffentlichen Angelegenheiten plastisch vorgeführt. [...] Die Bühne hatte den Ehrgeiz, ihr Parlament, das Publikum, instand zu setzen, auf Grund ihrer Abbildungen, Statistiken, Parolen, politische Entschlüsse zu fassen. Die Bühne Piscators verzichtete nicht auf Beifall, wünschte aber noch mehr eine Diskussion. Sie wollte ihrem Zuschauer nicht nur ein Erlebnis verschaffen, sondern ihm noch dazu einen praktischen Entschluß abringen, in das Leben tätig einzugreifen[16].

In der Wiederentdeckung des Theaters als politischer Bildungsanstalt, als Medium der Aufklärung und auch der Agitation besteht die wesentliche Leistung der Dokumentardramatik.
Ein derartiges Unternehmen forderte die Ablösung einer – durch die unendlich verfeinerte Einsicht in die innere und äußere Bedingtheit menschlichen Handelns ohnehin fragwürdig gewordenen – psychologischen Charakterzeichnung und des naturalistischen Ideals möglichst photographischer Abschilderung unkommentierter oder doch nur in einer sehr komplizierten, versteckten Weise kommentierter Wirklichkeitsausschnitte, durch umfassende Kenntnisse

201

über kollektive Mechanismen, ihre historischen Voraussetzungen und ihre Funktion als bewußte oder unbewußte Triebfeder individuellen Handelns.

Eine extreme Position bezieht Peter Weiß:

Authentische Personen werden als Repräsentanten bestimmter gesellschaftlicher Interessen gekennzeichnet. Nicht individuelle Konflikte werden dargestellt, sondern sozial-ökonomisch bedingte Verhaltensweisen[17].

Nicht mehr das repräsentative oder das in seiner Einmaligkeit vorbildliche Individuum ist Gegenstand des Interesses, sondern das soziologisch und psychologisch typische. Das Dokumentartheater bildet also nur ein mehr oder weniger ausgeprägtes Beispiel für die allgemeine Tendenz der zeitgenössischen Literatur, das vom Sturm und Drang inthronisierte autonome Ich mehr und mehr zu determinieren (eine Tendenz, die sich seit dem Naturalismus anbahnt). Was einst Individuum war, wird zum Massenpunkt oder allenfalls zum Exponenten eines Kollektivs, die Einsicht in Möglichkeiten der Selbstverwirklichung zur Einsicht in Funktionen, die abgebildete oder gestiftete Wirklichkeit zur aus Partikeln montierten Realität oder zur Schnittstelle gesellschaftlicher Mechanismen.

Zwei Erscheinungsformen des dokumentarischen Dramas sind zu unterscheiden: der dokumentarische Bericht («Stellvertreter», «Viet Nam Diskurs») und das dokumentarische Prozeßtheater («In der Sache J. Robert Oppenheimer», «Die Ermittlung»). Letzteres kann in gewissem Sinne als Zielform des dokumentarischen Theaters schlechthin bezeichnet werden: ohne künstliche Hilfsmittel (Zwischentexte, dokumentarische Anhänge) und schwer durchschaubare Psychogramme wird Vergangenes vergegenwärtigt, Geschehen in Sprache aufgelöst. Dem Zuschauer als oberstem Richter werden Beweisstücke vorgelegt, nicht Thesen proklamiert; er wird aufgefordert, die Vorgänge auf der Bühne kritisch zu verfolgen und sich ein Urteil zu bilden. Seine Spannung ist auf den Gang und auf den Ausgang gerichtet: episches und dramatisches Interesse bedingen sich gegenseitig. Die Lehren, die er zu ziehen hat, ergeben sich entweder aus der Konfrontation seiner eigenen Welt mit den «Lemuren der Vergangenheit» («Die Ermittlung») oder aber aus der Differenz des tatsächlich vorgeführten Urteils zu den Schlüssen, die das Geschehen nahelegt («Oppenheimer»).

Diese Feststellung muß freilich sogleich wieder eingeschränkt werden. Die Entscheidungsfreiheit des Zuschauers, seine intellektuelle Unabhängigkeit besteht nur auf der durch die Komposition vorgegebenen Ebene. Die Notwendigkeit, aus dem oft immensen Material

202

eine Auswahl zu treffen, der Wille, «aus den Fragmenten der Wirklichkeit ein verwendbares Muster, ein Modell der aktuellen Vorgänge zusammenzustellen[18]», «den ‹Kern und Sinn› einer historischen Begebenheit aus den ‹umherspielenden Zufälligkeiten und gleichgültigem Beiwerke des Geschehens› frei zu legen[19]» erfordert die formende Hand und damit die Parteilichkeit des Autors; der Zuschauer hat lediglich die Freiheit, den Kausalzusammenhang zwischen Prämissen und Schlußfolgerungen des Autors zu akzeptieren oder abzulehnen – ihn anhand des gesamten in Betracht kommenden Quellenmaterials auf seine Beweiskraft zu prüfen, wird ihm nur in seltenen Fällen möglich sein. Das Dokument ist zwar Ausgangspunkt der Beweisführung, aber es dient doch in erster Linie der Bestätigung einer vorgängig formulierten These, welche die Auswahl bestimmt. Es spiegelt das Interesse des Autors und seine Sicht der Wirklichkeit, d. h. es wird funktionalisiert.

Aufgrund des Verhandlungsprotokolls wäre es beispielsweise durchaus möglich, die Geschichte von Aufstieg und Fall des Robert Oppenheimer als Charakterstudie des genialen Wissenschaftlers zu gestalten, der, vom Machtrausch gepackt, seine wissenschaftliche Laufbahn, seine Ideale und seine Freunde verrät und, ein zweiter Faust, seine Seele dem Teufel verschreibt[20]. Es ließe sich auch ein politisch-juristisches Zeitstück schreiben, die Tragödie des Individuums in einer von kollektiven Mächten beherrschten Welt. Beides bildet bei Kipphardt nur die Folie. Es dominiert ein umfassenderer zeitgeschichtlicher Aspekt: das Verhältnis von Wissenschaft und Politik, die Darstellung der Widersprüche und Gewissenskonflikte, in die sich ein Wissenschaftler verstrickt und mit denen er sich auseinanderzusetzen hat, wenn er mit den Folgen seiner Arbeit konfrontiert wird, seine Abhängigkeit von der Gunst der Machthaber und einer auf wechselnde Ideale bezogenen Staatsräson.

Selbst die Gewißheit, daß die Ereignisse sich tatsächlich so oder so zugetragen haben, bürgt noch nicht für die Wahrheit eines dokumentarischen Stückes. Auf ihre Weise sind Dürrenmatts «Physiker» ebenso «wahr» wie das Oppenheimer-Stück: die Wahrheit der Fiktion vermag unsere Welt nicht minder genau zu erfassen und wiederzugeben als die Wahrheit der Fakten, sofern «Wahrheit» auch die innere Wahrhaftigkeit und Wahrscheinlichkeit des Vorgeführten meint. Akten mögen zwar «die Summe aller Erfahrungen» enthalten, doch sagen sie nichts aus über das, was im Innern eines Menschen vorgeht, was ihn bewog, diese oder jene Verhaltensweise zu wählen[21].

Selbst zur offensichtlichen Verfälschung und Verschleierung von Tatbeständen kann die Technik des Dokumentartheaters benutzt werden. Ein schon bald klassisches Beispiel ist Günter Grass'

203

«Deutsches Trauerspiel» «Die Plebejer proben den Aufstand», wo der Autor eine Persönlichkeit der Zeitgeschichte als «Aufhänger» für eine sachlich nicht belegbare Polemik mißbraucht. Brecht hat sich am 17. Juni 1953 wesentlich anders verhalten als Grass es wahrhaben will. Grass erweckt «die Illusion der Authentizität[22]», indem er Vermutungen, die der Zuschauer nicht nachzuprüfen vermag, in einen dokumentarischen Rahmen einbaut und so suggeriert, es handle sich bei allen Vorgängen auf der Bühne um dokumentierte Wirklichkeit.

Die Rechtfertigung des Dokumentartheaters darf nicht in seinem unmittelbaren Realitätsgehalt gesucht werden. Was es zu leisten vermag, ist in erster Linie ein Beitrag zum Selbstverständnis der Gesellschaft, indem es vergessene oder verdrängte Tatbestände ins Bewußtsein ruft und der Diskussion ausliefert, Vergangenes im Wortsinn vergegenwärtigt. Nichts anderes war aber auch die Absicht der israelischen Regierung, als sie 1961 den Eichmann-Prozeß durchführte: Konfrontation mit einer verdrängten Vergangenheit, Wieder-Holung vergangener Unmenschlichkeiten, präzise inszeniert, um kommende zu verhindern[23]. Die Grenzen zwischen Realität und Theater verfließen in solchen Aktionen: das Russell-Sartre-Tribunal über Vietnam war als Schau-Prozeß im eigentlichen Sinne gemeint, der nach Belieben der politischen Jurisdiktion oder der theatralischen Demonstration zuzurechnen ist. Das Dokumentartheater versteht sich als Medium der Information, als Gebrauchsliteratur, die nicht nach ewiger Gültigkeit zu schielen hat.

Das dokumentarische Theater setzt Impulse von Schiller, der Stürmer und Dränger, des historisch interessierten 19. Jahrhunderts und der Naturalisten fort. Es in diesem Bezugssystem als eigene Gattung auszugrenzen erscheint schlechterdings unmöglich. Worin unterscheiden sich z. B. Büchners «historisches» Revolutionsdrama, Hauptmanns «naturalistische» «Weber» und Weiß' «dokumentarische» «Ermittlung»? Die Verfahrensweise des Dokumentartheaters läßt sich sowohl (in der Aufbereitung und Präsentation des Materials) mit derjenigen des «Spiegel» vergleichen als auch (der Intention nach, die auf Herstellung einer Modellsituation zielt) mit Parabeln wie Frischs «Chinesischer Mauer» (von den Zusammenhängen mit Brechts Dramaturgie wird noch zu sprechen sein).

Hingegen bestehen wesentliche Unterschiede zu anderen Tendenzen des modernen Dramas: einerseits zum absurden und grotesken Theater, andererseits zu Handkes Sprechstücken. Das Dokumentartheater besteht auf der Verantwortlichkeit des *Individuums* für das, was es tut und unterläßt, das absurde und groteske Theater gestaltet seine Ohnmacht, für Handkes Sprechstücke ist es überhaupt irrelevant. Die *Welt* erscheint im Dokumentarstück als veränderungsbedürftige und veränderbare, im absurden Theater als völlig ungreifbare und daher auch unveränderliche, in Dürrenmatts Groteske als pervertierte, gesichtslose, veränderungsbedürftige, aber oft unbegreifliche Welt; für Handke ist die Außenwelt nur insofern von Interesse, als sie sich im Individuum reproduziert und es nach ihren Gesetzen prägt. Dürrenmatt und die Dramatiker des Absurden verstehen das *Theater* als Stätte der Selbsterkenntnis, die Autoren des Dokumentartheaters als Stätte der Bewußtseinsbildung; gemeinsam ist ihnen allen die Auffassung der Bühne als Modell der Wirklichkeit, die wiederum Handke ablehnt. Mit den Sprechstücken trifft sich das Dokumentartheater in der *Demonstrationsabsicht:* hier die Demonstration einer objektiv erfaßbaren Welt mittels Sprache, dort «die Welt in den Worten selber»; im einen Fall ist die *Sprache* Medium, im andern Gegenstand der Demonstration.

Alles in allem bezeichnet das Dokumentartheater paradoxerweise die optimistischste Form der Auseinandersetzung mit Welt auf der Bühne: aus der Darstellung des Negativen sucht es das Positive zu erzielen; die Verstrickung des Menschen aufzeigend, fordert es seine Befreiung aus eigener Kraft.

Dokument und Drama

Kipphardt stellt sich die doppelte Aufgabe, einerseits ein «bedeutendes Exempel», andererseits ein «umfassendes Zeitdokument» zu vermitteln, d. h. neben dem überindividuellen, am individuellen Beispiel konkretisierten Konflikt auch das politische Klima des Hearings, emotionell bestimmte Motive, die es nicht unerheblich beeinflußten, persönliche Feindschaften, Rivalitäten zwischen verschiedenen Waffengattungen herauszuarbeiten[24]. Seiner Behauptung, «die Freiheiten des Verfassers» lägen lediglich «in der Auswahl, in der Anordnung, in der Formulierung und in der Konzentration des Stoffes[25]» ist somit mit einiger Vorsicht zu begegnen. Die folgenden Abschnitte sollen an ausgewählten Beispielen Umfang und Art der Bearbeitung sichtbar machen.

Die technischen Mittel, deren sich Kipphardt bedient, sind (von aus rein dramaturgischen Erwägungen notwendigen Eingriffen abgesehen[26]) Verdichtung, Montage und Profilierung.

1. Verdichtung

Zusammenfassend läßt sie sich als quantitative Vereinfachung bei inhaltlicher Verdeutlichung beschreiben. Anstelle der vierzig Zeugen des Sicherheitsverfahrens treten in Kipphardts Drama sechs auf, zwei Sicherheitsbeamte und vier Wissenschaftler, von denen einer der Air Force angehört, die übrigen wichtige Funktionen als Regierungsberater einnehmen, so daß sie in ihrer Gesamtheit einen Querschnitt durch das militärische und politische Establishment der Vereinigten Staaten bilden. Im Interesse einer ausgewogenen Komposition hat Kipphardt dabei die Gewichte verschoben: während im Hearing die große Mehrheit der Zeugen Oppenheimers Haltung billigte, sprechen im Drama je drei Zeugen für und gegen die Anschuldigungen der Atomenergiekommission.

Wiederholungen, Vernehmungen über Detailfragen, Beziehungen zu Dritten, sekundäre wissenschaftliche und politische Probleme, Diskussionen über Verfahrensfragen, soweit sie nur von partikularem Interesse sind, fallen weg; das Stück beschränkt sich in der Hauptsache auf vier Themenkreise, die vom Sachlichen wie vom Persönlichen her die grundsätzlichen Fragen aufrollen: Oppenheimers Beziehungen zum Kommunismus / Sinn und Unsinn von Sicherheitsbestimmungen / das H-Bombenprojekt / Oppenheimers Eintreten für eine aktive und abgestufte Verteidigung. Die quantitative Verdichtung ist zugleich qualitative, indem die Zeitgeschichte als historisch und gesellschaftlich bedingt, nicht nur als subjektiv erlebt dargestellt wird.

2. Montage

Das derart gesichtete Material wird nach dramaturgischen Gesichtspunkten angeordnet, d.h. in jeweils mehr oder weniger abgeschlossene, von einem Sprecher pointiert eingeleitete und beschlossene Bilder gegliedert. Im ersten und letzten Bild umreißt Kipphardt die Persönlichkeit Oppenheimers, im 6. und 7. stehen sich die Zeugen paarweise als Kontrastfiguren gegenüber. Jedem Zeugenpaar weist Kipphardt einen der oben erwähnten Problemkreise zu; da es ihm weniger darauf ankommt, die Aussage des jeweiligen Zeugen als solche verkürzt wiederzugeben als grundsätzliche Positionen, extrahiert aus allen auf eine bestimmte Frage bezogenen, vielfach sich überschneidenden und oft Hunderte von Seiten auseinanderliegenden Aussagen in direkter Konfrontation funktionell richtig einzusetzen, bezieht er wesentliche Beiträge der nicht auftretenden Zeugen mit ein: Teller spricht auch für Luis Alvarez,

206

Lansdale für John J. McCloy, Rabi für Vannevar Bush und Lee DuBridge. Dies hat

3. zur Folge, daß die originalen Charaktere nach Maßgabe ihrer Funktion und im Interesse größtmöglicher Einheitlichkeit, Überschaubarkeit und Aussagekraft des Ganzen mehr oder weniger scharf *profiliert* werden. Die Forderung nach einem «verwendbaren Muster der aktuellen Vorgänge» (Weiß) verlangt «Funktionsträger», nicht «Persönlichkeiten», oder besser: aus der Funktion muß eine neue Persönlichkeit modelliert werden. Diese Funktionalisierung hinterläßt an den Vertretern des politischen Establishments deutlichere Spuren als an den Wissenschaftlern. Teller, Bethe und Rabi entsprechen einigermaßen ihren historischen Vorbildern, während Pash und Griggs als Karikaturen ihrer selbst erscheinen, Lansdale als Antagonist Pashs umgekehrt eine Aufwertung erfährt. Letztere soll als besonders aufschlußreiches Beispiel für Kipphardts Technik und das Ineinanderspielen der drei Faktoren etwas ausführlicher beschrieben werden.

Kipphardt zitiert, mit der einzigen Ausnahme einer historischen Erläuterung[27], das Protokoll beinahe wörtlich, soweit es Lansdales Einwände gegen die Art des Verfahrens, gegen die wiederholte Beurteilung desselben Tatbestandes nach wechselnden Kriterien und seine Überzeugung wiedergibt, Akten vermöchten eine Persönlichkeit, und gar eine so widerspruchsvolle wie Oppenheimer, nur unvollkommen zu erfassen. Es fehlt hingegen ein Abschnitt, dessen utilitaristischer Zynismus den Zuschauer verwirren könnte:

(Lansdale erklärt, eine über das von FBI vorgelegte Material hinausgehende Prüfung von Personalangelegenheiten komme selbstverständlich nur in seltenen Fällen in Frage.)

Lansdale: *In other words, if Dr. Oppenheimer had not been as important as he was, I would certainly have stopped with the record and used my every endeavor to persuade the General that Dr. Oppenheimer ought to be dispensed with. However, in view of his importance to the project we made a tremendous effort to reach a settled conclusion in our own minds.*

Robb: *You mean if he had not been an important figure you would just have discorded him as a nubbin and gone on to something else?*

Lansdale: *Oh, absolutely*[28].

Lansdales Mißtrauen in die Wissenschaftler wird zum humoristischen Gleichnis von den Vögeln und Nashörnern abgeschwächt. Aus der Aussage des Zeugen McCloy übernimmt Kipphardt die Bemerkung, der einzige Weg, den USA ein Höchstmaß an Sicherheit zu geben, bestehe darin, dafür zu sorgen, «daß wir die besten Ideen und die beste Art zu leben haben[29]» sowie den Bankraubvergleich, den er durch eine Pointe eigener Erfindung verdeutlicht[30].

Die Vernehmung über Oppenheimers Beziehungen zu Jean Tatlock, über die Lansdale nicht befragt wurde, fügt Kipphardt ein, um neben der sachlichen Information auch Lansdales Besorgnis über die «gegenwärtig umlaufende Hysterie[31]» zu motivieren und seine moralische Überlegenheit über Funktionäre wie Rolander und Pash zu demonstrieren.

Ein weiteres Mittel zur Profilierung ist die *Sprache*. Pash, Griggs und Teller sprechen anders als Lansdale, Bethe oder Rabi: vorgefaßte, unreflektierte Meinungen präsentierend (Pash, Griggs) oder von einem abstrakten wissenschaftlich-politischen Nützlichkeitsideal her argumentierend (Teller) die einen, mit dem spürbaren Einsatz einer vollen Persönlichkeit die anderen. Im Dialog miteinander konfrontiert, vermöchten sie sich kaum zu verständigen: zwei geistige Welten stehen einander ohne Möglichkeit der Vermittlung gegenüber.

Wie die charakterliche hat auch die sprachliche Profilierung Zeigefunktion. Pashs eigensinniges Festhalten am Buchstaben der FBI-Rapporte, Griggs' dümmliche Anwürfe, die Fallen, die Robb Oppenheimers Zeugen stellt, seine Versuche, sie in die Irre zu führen oder doch das Vertrauen in ihre Urteilsfähigkeit zu erschüttern (Bethes Verhör), geben den Angeschuldigten Gelegenheit, ihre menschliche Aufrichtigkeit, ihren Sinn für Proportionen und ihre Empörung über das erniedrigende Verfahren zu artikulieren. D. h.: die für den in physikalischen und strategischen Fragen unzuständigen Zuschauer nicht ohne weiteres erkennbare Kompetenz in der Sache wird durch sprachlich vermittelte persönliche Integrität glaubhaft gemacht.

Die sachbezogene Argumentation übergreifend und sie auf einen Perspektivpunkt beziehend steht Oppenheimers Gestalt im Zentrum des Stücks. Auch hier gilt es zu scheiden zwischen dem historischen Oppenheimer und demjenigen des Dramas. Kipphardts Oppenheimer macht eine Wandlung durch, die dem Charakter seines Vorbilds zutiefst widerspricht. Seine Erkenntnisse sind Erkenntnisse des Bühnen-Oppenheimer. 1940 hätte sein Vorbild möglicherweise noch ähnlich argumentiert, 1954 hatte es sich längst mit der Macht arrangiert. In einem Bericht der Sicherheitsbehörden hieß es:

It is the opinion of this office that subject's personal inclinations would be to protect his own future and reputation and the high degree of honor which would be his if his present work is successful, and, consequently, it is felt that he would lend every effort to cooperation with the Government in any plan which would leave him in charge[32].

Und so verhielt es sich in der Tat. Niemals während seiner langjährigen Tätigkeit stellte sich Oppenheimer gegen die Politik von

Regierung und Armee, er unterschrieb keinen der zahlreichen Aufrufe, die vor und nach Hiroshima in den Laboratorien von Los Alamos zirkulierten. Um den völligen Abfall von seinen früheren «Verirrungen» kundzugeben, erklärte er sich bereit, von sich aus, d.h. nicht nur auf gezielte Anfragen der Sicherheitsbehörden, ihm bekannte Kommunisten zu denunzieren – aber «not in writing, I think that would make a very bad impression[33]»! Wo immer er auf die Verantwortung des Wissenschaftlers für die Gesellschaft zu sprechen kam, geschah dies in vorsichtig verklausulierten und einschränkenden Formulierungen. Zwar erklärte er in einem Vortrag am Massachusetts Institute of Technology, die Wissenschaftler hätten «erfahren, was Sünde heißt», und diese Erfahrung sei «unverlierbar[34]», doch nahm er wenig später (im selben Vortrag!) diese Feststellung halb zurück:

So hat man etwa behauptet, der Wissenschaftler habe die Verantwortung für die Ergebnisse seiner Arbeit selbst zu übernehmen. [...] Tatsächlich bedeutet jene Forderung für den Gelehrten kaum mehr als eine Vermahnung, sich recht unbehaglich zu fühlen, oder dient in den schlimmsten Fällen sogar als eine Art Vorwand, ein höchst beiläufiges, unzünftiges und im letzten Grunde bedenkliches Eindringen des Wissenschaftlers in andere Bereiche zu rechtfertigen, für die es ihm sowohl an Erfahrung wie an Wissen fehlt, und nicht zuletzt auch an Geduld[35].

Als der Franck-Report einem wissenschaftlichen Beirat unter Oppenheimers Vorsitz zur Stellungnahme unterbreitet wurde, beschloß er, darauf nicht einzutreten, da der Inhalt des Dokuments seine Kompetenzen nicht berühre. Andererseits setzte sich Oppenheimer in verschiedenen Vorträgen und als Berater des amerikanischen UNO-Delegierten Bernard Baruch für eine internationale Kontrolle der Atomenergie ein.
Oppenheimers Schwanken zwischen Liberalismus und Orthodoxie, sein seltsam zwiespältiges, opportunistisches, in sich widersprüchliches Verhalten erhielt durch die Loyalitätsuntersuchung der AEC keine wesentlich neuen Impulse. Noch 1961 bemerkte er zu einem Reporter der Zeitschrift «Life», er sehe keine Veranlassung für die Wissenschaftler, die Arbeit an Kriegsprojekten zu verweigern, wohl aber vermöchte er sich einen Streik der leitenden Offiziere auf der ganzen Welt vorzustellen, wenn sie aufgefordert würden, absolute Vernichtungswaffen einzusetzen – das heißt nichts anderes als eine Verantwortung, die man selber nicht zu tragen bereit ist, fremden Schultern aufzubürden.
Kipphardt klammert die negativen Seiten von Oppenheimers schillerndem Charakter weitgehend aus. Selbst die Affäre Eltenton-Chevalier, die so, wie sie sich in Tat und Wahrheit zugetragen hat, in erster Linie Oppenheimers persönliches Versagen belegt, seine

Bereitschaft, einen Freund, von dessen Unschuld er überzeugt war, den Sicherheitsbehörden ans Messer zu liefern, um sich den Anschein eines überzeugten Antikommunisten zu geben, ohne Chevalier über die Art, geschweige denn über die Herkunft der gegen ihn erhobenen Vorwürfe aufzuklären – obwohl er den privaten Verkehr während der ganzen Zeit fortsetzte und von Chevalier mehr als einmal um Rat gebeten wurde – erscheint im Stück einzig als Beispiel für die schonungslosen Praktiken von FBI.

Die Rolle des historischen Oppenheimer sei «die eines tragischen Helden» schrieb Haakon Chevalier. «Aber niemals findet er die seiner Rolle entsprechenden Worte[36].» Kipphardt leiht sie ihm in einem fiktiven Schlußwort, das den Physiker zum Vorkämpfer für eine neue, menschlichere, gesellschaftlich verantwortbare Verwendung wissenschaftlicher Erkenntnisse idealisiert. Oppenheimer verläßt die Bühne als beinahe positiver Held.

Angesichts der doch recht einschneidenden Veränderungen drängt sich die Frage nach der *Legitimität* von Kipphardts dramatischer Methode auf. Gehören Persönlichkeiten der Zeitgeschichte zum historischen Gemeingut, mit dem der Schriftsteller verfahren kann, wie Schiller mit Wallenstein und Maria Stuart verfahren ist? Darf also Kipphardt im Interesse struktureller Verdeutlichung Charaktere profilieren, Aussagen überhöhen, ihren Stellenwert und an einigen Stellen selbst ihren sachlichen Gehalt dem Demonstrationszweck unterordnen?

Es ist dies eine Frage der Perspektive. Wer es unternähme, den Fall Oppenheimer psychologisch zu deuten, wäre verpflichtet, die wesentlichen Charakterzüge der Hauptgestalt unangetastet zu lassen; eine historische Abhandlung dürfte den Konflikt, auf den allein Kipphardt lossteuert, erst nach gründlicher Diskussion der besonderen politischen Umstände als Spiegelung und letzte Konsequenz eben dieser Umstände darstellen. Der Schriftsteller jedoch, der sich einer wie immer gearteten, jedenfalls nicht biographischen oder historischen Dramaturgie verschrieben hat, wird in Oppenheimer zunächst das Medium sehen, das einen gesamtgesellschaftlich latenten Konflikt zum Vorschein bringt.

Es ist nicht einzusehen, weshalb dem Dramatiker verwehrt sein sollte, was jedem politischen Journalisten zugestanden wird: am besonderen Fall allgemeine Tendenzen sichtbar zu machen, eine exemplarische Begebenheit auf ihre Voraussetzungen und ihre Folgen zu befragen, um sein Publikum zu gewissen Schlüssen zu führen. Maßstab für das Urteil ist nicht die Übereinstimmung von Literatur und Wirklichkeit in Details, sondern die Frage, ob und wie Erkenntnisse über einen historischen Konflikt vermittelt werden.

210

Schriftstellerische Freiheit und historische Treue stehen in einem dialektischen Verhältnis. Die Dramatisierung einer historischen Begebenheit verliert ihren Anspruch auf Glaubwürdigkeit, wenn sie die Realität allzu sehr außer Acht läßt, im umgekehrten Fall, wenn sie sich allzu ängstlich an den Buchstaben klammert, ihren Aussagewert. In jedem Fall kommt eine Aktivierung des Zuschauers (das erklärte Ziel des Dokumentartheaters) nicht zustande. Zwei Beispiele mögen das Gesagte erläutern. Aufgrund zahlreicher Einwände gegen Kipphardts Stück, nicht zuletzt von seiten des historischen Oppenheimer, verfaßte der damalige Intendant des Pariser Théâtre National Populaire, Jean Vilar, eine neue Bearbeitung des Oppenheimer-Stoffes[37]. Vilar verzichtet auf kühne Montagen und Oppenheimers fiktives Schlußwort, stellt dafür die Irrwege und Konfusionen des Hearings ausführlicher dar. Die Wertung überläßt er weitgehend dem Zuschauer. Dennoch oder vielleicht gerade deswegen gelangt er nicht über die Befriedigung stofflicher Neugier hinaus, sein Stück wirkt wesentlich schwächer, auch wenn es sich in vielen Details wie im ganzen Ablauf enger an das Originaldokument anlehnt. Als Beispiel für das entgegengesetzte Extrem kann wiederum das «Plebejer»-Stück angeführt werden: was Grass eigentlich bezweckte, nämlich die Ohnmacht des Intellektuellen, des Literaten, zu diskutieren, dem alles zu Literatur gerinnt, wo politisch verantwortliches Handeln notwendig wäre (eine Frischs «Chinesischer Mauer» verwandte Problematik also), ging in dem Wirbel um den dokumentarischen Gehalt bzw. die Geschichtsfälschung, die Grass wider besseres Wissen vornahm, völlig unter.

Der Oppenheimer-Konflikt

«SCHIZOPHRENIE»

Die Motive, die eine ganze Armee hochqualifizierter Wissenschaftler und Techniker bewogen, jahrelang persönliche Wünsche und Ansprüche hintanzusetzen, um eine Atombombe herzustellen, sind schon genannt worden: wissenschaftliche Neugier und moralisches Entsetzen über die Greueltaten der Nazis.

Bethe: *We had a job to do, and a very hard one. The first thing we wanted to do was to get the job done. It seemed to us most important to contribute to victory in the way we could*[38].

Erst nach der Zerstörung Hiroshimas und Nagasakis, als 150000 Menschen getötet und unzählige weitere schwer geschädigt waren, meldeten sich warnende Stimmen:

Robb: *Wann bildeten sich Ihre ersten Skrupel?*
Oppenheimer: *Als mir klar wurde, daß wir dahin tendierten, die Waffen, die wir entwickelten, auch tatsächlich zu gebrauchen.*
Robb: *Nach Hiroshima?*
Oppenheimer: *Ja. [...] Wir alle hatten entsetzliche Skrupel*[39].

Zahlreicher Wissenschaftler bemächtigte sich damals das Gefühl, «die Arbeit des Teufels getan[40]», an Kräfte gerührt zu haben, die der begrenzten menschlichen Einsicht unbegrenzte Vernichtungsmöglichkeiten auslieferten und die Entscheidung über Sein oder Nichtsein aller einem kleinen Kreis von Politikern und Militärs übertrugen. Sie bezweifelten die Widerstandskraft gegen die aus der Verfügungsgewalt über die Urkräfte der Natur erwachsenden Versuchungen und kehrten Los Alamos den Rücken. «Es war schimpflich geworden, etwas zu entdecken[41].»

An zwei Beispielen legt Kipphardt dar, was die namhaftesten unter ihnen bewog, wenig später zurückzukehren, um an der Entwicklung der «absoluten Waffe», der H-Bombe mitzuarbeiten. Edward Teller, der nach dem Krieg, enttäuscht über die mangelnde Begeisterung für die Wasserstoffbombe, eine Lehrstelle angenommen hatte, war nach der Explosion der russischen Atombombe überzeugt, daß die USA nun noch tödlichere Waffen benötigten, um den sowjetischen Expansionsgelüsten zu begegnen.

Teller: *Ich kam zu dem Schluß, daß ich jetzt meine ganze Kraft einem effektiven Programm geben müsse, was immer der Preis sei*[42].

Hans Bethe ging nach Los Alamos zurück «in der Hoffnung, daß sie [die Wasserstoffbombe] sich als nicht herstellbar erweisen möge[43]». Eine eigenartige Schizophrenie hatte sich seiner bemächtigt: halben Herzens entschloß er sich, Tellers Appell zu folgen – der gleiche Bethe, der wenige Monate zuvor geschrieben hatte:

Wenn wir einen Krieg mit H-Bomben führen und gewinnen, wird sich die Geschichte nicht an die Ideale erinnern, für die wir kämpften, sondern an die Methoden, die wir anwandten, um sie durchzusetzen. Diese Methoden wird man mit der Kriegsführung des Dschingis Khan vergleichen[44].

Bethes Konflikt ist der Konflikt zwischen angeblich wertfreier, allein auf Wissen und Erkenntnis, auf das Erfassen objektiver Naturzusammenhänge gerichteter Forschung und den aus der Verwendung ihrer Ergebnisse zwangsläufig folgenden moralischen und politischen Implikationen.

Garrison: *Hatten Sie Teller [...] zugesagt, daß Sie nach Los Alamos kommen würden?*
Bethe: *Ich war unentschlossen. Einerseits war ich von einigen Ideen sehr angezogen, und es lockte mich, mit den neuen Rechenmaschinen zu arbeiten, die nur für Kriegszwecke freigegeben waren. Andererseits hatte ich diese tiefe Unruhe, daß die Super keines unserer Probleme lösen könne. [...] Ich sprach eine ganze Nacht lang mit meinen Freunden Weißkopf und Placzek, die beide hervorragende Physiker sind, und wir wurden uns einig, daß die Welt nach einem Krieg mit Wasserstoffbomben, selbst wenn wir ihn gewinnen sollten, nicht mehr die Welt wäre, die wir erhalten wollten; daß wir alle die Dinge verlieren würden, für die wir kämpften, und daß eine solche Waffe niemals entwickelt werden sollte[45].*

Ganz ähnlich Oppenheimer: nach anfänglichen Bedenken gegen die Wasserstoffbombe zeigte er sich, als eine geniale Erfindung Tellers technische Schwierigkeiten aus dem Weg geräumt hatte, von den neuen Möglichkeiten «begeistert[46]». Vor dem Untersuchungsausschuß gesteht er, man könne «von einer Sache wissenschaftlich begeistert und menschlich tief erschrocken sein[47]».

Oppenheimer und Bethe nehmen den Konflikt wahr, doch sind sie außerstande, ihn zu bewältigen – nicht weil er tragischer Natur wäre, sondern weil die «triebhafte Anziehungskraft, die von der Suche nach einem der tiefsten Naturgeheimnisse ausgeht[48]», sich immer wieder gegen die rationale Einsicht durchsetzt.

Zwischen moralischen Bedenken und wissenschaftlicher Begeisterung schwankend bekennt Bethe: «Ich habe geholfen, sie [die Wasserstoffbombe] zu machen, und ich weiß nicht, ob es nicht ganz falsch war, das zu tun[49].» Ist er tatsächlich so ratlos wie er vorgibt? Oder verbirgt sich hinter seiner scheinbaren Unschlüssigkeit nicht einfach die Tatsache, daß die moralische Rechtfertigung, die er für die Mitwirkung an der Atombombe vorbringen konnte, ihn nun im Stich läßt? Das Stück gibt keine eindeutige Antwort, doch legen die unübersehbaren Parallelen zu Brechts «Galilei[50]» eine solche Interpretation nahe. Es wäre deshalb völlig verfehlt, Teller als Wortführer der «Kriegstreiber» den «einsichtigen» Physikern Bethe und Oppenheimer gegenüberzustellen. Mindestens so vehement wie sie setzte er sich für die völlige Aufhebung militärischer Geheimnisse ein, während umgekehrt Oppenheimer zu denen gehörte, die 1946/47 einen atomaren Präventivschlag gegen die Sowjetunion befürworteten. Was Teller von Bethe und Oppenheimer unterscheidet, ist die Geradlinigkeit seines Denkens, die ihm die Schizophrenie von wissenschaftlicher Begeisterung und menschlichem Erschrecken erspart. Für ihn besteht die einzige Verantwortlichkeit des Wissenschaftlers darin, den Horizont menschlichen Wissens zu erweitern[51].

Teller: *Ich meine, daß Entdeckungen weder gut noch böse sind, weder moralisch noch unmoralisch, sondern nur tatsächlich[52].*

213

Er zögert denn auch keinen Augenblick, die Wasserstoffbombe mit einigem Stolz «mein Baby» zu nennen[53], während Oppenheimer, von tiefer Skepsis angesichts der Früchte seines Denkens befallen, sich hinter einer unverbindlichen kollektiven Verantwortung verschanzt, nachdem der Rausch der Entdeckerfreude verflogen ist:

Robb: *Sie sind der Vater der Atombombe genannt worden, Doktor?*
Oppenheimer: *Ja, in den Illustrierten.*
Robb: *Sie würden sich selber nicht so bezeichnen?*
Oppenheimer: *Nein. Es ist kein sehr hübsches Kind, und es hat an die hundert Väter, wenn wir die Grundlagenforschung berücksichtigen. In einigen Ländern*[54].

Bethes paradoxe Folgerung, die einzige Rechtfertigung der Entwicklung von Superwaffen bestehe darin, ihren Gebrauch zu verhindern, liegt nicht sehr weit ab von Tellers Überzeugung, die Menschen würden erst dann politische Vernunft annehmen, wenn die Bomben groß genug seien, alles zu zerstören.

«ON TAP, NOT ON TOP»

Im selben Maße, wie die Bedeutung staatlicher Stellen als Geldgeber für wissenschaftliche Forschung zunahm, verstärkte sich auch ihr unmittelbarer Einfluß auf die allgemeine Planung von Forschungsvorhaben, mit dem Ergebnis, daß die Prioritäten einseitig nach den Bedürfnissen der Rüstung festgelegt wurden. Die Zuständigkeit des einzelnen Wissenschaftlers beschränkt sich zunehmend auf die Bereitstellung adäquater Mittel zu einem vorgängig definierten, der Erörterung entzogenen Ziel. Sobald er einmal den Entschluß gefaßt hat, einen Regierungsauftrag zu übernehmen – und das Beispiel Bethes hat gezeigt, daß ein solcher Entschluß oft mehr von wissenschaftlicher Entdeckerfreude als von der Einsicht in Sinn und Notwendigkeit der Arbeit motiviert ist –, steht er als Glied im Produktionsprozeß, wie die Zeitschrift «Newsweek» unüberbietbar lakonisch formulierte, «On Tap, Not On Top».

Pash: *Sie [die Wissenschaftler] müssen begreifen, daß sie heutzutage Fachleute in einem sehr großen Unternehmen sind, die ihre Teilarbeit zu machen haben, die sie anderen Fachleuten, Politikern, Militärs, abliefern, die darüber befinden, was damit gemacht wird*[55].

Edward Teller begnügt sich mit der ihm zugewiesenen Rolle des wissenschaftlichen Zuträgers; sein entindividualisierter, technokratischer Wissenschaftsbegriff, seine Weigerung, politische und moralische Implikationen wissenschaftlicher Arbeit anzuerkennen, und

214

die damit indirekt bekundete Bereitschaft, jeden beliebigen Auftrag anzunehmen, sofern er eine gewisse Faszination ausübt und ausreichende Mittel zur Verfügung stehen, kennzeichnen ihn als idealen Wissenschaftsfunktionär des verwalteten Staates. Weniger leicht macht es sich Hans Bethe; er weiß um den Widerspruch zwischen einer angeblich wertneutralen Wissenschaft und den Forderungen der Humanität – aber er betreibt das eine und spricht vom anderen, sein Denken und sein Tun reproduzieren den Konflikt.

Der Staat bemächtigt sich nicht nur der Ergebnisse wissenschaftlicher Forschung, er sucht sich auch mittels einer Integrationsideologie, deren Erscheinungsformen dem traditionellen Nationalismus eng verwandt sind, des sie hervorbringenden Individuums zu versichern.

Der Soziologe Eugen Lemberg hat in einer eingehenden Studie über das Phänomen des Nationalismus[56] die Voraussetzungen für eine gegenseitige Unterstützung von Herrschaft und Gruppenideologie genannt – fast alle spielen in die Beziehungen moderner Großmächte zur Wissenschaft hinein. Erste Bedingung ist das Selbstbewußtsein einer nationalen Gruppe, eine Rolle, die sie sich innerhalb ihrer Umgebung zuschreibt, in unserem Fall die Verteidigung der Freiheit, ihrer Ideale und Institutionen gegen das kommunistische Weltmachtstreben. Sobald aber dieses Ideal als verpflichtendes Credo in die politische Wirklichkeit tritt, büßt es seine Offenheit ein; seines Inhalts entleert (und oft auch seiner historischen Rechtfertigung ledig), gerinnt es zum Eigenstereotyp, das die produktiven Kräfte in einer Art magischer Bindung zusammenfaßt, endlich zum Dogma. Ein wichtiges Indiz für diesen Prozeß bildet in einem demokratisch organisierten Staat die zunehmende Autonomie der Verwaltung, des militärischen Apparates und der Geheimdienste, die sich auf Kosten der gewählten Volksvertreter legislative und exekutive Befugnisse anmaßen, mehr und mehr Macht auf sich konzentrieren, ihre Mitglieder einem eigenen Verhaltenskodex unterwerfen und unter dem Vorwand, die Reinheit des Ideals zu bewahren, ihre eigene Reproduktion und Konsolidierung betreiben.

Um Störungen des Systems zu vermeiden, muß die Hingabe des Individuums an seine Ziele gewährleistet sein oder notfalls erzwungen werden. D. h.: das «Gefühl einer Bedrohung von außen, eine Feindvorstellung[57]» ist notwendig, um, gestützt auf die Forderung nach Einheit gegen diesen äußeren Feind, auf die Mitglieder der Gruppe Druck auszuüben. Jede Ansicht, die das schematisierte Feindbild in Frage stellt oder zugunsten kooperativen Verhaltens zu überwinden trachtet (Oppenheimers Meinung, unter den gegebenen Umständen müßte selbst mit dem Teufel eine Verständigung gesucht werden, Bethes Ablehnung fragwürdiger Mittel zu einem «guten» Ziel), mag zwar mit den offiziell vertretenen Idealen übereinstimmen, grenzt aber, weil die Partikularinteressen der Gruppe nicht mehr den absoluten Maßstab für das Verhalten bilden, in den Augen der Ideologen an Hochverrat.

Ein gruppenbezogenes Normensystem soll Insubordinationen verhindern, ein System von Belohnung und Strafe, das, abgestuft nach Maßgabe der Bedeutung des Individuums für die Gruppe und nach dem Grad seiner persönlichen Hingabe an ihre Ziele und Wertmaßstäbe, Rechte und Pflichten festlegt. Ein Autobusschaffner etwa wird kaum ideologisch behelligt werden, wohl aber ein Wissenschaftler, dessen Tätigkeit für die nationale Selbstbehauptung wie für den Kampf um die Gunst der Entwicklungsländer, der in seinem Anfangsstadium vorwiegend auf wirtschaftlichem und technischem Gebiet geführt wird, unentbehrlich ist. Zumindest erwartet man von ihm, daß er seine «subjektiven Ansichten» und seine «objektive Arbeit» streng trenne[58] – was immer damit gemeint sei. Zeigt er sich willfährig, werden ihm alle möglichen Privilegien gewährt: materielle Entschädigungen, Ruhm, günstige Arbeitsbedingungen; enttäuscht er jedoch die in ihn gesetzten Erwartungen, hat er mit schweren Sanktionen zu rechnen.

LOYALITÄT

Jeder Wissenschaftler, der für den Staat und insbesondere für die Rüstung arbeitet, sieht sich unvereinbaren Ansprüchen ausgesetzt: Einerseits fühlt er sich seinem Auftraggeber verpflichtet, der ihn bezahlt und ihm Arbeitsmöglichkeiten verschafft, andererseits einer internationalen, freien, in friedlichem Wettstreit um vorurteilsfreies, rationales Erfassen des Menschen und seiner Umwelt bemühten Gemeinschaft, deren Selbstverständnis die konstitutiven Elemente staatlicher Autorität ablehnt. Und beide untereinander konkurrierenden Wertsysteme kollidieren unter Umständen mit der sittlichen Verantwortung gegenüber der Menschheit, weil sie beide dazu neigen, die ungestörte Entwicklung einer Gruppe über das Wohlergehen der Gesamtheit zu stellen.

Staat, Wissenschaft, Menschheit: aus der Interferenz dreier Wertsysteme ergibt sich die Tragik des Naturwissenschaftlers. Jede Entscheidung für einen der drei Ansprüche schließt den Verrat an den beiden anderen mit ein. Den Konflikt aufzuheben ist unmöglich, höchstens ihn auf ein menschlich erträgliches Maß zu reduzieren scheint denkbar. Brechts Galilei mißt der Pflicht, «die Mühseligkeit der menschlichen Existenz zu erleichtern», den höchsten Stellenwert zu, Edward Teller der Aufgabe, «die Horizonte menschlichen Wissens zu erkunden», die Vertreter der Atomenergiekommission in Kipphardts Stück erwarten unbedingte Unterwerfung unter das Ideal der nationalen Stärke. In jedem Falle bezeichnet die Entscheidung für eine der drei Loyalitäten den Übergang aus dem tragischen Bereich in den untragischen der Hingabe an einen obersten Wert[59].

Am Beispiel Oppenheimers führt Kipphardt vor, mit welchen Erniedrigungen und Gewissensqualen sie unter Umständen erkauft werden muß. Zu Beginn glaubt Oppenheimer noch wie Teller an eine Scheidung von wissenschaftlicher und politischer Verantwortung:

Oppenheimer: *Der Abwurf der Atombombe auf Hiroshima, das war eine politische Entscheidung, nicht meine. [. . .] Wir machten als Fachleute die Arbeit, die man von uns verlangte. Aber wir entschieden damit nicht, die Bombe tatsächlich zu werfen*[60].

Doch schon hier zögert er, als versuche er halb bewußt einen Konflikt, von dem er weiß, daß er ihn, einmal akzeptiert, nicht mehr zur Ruhe kommen lassen wird, von sich fernzuhalten. Er flüchtet sich, von möglichen segensreichen Verwendungen der Atomenergie schwärmend, in die Utopie oder weicht auf den vermeintlich archimedischen Punkt des neutralen Beraters aus, der «die Schizophrenie, in der wir Physiker seit einigen Jahren leben[61]», mit fatalistischem Achselzucken hinnimmt, in der Hoffnung, sich dadurch nicht nur vor den Vorwürfen der Atomenergiekommission, sondern auch vor seinem eigenen schlechten Gewissen zu schützen.

Oppenheimer: *Als ich vom Kriegsminister gefragt wurde, gab ich ihm die Argumente, die dafür und die dagegen sprachen. [. . .] Aber ich verfocht sie nicht nachdrücklich*[62].

Doch immer wieder bricht der latente Konflikt auf; das Schauspiel seines Lebens, das in neun Szenen als politische Tragödie an Oppenheimer vorüberzieht, zwingt ihn, sein Tun und Lassen unter neuen Kategorien zu betrachten. Seine anfänglichen Versuche, sachliche Differenzen, Mißverständnisse oder, anläßlich der Untersuchung seiner Beziehungen zum Kommunismus, «mechanistische Torheiten[63]» der Sicherheitsbehörden haftbar zu machen, fruchtete nichts. Von Robbs Fragen in die Enge getrieben, in Widersprüche verwikkelt, von den Meinungen anderer eingekreist, verschiebt sich für ihn das Problem von der politisch-juristischen auf die moralische Ebene. Sah sich Oppenheimer bis dahin «als Opfer einer bestimmten politischen Konstellation[64]», so erkennt er nun, daß sich «die

Regierungen den neuen Ergebnissen der Naturwissenschaften nicht oder nur ungenügend gewachsen zeigten[65]»; der Widerstreit von wissenschaftlicher Verlockung, Machtstreben und innerem Schauder objektiviert sich zum Bewußtsein eines unaufhebbaren Loyalitätskonfliktes: «Loyalität einer Regierung gegenüber – Loyalität der Menschheit gegenüber[66]».

Worum kämpft Oppenheimer denn eigentlich in diesem Verfahren? Doch offensichtlich um das «Verdienst», jederzeit, von Roosevelts New Deal bis zu den Kommunistenpogromen der McCarthy-Ära als ein treuer Diener seines jeweiligen Herrn Gedanken und Handlungen bedingungslos dem Willen seiner Auftraggeber untergeordnet zu haben[67]. In dem Augenblick, da Oppenheimer *diesen* Aspekt erkennt – er braucht ihn noch nicht einmal expressis verbis zu formulieren – nimmt er einen aussichtslosen Kampf gegen die Diktatur des Apparates auf. Denn auch seine Ankläger wissen um die geteilte Loyalität, die sich zwangsläufig aus der Interferenz verschiedener Wertsysteme ergibt und sich, normalerweise verschleiert, erst in Extremsituationen manifestiert, wenn der äußere Druck so groß wird, daß er entweder fundamentale Grundsätze der Rechtsordnung sichtbar in Frage stellt oder die Unzahl von Beschränkungen den materiellen Vollzug der Wissenschaft gefährdet. Pash glaubt ihn mit simplen Polizeimaßnahmen entschärfen zu können; in seiner plumpen Borniertheit teilt er die Wissenschaftler in Überführte und noch nicht Überführte ein und empfiehlt, die einen in die Wüste zu schicken, die übrigen mit einem Wall inquisitorischer Schutzmaßnahmen zu umgeben.

Pash: *Wenn wir unsere Freiheit erfolgreich verteidigen wollen, so müssen wir bereit sein, auf gewisse Freiheiten zu verzichten*[68].

«Freiheiten» (man hört förmlich die verächtliche Nebenbedeutung: «Die Freiheiten, die sich dieser Oppenheimer herausnimmt») nennt Pash wegwerfend grundlegende Menschenrechte, deren Bedeutung er, verglichen mit dem heiligen Gral der mythisch entrückten «Freiheit», einem unendlich kostbaren, dem gewöhnlichen Sterblichen unerreichbaren Gut, gering einschätzt.

Was in Pashs Mund allenfalls lächerlich anmutet, wird bei Robb, der dieselben Kategorien subtiler, weniger leicht durchschaubar und zugleich unbarmherziger einsetzt, bitterer Ernst. Sein Plädoyer enthüllt das Gesicht des totalitären Staates, der sich nicht, wie der naive Pash glaubt, mit der Scheidung von Schafen und Böcken, Zuverlässigen und Unzuverlässigen nach dem Schema der jeweils herrschenden Dogmatiker begnügt, sondern dem Individuum gleichsam von innen her beizukommen, sein Denken im Sinne der Norm

218

umzuformen sucht, der Konflikte, statt sie sachlich auszutragen, auf die ideologische Ebene verlegt, indem er den Gegner als Staatsfeind brandmarkt, ihn so jeder Möglichkeit zu sachlicher Verteidigung beraubend. «Der Verrat wird [...] verhängt[69]», das «Verbrechen» erhält magischen Charakter, die Formel des «guilt by association» stellt den politisch Andersdenkenden dem Träger einer gefährlichen Infektion gleich.

Charakteristisch ist die Unbestimmtheit des Tatbestandes, der je nach den politischen Umständen unterschiedlich beurteilt wird. Oppenheimers linke Sympathien, 1942 und 1947 unbedenklich, gelten 1954 als potentieller Staatsverrat, seine sachlich begründeten Ansichten über die Wünschbarkeit einer Wasserstoffbombe werden nach ideologischen Kriterien beurteilt. Daraus erhellt, daß hinter der Kulisse einer für die Öffentlichkeit bestimmten Fragestellung (Kann Oppenheimer die Sicherheitsgarantie weiterhin erteilt werden? Hat er sich loyal verhalten?) ein Kampf zwischen zwei sich gegenseitig ausschließenden Ansprüchen abläuft: dem totalitären Robbs auf unbedingten Gehorsam und dem sich allmählich herauskristallisierenden Oppenheimers auf Gedanken-, Rede- und Handlungsfreiheit. Doch gelangt die Fehde nie ins Stadium offener Auseinandersetzung. Eben weil Robb gezwungen ist, die Überlegenheit seines Gegners auf dem Felde politischer Ethik einzugestehen, vermeidet er jegliche Diskussion. Oppenheimers anfänglicher Ratlosigkeit begegnet er zynisch[70], seiner Entschlossenheit gegen Ende mit apodiktischen Setzungen: «Was Amerika wirklich braucht, das ist eine Stärkung seiner wirtschaftlichen, seiner militärischen, seiner politischen Macht[71].»

Robbs hirnloser Machtpragmatismus beruft sich auf eine ebenso unbeweisbare wie effektvolle, dem ideologischen Arsenal verschiedenster Diktaturen entnommene «geschichtliche Notwendigkeit[72]», die jede subjektive Aussage von vornherein als von selbstischem Interesse diktierte ins Unrecht setzt. Aber auch hier macht er noch nicht halt. Die letzte Stufe in der Umklammerung des Individuums bezeichnet der Begriff des «Gedankenverrates[73]», den Robb in die Jurisdiktion einführen möchte. Er stammt aus der Sphäre von Orwells Roman «1984», jener genial-schauerlichen Vorwegnahme des zum absoluten Selbstzweck gewordenen Staates; dort, in der Welt der Gedankenpolizei und der Gehirnwäsche, endet die Entwicklung, die sich im Verfahren gegen Oppenheimer anbahnt.

Selbst die Sprache büßt ihre Funktion als Vehikel der Verständigung ein und wird zum Charakteristikum der gedanklichen Welt des jeweiligen Sprechers. Je nach der Perspektive bezeichnet derselbe Begriff verschiedene Inhalte, über die eine Verständigung nicht mehr möglich ist. Im Zusammenhang mit der Arbeit in Los Alamos sagt Oppenheimer, die Physiker hätten in jenen Jahren «die Sünde kennengelernt[74]» – «Sünde» verstanden als Bewußtsein der Hybris. Robb repliziert: «Gut, Doktor. Von diesen Sünden wollen wir reden[75]» – «Sünde» als objektiv feststellbares Vergehen. Ja, innerhalb ein und derselben Person ereignet sich unter Umständen eine Spaltung von Sagen und Meinen. «Gedankenverrat» bezeichnet nach Robbs Definition eine besonders subtile Art des Verrats, «der aus den tiefen Schichten einer Persönlichkeit kommt und die Handlungen eines Mannes gegen dessen Willen unaufrichtig macht[76]» – er meint jedoch eine von der festgelegten Norm abweichende Denkstruktur des Individuums, welche die staatliche Autorität als oberste Instanz außer Kraft setzt. Oppenheimer wiederum greift den Begriff in seinem Schlußwort auf, nun aber in der Bedeutung «Verrat am Gedanken der Wissenschaft[77]».

So wie die sprachliche scheitert auch jede andere Verständigung zwischen den beiden Antagonisten. Dem Gelehrten stehen zwei Möglichkeiten offen: entweder er kriecht reumütig zu Kreuze, gesteht seine «Verfehlungen» im Geiste der Selbstkritik stalinistischer Schauprozesse und hofft auf eine milde Strafe; oder er folgt seiner inneren Stimme, die ihn das System von Herrschaft und Gewalt, das die Beziehungen der Wissenschaftler zum Staat bestimmt, durchschauen und verabscheuen lehrt. Oppenheimer wählt das letztere. Er spricht aus, was ihm während dreier Wochen immer klarer vor die Augen getreten ist: indem die Wissenschaftler die Ergebnisse ihrer Forschungen bedenkenlos den Militärs überließen, haben sie die Idee der Wissenschaft verraten. Es gelte, zu den «wirklichen» Aufgaben zurückzukehren, die Befreiung des Menschen aus materieller Abhängigkeit zu betreiben statt immer perfektere Zerstörungsmittel zu erfinden. Allein, er vermag die kühle, leidenschaftslose Haltung des Wissenschaftlers nicht abzustreifen; sein Schlußwort, im Ton eines akademischen Referates gehalten, verrät zwar innere Erschütterung, aber es enthält im Grunde doch nur die Resignation des Superklugen, der sich übernommen hat.

Akademisch wie Oppenheimers Redeweise sind die Folgerungen, sofern sie mehr enthalten als Utopien und Wunschträume. Sein letztlich noch immer intakter Glaube an ein überliefertes Wissenschaftsideal verleitet ihn, «fernerhin an Kriegsprojekten nicht arbeiten» und sich «wieder ausschließlich der Forschung widmen» zu wollen[78] – ein in moralischer Hinsicht untadeliger Entschluß, doch folgenlos, rein privater Natur, selbst wenn andere seinem Beispiel folgten. Er ändert nichts an den Machtstrukturen und nichts an der Existenz der Vernichtungswaffen. Oppenheimers Überzeugung, es gelte «die Welt an diesen wenigen Stellen offen zu halten, die offen zu halten sind[79]» enthält einen Trugschluß. Wer steht dafür, daß künftige Ergebnisse friedlicher Forschungen nicht wiederum für kriegerische Zwecke mißbraucht werden? Daß nicht eines Tages dennoch der Staat des Großen Bruders Wirklichkeit wird, der als einziges Kapitalverbrechen das Streben nach selbst gesetzten Zielen und privatem Glück kennt? Oppenheimers Schlußwort proklamiert den Verzicht auf Verantwortung.

Wie Möbius dient auch Oppenheimer einem übermächtigen, anonymen Apparat zum Spielball, wie dieser glaubt er zu handeln, wo über ihn verfügt wird. Und beider Schicksal verweist jenseits des zeitgeschichtlichen und moralisch-ethischen Problems auf eine psychologische Grundbefindlichkeit des modernen Menschen: auf seine Einsamkeit, seine Verstrickung im Netz unbegreiflicher und unbegriffener Kräfte – eins der großen Themen zeitgenössischer Literatur und möglicherweise mit ein Grund für den beispiellosen Erfolg der beiden Dramen. Vieles, was sich gemeinhin im Innern der Seele abspielt, gewinnt im Gewissenskonflikt des Naturwissenschaftlers – Möbius' und Oppenheimers, Bethes und Rabis – eine äußerste Verdinglichung. Oppenheimers Auseinandersetzung mit einer namenlosen, geheimnisumwitterten, beinahe kafkaesk ungreifbaren Staatsgewalt objektiviert den Konflikt zwischen dem Willen zu bewußter Lebensgestaltung und dem Ausgeliefertsein an dunkle, kollektiv-seelische Seinsmächte. Über diesen allgemeinen Befund hinaus darf die psychologische Parallele allerdings nicht gezogen werden. Der Schluß, Kipphardts Stück bezeichne im Gegensatz zu Dürrenmatts «Physikern» den Sieg der Vernunft über abgründige Seinsmächte, wäre völlig verfehlt. Die tatsächliche Folgenlosigkeit von Oppenheimers Einsichten vermöchte höchstens die Möglichkeit der Vernunft als solche zu beweisen – einer schäbigen, ständig um sich selbst kreisenden, im zwecklosen Vollzug Erfüllung findenden Vernunft. Vielmehr manifestiert sich in der Struktur der beiden Dramen das unterschiedliche Interesse der Autoren: Dürrenmatt geht es um existenzerhellende Erkenntnis, Kipphardt um politische Lehren. Sein «szenischer Bericht» ist keineswegs nur Präludium zu den «Physikern», wie Oppenheimers Situation am Ende vermuten ließe. Wohl muß sein Versuch, einen gesamtgesellschaftlichen Konflikt für seine eigene Person zu lösen, an der Unmöglichkeit einer solidarischen Aktion der Wissenschaftler und einsichtiger Politiker, die auf eine radikale Umwälzung in Theorie und Praxis der Gesellschaft hinzielen müßte, scheitern, doch löst sich Kipphardt insofern von Dürrenmatts bitterem Entwurf, als er im Schlußwort seines «Helden» in bewußter Anlehnung an Galileis «mörderische Analyse» die Utopie eines humanitären Bundes von Wissenschaft und Gesellschaft evoziert.

GALILEI UND OPPENHEIMER

GALILEI

Selbst ein Wollhändler muß, außer billig einkaufen und teuer verkaufen, auch noch darum besorgt sein, daß der Handel mit Wolle unbehindert vor sich gehen kann.
Und ich überlieferte mein Wissen den Machthabern, es zu gebrauchen, es nicht zu gebrauchen, es zu mißbrauchen, ganz wie es ihren Zwecken diente. Ich habe meinen Beruf verraten.

Die Kluft zwischen euch und ihr kann eines Tages so groß werden, daß euer Jubelschrei über irgendeine neue Errungenschaft von einem universalen Entsetzensschrei beantwortet werden könnte.

Ich halte dafür, daß das einzige Ziel der Wissenschaft darin besteht, die Mühseligkeit der menschlichen Existenz zu erleichtern.

Wie es nun steht, ist das Höchste, was man erhoffen kann, ein Geschlecht erfinderischer Zwerge, die für alles gemietet werden können.

OPPENHEIMER

Wenn ich denke, [...] daß auch die Grundlagenforschung in der Kernphysik heute die höchste Geheimnisstufe hat, daß unsere Laboratorien von den militärischen Instanzen bezahlt und wie Kriegsobjekte bewacht werden, [...] dann frage ich mich, ob wir den Geist der Wissenschaft nicht wirklich verraten haben, als wir unsere Forschungsarbeiten den Militärs überließen, ohne an die Folgen zu denken.

So finden wir uns in einer Welt, in der die Menschen die Entdeckungen der Gelehrten mit Schrecken studieren, und neue Entdeckungen rufen neue Todesängste bei ihnen hervor. Dabei scheint die Hoffnung gering, daß die Menschen bald lernen könnten, auf diesem klein gewordenen Stern miteinander zu leben, und gering ist die Hoffnung, daß sich ihr Leben eines nicht fernen Tages in seinem materiellen Aspekt auf die neuen menschenfreundlichen Entdeckungen gründen werde. Es scheint ein weidlich utopischer Gedanke, daß die überall gleich leicht und billig herstellbare Kernenergie andere Gleichheiten nach sich ziehen werde, und daß die künstlichen Gehirne, die wir für die großen Vernichtungswaffen entwickelten, künftig unsere Fabriken in Gang halten könnten, der menschlichen Arbeit ihren schöpferischen Rang zurückgebend. Das würde unserem Leben die materiellen Freiheiten schenken, die eine der Voraussetzungen des Glückes sind, aber man muß sagen, daß diese Hoffnungen durch unsere Wirklichkeit nicht zu belegen sind[80].

Einer Anregung des Piccolo Teatro di Milano folgend spielte das Berliner Ensemble Kipphardts Stück in den Dekorationen von «Leben des Galilei», in der Absicht, jene Kontinuität von Galilei zu Oppenheimer herzustellen, die Brecht im Auge hatte, als er die Atombombe als klassisches Endprodukt von Galileis wissenschaftlicher Leistung und seines sozialen Versagens bezeichnete. Vor Beginn des Oppenheimer-Stückes sprach Ernst Busch den Galilei-Monolog, während ein Film über den Abwurf der Atombombe auf Hiroshima gezeigt wurde. Bei dem Wort «Entsetzensschrei» erfolgte die Explosion, im folgenden wurden stumme Bilder der Opfer gezeigt[81].

Diese Auffassung des Oppenheimer-Dramas ist nicht nur durch Brechts «Galilei»-Interpretation, sondern auch durch verblüffende Analogien in der Struktur der beiden Prozesse gerechtfertigt:

1. Galileis und Oppenheimers Verurteilung erfolgte einzig aus machtpolitischen Gründen. Beide wurden Opfer eines politischen Klimawechsels. Solange die katholische Kirche bzw. die amerikanische Regierung ihrer Vorherrschaft in dem von ihnen beanspruchten Machtbereich sicher waren, konnten sie auf inquisitorische Verfolgung abweichender Meinungen verzichten, soweit sie nicht, wie im Falle Brunos, die Ideologie direkt in Frage stellten. Kopernikus genoß zeitlebens das Wohlwollen der Kirche, sein kurz vor seinem Tod veröffentlichtes Hauptwerk blieb siebzig Jahre lang unbehelligt. Erst als die Reformation mehr und mehr Anhänger fand und sich die römische Kirche der schwersten Krise ihrer Geschichte gegenübersah, meinte sie, von einem ähnlichen Katzenjammer befallen wie die USA nach den politischen und technischen Erfolgen der Sowjetunion in den fünfziger Jahren, das Dogma um jeden Preis durchsetzen und jede Art von Häresie erbarmungslos verfolgen zu müssen: 1616 setzte sie Kopernikus auf den Index (gleichzeitig mit der ersten Ermahnung Galileis), 1632 erzwang sie Galileis Widerruf.

2. Galilei und Oppenheimer zählten zu den prominentesten Wissenschaftlern ihrer Zeit und verfügten dank ihrer Gabe, komplizierte Zusammenhänge allgemein verständlich darzulegen und andere Menschen von ihren Ansichten zu überzeugen, über beträchtlichen Einfluß, nicht nur unter Wissenschaftlern.

3. Um ihre Verurteilung glaubhaft zu machen, mußte somit nicht nur ihre sachliche, sondern auch ihre moralische Autorität gebrochen werden. So unterwarf man sie einem demütigenden, «de vehementi», d.h. unter Voraussetzung der Schuld geführten Verfahren, das sich nicht mit dem Wahrheitsgehalt ihrer wissenschaftlichen Aussagen, sondern allein mit der Frage beschäftigte, ob sie sich wie gläubige Glieder der Kirche bzw. wie loyale Amerikaner verhalten hätten (und beide setzten alles daran, dafür gehalten zu werden!). Dem Schauprozeß gegen Galilei mit der öffentlichen Verkündigung des Widerrufs folgte die Veröffentlichung der Oppenheimer-Hearings.

Brecht und Kipphardt haben die Analogien erkannt und verwertet. Kipphardts Stück soll nach Anlage und Aussage ganz offensichtlich über drei Jahrhunderte hinweg die Brücke von der Prophezeiung zur Erfüllung, vom Versagen zum Verhängnis schlagen. Worum es Brecht ging, war Kipphardt, der während der Proben zum Berliner «Galilei» wenige hundert Meter vom Schiffbauerdamm entfernt als Dramaturg am Deutschen Theater arbeitete, zweifellos bekannt. Zahlreiche Indizien deuten darauf hin, daß auch Brecht die «Oppenheimer»-Interpretation seiner Nachfolger gebilligt hätte. Bereits in den vor dem Hearing, aber nach Oppenheimers Weggang von Los Alamos niedergeschriebenen Anmerkungen zur amerikanischen Fassung spielte er auf die Analogie an[82]. Die dritte Fassung des «Galilei» schließlich entstand unter dem Eindruck der weltweiten Diskussion um die Wasserstoffbombe und der Untersuchung gegen Oppenheimer. Endlich bezeugt eine Notiz im Arbeitsjournal Erschütterung über die Absurdität des Verfahrens, aber auch über Oppenheimers Verwirrung, das Maß von Selbstverleugnung und Erniedrigung, das der auf einmal schutzlos der Realität, den Drohungen und der Unerbittlichkeit seiner Gegner Ausgelieferte auf sich zu nehmen bereit war; Oppenheimers Schreiben an die Atomenergiekommission liest sich nach Brecht wie das

eines mannes, der von einem kannibalenstamm angeklagt wird, er habe sich geweigert, fleisch zu besorgen. und der jetzt, sich zu entschuldigen, vorbringt, er sei während der menschenjagd beim holzsammeln für den kochkessel gewesen! was für eine finsternis[83]!

Trotzdem zog Brecht es vor, den aktuellen Gehalt weiterhin in verfremdender Historisierung vorzuführen statt ihn unmittelbar zu gestalten, obwohl die Voraussetzungen zu einer dokumentarischen Behandlung durchaus gegeben waren. Bereits 1932 plante Brecht ein Prozeßtheater, das wichtige Prozesse der Geschichte und der Gegenwart aufführen sollte, und aus seinen späteren Jahren finden sich zahlreiche Entwürfe zu dokumentarischen Stücken: Rosa Luxemburg, Stalin, Molotow, Ribbentrop und andere werden erwähnt[84]. Der wichtigste Komplex in diesem Zusammenhang ist der Plan eines «Leben Einsteins» aus dem Jahre 1955[85]: Das Drama des Genies, das die Welt vor Hitlers Herrschaft bewahren möchte und mithilft, daß die Atombombe Wirklichkeit wird. Hier hätten sich, so möchte man meinen, die verschiedenen Stränge – Sündenfall der Naturwissenschaften, Einstein-Problematik, politische Ahnungslosigkeit der Wissenschaftler, Prozeßtheater – zu einer umfassenden Analyse vereinigen lassen. Daß der «Einstein»-Plan nicht über erste Notizen hinausgelangte, ist jedoch nicht nur, wie Schumacher annimmt, mit Brechts frühem Tod zu erklären. Galilei, der negative Held, der den Weg in eine veränderte Welt hätte öffnen können, fordert die Wissenschaftler unserer Zeit auf, zu handeln, ehe es zu spät ist, sich nicht mit der Macht zu arrangieren – Oppenheimer hingegen, von Anfang an Spielball der Machthaber, zugleich Mitschuldiger und Opfer einer langen, ebenso vom Zufall wie von der politischen Trägheit der Wissenschaftler beeinflußten Entwicklung, bleibt nichts übrig, als die Katastrophe zu konstatieren. Ähnlich sollte Brechts Einstein gezeichnet werden:

Am Ende weiß er, daß sein Triumph sich in seine Niederlage verwandelt hat, da auch er die große Formel [$e=mc^2$] nicht zurücknehmen kann, wenn ihre Tödlichkeit sich erwiesen hat[86].

Einstein kommt zum selben Ergebnis wie Dürrenmatts Möbius. Eine Ambivalenz von Furcht und Hoffnung, wie sie die beiden letzten Szenen von «Leben des Galilei» enthalten und ohne welche die Forderung an die heutige Wissenschaft sinnlos wäre, nähme sich in Einsteins oder Oppenheimers Mund unglaubwürdig aus; nicht umsonst nennt Oppenheimer «die Hoffnung, daß die Menschen bald lernen könnten, auf diesem klein gewordenen Stern miteinander zu leben» «gering[87]», und sie ist noch geringer als er es wahrhaben will. Gerade diese Ambivalenz bezeichnet jedoch den Kristallisationspunkt von Brechts Intentionen. Auf die Frage, ob die heutige Welt durch Theater wiedergegeben werden könne, schrieb er einen Satz, der sein dramaturgisches Vermächtnis enthält: «Vom Standpunkt eines Spielballs aus sind die Bewegungsgesetze kaum konzipierbar[88].» Brechts Gestalten leben in einer grausamen, gnadenlosen, der Veränderung bedürftigen, aber auch veränderbaren Welt. Ein Brechtscher Einstein hätte ebenso wie Galilei als sozialer Verbrecher oder allenfalls als Versager an der Schnittstelle negativer und positiver Kräfte gezeigt werden müssen, ein Oppenheimer als Epikuräer, der sich seinen Komfort oder seine Machtstellung bewahren will. Beides war ausgeschlossen. Seit er selbst im Oktober 1947 vor dem House Committee on Un-American Activities ausgesagt hatte und wie der historische Oppenheimer in erster Linie bemüht gewesen war, seine eigene Haut zu retten – das Protokoll liest sich stellenweise wie eine Kriminalgroteske –, wußte der kluge Stückeschreiber Bescheid über die unheroische Haltung, die man vor derartigen Ausschüssen einzunehmen pflegt; er war sich klar darüber, daß eine zunächst rein stofflich interessierte Kritik bei der unumgänglichen Heroisierung des Helden oder der für die dramatische Gestaltung erst näher zu bestimmenden (aber ebenfalls unumgänglichen) Alternativkräfte einhaken, «Wirklichkeit» und «Dichterwerk» vergleichen und damit die politische Wirksamkeit des Stückes, auf die allein es ankam, gefährden würde. So blieb es beim «Galilei».

Zwischen den beiden Polen dramatischer Gestaltung des Verhältnisses von Wissenschaft und Macht, Brechts «Leben des Galilei» und Dürrenmatts «Physikern», nimmt «In der Sache J. Robert Oppenheimer» eine eigenartige Stellung ein. Dürrenmatt, mißtrauisch gegen jede Utopie, beschränkt sich auf die unerbittliche Analyse, die er, um jede voreilig bequeme Deutung zu vereiteln, in eine phantastische, fiktive Handlung kleidet. Über die Tatsache, daß Galilei zu seiner Zeit genauso hilflos war wie Oppenheimer und sich aus seinem «falschen» Verhalten keine Anweisung zu «richtigem» ableiten läßt, täuschen der historische Abstand, die dichterische Verschmelzung von objektivem Bericht und kämpferischem Aufruf, die betont vage, prophetisch-allgemein formulierten Folgerungen hinweg. Kipphardt jedoch ist gezwungen, sich an Fakten zu halten, die seinen Helden, obwohl dem Stück Brechts Thesen Pate stehen, auf Möbius' Position zurückwerfen, die aber nun nicht mehr provozierend offen wie bei Dürrenmatt, sondern nur noch mit einem Anflug von Fatalismus gestaltet werden kann. Mit anderen Worten: das Stück kehrt sich, wenn auch nur im Politisch-Didaktischen und nicht als zeitgeschichtliches und ethisches Dokument, gegen die Absichten des Autors.

Literatur und Gesellschaft

> Der Zweck der Dichtkunst ist, nicht mit Genie-
> zügen zu prahlen, sondern ihre himmlische Kraft
> zum Besten der Menschheit zu gebrauchen.
> (Christian Friedrich Schubart)

Rückblick

In den vorangegangenen Kapiteln sind die unterschiedlichsten Reaktionen auf neue Aspekte wissenschaftlicher Arbeit und ihre plötzlich manifest gewordene Verknüpfung mit der sozialen Lebenswelt zur Sprache gekommen: tiefes Erschrecken über einen sich unversehens öffnenden Abgrund («Die chinesische Mauer»); die Ausflüchte, mit denen Zuckmayer sich der bedrängenden Problematik von Loyalität und Verrat zu entziehen sucht; in Kaisers erstem «Gas»-Drama die Sehnsucht nach einem aus der allgemeinen Verwirrung ausgegrenzten «grünen Plätzchen», im zweiten die Vision einer sinnlosen Apokalypse; die Verzweiflung des unschuldig Schuldigen, des reinen Toren, der stellvertretend Sühne für kollektiv begangenes Unrecht auf sich nimmt («Prozeß Richard Waverly»). Zweierlei ist den erwähnten Dramen gemeinsam: Entsetzen über die Macht, die menschlicher Willkür anheimgegeben ist, und Furcht vor der Tatsache, daß die Geschichte der nächsten Jahrhunderte von Entschlüssen abhängen mag, die einige wenige – weder durch besondere Einsicht noch durch andere Verdienste ausgezeichnete – Menschen hier und jetzt fassen. Keiner der Autoren hat die «Wurstelei unseres Jahrhunderts» eindringlicher gestaltet als Dürrenmatt, aber alle (vielleicht mit Ausnahme Brechts) scheinen sie ihm darin zuzustimmen, daß in einer Zeit, «die keine Schuldigen und keine Verantwortlichen mehr kennt», die Aussichten des Individuums, ja selbst eines Kollektivs, durch verantwortliches Handeln positive Gegenkräfte zu aktivieren und das Unheil abzuwenden, auf ein Minimum geschrumpft sind. Symptomatisch für die Ratlosigkeit der Schriftsteller angesichts der Übermacht der Gewalt und der ethischen Verwirrung unseres Zeitalters sind die Geschehnisse in Hans Henny Jahnns «Trümmern des Gewissens»: der «Bund der Schwachen», den Chervat um sich schart, um physischer Bedrohung, totalem Gesinnungsterror und verbrecherischer Manipulation an der Erbmasse Einhalt zu gebieten, hat von vornherein keine Chance, sich gegen den organisierten Wahnsinn der Machthaber zu behaupten.
Sollte sich also das Verhängnis, an dem Kristof Wolters, Richard Waverly, Jakob Chervat, Johann Wilhelm Möbius, Frischs Heutiger und Kaisers Milliardärsohn zerbrechen, als unüberwindlich erweisen?

229

Brecht, Kipphardt und, in einer sehr komplizierten, hintergründigen Weise, vielleicht auch Dürrenmatt sind anderer Ansicht. Von Galileis Satz ausgehend, daß nichts sich bewegt, was nicht bewegt wird, fragen sie nach Ursachen und Verantwortlichkeiten: nach der Verantwortung des Wissenschaftlers für die Gesellschaft, nach der entsprechenden Verantwortung der Gesellschaft für die Wissenschaft und den Voraussetzungen für eine ungestörte Symbiose beider. Was darunter im einzelnen zu verstehen ist, um welche Art von Verantwortung es geht und wie sich die Autoren zu ihr stellen, haben die Interpretationen darzulegen versucht. Gemeinsam ist den drei Stücken, daß Verantwortung nicht für eine einzelne Gruppe, sondern für die ganze Menschheit gemeint ist: das «globale Bewußtsein» versteht alle Völker und Nationen als eine einzige Schicksalsgemeinschaft. An die Stelle überkommener Denkstrukturen und Verhaltensnormen (eines egoistischen Patriotismus, der Förderung der Wissenschaft um ihrer selbst willen) setzt es eine neue Werteskala, die mögliche Entwicklungen in einem Teilbereich auf ihren Nutzen für die Gesamtheit prüft und von den gesellschaftlichen Bedürfnissen her umgekehrt der Wissenschaft neue Ziele setzt. Die «Selbstsucht der gesamten Menschheit», die Emanzipation aus wirtschaftlichen Bedrängnissen und politischen Zwängen nimmt in dem antizipierten, erst in Umrissen erkennbaren neuen Weltbild den obersten Rang ein.

Keiner der drei Autoren leugnet die gesellschaftliche Relevanz wissenschaftlicher Arbeit, doch divergieren ihre Meinungen hinsichtlich der Möglichkeiten des Individuums, ihr Nachachtung zu verschaffen, das als richtig Erkannte auch durchzusetzen. Dürrenmatt beurteilt sie am skeptischsten: zu seiner These, was alle angehe, könnten nur alle lösen, erfindet er eine Handlung, die jede Lösung ausschließt. Den Gegenpol bildet «Leben des Galilei»: das Stück kulminiert in der Hoffnung, die Wissenschaft werde so weit kommen, ihre höchste Aufgabe darin zu sehen, «die Mühseligkeit der menschlichen Existenz zu erleichtern». Die historische Verkleidung, die Projektion der Gegenwartsproblematik auf eine historische Gestalt, die Parallelsetzung von (realer) wissenschaftlicher und (erhoffter) gesellschaftlicher Umwälzung ermöglichen es Brecht, richtiges Handeln zumindest als Möglichkeit, als kategorischen Imperativ zu postulieren, ohne genötigt zu sein, es in Verhaltensanweisungen zu konkretisieren. In Kipphardts von denselben Axiomen ausgehendem und ähnliche Ziele verfolgendem Dokumentarstück bleibt dieser Ausweg verschlossen; durch den historisch belegten Ablauf der Ereignisse gezwungen mündet es in einen unaufhebbaren Konflikt unterschiedlicher und unvereinbarer Loyalitäten, der nur noch eine private, für die gesellschaftliche Gesamtentwicklung folgenlose Lösung gestattet.

230

Umgekehrt zu der Zunahme der äußeren Determination von Galilei über Oppenheimer zu Möbius verschiebt sich das Gewicht, das dem Einzelnen im geschichtlichen Prozeß zukommt. Von Galilei allein hängt es ab, wie sich die Beziehungen von Wissenschaft und Gesellschaft in Zukunft gestalten werden; Möbius wähnt sich in einer entsprechenden Situation, muß aber einsehen, daß er wie Oppenheimer austauschbar ist: «Brillante Ideen sind organisierbar, und sie sind nicht an einzelne Leute gebunden[1].» Während Oppenheimer und Möbius noch weltgeschichtlich zu handeln meinen, sind sie längst von den Geschehnissen überrollt worden.

Alle drei Physiker scheitern, entweder an den gesellschaftlichen Verhältnissen, die individuelle Distanzierung von der Geschichte, und geschähe sie noch so entschlossen und aus den besten Absichten, zum tragischen Versagen, wenn nicht zum Vergehen macht (Möbius, Oppenheimer) oder aber an ihrer persönlichen Schwäche, die sie hindert, den Schritt von der theoretischen Erkenntnis zur Verwirklichung zu wagen (Galilei). In jedem Fall ist bereits eine irreversible Wendung zum Schlechten eingetreten, ehe die dramatische Figur ihr Versagen gewahr wird. Das Verhängnis vollzieht sich, von Brechts «Galilei» abgesehen, nicht auf der Bühne, hier wird es nur aufgerollt und kommentiert. Am reinsten entsprechen Dürrenmatts «Physiker» der klassischen Form des analytischen Dramas: bis zum Ende meint Möbius, den Lauf der Dinge durch rigorose Selbstaufopferung positiv beeinflussen zu können; in der Absicht, das Verderben aufzuhalten, opfert er verzweifelt seine bürgerliche Existenz, seine wissenschaftliche Karriere und seine Geliebte, doch seine Vorkehrungen beschleunigen das Verhängnis nur und machen den Schaden irreparabel. Ereignet sich die Katastrophe außerhalb von Möbius' Bewußtsein und Erfahrungsbereich, so hat Oppenheimer als wissenschaftlicher Leiter von Los Alamos sie verantwortlich mitgestaltet, ohne sich über die Hintergründe, die moralischen und politischen Konsequenzen seines Handelns Rechenschaft abzulegen. Erst die Verhandlungen vor dem Sicherheitsausschuß, wo Vergangenes aufgerollt und aus der Perspektive der Nachkriegszeit beleuchtet wird (und aus kontroversen Meinungen sich allmählich erkennbare Strukturen herauskristallisieren), verschaffen ihm einen Wertmaßstab, anhand dessen er sein Verhalten zu überprüfen vermag. Des paradigmatischen Charakters seiner wissenschaftlichen und sozialen Leistung völlig bewußt ist sich nur Galilei. Umso schwerer wiegt deshalb sein Versagen: von Möbius' beinahe tragischer Verblendung über Oppenheimers Bewußtwerdungsprozeß bis zu Galileis Schuld verläuft eine aufsteigende Linie. In «Leben des Galilei» besteht das analytische Element in Brechts dramaturgischem Kniff, in dreizehn Szenen Verhaltensweisen einer historischen Gestalt vorzuführen, um dann in der vierzehnten diese Gestalt selbst, nun ausgerüstet mit dem Wissen eines Physikers der Gegenwart und zu ihrer Belehrung, über sich zu Gericht sitzen zu lassen. Das fatalistische Moment, das analytischen Dramen gewöhnlich anhaftet, fällt hier weg, da es nicht nur in Galileis Belieben gelegen hätte, der Geschichte eine andere Wendung zu geben, sondern auch der faktische Ablauf der Ereignisse seit seinem Widerruf den Sieg der Vernunft demonstriert hat und sein Aufruf sich nicht auf die verpaßte historische, sondern auf die noch zu leistende aktuelle Umwälzung bezieht.

In den drei Physikerdramen sind auch drei mögliche Weisen der Auseinandersetzung mit dem Problemkreis «Wissenschaft und Gesellschaft» sichtbar geworden. Kipphardts Oppenheimer-Stück unterwirft eine reale Begebenheit, auf ihren wesentlichen Gehalt reduziert, kritischer Begutachtung. Dürrenmatt verfährt rein fiktional, versteht es aber, Realität derart in der Fiktion abzubilden, das Denknotwendige mit dem Unwahrscheinlichen so zu verbinden, daß eine eigenständige groteske Gegenwelt entsteht, die sowohl dem künstlerischen Anspruch des Theaters genügt als auch den Zuschauer instand setzt, in Möbius' auswegloser Situation ein Bild seiner eigenen Befangenheit zu erkennen. Brecht wählt eine historische Figur zum Vorwurf, die jedoch primär als Präfiguration der Physiker unserer Zeit aufzufassen ist; von der wechselseitigen Spiegelung von Gegenwart und Vergangenheit geht, so hofft er, ein unmittelbarer praktischer Impuls aus. Galileis Selbstverurteilung, historisch unhaltbar, bezweckt die Öffnung der dramatischen Handlung in Gegenwart und Zukunft, sie überlagert der analytischen Komposition eine futurische Komponente in der Absicht, beim kritischen Zuschauer einen Lernprozeß einzuleiten. Eine analoge «Fortsetzbarkeit der Handlung» impliziert auch Kipphardts dokumentarischer Bericht, selbst bei Dürrenmatt steht sie unausgesprochen als Hoffnung im Hintergrund.

In den Physikerdramen kreuzen sich zwei gegenläufige Tendenzen des zeitgenössischen Bewußtseins und der zeitgenössischen Literatur: einerseits das Wissen um biologische, historische und soziale Determinationen, dramatisch fruchtbar gemacht seit Ibsen und den Naturalisten, andererseits das erstarkende Selbstbewußtsein des Menschen, die Überzeugung, daß «Schicksal» nicht verhängt, sondern von Menschen gemacht und also von Menschen gestaltbar sei. So kommt zu der Konfrontation des Publikums mit Fakten und Bedingtheiten das Bestreben, diese als historisch und sozial bestimmte einsichtig zu machen und, als zweite Stufe, die Intention, das kritische Bewußtsein der Zuschauer, ihr ethisches und politisches Urteilsvermögen zu schärfen, d. h. sie zu bewegen, sich der Realität auszusetzen, um sie zu verändern.

Die didaktisch-politische Absicht prägt sich nicht bei allen drei Autoren im selben Maße aus. Dürrenmatt bleibt skeptisch und vorsichtig; zwar räumt er ein, Literatur vermöchte unter Umständen die Welt zu beeinflussen, schreibt ihr aber keine weltverändernde Funktion zu. Brecht und Kipphardt dagegen liegt daran, «die Welt so zu begreifen, daß wir eingreifen können[2]». Was darunter zu verstehen ist, spricht Brechts Johanna im Sterben aus:

Sorgt doch, daß ihr die Welt verlassend / Nicht nur gut wart, sondern verlaßt / Eine gute Welt[3]!

Ausblick: Versuch einer Standortbestimmung

Um der Herausforderung des technischen Zeitalters zu begegnen, bedarf es nicht nur der Verfügung über technische Verfahren, über immer neues Wissen und neue Methoden; ebenso notwendig ist die Herausbildung eines dynamischen, an der Wünschbarkeit bestimmter Entwicklungen, an der Erarbeitung neuer Ausgangspositionen orientierten Denkens, das Ziele und Methoden ständiger Kontrolle unterwirft und den jeweiligen Bedürfnissen wie der verfügbaren Technologie anpaßt. Führende Wissenschaftler haben die Notwendigkeit eingesehen, die Befangenheit in Sachzwängen, in überlieferten Denkmodellen und Verhaltensweisen zu überwinden, aus der eindimensionalen Erweiterung bestehender Systeme und Normen auszubrechen und statt nach machbaren nach *wünschbaren* Zukünften zu fragen. Sie fühlen sich verantwortlich für die gesamtgesellschaftliche Entwicklung, der sich die Ansprüche einzelner Individuen und Gruppen unterzuordnen haben.

Schriftsteller wie Brecht oder Kipphardt sehen eine ähnliche Aufgabe für die Literatur: sie soll, indem sie Unvollkommenheiten und Bruchstellen im gesellschaftlichen Zusammenleben aufzeigt, zu einem neuen Selbstverständnis der von ihnen Betroffenen beitragen und darüber hinaus Impulse für praktisches Handeln vermitteln.

Es stellt sich daher die Frage, ob und gegebenenfalls wie die Literatur, insbesondere das Theater, an der Schaffung eines neuen Weltverhältnisses partizipieren könne. Wie steht es mit der von manchen Autoren reklamierten Schrittmacherfunktion im geistigen Bereich? Ist Weltveränderung mittels Literatur überhaupt möglich, und wenn ja, auf welche Weise? Eine klare und eindeutige Antwort zu geben fällt schwer, da literarische Wirkung sich nicht quantifizieren läßt. Falls überhaupt, vollzieht sie sich wenig spektakulär. Ob Stücke wie Hauptmanns «Weber» oder Hochhuths «Stellvertreter» als Korrektiv für die Zukunft wirksam wurden, läßt sich weder positiv noch negativ nachweisen. Andererseits haben Dramen, die ohne jede politische Wirkungsabsicht geschrieben wurden, unbestreitbar politische Wirkung ausgeübt. Und wo verläuft die Grenze zwischen Literatur und politischem Pamphlet? Zählt Zolas Schrift «J'accuse» als Werk eines hochangesehenen Literaten zur Literatur oder ihrer Intention wegen zum politischen Journalismus?

Es scheint, daß weder die Kriterien noch die Wirkungen «engagierter» Literatur zureichend umschrieben werden können. Nur so viel steht fest: die praktischen Möglichkeiten, die sich Wissenschaftlern bieten, durch Verweigerung von Kooperation, Ausarbeitung konkreter Alternativen, Zielvorstellungen und Prioritätslisten, durch Resolutionen und Appelle positive Beiträge an die Abwendung gesellschaftlich schädlicher Folgen ihrer Arbeit zu leisten, sind der Literatur verwehrt. Was sie erreichen will, muß sie auf dem Umweg über eine Bewußtseinsänderung ihres Publikums – eines weder nach sozialer Herkunft noch nach Interessen einheitlichen Publikums – erreichen. Über die Weise, in der das zu geschehen hat, gehen die Ansichten weit auseinander. Eine rein technokratische, die poetische Qualität der Literatur völlig mißachtende Position bezieht der Kybernetiker Karl Steinbuch:

> Damit unsere Gesellschaft sich geistig mit der Zukunft auseinandersetzen kann, sollten wir eine hochwertige Zukunftsliteratur haben. Wir haben zwar eine Menge literarischer Erzeugnisse, die Teilaspekte der Zukunft behandeln, aber es fehlt eine vernünftige Synthese, also Literatur, die gleichzeitig folgende Eigenschaften besitzt:
> Hoffnungsfroh wie E. Bloch – aber nicht so unkonkret,
> Konkret wie G. Orwell – aber nicht so pessimistisch,
> Biologiebewußt wie A. Huxley – aber nicht so unpsychologisch,
> Ökonomiebewußt wie W. Fucks – aber nicht so vereinfachend, usw.[4]

Glücklicherweise pflegen die Schriftsteller seit Gottscheds Zeiten nicht mehr allzu viel von derlei Rezepten zu halten. Ernst genommen und verwirklicht müßte Steinbuchs Programm das Ende aller Zukunftsliteratur bedeuten[5]. Die Aufklärungs- und Illustrationsfunktionen, auf die er Literatur festlegen möchte, können ebensogut, wenn nicht besser, vom Leitartikel, von der historischen oder utopischen Dokumentation, von spontanen Demonstrationen (Straßentheater) und wissenschaftlichen Abhandlungen ausgeübt werden.

So wenig wie in der Negation jeglichen wissenschaftlich voraussehbaren Fortschrittes darf sich Literatur in einfacher Extrapolation

234

gegenwärtiger Zustände und Entwicklungslinien, basierend auf vorgängigen Strategien von Wissenschaftlern, Politikern und Industriellen oder in kritikloser Vorwegnahme zukünftiger Lebensformen erschöpfen. Will sie sich mit ihren spezifischen Mitteln in die Diskussion möglicher (wünschbarer oder abzulehnender) Zukünfte einschalten, muß sie vielmehr darauf abzielen, ein Problembewußtsein zu schaffen, d. h. den Blick auf die treibenden Kräfte im gesellschaftlichen Zusammenleben lenken und, statt eine vorgeformte Zukunft in konkrete Bilder umzusetzen, Kräfte zu bewußter Gestaltung dieser Zukunft zu wecken.

Auf ihre Weise tendieren alle in den vorangegangenen Kapiteln analysierten Dramen in diese Richtung, selbst die restaurativen Zuckmayers und Kaisers. Bemerkenswert ist der Umstand, daß in jedem Falle, ob nun (bei Zuckmayer, Frisch, Schneider, Brecht, Dürrenmatt und Kipphardt) eine aktuelle Problematik oder (bei Kaiser und Jahnn) ein utopisches Geschehen die stoffliche Grundlage bildet, vorwiegend negative Tendenzen und Perspektiven gestaltet werden. Weshalb diese Beschränkung auf Warnfunktionen? Sollten positive Gegenbilder fehlen? Übersteigen sie die Vorstellungskraft der Autoren? Oder mißtrauen sie ihnen aus Furcht, die Schilderung eines zukünftigen Paradieses würde das kritische Bewußtsein des Publikums einschläfern und so der psychologischen und sozialen Manipulation in die Hand arbeiten? Mindestens für Brecht und Kipphardt, die darauf bestehen, daß Weltveränderung mittels Literatur möglich und wünschbar sei, wahrscheinlich aber auch für die Mehrzahl der übrigen Autoren, dürfte letzteres zutreffen. Sowohl hinsichtlich der inneren Spannung eines Stückes als auch der Aktivierung des Publikums ist der Nachweis bestehender Mißstände fruchtbarer als die notwendig unkonkrete Evokation eines Endzustandes. Obwohl sich aus der Negation eines Negativums nicht unbedingt schon etwas Positives ergibt, bildet die Fortsetzbarkeit der Handlung, die zukunftsorientierte Forderung nach neuen Leitbildern, die mit Ausnahme von «Gas II» und Zuckmayers «Kaltem Licht» alle erwähnten Dramen auszeichnet, ein nicht zu unterschätzendes Gegengewicht zur analytischen Aufdeckung gesellschaftlicher Konflikte: noch ist die Katastrophe abwendbar, noch kommt der negativen Utopie lediglich eine warnende Funktion zu.

In diesem Punkt treffen sich die Intentionen des Wissenschaftsdramas mit denjenigen der protestierenden Wissenschaftler: dem Manifest vom 12. April 1957, in dem sich achtzehn führende deutsche Atomphysiker, darunter die Nobelpreisträger Max Born, Otto Hahn und Werner Heisenberg, verpflichteten, weder an der Herstellung noch an der Erprobung oder dem Einsatz von Atomwaffen in irgendeiner Weise teilzunehmen; entsprechenden Erklärungen amerikanischer und britischer Wissenschaftler; den Bestrebungen der Pugwash-Bewegung, der Society for Social Responsibility in Science und ähnlicher Organisationen.

Die Tatsache, daß Brechts Forderung nach einem hippokratischen Eid der Naturwissenschaftler von diesen aufgenommen und in Fachzeitschriften zur Diskussion gestellt wurde[6] und die Physikerdramen auch in einer weiteren Öffentlichkeit zu ernsthaften Diskussionen über Gefahren und Hoffnungen des wissenschaftlich-technischen Fortschritts geführt haben, berechtigt zu der Annahme, daß dem Theater in dem mühsamen und langwierigen Prozeß einer völligen Neuorientierung wissenschaftlicher Arbeit und wissenschaftlicher Ethik einerseits, gesellschaftlicher Verwertung andererseits eine wichtige Vermittlerfunktion zukommen könnte: als Umschlagplatz und Brennpunkt divergierender Meinungen, als Medium, das im Dialog gesellschaftliche Kräfte miteinander konfrontiert und ihre zeitliche, soziale und psychologische Bedingtheit herausarbeitet. Aufgabe eines so orientierten Theaters könnte beispielsweise sein, Zusammenhänge zwischen den im allgemeinen Bewußtsein noch weitgehend isolierten «Subsystemen» Wissenschaft, Politik, Industrie sowie die Auswirkungen von Innovationen in einem dieser Bereiche und einer neuen wissenschaftlichen Denkweise auf die Gesellschaft aufzuzeigen – unter der Voraussetzung, daß es auf dogmatische Indoktrination und parteiliche Einseitigkeit verzichtet. Das schließt eine Parteinahme des Autors nicht aus, soweit sie sich aus den Erfordernissen des Stoffes ergibt und nicht umgekehrt der Stoff eine ideologische Voreingenommenheit illustrieren soll.

Über die Inhalte eines solchen Theaters läßt sich wenig sagen. Alles nur irgend Denkbare kann Gegenstand literarischer Gestaltung sein, vorausgesetzt, es besteht eine innere Beziehung zur Welt des Lesers oder Zuschauers: also nicht Formeln, sondern Wirkungszusammenhänge; Einbeziehung des Wissens über den Menschen, das die Wissenschaft vermittelt, in die Literatur als Verlängerung, Verfremdung, Gegenbild oder Voraussetzung des Ist-Zustandes. Eine Scheidung von «dokumentarischer» und «fiktionaler» Literatur ist weder sinnvoll noch wünschenswert.

Könnten aber nicht neben einer Weiterentwicklung des traditionellen Theaters die Methoden der «War Games» in künftigen «Peace Games» Verwendung finden? In Spielen von der Verstädterung, der Übervölkerung usw., die gesellschaftliche Fehlentwicklungen diskutierten und mögliche Alternativen ausarbeiteten, ähnlich wie das Psychodrama seelische und soziale Schäden aufzudecken und zu heilen vermag? Das spielerische Element der Literatur eignete sich vortrefflich zur Erprobung neuer Denkweisen, die nicht unbedingt in konkrete Prognosen überführbar sein müßten, aber zumindest Distanz zu eingefahrenen Denkschemata und «Sachzwängen» schaffen und einen größeren Kreis mit den Problemen der Zukunft und des Überlebens vertraut machen und aktiv an ihrer Gestaltung mitwirken lassen könnten. Wenn Robert Jungk die «War Games» «Ersatzhandlungen für die notwendig gewordenen, aber nicht gewagten Veränderungen der gesellschaftlichen Wirklichkeit» nennt – könnten nicht die «Peace Games» eine Vielzahl neuer Perspektiven aufzeigen und vielleicht zu Verhaltensstrategien führen, die ihrerseits wieder spielerischen Charakter trügen, d.h. nicht auf eine endgültige Lösung fixiert, sondern offen konzipiert und nach den jeweiligen Erkenntnissen wieder verändert würden? Derartige Extrapolationen in der Phantasie erlaubten versuchsweises Abtasten verschiedenartigster Varianten, ohne durch voreilige Verwirklichung neue Sachzwänge und unbeabsichtigte Nebenwirkungen zu schaffen. Je nach Kenntnissen und Interessen der Mitwirkenden wären Soziologie, Politik, Technik und Wirtschaft einzubeziehen und auf ihre Wechselwirkung zu prüfen. Ob die Denkprozesse (und nicht etwa nur ihre Ergebnisse!) schließlich als «prospective fiction» vorgelegt oder in der unverbindlichen Form von Szenarios vorgelegt würden, macht keinen wesentlichen Unterschied.

Eine solche Dramaturgie könnte, indem sie Drama und Theater aus ihrer Luxusfunktion löst, zur Bewältigung von Gegenwart und Zukunft beitragen und (was «engagierter» Literatur oft nur unter mühsamen Verrenkungen gelingt) die Bühne wieder zu einer Stätte der gesellschaftlichen Auseinandersetzung machen. Wo sich Literatur auf die Gegenwart einläßt, hat sie sich in direkter Auseinandersetzung mit neuen wissenschaftlichen und gesellschaftlichen Erkenntnissen am fortgeschrittensten Denken zu orientieren, ohne sich zu machtpolitischen und technokratischen Zwecken mißbrauchen zu lassen. Mit anderen Worten: Theorie und Praxis, Handeln und Reflexion, Wissenschaft und Literatur müßten ineinander überführbar sein.

Dazu müßten sich Schriftsteller wie Wissenschaftler und Politiker einem Lernprozeß in Richtung auf ein verschiedenste Lebensbereiche umfassendes, sie aufeinander beziehendes und auf gesamtgesellschaftlichen statt partikulären Fortschritt ausgerichtetes Denken unterziehen. Er setzt voraus, daß die Spaltung der «Zwei Kulturen» überwunden oder mindestens in eine fruchtbare Spannung überführt wird. Literatur, Wissenschaft und Politik sollten nicht mehr getrennte Bereiche, sondern unterschiedliche, einander ergänzende Erscheinungsformen ein und derselben Auseinandersetzung mit Gegenwart und Zukunft sein. Als ein Element dieses

237

Denkens könnte Literatur eine zentrale, in der Zeit selbst verwurzelte, sie verantwortlich mitgestaltende Stellung einnehmen – und zwar nicht nur diejenige Literatur, die gesellschaftliche Konflikte oder Probleme der wissenschaftlich-technischen Entwicklung thematisiert, sondern beispielsweise auch die Sprachspielereien eines Handke oder Heißenbüttel als Versuche, die Sprache als Medium jeglicher Kommunikation auf ihre Tragfähigkeit und Tauglichkeit, auf bewußtseinsbildende und bewußtseinsverengende Effekte zu prüfen. Und selbstverständlich verlieren auch in Zukunft weder diejenige Literatur, die zwischenmenschliche Individualbeziehungen gestaltet, noch die Bestrebungen, ohne jeden praktischen Bezug aus Sprache Welt zu gestalten, ihren Anspruch, ernstgenommen zu werden – sofern sie die Erkenntnisse der Wissenschaft nicht ausdrücklich mißachten und sich so für den wissenschaftlich geschulten Leser ihrer Glaubwürdigkeit begeben.

Verantwortung für die Gesellschaft und Selbstverständnis der Gesellschaft, Vermittlung von Kenntnissen und Erweiterung der Erkenntnisfähigkeiten, Analyse und Phantasie gehören untrennbar zusammen; erst in der Interferenz erschließen sie einem heutigen Leser eine wissenschaftlich erforschte und technisch gestaltbare Welt.

«Alle Künste tragen bei zur größten aller Künste, der Lebenskunst[7].»

Anhang zu «Leben des Galilei»

Zeittafel

1938 Herbst   Brecht arbeitet an «Leben des Galilei».

23. Nov.   Laut Brechts Arbeitsbuch ist «Leben des Galilei» vollendet. Die für den 3. Bd. der «Gesammelten Werke» (Malik-Verlag) vorgesehene Publikation muß wegen des Nazi-Einmarsches in Prag unterbleiben.

22. Dez.   Otto Hahn teilt der Redaktion der «Naturwissenschaften» mit, daß es ihm gelungen sei, einen Atomkern zu spalten.

1939 5. Jan.   Die dänische Zeitung «Berlingske Aftenavis» meldet die Vollendung des «Galilei».

6. Jan.   In den «Naturwissenschaften» erscheint Hahns Mitteilung. In Kalifornien macht sich Oppenheimer Gedanken über eine mögliche Verwendung der freiwerdenden Energie.

1943 9. Sept.   Im Zürcher Schauspielhaus wird die leicht überarbeitete erste Fassung uraufgeführt (Titelrolle: Steckel).
Die seit 1942 durchgeführten Flächenbombardemente deutscher Städte nehmen größere Ausmaße an.

1944 Frühjahr   Brecht prüft die «Moral» des «Galilei» nach.

16. Juni   Erster Einsatz der V1.

6. Sept.   Erster Einsatz der V2.

10. Dez.   Laut Eintragung im Arbeitsbuch systematische Arbeit an der zweiten Fassung (mit Laughton).

1945 6. Aug.   Über Hiroshima explodiert die Atombombe.
In den folgenden Jahren «Kreuzzug der Wissenschaftler» gegen den militärischen Mißbrauch wissenschaftlicher Forschung.

1947 30. Juli   Die zweite Fassung des «Galilei» in Los Angeles uraufgeführt (Titelrolle: Laughton).

31. Okt.   Brecht verläßt die USA (5. Nov. Ankunft in Zürich).
In Zürich beschäftigt sich Brecht mit der Rückübersetzung des «Galilei» ins Deutsche.

	7. Dez.	«Galilei»-Aufführung in New York (mit Laughton).
1952	1. Nov.	Explosion der ersten amerikanischen Wasserstoffbombe auf Eniwetok (Pazifik).
1953–1955		In Berlin entsteht in Zusammenarbeit mit Elisabeth Hauptmann und Benno Besson die dritte Fassung.
1954	Frühjahr	Sicherheitsverfahren gegen J. Robert Oppenheimer, den «Vater der Atombombe».
1955		Erster Druck der dritten Fassung («Versuche»).
	16. April	Uraufführung der dritten Fassung in Köln.
	14. Dez.	Beginn der Probenarbeit am Berliner Ensemble.
1956	14. Aug.	Tod Brechts. Erich Engel vollendet die Inszenierung.
1957	15. Jan.	Première am Berliner Ensemble (Titelrolle: Busch).

Texte und Materialien, Personal

Texte

1. Fassung:
«Galileo Galilei». Schauspiel in 14 Bildern. Bühnenmanuskript des Schauspielhauses Zürich (1943).
Gerhard Szczesny: Brecht, «Leben des Galilei». Dichtung und Wirklichkeit 5, Frankfurt/Berlin 1966 (enthält die Szenen 8, 9, 13).

2. Fassung:
«Galileo». English version by Charles Laughton. Grove Press, New York 1966.

3. Fassung:
«Leben des Galilei». Verschiedene Drucke:
«Versuche», Heft 14, Berlin 1955.
«Stücke VIII», Frankfurt/Berlin 1957 (leicht verändert). Der Text der «Stücke» auch: edition suhrkamp 1 und «Gesammelte Werke III», Frankfurt 1968.

242

«Leben des Galilei». Bühnenfassung des Berliner Ensemble. Henschelverlag, Berlin o.J. (stimmt mit keiner der vorstehenden Fassungen überein).

Bruchstücke:
[«Montaigne-Fragment»]: «Versuche», Heft 15, S. 132f. (aus der Urfassung).
«Prolog zur amerikanischen Aufführung»: GW X, 936.
«Epilog der Wissenschaftler»: GW X, 937.
Für Hinweise auf unveröffentlichtes Material vgl. «Bestandsverzeichnis des literarischen Nachlasses», Bd. 1, Berlin/Weimar 1969, Nr. 1010–1475.

Materialien

«Materialien zu Brechts ‹Leben des Galilei›», edition suhrkamp 44, Frankfurt 1965 u.ö. (abweichende Seitenzahlen bei den verschiedenen Auflagen).
Enthält Bemerkungen Brechts zu einzelnen Szenen und Figuren, Entwürfe zu Einleitungen, Probennotate der Berliner Inszenierung (14. Szene), Teile aus «Aufbau einer Rolle», Aufführungsverzeichnis, Auswahlbibliographie.

Personal

Abweichungen der 1. Fassung im Vergleich zur dritten:
- Anstelle Ludovicos treten zwei Adelige auf: Doppone (Galileis Schüler) und Ludovico (Virginias Verlobter).
- Die Stelle Federzonis nimmt ein wenig profilierter «älterer Gelehrter» ein.
- An der Stelle der Vanni-Episode findet sich die Geronimo-Episode (10./11. Szene).

Abweichungen der 2. Fassung im Vergleich zur dritten:
- Die Stelle Vannis nimmt Matti ein (ebenfalls Eisengießer, Auftritt von der 11. in die 2. Szene verschoben).

Veränderungen bei den Nebenpersonen wurden nicht berücksichtigt.

Aufbau der drei Fassungen

	I	II	III
Galileis Studierzimmer in Padua	1	1	1
Galilei überreicht der Republik Venedig sein Fernrohr	2	2	2
Galilei entdeckt die Jupitermonde und bewirbt sich um eine Stellung in Florenz	3	3	3
Disput mit den Florentiner Gelehrten	4	4	4
Virginia verläßt Florenz wegen der Pest. Galilei und Frau Sarti bleiben zurück	4	–	5a
Galilei arbeitet trotz der Pest weiter. Andrea kehrt zurück	5	–	5b
Das Collegium Romanum bestätigt Galileis Entdeckungen	6	5	6
Karneval in Bellarmins Haus. Galilei wird ermahnt	7	6	7
Gespräch mit dem Kleinen Mönch	7	7	8
Wiederaufnahme der Forschung	8	8	9
Karnevalsumzug	9	9	10
Galilei im Palast des Großherzogs. Die Inquisition holt ihn nach Rom	10	10	11
Einkleidung des Papstes	11	11	12
Galilei wartet auf das Verhör	11	–	–
Palast des florentinischen Gesandten in Rom. Galilei hat widerrufen	12	12	13
Der alte Galilei in Arcetri. Übergabe der «Discorsi»	13	13	14
Ein Buch überschreitet die Grenze	(14)	(14)	15

Im Text wird grundsätzlich die Szenennummer der jeweiligen Fassung erwähnt. Ist z. B. von der 12. Szene der ersten Fassung die Rede, wäre der entsprechende Vorgang in der dritten Fassung also in der 13. Szene zu finden.

Von der ersten zur dritten Fassung

Veränderungen im Aufbau einiger Schlüsselszenen

Im folgenden werden die Strukturen der 1., 8./9. und 13./14. Szene verglichen. Der Wortlaut der 8. und 13. Szene der Erstfassung findet sich bei Szczesny (S. 103–128), derjenige der 1. Szene weicht, abgesehen von den nachstehend verzeichneten Umstellungen und den im Textteil genannten Veränderungen, nicht wesentlich von der dritten Fassung ab.
Kursiv erscheinen die Vorgänge, die in der jeweils anderen Fassung nicht enthalten sind. Die Numerierung der in beiden Fassungen enthaltenen Vorgänge folgt der Reihenfolge der Erstfassung.

1. FASSUNG

1. Szene

Andrea wird belehrt (1)
Frau Sarti meldet den Kurator (2)

Dialog Galilei-Kurator (3)

Frau Sarti meldet Doppone (4)
Dialog Galilei-Doppone. Galilei erfährt vom Fernrohr (5)
Während des Gesprächs schickt Galilei Andrea zum Brillenmacher (6)

Nach Andreas Rückkehr und Doppones Abgang konstruiert Galilei das Fernrohr (7)

(Das Fernrohr erscheint Galilei als rettender Ausweg in einer finanziellen Klemme)

1. FASSUNG

1. Szene

Andrea wird belehrt (1)
Frau Sarti mit Ludovicos Empfehlungsbrief (4)
Dialog Galilei-Ludovico. Galilei erfährt vom Fernrohr (5)
Frau Sarti meldet den Kurator (2)
Galilei entleiht einen halben Skudo, schickt Andrea zum Brillenmacher (6)
Dialog Galilei-Kurator (3)

Galilei bietet dem Kurator das Fernrohr an, nachdem er von der Ablehnung seines Gesuchs um Gehaltserhöhung erfahren hat
Nach Andreas Rückkehr und dem Abgang des Kurators konstruiert Galilei das Fernrohr (7)

(Galilei verwendet das Fernrohr, das ihn zunächst aus wissenschaftlichen Gründen interessierte, zur Verbesserung seiner finanziellen Lage, als er einsieht, daß es anders nicht geht)

8. Szene	9. Szene
Galilei äußert sich über die Eigentümlichkeit wissenschaftlicher Arbeit (1) *Andrea gibt eine Unterhaltung Galileis mit Pappazzoni, einem seiner historischen Gegner, wieder* Sie leitet über ins Experiment (2) Virginia und Frau Sarti nähen Virginias Aussteuer (3) Mucius-Episode (4) Frau Sarti gibt Virginia den Rat, einen Astrologen aufzusuchen (5)	Virginia und Frau Sarti nähen Virginias Aussteuer (3) Mucius-Episode (4) Frau Sarti gibt Virginia den Rat, einen Astrologen aufzusuchen (5) Gaffone, Rektor der Universität, bringt ein Buch (8) *über Sonnenflecken* *Federzoni ärgert sich, daß er das Buch nicht lesen kann*
Gespräch über Galileis Zurückhaltung in der Frage der Sonnenflecken (6) Andrea macht Galilei deswegen Vorwürfe (7) *Galilei antwortet mit der Geschichte vom kretischen Philosophen Keunos* Gaffone, Rektor der Universität, bringt ein Buch (8)	Gespräch über Galileis Zurückhaltung in der Frage der Sonnenflecken (6) Andrea macht Galilei deswegen Vorwürfe (7)
	Experimente über schwimmende Körper (2) Galilei äußert sich über die Eigentümlichkeiten wissenschaftlicher Arbeit (1)
Ludovico, Virginias Verlobter, erscheint (9) (In der Ballszene erstmals eingeführt)	Ludovico, Virginias Verlobter, erscheint (9) (Es handelt sich um den reichen Schüler der 1. Szene)
Dialog Ludovico-Galilei. Ludovico vergewissert sich, daß Galilei nicht über Sonnenflecken arbeitet. Er berichtet von der bevorstehenden Wahl eines neuen Papstes (10)	Dialog Galilei-Ludovico. Ludovico vergewissert sich, daß Galilei nicht über Sonnenflecken arbeitet. Er berichtet von der bevorstehenden Wahl eines neuen Papstes (10) *Galilei erzählt Ludovico genießerisch von der Herkunft des Weins, den er ihm vorgesetzt hat*
Sogleich fordert Galilei seine Schüler auf, die Erforschung der Sonnenflecken aufzunehmen (11) *Galilei beachtet Ludovico überhaupt nicht mehr und trifft Vorbereitungen zur Beobachtung der Sonne*	Dann erst fordert er seine Schüler auf, die Erforschung der Sonnenflecken aufzunehmen (11) *Während Galilei seine Anweisungen gibt, bricht der Konflikt mit Ludovico offen aus*

Ludovico sieht sich gezwungen, die Verlobung zu lösen, da er weder das Vermögen, sich gegen seine Familie zu behaupten, noch Galileis Mut besitzt (12)

Frau Sarti mahnt Galilei vergeblich an das Glück seiner Tochter
Galilei äußert die Absicht, in der Volkssprache zu schreiben (14)
Er sieht die sozialen Konsequenzen seiner Arbeit (15)
Ludovico löst die Verlobung und droht Galilei mit der Macht der reichen Familien des Landes (12)

Galilei spricht über wissenschaftliche Methoden (13)
Galilei äußert die Absicht, in der Volkssprache zu schreiben (14)
Er sieht die sozialen Konsequenzen seiner Arbeit (15)

Galileis Schüler sagen den Mächtigen den Kampf an
Galilei spricht über wissenschaftliche Methoden (13)

Virginia fällt in Ohnmacht
Galilei: «Ich muß es wissen.»

13. Szene

14. Szene

Virginia, mißtrauisch und herablassend, füttert den alten Galilei
Der wachhabende Beamte der Inquisition vermutet, daß Galilei Manuskripte aus dem Haus schmuggelt
Der Hafner bringt die «Discorsi» zurück, nachdem er mehrmals vergeblich versucht hat, sie einem weiteren Mittelsmann zu übergeben, und verschafft sich einen Vorwand, um wiederzukommen
Der Arzt untersucht Galileis Augen. Galilei übertreibt seine Erblindung
Ein Durchreisender gibt Gänse ab (1)
Galilei läßt sich von Virginia einen Abschnitt aus den «Discorsi» vorlesen, der von der unterschiedlichen Widerstandskraft kleiner und großer Maschinen handelt
Andrea trifft ein. Galilei begrüßt ihn freudig (2)
Einleitender Dialog über die Lage der Wissenschaft nach Galileis Widerruf (3)
Galilei analysiert seinen Fall (4)
Sobald Virginia den Raum verlassen hat, teilt er Andrea die Vollendung der «Discorsi» mit (5)

Ein Durchreisender gibt Gänse ab (1)
Galilei diktiert den wöchentlichen Brief an den Erzbischof

Andrea trifft ein. Galilei ist bereit, ihn zu empfangen (2)
Einleitender Dialog über die Lage der Wissenschaft nach Galileis Widerruf (3)

Aus Eitelkeit teilt Galilei Andrea mit, daß er die «Discorsi» vollendet hat (5)

247

Er provoziert Andrea dreimal, das Manuskript an sich zu nehmen (6)	Er teilt Andrea mit, wo sich das Manuskript befindet (6)
Nachdem Andrea es an sich genommen hat, vergleicht er Galileis Werk mit einem Turm, an dem andere weiterbauen können (7) *Galilei widerspricht ihm nicht*	Andrea feiert Galilei als ersten Vertreter einer «neuen Ethik», die menschliche Schwächen rechtfertigt, wenn sie dem Werk dienen (7) Galilei widerspricht ihm mit einer «mörderischen Analyse» seines Falles (4)
Galilei betont seine Gewißheit, daß ein neues Zeitalter angebrochen ist. Er glaubt an den Sieg der Vernunft (8)	Auf Andreas Frage, ob er nicht mehr an die neue Zeit glaube, antwortet er kurz «Doch» (8) *Galilei ißt,*
Andrea verabschiedet sich (9) *Virginia bereitet Galilei das Bett*	während Andrea sich verabschiedet (9)

Von der zweiten zur dritten Fassung
Synoptische Gegenüberstellung der Schlußmonologe

2. FASSUNG	3. FASSUNG
13. Szene	*14. Szene*
In my spare time, I happen to have gone over this case. I have spare time.	In meinen freien Stunden, deren ich viele habe, bin ich meinen Fall durchgegangen *und habe darüber nachgedacht, wie die Welt der Wissenschaft, zu der ich mich selber nicht mehr zähle, ihn zu beurteilen haben wird.*
Even a man who sells wool, however good he is at buying wool cheap and selling it dear, must be concerned with the standing of the wool trade. The practice of science would seem to call for valor. She trades in knowledge, which is the product of doubt.	Selbst ein Wollhändler muß, außer billig einkaufen und teuer verkaufen, auch noch darum besorgt sein, daß der Handel mit Wolle unbehindert vor sich gehen kann. Der Verfolg der Wissenschaft scheint mir diesbezüglich besondere Tapferkeit zu erheischen. Sie handelt mit Wissen, gewonnen durch Zweifel. *Wissen verschaffend über alles für alle, trachtet sie, Zweifler zu machen aus allen. Nun wird der Großteil der Bevölkerung von ihren Fürsten, Grundbesit-*

The plight of the multitude is old as the rocks, and is believed to be basic as the rocks. But now they have learned to doubt. They snatched the telescopes out of our hands and had them trained on their tormentors: prince, official, public moralist.

The mechanism of the heavens was clearer, the mechanism of their courts was still murky. The battle to measure the heavens is won by doubt; by credulity the Roman housewife's battle for milk will always be lost.

Word is passed down that this is of no concern to the scientist, who is told he will only release such of his findings as do not disturb the peace, that is, the peace of mind of the well-to-do. Threats and bribes fill the air. Can the scientist hold out on the numbers? For what reason do you labor? I take it that the intent of science is to ease human existence. If you give way to coercion, science can be crippled, and your new machines may simply suggest new drudgeries. Should you, then, in time, discover all there is to

zern und Geistlichen in einem perlmutternen Dunst von Aberglauben und alten Wörtern gehalten, welcher die Machinationen dieser Leute verdeckt. Das Elend der Vielen ist alt wie das Gebirge und wird *von Kanzel und Katheder herab* für unzerstörbar erklärt wie das Gebirge. Unsere neue Kunst des Zweifelns entzückte das große Publikum. Es riß uns das Teleskop aus der Hand und richtete es auf seine Peiniger, Fürsten, Grundbesitzer, Pfaffen.
Diese selbstischen und gewalttätigen Männer, die sich die Früchte der Wissenschaft gierig zunutze gemacht haben, fühlten zugleich das kalte Auge der Wissenschaft auf ein tausendjähriges, aber künstliches Elend gerichtet, das ldeutich beseitigt werden konnte, indem sie beseitigt wurden. Sie überschütteten uns mit Drohungen und Bestechungen, unwiderstehlich für schwache Seelen. Aber können wir uns der Menge verweigern und doch Wissenschaftler bleiben?
Der Kampf um die Meßbarkeit des Himmels ist gewonnen durch Zweifel; durch Gläubigkeit muß der Kampf der römischen Hausfrau um Milch immer aufs neue verlorengehen.

Die Wissenschaft, Sarti, hat mit beiden Kämpfen zu tun. Eine Menschheit, stolpernd in einem Perlmutterdunst von Aberglauben und alten Wörtern, zu unwissend, ihre eigenen Kräfte voll zu entfalten, wird nicht fähig sein, die Kräfte der Natur zu entfalten, die ihr enthüllt.

Wofür arbeitet ihr? Ich halte dafür, daß das einzige Ziel der Wissenschaft darin besteht, die Mühseligkeit der menschlichen Existenz zu erleichtern. Wenn Wissenschaftler, *eingeschüchtert durch selbstsüchtige Machthaber, sich damit begnügen, Wissen um des*

be discovered, your progress must become a progress away from the bulk of humanity. The gulf might even grow so wide that the sound of your cheering at some new achievement would be echoed by a universal howl of horror. As a scientist I had an almost unique opportunity. In my day astronomy emerged into the market place. At that particular time, had one man put up a fight, it could have had wide repercussions.

I have come to believe that I was never in real danger; for some years I was as strong as the authorities, and I surrendered my knowledge to the powers that be, to use it, *no,* ‹not *use* it, *abuse* it,› as it suits their ends. I have betrayed my profession. Any man who does what I have done must not be tolerated in the ranks of science.

(Galileo, 123–124)

Wissens willen aufzuhäufen, kann die Wissenschaft zum Krüppel gemacht werden, und eure neuen Maschinen mögen nur neue Drangsale bedeuten. Ihr mögt mit der Zeit alles entdecken, was es zu entdecken gibt, und euer Fortschritt wird doch nur ein Fortschreiten von der Menschheit weg sein. Die Kluft zwischen euch und ihr kann eines Tages so groß werden, daß euer Jubelschrei über irgendeine neue Errungenschaft von einem universalen Entsetzensschrei beantwortet werden könnte. – Ich hatte als Wissenschaftler eine einzigartige Möglichkeit. In meiner Zeit erreichte die Astronomie die Marktplätze. Unter diesen ganz besonderen Umständen hätte die Standhaftigkeit *eines* Mannes große Erschütterungen hervorrufen können.

Hätte ich widerstanden, hätten die Naturwissenschaftler etwas wie den hippokratischen Eid der Ärzte entwickeln können, das Gelöbnis, ihr Wissen einzig zum Wohle der Menschheit anzuwenden! Wie es nun steht, ist das Höchste, was man erhoffen kann, ein Geschlecht erfinderischer Zwerge, die für alles gemietet werden können.

Ich habe zudem die Überzeugung gewonnen, Sarti, daß ich niemals in wirklicher Gefahr schwebte. Einige Jahre lang war ich ebenso stark wie die Obrigkeit. Und ich überlieferte mein Wissen den Machthabern, es zu gebrauchen, ‹es nicht zu gebrauchen, es zu mißbrauchen,› ganz wie es ihren Zwecken diente. Ich habe meinen Beruf verraten. Ein Mensch, der das tut, was ich getan habe, kann in den Reihen der Wissenschaft nicht geduldet werden.

(GW III, 1339–1341)

Zusätze der 2. bzw. 3. Fassung gegenüber der anderen ‹...› Abweichungen im Wortlaut, die einen abweichenden Sinn ergeben könnten. Absätze von mir eingefügt (R. Ch.).

Das Verhältnis zu den Quellen: Bacon und Galilei

BACON

Da nun vermeintlicher Reichtum zu den Hauptursachen der Armut gehört und im Vertrauen auf die Gegenwart die wahren Hilfsquellen für die Zukunft vernachlässigt werden, ist es dienlich, ja notwendig, daß ich hier an der Schwelle meines Werkes ohne Umschweife und ganz offen das Übermaß an Verehrung und Bewunderung der bisherigen Erfindungen einschränke. (6)

Auch ist besonders zu bedenken, daß alle Mühe beim Experimentieren gleich von Anfang an darauf bedacht gewesen ist, in unangebrachter Geschäftigkeit auf ganz bestimmte Ergebnisse sich festzulegen. Nach vorteilhaften – möchte ich sagen –, nicht aber nach lichtbringenden Versuchen hielt man Ausschau (11)

Endlich will ich alle samt und sonders erinnern, die wahren Ziele der Wissenschaft zu bedenken; man soll sie nicht des Geistes wegen erstreben, nicht aus Streitlust, nicht um andere gering zu schätzen, nicht des Vorteiles, des Ruhmes, der Macht oder ähnlicher niederer Beweggründe wegen, sondern zur Wohltat und zum Nutzen fürs Leben. (16)

Weiterhin mag man guter Hoffnung sein und meine Erneuerung der Wissenschaften nicht als etwas Unendliches und Übermenschliches sich vorstellen und dafür halten. Sie ist doch in Wahrheit das Ende und die Grenze des unendlichen Irrtums. (17)

GALILEI

Eine Hauptursache der Armut in den Wissenschaften ist meist eingebildeter Reichtum. (GW III, 1304)

Meine Absicht ist nicht, zu beweisen, daß ich bisher recht gehabt habe, sondern: herauszufinden, ob. [. . .] Ja, wir werden alles, alles noch einmal in Frage stellen. Und wir werden nicht mit Siebenmeilenstiefeln vorwärtsgehen, sondern im Schneckentempo. Und was wir heute finden, werden wir morgen von der Tafel streichen und erst wieder anschreiben, wenn wir es noch einmal gefunden haben. Und was wir zu finden wünschen, das werden wir, gefunden, mit besonderem Mißtrauen ansehen. (GW III, 1311)

Ich halte dafür, daß das einzige Ziel der Wissenschaft darin besteht, die Mühseligkeit der menschlichen Existenz zu erleichtern. (GW III, 1340)

Unsere Unwissenheit ist unendlich, tragen wir einen Kubikmillimeter ab! Wozu jetzt noch so klug sein wollen, wenn wir endlich ein klein wenig weniger dumm sein können! (GW III, 1269)

Es ist nicht ihr [der Wissenschaft]

251

[Brautbett des Geistes und der Natur]
Die Bitte des Hochzeitsliedes sei aber, daß aus dieser Hochzeit Hilfe für den Menschen und ein Stamm von Erfindern hervorgehen mögen, welche die Not und das Elend der Menschen zumindest teilweise mildern und besiegen. (25)

Das wahre und rechtmäßige Ziel der Wissenschaften ist kein anderes, als das menschliche Leben mit neuen Erfindungen und Mitteln zu bereichern. (87)

Was die Autoren betrifft, so zeugt es von höchstem Kleinmut, ihnen alles Verdienst zuzuerkennen, dem Autor aller Autoren aber und somit dem Urheber einer jeden Autorenschaft, der Zeit nämlich, ihr Recht zu verweigern. Denn mit Recht nennt man die Wahrheit eine Tochter der Zeit und nicht der menschlichen Autoritäten. (91)

Ziel, der unendlichen Weisheit eine Tür zu öffnen, sondern eine Grenze zu setzen dem unendlichen Irrtum. (GW III, 1304)

Ich halte dafür, daß das einzige Ziel der Wissenschaft darin besteht, die Mühseligkeit der menschlichen Existenz zu erleichtern. (GW III, 1340)

Die Wahrheit ist das Kind der Zeit, nicht der Autorität. (GW III, 1269)

Brecht hat wahrscheinlich nicht die vorliegende, sondern die Kirchmannsche Übersetzung benutzt, die mir nicht zugänglich war.

Anmerkungen

VERZEICHNIS DER ABGEKÜRZT ZITIERTEN WERKE

Vollständige bibliographische Angaben im Literaturverzeichnis

Doc.	United States Atomic Energy Commission: In the Matter of J. Robert Oppenheimer. Texts of Principal Documents and Letters.
Galileo	Bertolt Brecht: Galileo. English Version by Charles Laughton (2. Fassung)
GW	Bertolt Brecht: Gesammelte Werke. 20 Bde.
H	Friedrich Dürrenmatt: Gesammelte Hörspiele
KI, KII	Friedrich Dürrenmatt: Komödien I und II
Kipphardt (Bühnen- fassung)	Heinar Kipphardt: In der Sache J. Robert Oppenheimer (Bühnenfassung) = 51. Tausend der Ausgabe ed. suhrkamp 64
Kipphardt	Heinar Kipphardt: In der Sache J. Robert Oppenheimer (Fern- sehfassung) = 1.–50. Tausend der Ausg. ed. suhrkamp 64
Materialien	Materialien zu Brechts «Leben des Galilei»
Prot.	United States Atomic Energy Commission: In the Matter of J. Robert Oppenheimer. Transcript of Hearing before Personnel Security Board
Rülicke	Käthe Rülicke: Bemerkungen zur Schlußszene, in: Materialien, S. 91–152 (Aufzeichnungen von Brechts Proben in Berlin)
Schumacher	Ernst Schumacher: Drama und Geschichte
Szczesny	Gerhard Szczesny: Brecht, Leben des Galilei (Text der 8., 9. und 13. Szene der 1. Fassung)
TS	Friedrich Dürrenmatt: Theater-Schriften und Reden

Wissenschaft und Gesellschaft

1 Zit. Groves, Now it can be told, S. 355
2 ebd.
3 Bagge/Diebner/Jay, Von der Uranspaltung bis Calder Hall, S. 56 (Bagges Tagebuch während der Gefangenschaft, Eintragung vom 7. August 1945)
4 Jungk, Heller als tausend Sonnen, S. 232
5 Max Born, Die Physik in der Problematik unseres Zeitalters, S. 224
6 s. Krauch, Die organisierte Forschung, S. 155–159
7 Portisch, Friede durch Angst, S. 163
8 Portisch, Friede durch Angst, S. 166
9 Lapp, Kultur auf Waffen gebaut, S. 178f. (Der Verfasser des Buches war wissenschaftlicher Berater des ehemaligen Verteidigungsministers McNamara)
10 Lapp, Kultur auf Waffen gebaut, S. 179
11 zit. Lapp, Kultur auf Waffen gebaut, S. 152
12 Clarke, Stumme Waffen, S. 251
13 Clarke, Stumme Waffen, S. 14
14 Clarke, Stumme Waffen, S. 23
15 Clarke, Stumme Waffen, S. 14
16 Clarke, Stumme Waffen, S. 25
17 Burdick/Wheeler, «Fail Safe», deutsch: «Feuer wird vom Himmel fallen», Hamburg 1963
18 Portisch, Friede durch Angst, S. 178
19 Portisch, Friede durch Angst, S. 263–291
20 Max Born: Der Mensch und das Atom. In: M.B., Von der Verantwortung des Naturwissenschaftlers, S. 39
21 s. Krauch, Die organisierte Forschung, passim
22 s. Krauch, Die organisierte Forschung, S. 156
23 s. Meadows, Die Grenzen des Wachstums
24 Lapp, Kultur auf Waffen gebaut, S. 188
25 Oppenheimer, Drei Krisen der Physiker, S. 12
26 Heisenberg, Die Rolle der modernen Physik in der gegenwärtigen Entwicklung menschlichen Denkens, in: W.H., Physik und Philosophie, S. 181 bis 201, bes. 183f.
   Gehlen, Die Seele im technischen Zeitalter
   Schelsky und Freyer in ihren Beiträgen zum Sammelband «Wo stehen wir heute?»
27 Koestler, Das Gespenst in der Maschine
   Zitate S. 340, 260, 9
28 Lorenz, Das sogenannte Böse, S. 335f.
29 Lorenz, Das sogenannte Böse, S. 339f.
30 Lorenz, Das sogenannte Böse, S. 347
31 Lorenz, Das sogenannte Böse, S. 315
32 Portisch, Friede durch Angst, S. 265
33 Lapp, Kultur auf Waffen gebaut, S. 244
34 Steinbuch, Falsch programmiert, S. 47
35 Zu diesen hier nur angedeuteten Gedanken s. die Aufsätze:
   Technik und Wissenschaft als Ideologie
   Technischer Fortschritt und soziale Lebenswelt
   Verwissenschaftlichte Politik und öffentliche Meinung
   Alle in: J.H., Technik und Wissenschaft als «Ideologie»
36 Habermas, Technik und Wissenschaft als «Ideologie», S. 51

[37] s. dazu die Kapitel über Brecht und Kipphardt
[38] s. Prot. S. 37f.
[39] vgl. dazu:
Jungk, Heller als tausend Sonnen, S. 228–232
Blackett, Angst, Krieg und die Atombombe, S. 156–174
Beide Autoren nennen weitere Literatur
[40] Jungk, Heller als tausend Sonnen, S. 231f.
[41] Norman Cousins, zit. Jungk S. 231
Der militärische Leiter von Los Alamos, General Leslie R. Groves, erklärte als Zeuge im Sicherheitsverfahren gegen Oppenheimer, er sei schon 1942 überzeugt gewesen, «daß Rußland unser Feind war und das Projekt auf dieser Basis geleitet wurde» (Prot. S. 173). Diese Äußerung ist allerdings mit Vorsicht aufzunehmen, da sie mehr als ein Jahrzehnt nach den Ereignissen, auf die sie sich bezieht, mitten im kalten Krieg gemacht wurde. Eine andere Meinung vertritt Herbert Feis, The Atomic Bomb and the End of World War II., Princeton Univ. Press 1966
[42] zit. Groves, Now it can be told, S. 304
[43] Habermas, Wissenschaft und Technik als «Ideologie», S. 79
[44] zit. Fleckenstein, Naturwissenschaft und Politik, S. 82
[45] Eine Ausnahme bildeten die italienischen Akademien. Überhaupt waren die Beziehungen zwischen Wissenschaft und Technik in Italien besser als in den übrigen europäischen Ländern.
[46] Max Planck, Vorträge und Erinnerungen, Suttgart 1949, S. 331
[47] zit. Büchmann, Geflügelte Worte, Berlin 1964, S. 742
[48] s. Kapitel über Brecht
[49] Pauwels/Bergier, Aufbruch ins dritte Jahrtausend, S. 90
[50] Krauch, Die organisierte Forschung, S. 112
[51] In: Münster, Aufstand der Physiker, S. 157–184
[52] Text bei Jungk, Heller als tausend Sonnen, S. 386–401
[53] Born, Die Physik in der Problematik unseres Zeitalters, S. 230
[54] s. dazu: Snow, Science and Government, und: Snow, A Postscript to Science and Government
[55] Jungk, Heller als tausend Sonnen, S. 294–297
[56] Jungk, Heller als tausend Sonnen, S. 202
[57] zit. Jungk, Heller als tausend Sonnen, S. 202
[58] s. Kapitel über Brecht und Kipphardt
[59] Teller/Brown, Das Erbe von Hiroshima, S. 57f.
[60] Heidi Blattmann, Die Laserkanone – nicht nur ein Hirngespinst. In: Tages-Anzeiger für Stadt und Kanton Zürich, 28. August 1972
[61] Born, Die Zerstörung der Ethik durch die Naturwissenschaft, S. 180

Literatur und Wissenschaft

[1] Titel bei: E. Frenzel, Stoffe der Weltliteratur, Stuttgart 1962
[2] Einige Beispiele aus dem Themenkreis der vorliegenden Arbeit:
Pearl S. Buck: Command the Morning (1959)
Leicht verschlüsselte und stark simplifizierende, heroisierende Darstellung der Entwicklung und des ersten Einsatzes der Atombombe
Robert Goldston: Asche über dem Meer (1963)
Atomthematik dient als Katalysator für Beschwörung von Weltuntergangsstimmungen; ähnlich:
Nevil Shute, On the Beach

Martin Gregor-Dellin: Der Nullpunkt (1959)
Gregor-Dellins kritische Haltung vermag sich gegen die reißerischen Elemente nicht durchzusetzen.
Norbert Wiener: Die Versuchung. Geschichte einer großen Entdeckung (1960)
In diesem Roman des genialen Kybernetikers geht es um die Ausnutzung wissenschaftlicher Arbeit für kommerzielle Zwecke. Aber trotz seiner immensen Sachkenntnisse erliegt auch Wiener der Verführung des Atmosphärischen.

3   Immermanns Werke, hrsg. v. Harry Maync, Leipzig/Wien o.J. Bd. IV, S. 266 (9. Buch, letztes Kapitel)
4   Hamb. Ausg. III, 20
5   Hamb. Ausg. III, 348
6   Hamb. Ausg. III, 347
7   Alfred Andersch, «Die moderne Literatur und die Arbeitswelt». In: Frankfurter Allgemeine, 24. Juli 1959
8   vgl. das Ergebnis einer Umfrage bei ca. 50 Verlagen in Deutschland, Österreich und der Schweiz, in: Aus der Welt der Arbeit, S. 21f.
9   Der Begriff der «Zwei Kulturen» stammt von Charles Percy Snow. Zur Diskussion vgl. Kreuzer/Klein (Hrsg.), Literarische und naturwissenschaftliche Intelligenz
10 s. dazu Kreuzer/Klein (Hrsg.), Die Zwei Kulturen
11 Werke, II, S. 16f.
12 Viviani, Das Drama des Expressionismus, S. 113
13 Werke, II, S. 26
14 Werke, II, S. 37
15 Werke, II, S. 25
16 Werke, II, S. 35
17 Werke, II, S. 51
18 Werke, II, S. 58
19 Werke, II, S. 63
20 Werke, II, S. 64
21 Werke, II, S. 63f.
22 Werke, II, S. 69
23 Viviani, Das Drama des Expressionismus, S. 117
24 Werke, II, S. 87
25 Werke, II, S. 87
26 s. dazu Kapitel über Kipphardt
27 Helmut Lethen (Neue Sachlichkeit 1924–1932, bes. S. 58–92) weist zwar darauf hin, daß sich die bürgerlichen Intellektuellen nun auf einmal mit dem «herrschaftsfreien Raum der Technik» konfrontiert sahen und der Ingenieur zu einer Schlüsselfigur der Gesellschaft aufgerückt ist. In der Literatur (Lethen nennt u.a. Brechts Gedicht «700 Intellektuelle beten einen Öltank an», Brechts und Bronnens nicht ausgeführten Filmplan «Robinsonade auf Assuncion», Romane von Hannes Küpper, Heinrich Hauser, Erik Reger) hat sich diese neue Einstellung jedoch noch kaum niedergeschlagen.
28 Thomas Mann: Hermann Hesse zum siebzigsten Geburtstag, in: Th. M., Das essayistische Werk, Taschenbuchausgabe in acht Bänden, Frankfurt 1968, VII, S. 358 (über Hesses «Demian»)
29 Stücke, I, S. 156
30 Stücke, I, S. 156
31 Stücke, I, S. 181
32 Stücke, I, S. 160

[33] Stücke, I, S. 231–233

Der zitierte Abschnitt ist z.T. wörtlich aus Tagebuchnotizen übernommen, vgl. Tagebuch 1946–1949, S. 67

[34] Stücke, I, S. 235

[35] Stücke, I, S. 229

[36] Stücke, I, S. 229

[37] Stücke, I, S. 201f.

[38] Gerhard Kaiser, Max Frischs Farce «Die Chinesische Mauer», S. 130

[39] ebd.

[40] Der Autor und das Theater, in: Öffentlichkeit als Partner, S. 80

[41] Öffentlichkeit als Partner, S. 60

[42] Tagebuch 1946–1949, S. 141

[43] zit. Boveri, Der Verrat im XX. Jahrhundert, S. 223

[44] Boveri, Der Verrat im XX. Jahrhundert, S. 226

[45] Gesammelte Werke, IV, S. 479

[46] Gesammelte Werke, IV, S. 360

[47] Gesammelte Werke, IV, S. 480

[48] Gesammelte Werke, IV, S. 418

[49] Stücke, I, S. 205

[50] Gesammelte Werke, IV, S. 469

[51] Gesammelte Werke, IV, S. 467

[52] Gesammelte Werke, IV, S. 469

[53] Gesammelte Werke, IV, S. 471

[54] Gesammelte Werke, IV, S. 479

[55] Kesting, Panorama des zeitgenössischen Theaters, S. 281

[56] Ein Beispiel mag das Gesagte verdeutlichen:

Auf einem Zettel hat Wolters ein Treffen mit einem sowjetischen Agenten notiert. Hjördis findet den Zettel, nachdem sie Wolters gerade vorgeschlagen hat, gemeinsam zu fliehen, und bezieht die Notiz auf eine Rivalin. So geht die Liebe in die Brüche. Jahrelang behält Hjördis den Zettel bei sich. In der 12. Szene fällt er zufällig zu Boden, Ketterick sieht ihn und ist überzeugt, nun den endgültigen Beweis für Wolters' Verrat in der Hand zu halten. In rasender Fahrt macht er sich auf den Weg zu Northon, verliert die Herrschaft über seinen Wagen und stirbt. Northon erzählt Wolters etwas von einem Zettel, ohne vorläufig nähere Angaben machen zu können, da er ihn ja nicht gesehen hat. Wolters aber ist fest überzeugt, daß Hjördis ihn verraten hat, und beschließt, seine Verfehlungen zu gestehen. So wendet sich dank eines Stückchens Papier Pech zum Glück: dank des Zettels ist Hjördis Witwe geworden, dank des Mißverständnisses hat Wolters gestanden, und der Verbindung der beiden steht nichts mehr im Weg.

Immerhin würde die ökonomische Verwendung des Motivs selbst einer streng gebauten Novelle zur Ehre gereichen.

[57] Schumacher, S. 479

[58] Dramen, II, S. 768

[59] Dramen, II, S. 789

[60] Dramen, II, S. 790

[61] Dramen, II, S. 853

[62] Dramen, II, S. 923

[63] Muschg, Dürrenmatt und die Physiker, S. 355

[64] Muschg, Dürrenmatt und die Physiker, S. 355

[65] Muschg, Hans Henny Jahnn, S. 334

[66] Stücke, S. 108

In einem Interview mit Martin Linzer erklärte er: «Üblicherweise entsteht

Kunst aus der Begegnung von Wirklichkeit und Phantasie.»
Gedanken über das Theater, in: Stücke, S. 345
[67] Stücke, S. 108
Zum Dokumentartheater vgl. den Abschnitt über Kipphardt
[68] Stücke, S. 101
[69] Stücke, S. 102
[70] Stücke, S. 90

Bertolt Brecht: Leben des Galilei

[1] Einige Beispiele:

«Leben des Galilei»	457 Nummern
«Mutter Courage»	54 Nummern
«Der kaukasische Kreidekreis»	89 Nummern
«Die heilige Johanna der Schlachthöfe»	193 Nummern

[2] s. Zeittafel im Anhang
[3] so leider oft Mittenzwei, Von der «Maßnahme» zu «Leben des Galilei»
[4] GW, II, S. 638
[5] GW, XII, S. 376
[6] Heißenbüttel, Schwierigkeiten beim Schreiben der Wahrheit 1964, S. 230
[7] GW, XVIII, S. 237
[8] GW, IX, S. 661
[9] Esslin, Brecht, S. 62
[10] GW, XIX, S. 460
[11] Tagebuch 1946-1949, S. 288
[12] Materialien, S. 118
[13] Materialien, S. 107
[14] Die Intentionen der zweiten (amerikanischen) Fassung sind dieselben wie die der dritten; sie wird deshalb nur herangezogen, wo sie sich deutlich (nicht nur durch Auslassungen und andere Formulierungen) von ihr unterscheidet.
[15] Als «erste Fassung» wird hier durchwegs die am Zürcher Schauspielhaus aufgeführte bezeichnet, die «Urfassung» wurde weder gedruckt noch aufgeführt und ist deshalb von sekundärem Interesse.
[16] vgl. dazu die dritte Fassung:
Galilei (hinterherlaufend): Aber die Herren brauchten wirklich nur durch das Rohr zu schauen! GW, III, S. 1271
[17] GW, III, S. 1258f.
[18] GW, IV, S. 1603
[19] Was es damit auf sich hat, geht aus dem Kontrast Galileis zur Hauptgestalt des Film-Exposés «Die seltsame Krankheit des Herrn Henri Dunant» (1942) hervor. Dunant, der seine humanitäre Aufgabe höher bewertet als die Pflichten, die er als Genfer Bankier zu erfüllen hat, gerät in einen Zwiespalt von Geschäft und Humanität, moralischer und bürgerlicher Pflicht. «Seine humanitäre Mission kommt ihm immer mehr vor *wie ein Laster,* das man verstecken muß.» Nachdem die Familienbank in Konkurs gegangen ist, lassen ihn seine Angehörigen fallen, auch für das Rote Kreuz ist er nun untragbar geworden. «Es wurde ihm bedeutet, daß sein Auftreten dem Ansehen des Roten Kreuzes, das immer mehr zu einem internationalen Unternehmen erster Ordnung wurde, abträglich war.» Nach langer Irrfahrt endet er verbittert und vergessen in einem schweizerischen Armenhaus.
«Alle seine Äußerungen der letzten Lebensjahre sind erfüllt von Pessimismus und Warnungen an solche, die versuchen wollen, den Menschen zu helfen.

Dennoch wird berichtet, wie er auch jetzt noch seine alte Leidenschaft, die Menschlichkeit, nicht völlig zu unterdrücken wußte.
Man kann sich ihn gut vorstellen, wie er in aller Heimlichkeit, sozusagen *hinter seinem eigenen Rücken,* seinen dünnen Abendtee einem kranken Mitinsassen des Armenhauses auf den Nachttisch schmuggelte, *sich scheu umblickend,* ob ihn auch niemand entdeckte, mit dem schuldbewußten Benehmen, das sonst nur Diebe haben. (...) Denn Henri Dunant, der Bankier, Philanthrop, Bewohner der königlichen Paläste und der Nachtasyle, war ein Opfer der zerstörenden Leidenschaft, die Güte genannt wird.»
Trotz wörtlicher Anklänge an Galileis Monologe und Brechts Bemerkungen zur 14. Szene steht Dunant Shen Te und Grusche näher als Galilei. Zwar ist auch sein Hang zur Güte, wie Galileis Trieb zur Wissenschaft, unbezwinglich, doch tritt anstelle der Polarität von Versagen der Gesellschaft und individueller Schuld eine eindeutig gesellschaftlich bedingte Perversion, die die Entfaltung positiver Eigenschaften des Individuums schlechtweg verhindert. Dunant tut alles, was billigerweise von ihm erwartet werden kann, während Galilei seine Möglichkeiten nicht ausschöpft. Der «Verführung zur Güte» nachgeben bedeutet für Dunant Untergang, so ist er als tragische Figur angelegt.
Texte für Filme, II, S. 406–413. Zitate S. 409 und 412f. Hervorhebungen (wörtliche Anklänge an «Galilei» von mir, R. Ch.)

[20] Materialien, S. 63

[21] GW, III, S. 1306

[22] GW, III, S. 1307

[23] Pikanterweise wirft ausgerechnet Ludovico Galilei vor, die Oliven und den Wein von seinen Gütern «geistesabwesend» zu essen! (GW, III, S. 1309)

[24] «Kleines Organon», § 63, GW, XVI, S. 691
vgl. dazu Moses Mendelssohn, Über die Empfindung (1755): «Der Mathematiker schwimmt in Wollust.»
zit. Grimm-Wörterbuch, IV/I, 2, Sp. 3522

[25] Alle zitierten Stellen fehlen in der ersten Fassung

[26] GW, III, S. 1296 (fehlt in der 1. Fassung)

[27] GW, III, S. 1256 (fehlt in der 1. Fassung)

[28] Rülicke, S. 131
(Die «Bemerkungen zur Schlußszene» basieren auf den Tonbandaufnahmen von Brechts Proben mit dem Berliner Ensemble, die z.T. wörtlich, z.T. zusammenfassend wiedergegeben werden. Sie sind daher die Hauptquelle für Brechts Auffassung vom «Galilei» um 1955)

[29] Rülicke, S. 112

[30] Galileo, S. 106

[31] Galileo, S. 116f.

[32] GW, III, S. 1324

[33] Auf eine Pikanterie des Gesprächs macht Groseclose, Scene Twelve of Bertolt Brecht's «Galilei», S. 372 aufmerksam: «The scene is ended by a cynically pointed sentence, ‹Herr Galilei versteht sich auf Instrumente›. This closes the scene by giving a final statement of the solution of the problem of the scene: silence Galilei by threatening torture. The formulation is such a perversion of Galilei's world which produces ‹Instrumente› to enlighten Man's world and lighten his burdens that, instead of closing the scene, it opens the entire proceedings to a comparison of the two worlds and prepares the way for the following scene which paradoxically shows the ultimate truth of the statement.»

[34] GW, III, S. 1246

[35] GW, III, S. 1248f.

[36] GW, XVI, S. 692

[37] GW, XVI, S. 686

[38] Materialien, S. 105

[39] Materialien, S. 56 (zu Szene 3)

[40] Ludovico: Virginia, ich liebe dich, ich weiß es. Aber ich kann dich nicht heiraten, wenn es so kommt. Ich besitze kein Vermögen (Szczesny, S. 111)
Ludovico: Virginia, ich liebe dich, und ich liebe deinen Vater, so wie er ist. Aber seine Sache ist nicht die meine, ich verstehe nichts davon, und ich habe nicht seinen Mut (Szczesny, S. 112)

[41] Materialien, S. 87

[42] Materialien, S. 35

[43] Materialien, S. 87

[44] s. Pohl, Strukturelemente und Entwicklung von Pathosformen in der Dramensprache Bertold (!) Brechts, S. 58f.

[45] Brechts Urban ist mehr Wissenschaftler als der historische, s. dazu Schumacher, S. 294

[46] GW, III, S. 1322

[47] GW, III, S. 1321

[48] GW, III, S. 1295

[49] GW, III, S. 1294

[50] GW, III, S. 1234

[51] Szczesny, S. 124

[52] Szczesny, S. 124

[53] s. dazu unten

[54] Die Karnevalsszene ist noch nicht so radikal revolutionär wie in der dritten Fassung, zieht aber schon jetzt Schlüsse, die dem Denken der Zeit fremd waren. Text s. Szczesny

[55] Text der 3. Fassung:
«außer billig einkaufen und teuer verkaufen», GW, III, S. 1339

[55a] Szczesny, S. 124

[56] Szczesny, S. 124

[57] GW, III, S. 1317f.

[58] GW, III, S. 1295f.

[59] GW, III, S. 1297

[60] s. dazu Arbeitsjournal 10. Oktober 1945 und 10. Dezember 1945

[61] GW, III, S. 1310

[62] GW, III, S. 1310

[63] GW, II, S. 780

[64] GW, III, S. 1319
Dieselbe Haltung kann aber auch positiv bewertet werden, vgl. die 4. Szene:
Philosoph: Eure Hoheit, meine Damen und Herren, ich frage mich nur, wohin dies alles führen soll.
Galilei: Ich würde meinen, als Wissenschaftler haben wir uns nicht zu fragen, wohin die Wahrheit uns führen mag.
Philosoph (wild): Herr Galilei, die Wahrheit mag uns zu allem möglichen führen!
GW, III, S. 1270

[65] GW, III, S. 1322f.

[66] GW, III, S. 1323

[67] GW, III, S. 1290

[68] GW, III, S. 1290

[69] GW, III, S. 1287

70 GW, III, S. 1340
71 Szczesny, S. 126f.
72 GW, V, S. 2105
73 GW, XVI, S. 889
74 Szczesny, S. 127
75 GW, II, S. 856
76 GW, II, S. 855
77 Jakob Bührer: Galileo Galilei. Dramatische Dichtung in fünf Akten. Zürich 1933
   Bührer hält sich enger als Brecht an die historischen Fakten, ist mehr an der äußeren Handlung interessiert und zeigt, wo Brecht berichtet. Die soziale Komponente spielt keine wesentliche Rolle.
78 8. Szene
79 Szczesny, S. 105
80 Szczesny, S. 111
81 Szczesny, S. 107
82 GW, XII, S. 375f.
83 vgl. die Keuner-Geschichte «Der Gesandte», GW, XII, S. 393
84 Szczesny, S. 107
85 Brechts Regieanweisungen
86 Szczesny, S. 121
87 7. Szene
88 Regieanweisung, Szczesny, S. 126
89 Szczesny, S. 127
90 zit. Hultberg, Die ästhetischen Anschauungen Bertolt Brechts, S. 205 (Das Interview fand am 6. Januar 1939 statt). Weiter heißt es darin, der «Galilei» sei in Wirklichkeit für New York geschrieben. Schumacher (S. 386) zitiert jedoch einen Zeitungsbericht, nach dem Brecht das Stück vergeblich dem dramatischen Theater Stockholm angeboten hat
91 Es handelt sich um den Abschnitt, der in der 3. Fassung zwischen der 13. und der 14. Szene vor dem Vorhang verlesen wird
92 In eine ähnliche Richtung geht ein Fragment aus der Urfassung, das schon bei der Umarbeitung zur ersten Fassung weggefallen ist: Galilei läßt sich von Virginia einige Inschriften von Montaignes Bibliothek vorlesen und kommentiert sie (abgedruckt in «Versuche», Heft 15, S. 132f. Fehlt in GW)
93 Szczesny, S. 124
94 Arbeitsjournal, 23. November 1938
95 s. Mittenzwei, Von der «Maßnahme» zu «Leben des Galilei», S. 278. Mittenzwei teilt auch Pläne und Vorstufen mit
96 Szczesny, S. 124
97 s. dazu Schumacher, Der Fall Galilei, S. 169f.
98 GW, XVII, S. 1133
99 Szczesny, S. 124
100 Szczesny, S. 124
101 Schumacher, S. 208
102 Schumacher, S. 108
103 vgl. die Ausführungen über Thomas Mann im Gedicht «Als der Nobelpreisträger Thomas Mann den Amerikanern und Engländern das Recht zusprach, das deutsche Volk ‹für die Verbrechen des Hitlerregimes zehn Jahre lang zu züchtigen›» (GW, X, S. 871–873)
104 Heisenberg, Der Teil und das Ganze, S. 235–237
105 In den «Svendborger Gedichten» z.B.:
   Aber ihr Drittes Reich erinnert

An den Bau des Assyrers Tar, jene gewaltige Festung
Die, so lautet die Sage, von keinem Heer genommen werden konnte, die aber
Durch ein einziges lautes Wort, im Innern gesprochen
In Staub zerfiel (GW, IX, S. 705)
Oder:
Die Konstrukteure hocken
Gekrümmt in den Zeichensälen:
Eine falsche Ziffer, und die Städte des Feindes
Bleiben unzerstört (GW, IX, S. 817) u. a.

[106] «Anmerkungen zur Oper ‹Aufstieg und Fall der Stadt Mahagonny›», GW, XVII, S. 1016

[107] Brecht, Schriften zum Theater, Bibliothek Suhrkamp, Frankfurt 1965, S. 105

[108] In dieser intendierten Wechselwirkung liegt allerdings auch die Gefahr beschlossen, daß – bedingt durch die Art der Inszenierung oder die Gewöhnung eines am klassischen Drama geschulten Publikums – das eine lediglich als Vehikel des anderen betrachtet wird: von den erwähnten marxistischen Interpreten das, was die gegenwartsbezogene Tendenz übersteigt, von einem Teil der bürgerlichen Kritik ebendiese Tendenz. Zur widersprüchlichen Rezeption der Zürcher Uraufführung s. Schumacher, S. 122–132

[109] GW, XVII, S. 1109f.

[110] GW, XVII, S. 1110. Werner Hecht, der Herausgeber der Schriften zum Theater, datiert die Bemerkung auf 1939. Da Brecht aber von der vierzehnten Szene spricht, muß sie wahrscheinlich später datiert (oder einer der Vorstufen zugeschrieben) werden.

[111] s. das Gedicht «Die neuen Zeitalter», GW, X, S. 856

[112] GW, XVII, S. 1106

[113] Szczesny, S. 127f.

[114] Es handelt sich um die dritte Fassung! («Versuche», Heft 14) Weder Verfasser noch Verlag hielten es für nötig, auf die mehrfache Umarbeitung hinzuweisen; selbst der Besitzer der «Gesammelten Werke» erfährt nichts über die Existenz von drei vollständigen, in wesentlichen Punkten abweichenden Fassungen

[115] GW, III, S. 3*

[116] Sternberg, Der Dichter und die Ratio, S. 38

[117] Zu den Vorstufen s. Mittenzwei, Von der «Maßnahme» zu «Leben des Galilei», S. 394f. und Schumacher, S. 18ff., S. 385f.

[118] zit. nach Völker, Brecht-Chronik, S. 74

[119] Arbeitsjournal, 23. November 1938

[120] Zeitweilig erwog Brecht andere Titel, s. dazu das Nachlaßverzeichnis
Zitierter Titel nach Hultberg, Die ästhetischen Anschauungen Bertolt Brechts, S. 205

[121] Jungk, Heller als tausend Sonnen, S. 63–88

[122] Szczesny, S. 128
Schumacher, S. 118, teilt mit, daß Brecht diese Passage dem abgeschlossenen Manuskript des Ur-Galilei nachträglich (unter dem Einfluß der Atomspaltung) hinzugefügt hat

[123] Das Beispiel zeigt, auf welche Schwierigkeiten schon jetzt genaue Abklärungen stoßen:
Schumacher, S. 125, behauptet: «‹Leben des Galilei› blieb dort (im Zürcher Schauspielhaus, R. Ch.) von 1939 bis 1943 liegen», bringt aber keinen Beleg, was bei der sonstigen Akribie dieses Forschers erstaunt.
Curt Rieß, Sein oder Nichtsein, Der Roman eines Theaters, Zürich 1963,

schreibt S. 276, das Manuskript sei erst 1943 aus den USA eingetroffen. Die offiziöse Darstellung von Günther *Schoop* («Das Zürcher Schauspielhaus im Zweiten Weltkrieg», Zürich 1957 = Schweizer Theater-Jahrbuch 25 der Schweiz. Gesellschaft f. Theaterkultur) schweigt sich über diesen Punkt aus.

Auf briefliche Anfrage hat die *Dramaturgie des Schauspielhauses* dem Verf. mitgeteilt, daß leider keine Unterlagen mehr vorhanden seien.

Für eine stichhaltige Interpretation wäre die Abklärung dieser Frage aber notwendig.

[124] GW, III, S. 1340

[125] GW, III, S. 1340

[126] GW, III, S. 1341

[127] Brecht übertreibt die Bedeutung dieses Entschlusses. Zu Galileis Zeit war es nicht ungewöhnlich, humanistische Werke auf italienisch zu schreiben; in den Naturwissenschaften freilich war das Lateinische die verbindliche Umgangssprache
(Mündliche Auskunft von Dr. H. Mettler, Zürich)

[128] Materialien, S. 62

[129] GW, XVII, S. 1108f.

[130] Rülicke, S. 121

[131] GW, III, S. 1329

[132] GW, III, S. 1329

[133] GW, III, S. 1242

[134] GW, III, S. 1248

[135] Materialien, S. 74

[136] GW, III, S. 1341

[137] Rülicke, S. 118

[138] GW, III, S. 1341

[139] GW, XVII, S. 1133

[140] vgl. den Anhang

[141] Galilei: Würde ich mich zum Schweigen bereit finden, wären es zweifellos recht niedrige Beweggründe: Wohlleben, keine Verfolgung etc. (GW, III, S. 1296)

[142] Daraus ergibt sich allerdings ein Widerspruch: weshalb fertigte Galilei in langer, mühevoller Arbeit eine Abschrift an, wenn die Übergabe einem augenblicklichen Impuls zu verdanken ist?

[143] GW, III, S. 1336

[144] GW, III, S. 1337

[145] Szczesny, S. 116

[146] GW, III, S. 1330

[147] GW, III, S. 1342

[148] s. Anhang und Arbeitsjournal, 10. Oktober 1945

[149] vgl. dazu:
Grimm, Zwischen Tragik und Ideologie, in: Das Ärgernis Brecht, S. 103 bis 125
Grimm versucht am Beispiel der «Maßnahme» nachzuweisen, daß der junge Genosse sich in einer tragischen Situation befinde, weil er sich für eine von zwei unvereinbaren Möglichkeiten entscheiden müsse: entweder dem Kommunismus zum Sieg zu verhelfen oder die momentane Not zu lindern.
Tarot, Ideologie und Drama, wendet sich gegen Grimm und verneint die Tragik für das ideologische Drama überhaupt. Die Argumente des Verf. stützen sich auf Tarot.

[150] s. dazu Bohr, Atomphysik und menschliche Erkenntnis

151 GW, III, S. 1283
152 GW, III, S. 1297
153 Hamb. Ausg., VII, S. 245f.
154 Grimm, Zwischen Tragik und Ideologie, in: Das Ärgernis Brecht, S. 123
155 Kohlhase, Dichtung und politische Moral, S. 24
156 Texte für Filme, II, S. 414–429 (undatiert). Das Exposé hat die Gestalt einer Erzählung, nicht nur eines skizzenhaften Abrisses, so daß eine eingehendere Betrachtung möglich ist. Es bildet im übrigen ein weiteres Beispiel für Brechts Auffassung von Wissenschaft und die Bedeutung, die er der Methode des fruchtbaren Zweifels beimaß. Weiter ist sie von Interesse als einziges Beispiel, an dem Brecht eine wissenschaftliche Leistung in allen Phasen dargestellt hat.
157 Texte für Filme, II, S. 419
158 Texte für Filme, II, S. 419
159 GW, III, S. 1338
160 GW, III, S. 1337f.
161 GW, III, S. 1339
162 Jendreiek, Drama der Veränderung, S. 259
163 s. dazu Schumacher, S. 40–60 u. ö.
164 zit. nach Fleckenstein, Naturwissenschaft und Politik von Galilei bis Einstein, S. 36
    Das Beispiel bildet zugleich einen anschaulichen Beleg für Brechts außerordentliches Talent, abstrakte Auseinandersetzungen zu versinnlichen; vgl. dazu auch die Umarbeitung des Beginns der 6./7. Szene sowie der 8./9. Szene.
165 So der Astronom Prof. Waldmeier in einem Vortrag in der Universität Zürich am 12. Februar 1968
166 s. dazu Schumacher, Der Fall Galilei, S. 63
167 Szczesny, S. 124
168 GW, III, S. 1340
169 s. dazu Schumacher, Der Fall Galilei
170 s. die Belege im Anhang. Schumacher, S. 42f., zitiert nur einige davon und verkennt die zentrale Bedeutung, die Bacon zukommt
171 GW, III, S. 1297
172 GW, XX, S. 252
173 vgl. das «Montaigne»-Fragment («Versuche», Heft 15)
174 Der Bezug zu Descartes ist fraglich. Galileis Überzeugung, daß der Bau des Weltalls dem des Gehirns so angeglichen sei, daß die Bahnen der Planeten uns als die einfachsten erscheinen (GW, III, S. 1287) klingt zwar an Descartes an, Brecht schreibt sie aber Einstein zu: «Das kleine Argument über die Fassungskraft des menschlichen Gehirns (das der Stückeschreiber mit Vergnügen von Albert Einstein geäußert hörte) gab L. die Gelegenheit (...)» (Materialien, S. 59)
175 Marx/Engels, Über Kunst und Literatur, I, S. 200f.
176 Arbeitsjournal, 30. Juli 1945
177 Das geht schon aus dem Wortlaut hervor:
    Galilei: In meinen freien Stunden, deren ich viele habe, bin ich meinen Fall durchgegangen und habe darüber nachgedacht, wie die Welt der Wissenschaft, zu der ich mich selber nicht mehr zähle, ihn zu beurteilen haben wird (GW, III, S. 1339)
178 GW, XVII, S. 1109
179 s. Kapitel über Kipphardt
180 Arbeitsjournal, 23. Dezember 1947

[181] GW, XVII, S. 1107f.

[182] GW, XVII, S. 1106

[183] Arbeitsjournal, 6. April 1944

[184] Arbeitsjournal, 10. Dezember 1944

[185] GW, XVIII, S. 226

[186] GW, XVIII, S. 229

[187] GW, III, S. 1340

[188] GW, XVII, S. 1106
Diese oft zitierte Äußerung bezieht sich nach Meinung des Verf. also nicht auf die Umarbeitung der ersten Fassung zur zweiten, sondern auf den Einfluß der Atombombe auf die bereits vorliegende Neuinterpretation. In den vorangehenden Sätzen spielt Brecht zwar auf die erste Fassung an, interpretiert sie aber in einer Weise, die nur aus dem eben skizzierten neuen Verhältnis zur Wissenschaft erklärt werden kann.

[189] s. die Kapitel «Wissenschaft und Gesellschaft» und «Kipphardt»

[190] GW, XX, S. 338

[191] GW, XX, S. 338

[192] «Folgende Wahrheiten erachten wir als selbstverständlich: daß alle Menschen gleich geschaffen sind; daß sie von ihrem Schöpfer mit gewissen unveräußerlichen Rechten ausgestattet sind; daß dazu Leben, Freiheit und das Streben nach Glück gehören; daß zur Sicherung dieser Rechte Regierungen unter den Menschen eingesetzt werden, die ihre rechtmäßige Macht aus der Zustimmung der Regierten herleiten (...)»
(Unabhängigkeitserklärung der Vereinigten Staaten, zit. nach: Proklamationen der Freiheit, Von der Magna Charta bis zur ungarischen Volkserhebung, hrsg. v. J. Musulin, Fischer-Bücherei 283, S. 63)

[193] s. Kapitel über Kipphardt

[194] Zur Reihenfolge der Szenen vgl. den Anhang
Bemerkenswert sind einige Übernahmen aus der 1. Fassung, d.h. Wiederaufnahmen von Partien, die in Amerika weggefallen waren; außer der Pestszene und der Schmuggelszene sind in erster Linie zu nennen:
9. Szene: Mucius-Auftritt
9. Szene: Galileis Hinweis auf Bacon: («Eine Hauptursache der Armut...»)
Die sozialen Konsequenzen werden stärker herausgearbeitet: In der 3. Szene der 2. Fassung fehlt die Folgerung «Himmel abgeschafft», im Monolog der 1. Szene sind neu die Abschnitte «Auf unserm alten Kontinent ist ein Gerücht entstanden [...] gibt es wieder zu tun für neue Geschlechter» und «Alle Welt sagt: ja, das steht in den Büchern [...] regen sich fünfhundert Hände zugleich in einer neuen Anordnung» sowie «Denn es wird diesen neuerungssüchtigen Menschen unserer Städte gefallen [...] weit über alle Felder» (GW, III, S. 1232–1234)
8. Szene «Wahrscheinlich meinen Sie nur, es ist nichts da [...] Um das letztere handelt es sich» (GW, III, S. 1295)
Die Textstellen, die im Abschnitt über Galileis Charakter als Belege für die Baalisierung angeführt werden, fehlen auch noch in der 2. Fassung.
Die Berliner Bühnenfassung entspricht in der Intention der Buchfassung, steht aber in vielen einzelnen Formulierungen der 1. Fassung näher.

[195] vgl. die synoptische Gegenüberstellung der Schlußmonologe der 2. und 3. Fassung im Anhang

[196] GW, X, S. 937

[197] GW, III, S. 1341

[198] GW, III, S. 1341

[199] s. Kapitel über Kipphardt

266

200 Jendreiek, Bertolt Brecht, Drama der Veränderung, S. 267
201 GW, III, S. 1345
202 Szczesny, S. 128
203 vgl. den Vorspruch der 15. Szene!
204 Szczesny, S. 127
205 «In den Zeiten der Umwälzung, den furchtbaren und fruchtbaren, fallen die Abende der untergehenden Klassen mit den Frühen der aufsteigenden zusammen. Dies sind die Dämmerungen, in denen die Eule der Minerva ihre Flüge beginnt.»
    GW, XVI, S. 702 («Nachträge zum Kleinen Organon)»
206 «Versuche», Heft 15, S. 132–133, vermutlich aus Nachlaßverzeichnis Nr. 1018, nicht in GW aufgenommen
207 GW, III, S. 1296
208 GW, XVI, S. 929f. («Kann die heutige Welt durch Theater wiedergegeben werden?»)
    Die Äußerung bezieht sich auf Dürrenmatts «Theaterprobleme»
209 Lessing, Laokoon, III
210 Hinck, Dramaturgie des späten Brecht, S. 79–87 («Fortsetzbarkeit der Handlung»)
    Kesting, Das epische Theater, S. 62f. («Aussparung der dritten Strophe»)
211 GW, IX, S. 645
212 GW, IX, S. 645
213 Anmerkung zu einer Szene aus «Mutter Courage», in: H. M., Anmerkungen zu Brecht, S. 46
214 «Kleines Organon», § 1, GW, XVI, S. 663
215 «Kleines Organon», § 12, GW, XVI, S. 667
216 Hinck, Dramaturgie des späten Brecht, S. 79f.
217 «Über Experimentelles Theater» (1939/40), GW, XV, S. 302
218 GW, XVI, S. 653
219 «Kurze Beschreibung einer neuen Technik der Schauspielkunst...»
    GW, XV, S. 347
220 «Kleines Organon», § 36, GW, XVI, S. 678
221 Auch Brecht war sich darüber im klaren, s. Arbeitsjournal 25. Februar 1939 und 16. Januar 1945
222 s. dazu Jendreiek, Drama der Veränderung, S. 291ff.
223 Schumacher, S. 155
224 s. dazu Brechts Entwurf einer dramatischen Kurve zum «Galilei» (Abbildung bei Schumacher vor S. 129)
225 vgl. «Kleines Organon», § 63, GW, XVI, S. 690–692
226 Ein weiteres Beispiel: das Ende der 9. Szene. Nach Ludovicos Abreise wird Virginia ohnmächtig. Galilei darauf: «Ich muß es wissen.» (GW, III, S. 1312)
227 GW, XVII, S. 993
228 Arbeitsjournal, 23. November 1938. Die Notiz bezieht sich zwar auf die erste Fassung, gilt aber ebenso sehr für die dritte
    s. auch Arbeitsjournal 4. März 1941: «die epischen prinzipien garantieren eine kritische Haltung des publikums, aber diese haltung ist eminent emotionell.»
229 s. dazu auch Arbeitsjournal 10. September 1945: «für einen augenblick befürchtet Laughton ganz naiv, die wissenschaft könne dadurch durch die Atombombe so diskreditiert werden, daß ihre geburt – im ‹Galilei› – alle sympathie verlöre»
230 GW, XV, S. 295
231 GW, XI, S. 275

[232] Brecht auf der Probe. Rülicke, S. 121
[233] GW, XVII, S. 1112f.
[234] zit. Hultberg, Die ästhetischen Anschauungen Bertolt Brechts, S. 85
[235] GW, XVII, S. 987f.
[236] Diese Frühfassung wird seit 1968 vom Berliner Ensemble gespielt. In GW findet sich kein Hinweis darauf
[237] Programmheft Berliner Ensemble
[238] GW, II, S. 2*
[239] Heisenberg, Der Teil und das Ganze, S. 103
[240] GW, XX, S. 291
[241] «Kleines Organon», § 11, GW, XVI, S. 666
[242] Es ist anzunehmen, daß Brecht im Exil in Dänemark auf den Begriff der Komplementarität gestoßen ist. Verschiedentlich berichtet er von Kontakten zu Niels Bohrs Institut – jenes Niels Bohr, der die Komplementarität als erster theoretisch formuliert hat.
[243] Felsenstein, Gedenkrede, in: Erinnerungen an Brecht, Leipzig 1963, S. 253
[244] s. Nachlaßverzeichnis Nr. 4297–4300. Nr. 4299: Notiz auf Rückseite eines Blattes zum «Galilei»
[245] s. Arbeitsjournal 2. Oktober 1945 und Schumacher, S. 318–321
[246] s. Kapitel über Kipphardt sowie: Nachlaßverzeichnis Nr. 4492–4501 Schumacher, S. 320–328
[247] Anmerkung zum «Hofmeister», GW XVII, S. 1231
[248] GW, XVII, S. 1283, 1282, 1277
[249] GW, XVII, S. 1285

Friedrich Dürrenmatt: Die Physiker

[1] TS, S. 184
[2] (Untertitel des Stückes)
[3] Bienek, Werkstattgespräche, S. 122
[4] Im Hinblick auf den direkten Gegenwartsbezug wäre es vielleicht angemessener, mit Wolfgang Binder von typologischer statt von symbolischer Dichtung zu sprechen: «Der dargestellte Mensch ist Typus, Beispiel für viele, die heute leben, aber nicht eigentlich Symbol, wofern man unter einem Symbol, mit Hegel zu sprechen, ein ‹Fenster ins Absolute› versteht. Sein Bild fängt die Horizontale der Gegenwart ein; die Vertikale des Seins erscheint nicht oder vielleicht per negationem ...» (Binder, Das Bild des Menschen in der modernen deutschen Literatur, S. 12)
[5] TS, S. 63
[6] KII, S. 288
[7] KII, S. 288
[8] TS, S. 94ff.
[9] TS, S. 96
[10] TS, S. 124
[11] TS, S. 113
[12] KII, S. 344
[13] KII, S. 350
[14] Jauslin, Friedrich Dürrenmatt, S. 120
[15] Dürrenmatt, «21 Punkte zu den Physikern», KII, S. 354
[16] Bänziger geht noch einen Schritt weiter und läßt offen, ob die wirtschaftlichen Unternehmungen der Ärztin als Realität oder als Vorstellung einer Schizophrenen anzusehen seien, was der Anlage und Folgerichtigkeit des Stückes widerspräche.

[17] Dürrenmatt, Ich denke an Prag, in: Tschechoslowakei 1968, S. 19
[18] Bienek, Werkstattgespräche, S. 129
[19] TS, S. 152
[20] TS, S. 208
[21] TS, S. 208
[22] TS, S. 187
[23] TS, S. 188
[24] Bänziger, Frisch und Dürrenmatt, S. 127
[25] Bänziger, Frisch und Dürrenmatt, S. 122
[26] TS, S. 40–41
[27] «Vom Sinn der Dichtung in unserer Zeit», TS, S. 56–64
«Heller als tausend Sonnen. Zu einem Buch von Robert Jungk», TS, S. 272 bis 276
Es ist anzunehmen, daß die Lektüre dieses Buches Dürrenmatt veranlaßte, das «Physiker»-Thema aufzugreifen. Wesentliche Momente des Stückes sind hier schon angelegt.
[28] KII, S. 356
[29] TS, S. 123
[30] TS, S. 48f.
[31] KI, S. 256f.
[32] TS, S. 123
[33] KII, S. 342
[34] «Einleitung zur ‹Panne›», TS, S. 80
[35] TS, S. 80
[35a] TS, S. 120
[36] TS, S. 122
[37] Regieanweisung KII, S. 347
[38] TS, S. 60
[39] TS, S. 120
[40] TS, S. 228
[41] KII, S. 337
[42] KII, S. 339
[43] KII, S. 350
[44] TS, S. 276 (Jungk-Rezension)
[45] KII, S. 347, 348
[46] KII, S. 312
[47] KII, S. 346
[48] KII, S. 351
[49] KII, S. 320
[50] KII, S. 351
[51] KII, S. 351f.
[52] Oberle, Grundsätzliches zum Werk Friedrich Dürrenmatts, in: Der unbequeme Dürrenmatt, S. 12f.
[53] H, S. 238
[54] TS, S. 80
[55] Jauslin, Friedrich Dürrenmatt, S. 117
[56] ebd.
[57] Strelka, Brecht, Horvath, Dürrenmatt, S. 119
[58] «Dramaturgische Überlegungen zu den Wiedertäufern», in: F. D., Die Wiedertäufer, Zürich 1967, S. 102
[59] TS, S. 122
[60] TS, S. 123
[61] TS, S. 136

[62] TS, S. 72
[63] TS, S. 120f.
[64] s. dazu Heidsieck, Das Groteske und das Absurde im modernen Drama
[65] s. «Dramaturgische Überlegungen zu den Wiedertäufern», in: F.D., Die Wiedertäufer, Zürich 1967, S. 105f.
[66] TS, S. 119
[67] TS, S. 136
[68] KII, S. 342
[69] KII, S. 342
[70] KII, S. 343
[71] TS, S. 274
[72] TS, S. 272
[73] s. «Briefe über die ästhetische Erziehung des Menschen», 23. Brief
[74] TS, S. 275 (Jungk-Rezension)
[75] s. oben
[76] TS, S. 228
[77] Bienek, Werkstattgespräche, S. 133
[78] «Dramaturgische Überlegungen zu den Wiedertäufern», S. 107
[79] GW, XVI, S. 930
[80] GW, V, S. 3*
[81] TS, S. 127
[82] Hans Mayer: Brecht und Dürrenmatt oder Die Zurücknahme, in: H. M., Anmerkungen zu Brecht, S. 56–83
Leider läßt Mayer es bei dieser allgemeinen Feststellung bewenden. Statt die beiden Stücke miteinander zu vergleichen, assoziiert er vage zu Thomas Manns «Doktor Faustus» und kommt dann auf die Beziehung Brecht-Dürrenmatt im allgemeinen zu sprechen
[83] Umfrage des Verfassers. Andere Namen wurden zwar ebenfalls genannt, jedoch nicht so häufig
[84] KII, S. 337
[85] TS, S. 275 (Jungk-Rezension)
[86] TS, S. 276 (Jungk-Rezension)
[87] GW, II, S. 652
[88] «21 Punkte zu den Physikern», KII, S. 356

Heinar Kipphardt: In der Sache J. Robert Oppenheimer

[1] Prot., S. 8
[2] Prot., S. 80
[3] Prot., S. 79f.
[4] Prot., S. 81
[5] Prot., S. 837
[6] Doc., S. 1–23
[7] Doc., S. 62 (Thomas E. Murray)
[8] Doc., S. 63–67
[9] Doc., S. 13
[10] Doc., S. 23
[11] Fernsehfassung: «In der Sache J. Robert Oppenheimer. Ein szenischer Bericht». edition suhrkamp 64, 1.–50. Tausend
Bühnenfassung: «In der Sache J. Robert Oppenheimer. Schauspiel». edition suhrkamp 64, ab 51. Tausend
Die Bühnenfassung enthält zusätzlich zur Fernsehfassung Monologe der

Hauptpersonen, die nicht dem Protokoll entnommen sind, einen Einschub (S. 74f.) und geringfügige szenische Veränderungen. Die vorliegende Arbeit stützt sich auf die Fernsehfassung, die auch an einigen Theatern gespielt wurde

[12] Weiß, Das Material und die Modelle, S. 465

[13] Rühle, Das dokumentarische Theater und die deutsche Gesellschaft, S. 53

[14] Weiß, Das Material und die Modelle, S. 466

[15] Weiß, Das Material und die Modelle, S. 468

[16] GW, XV, S. 290f.

[17] Weiß, Das Material und die Modelle, S. 469

[18] Weiß, Das Material und die Modelle, S. 468

[19] Kipphardt, Nachbemerkung, edition suhrkamp 64 (Bühnenfassung), S. 142. Zuerst in: Programmheft des Zürcher Schauspielhauses

[20] Dieser Aspekt bei Chevalier, Mein Fall J. Robert Oppenheimer

[21] s. dazu die Vernehmungen von Pash und Lansdale in Kipphardts Stück

[22] Carl, Dokumentarisches Theater, S. 105

[23] Hinweis von Zipes, Documentary Drama in Germany

[24] Kipphardt, Nachbemerkung (Bühnenfassung), S. 142 («Zeitdokument») Kipphardt, Eine Erwiderung, in: Programmheft des Zürcher Schauspielhauses («bedeutendes Exempel»)

[25] Kipphardt, Nachbemerkung, S. 142

[26] z.B.: am Schluß wird der Spruch des Untersuchungsausschusses verlesen, obwohl er im originalen Verfahren schriftlich zugestellt wurde.

[27] Lansdale: Sie [die Ermittlungen] wurden dreimal abgeschlossen, 43, 46 und 50. Sie werden jetzt zum vierten Male abgeschlossen, hoffe ich. (Kipphardt, S. 58)

[28] Prot., S. 270

[29] Kipphardt, S. 64

[30] Von Kipphardt hinzugefügt: Lansdale: Aber ich würde mich das nicht zwölf Jahre später fragen, wenn sich inzwischen herausgestellt hat, daß niemand von den Leuten eine Bank ausgeraubt hat. Morgan: Kennen Sie alle Banken Amerikas, Mr. Lansdale? Lansdale: Die Bank, von der Sie sprechen, kenne ich ganz gut. Ihre Bankraub-Story ist hübsch, aber unzutreffend. (Kipphardt, S. 64)

[31] Kipphardt, S. 60

[32] Prot., S. 822

[33] Prot., S. 880

[34] Oppenheimer, Atomkraft und menschliche Freiheit, S. 53

[35] Oppenheimer, Atomkraft und menschliche Freiheit, S. 56

[36] Chevalier, Mein Fall Oppenheimer, S. 120

[37] Jean Vilar: Le dossier Oppenheimer. Genève 1965

[38] Prot., S. 326 Im folgenden werden Passagen, die nur im Protokoll zu finden sind, englisch zitiert, Abschnitte aus Kipphardts Stück deutsch

[39] Kipphardt, S. 70

[40] Kipphardt, S. 126

[41] GW, XVII, S. 1108

[42] Kipphardt, S. 83

[43] Kipphardt, S. 95

[44] Kipphardt, S. 99

[45] Kipphardt, S. 96

46 Kipphardt, S. 87
47 Kipphardt, S. 73
48 Jungk, Heller als tausend Sonnen, S. 74
49 Kipphardt, S. 95
50 s. unten
51 s. den Schluß des Kapitels «Wissenschaft und Gesellschaft»
52 Kipphardt, S. 91
53 Kipphardt, S. 81
54 Kipphardt, S. 11
55 Kipphardt, S. 94f.
56 Lemberg, Nationalismus, bes. Bd. II, S. 65–100
   Lemberg versteht unter «Nationalismus» nicht nur den klassischen Nationalismus, sondern allgemein eine Großgruppen integrierende Kraft, also die
   mittelalterliche Reichsidee (mit Front gegen die Ungläubigen) ebenso wie die
   ideologische Dualität in der Gegenwart.
57 Lemberg, Nationalismus, II, S. 65
58 Kipphardt (Bühnenfassung), S. 45 (Monolog Morgans)
59 s. dazu den Abschnitt «Tragik oder Schuld»
60 Kipphardt, S. 12f.
61 Kipphardt, S. 14
62 Kipphardt, S. 13
63 Kipphardt, S. 37
64 Kipphardt, S. 124
65 Kipphardt, S. 73f.
66 Kipphardt, S. 73
67 Manfred Wekwerths Interpretation:
   «Was ist denn das überhaupt für eine Loyalität, die er da zugesprochen zu
   bekommen wünscht? Es ist doch letztlich die Loyalität, bei Hiroshima unbedingt dabeigewesen zu sein. (...) Die Loyalität, um die er kämpft (und das
   merkt er im Schlußwort), ist eigentlich der Verrat, den er begangen haben
   will. (...) Mit fortschreitendem Prozeß also beansprucht er etwas immer
   nachdrücklicher, das er noch zu Anfang von sich weist: nämlich seine direkte Beteiligung an Hiroshima.»
   (Wekwerth, Notate, S. 158f.)
   Wekwerths Zusammenfassung scheint mir den Konflikt nicht genau zu treffen bzw. nicht in aller Schärfe herauszuarbeiten.
68 Kipphardt, S. 55
69 Enzensberger, Zur Theorie des Verrats, S. 371
70 Oppenheimer: Die Welt ist auf die neuen Entdeckungen schlecht eingerich-
   tet. Sie ist aus den Fugen.
   Robb: Und Sie sind ein bißchen gekommen, sie einzurenken, wie Hamlet
   sagt?
   (Kipphardt, S. 14)
71 Kipphardt, S. 115
72 Kipphardt, S. 115
73 Kipphardt, S. 115
74 Kipphardt, S. 15
75 Kipphardt, S. 15
76 Kipphardt, S. 115
77 Was Robb hier betreibt, gleicht – auf einer viel primitiveren Stufe – jenen
   Einflüsterungen, mit denen Handkes Kaspar zum gefügigen Hampelmann
   modelliert wird. Die Nahtstellen von «conversation» und «sous-conversa-
   tion» (Nathalie Sarraute) weisen auf ein Problem hin, das die Schriftsteller

272

seit einigen Jahren in zunehmendem Maße beschäftigt und, ernstgenommen, das Dokumentartheater als literarische Gattung in Frage stellen müßte: die Unzulänglichkeit und Fragwürdigkeit sprachlicher Kommunikation, wie sie im nouveau roman und ansatzweise im Drama (Handke, Bauer) thematisiert und reflektiert wird. Die Sprache reicht als Medium der Mitteilung nicht mehr aus, sie verschweigt Wesentliches und läßt unterschwellig anklingen, was lieber verschwiegen würde, sie taugt nicht zu objektiver Mitteilung, weil das Mitgeteilte bereits subjektiv modifiziert und dem Mitzuteilenden letztlich inadäquat ist. Im Gegensatz dazu bezieht das Dokumentartheater seine Rechtfertigung aus dem Anspruch, eine vielschichtige Wirklichkeit einzukreisen und, auf ihren wesentlichen Gehalt reduziert, zur Sprache zu bringen. «Das dokumentarische Theater tritt ein für die Alternative, daß die Wirklichkeit, so undurchschaubar sie sich auch macht, in jeder Einzelheit erklärt werden kann.» (Peter Weiß, Das Material und die Modelle, S. 472)

[78] Kipphardt, S. 126
[79] Kipphardt, S. 126
[80] GW, III, S. 1339–1341
Kipphardt, S. 124–125
[81] s. Programmheft des BE zum «Oppenheimer» und Wekwerth, Notate, S. 144–167
[82] GW, XVII, S. 1107f.
[83] Arbeitsjournal 8. Juli 1954
[84] s. dazu im Nachlaßverzeichnis die Nrn.
3734–3736 (Rosa Luxemburg, 1928)
4481–4488 (Rosa Luxemburg, 1952/53)
4342–4345 (Krieg und Faschismus, diverses)
[85] 4402–4501
sowie Schumacher, S. 322–328
[86] Schumacher, S. 326
[87] Kipphardt, S. 125
[88] GW, XVI, S. 930

Literatur und Gesellschaft

[1] Kipphardt, S. 83
[2] «Kleines Organon», § 46, GW, XVI, S. 682
Die Formulierung darf wohl als Antithese zu Emil Staigers «begreifen, was uns ergreift» verstanden werden («Die Zeit als Einbildungskraft des Dichters», Zürich 1939, S. 11). Zu der Zeit, als Brecht in Herrliberg am «Kleinen Organon» schrieb, hatte der Ruf des Zürcher Gelehrten einen ersten Höhepunkt erreicht. Es darf als wahrscheinlich angenommen werden, daß Brecht seine Thesen (vielleicht durch Vermittlung Max Frischs) wenigstens umrißweise gekannt hat; jedenfalls verwendet er in seiner gleichzeitig entstandenen «Antigone»-Bearbeitung Verse aus Staigers Übertragung.
[3] GW, II, S. 780
[4] Steinbuch, Falsch programmiert, S. 70
[5] Unter «Zukunftsliteratur» verstehe ich (wie auch Steinbuch) nicht nur Science Fiction, sondern jegliche Literatur, die sich mit der Gestaltung der Zukunft befaßt, also auch diejenige, welche negative Bilder der Gegenwart entwirft, um eine positive Zukunftsgestaltung zu erreichen.
[6] «I vow to strive to apply my professional skills to projects which, after conscientious examination, I believe to contribute to the goal of co-existence

of all human beings in peace, human dignity and self-fulfillment. I will not use my scientific training for any purpose which I believe will be used to the harm of any human being.

I vow to struggle through my work to minimize danger, noise, strain or invasion of privacy of any individual; pollution of earth, air, and water, destruction of natural beauty, mineral resources and wild life.»

SSRS-Newsletter, Nr. 218, 1972

Weitere Vorschläge in «Physikalische Blätter» 1962; The Sunday Bulletin, Philadelphia, 28. Juni 1970 u.a.

[7] Nachtrag zum «Kleinen Organon», GW, XVI, S. 702

Literaturverzeichnis

Das Literaturverzeichnis erhebt keinen Anspruch auf Volkständigkeit; es werden lediglich diejenigen Werke angegeben, welche für die vorliegende Arbeit von Interesse waren.

PRIMÄRLITERATUR

Bertolt Brecht: Gesammelte Werke in 20 Bänden (werkausgabe edition suhrkamp). Frankfurt 1968

Bertolt Brecht: Texte für Filme I/II (werkausgabe edition suhrkamp, Supplementbände). Frankfurt 1969

Bertolt Brecht: Arbeitsjournal 1938–1955. Hrsg. v. Werner Hecht. Frankfurt 1973

Bertolt Brecht: Versuche. Heft 1–15. Berlin/Frankfurt 1954–1960 (z.T. Nachdruck)

Bertolt Brecht: Galileo Galilei. Schauspiel in 14 Bildern. Bühnenmanuskript des Zürcher Schauspielhauses 1943 (Masch.)

Gerhard Szczesny: Brecht, Leben des Galilei. Dichtung und Wirklichkeit Bd. 5, Frankfurt/Berlin 1966

Bertolt Brecht: Galileo. English Version by Charles Laughton. Edited and with an introduction by Eric Bentley. New York 1966

Bertolt Brecht: Leben des Galilei. Berlin o.J. (Bühnenfassung des Berliner Ensemble) (Masch. Verv.)

Materialien zu *Brechts* «Leben des Galilei». Zusammengestellt von Werner Hecht. edition suhrkamp 44, 16.–22. Tausend. Frankfurt 1965

Bertolt Brecht: Aufbau einer Rolle: Galilei. Berlin 1956

Bertolt Brecht: Die Antigone des Sophokles. Materialien zur «Antigone». edition suhrkamp 134, Frankfurt 1965

Friedrich Dürrenmatt: Komödien. 6. A. Zürich 1963

Friedrich Dürrenmatt: Komödien II und frühe Stücke. Zürich o.J.

Friedrich Dürrenmatt: Gesammelte Hörspiele. Zürich o.J.

Friedrich Dürrenmatt: Die Wiedertäufer. Zürich 1967

Friedrich Dürrenmatt: Theater-Schriften und Reden. Zürich 1966

Friedrich Dürrenmatt: Ich denke an Prag. In: Tschechoslowakei 1968, Die Reden von Peter Bichsel, Friedrich Dürrenmatt, Max Frisch, Günter Grass, Kurt Marti und ein Brief von Heinrich Böll. Zürich 1968.

Max Frisch: Stücke 1/2. Frankfurt 1962

Max Frisch: Tagebuch 1946–1949. Suhrkamp-Hausbuch, Frankfurt 1958

Max Frisch: Öffentlichkeit als Partner. edition suhrkamp 209, Frankfurt 1967

Hans Henny Jahnn: Dramen II, Frankfurt 1965

Georg Kaiser: Werke, hrsg. v. Walther Huder, Bd. II, Frankfurt 1971

Heinar Kipphardt: In der Sache J. Robert Oppenheimer. edition suhrkamp 64, 1.–50. Tausend, Frankfurt 1964 (Fernsehfassung)

Heinar Kipphardt: In der Sache J. Robert Oppenheimer. edition suhrkamp 64,
78. Tausend, Frankfurt 1970 (Bühnenfassung)
Clemens Münster: Aufstand der Physiker. Erzählungen. München 1968
Rolf Schneider: Stücke. Berlin 1970
Jean Vilar: Le dossier Oppenheimer. Genève 1965
Carl Zuckmayer: Gesammelte Werke, Bd. 4, Frankfurt 1960

ALLGEMEINES ZUR PROBLEMATIK

Francis Bacon: Das neue Organon (Novum Organum). Philos. Studientexte
hrsg. v. d. Arbeitsgruppe f. Philosophie an der Dt. Akad. d. Wiss. zu Berlin.
Berlin 1962
Erich Bagge/Kurt Diebner/Kenneth Jay: Von der Uranspaltung bis Calder Hall.
rowohlts deutsche enzyklopädie 41, Hamburg 1957
Bernhard Bavink: Ergebnisse und Probleme der Naturwissenschaften. 9. A.
Zürich 1949
Patrick Maynard Stuart Blackett: Angst, Krieg und die Atombombe. Zürich
1950
Niels Bohr: Atomphysik und menschliche Erkenntnis. «Die Wissenschaft»,
Bd. 112, Braunschweig 1958
Max Born: Physik im Wandel meiner Zeit. 20 Aufsätze. «Die Wissenschaft»,
Bd. 111, 2. A. Braunschweig 1958
Max Born: Von der Verantwortung des Naturwissenschaftlers. Gesammelte
Vorträge. Sammlung Dialog 1, München 1965
Max Born: Entwicklung und Wesen des Atomzeitalters. In: Merkur, IV, 1955,
S. 724–737
Max Born: Die Zerstörung der Ethik durch die Naturwissenschaft. In: Litera-
rische und naturwissenschaftliche Intelligenz, S. 179–186
Max Born: Die Physik in der Problematik unseres Zeitalters. In: Wo stehen wir
heute?, S. 221–230
Margret Boveri: Der Verrat im XX. Jahrhundert. IV: Verrat als Epidemie:
Amerika. Fazit. rowohlts deutsche enzyklopädie 105/106, Reinbek 1960
Arthur C. Clarke: Im höchsten Grade phantastisch. Ausblicke in die Zukunft
der Technik. Frankfurt 1969
Robin Clarke: Stumme Waffen. Hamburg 1969
Friedrich Dessauer: Der Fall Galilei und wir. Luzern 1943
Albert Einstein/Leopold Infeld: Die Evolution der Physik. Wien 1950
Hans Magnus Enzensberger: Zur Theorie des Verrats. In: H.M.E., Politik und
Verbrechen, Frankfurt 1964, S. 361–383
Joachim O. Fleckenstein: Naturwissenschaft und Politik von Galilei bis Ein-
stein. München 1965
Hans Freyer: Das industrielle Zeitalter und die Kulturkritik. In: Wo stehen wir
heute?, S. 197–206
Arnold Gehlen: Die Seele im technischen Zeitalter. Sozialpsychologische
Probleme in der industriellen Gesellschaft. rowohlts deutsche enzyklopädie
53, Hamburg 1957
Ernesto Grassi/Thure von Uexküll: Von Ursprung und Grenzen der Geistes-
wissenschaften und Naturwissenschaften. München o.J.
Leslie R. Groves: Now it can be told. The story of the Manhattan Project. New
York 1962

Jürgen Habermas: Technik und Wissenschaft als «Ideologie». edition suhrkamp 287, Frankfurt 1968

Werner Heisenberg: Das Naturbild der heutigen Physik. rowohlts deutsche enzyklopädie 8, Hamburg 1956

Werner Heisenberg: Physik und Philosophie. Stuttgart 1959

Werner Heisenberg: Wandlungen in den Grundlagen der Naturwissenschaft. 10 Vorträge 1933–1958. Stuttgart 1959

Werner Heisenberg: Der Teil und das Ganze. Gespräche im Umkreis der Atomphysik. Zürich 1971 (München 1969)

Walter Heitler: Der Mensch und die naturwissenschaftliche Erkenntnis. «Die Wissenschaft», Bd. 116, Braunschweig 1961

A. V. Hill: The ethical dilemma of science and other writings. New York 1960

Gerhard Huber: Von der Verantwortung des Wissens. Eidgenössische Technische Hochschule, Kultur- und Staatswissenschaftliche Schriften, Heft 125

Edgar Hunger: Von Demokrit bis Heisenberg. Quellen und Betrachtungen zur naturwissenschaftlichen Erkenntnis. Braunschweig 1958

Aldous Huxley: Dreißig Jahre danach oder Wiedersehen mit der Wackeren Neuen Welt. 2. A. München 1960

Karl Jaspers: Die Atombombe und die Zukunft des Menschen. Politisches Bewußtsein in unserer Zeit. München 1958

Robert Jungk: Heller als tausend Sonnen. Das Schicksal der Atomforscher. Zürich o. J.

Robert Jungk: Super. Materialien zur Entstehungsgeschichte der Wasserstoffbombe. Merkur IV, 1955, S. 471–485/566–577

Arthur Koestler: Das Gespenst in der Maschine. Wien 1968

Helmut Krauch: Die organisierte Forschung. Neuwied 1970

Ralph E. Lapp: Kultur auf Waffen gebaut. Bern 1969

Eugen Lemberg: Nationalismus. 2 Bde., rowohlts deutsche enzyklopädie 197/98 und 199, Reinbek 1964

Hans Dollinger (Hrsg.): *Die letzten hundert Tage.* Das Ende des Zweiten Weltkrieges in Europa und Asien. München 1965

Helmut Kreuzer/Wolfgang Klein (Hrsg.): *Literarische und naturwissenschaftliche Intelligenz.* Dialog über die «Zwei Kulturen». Suttgart 1969

Konrad Lorenz: Das sogenannte Böse. Zur Naturgeschichte der Aggression. Wien 1966

Arthur March: Die physikalische Erkenntnis und ihre Grenzen. «Die Wissenschaft», Bd. 108, Braunschweig 1960

Herbert Marcuse: Der eindimensionale Mensch. Neuwied 1964

Dennis Meadows u. a.: Die Grenzen des Wachstums. Bericht des Club of Rome zur Lage der Menschheit. Stuttgart 1972

J. Robert Oppenheimer: Wissenschaft und allgemeines Denken. rowohlts deutsche enzyklopädie 6, Hamburg 1958

J. Robert Oppenheimer: Atomkraft und menschliche Freiheit. rowohlts deutsche enzyklopädie 52, Hamburg 1957

J. Robert Oppenheimer: Drei Krisen der Physiker. Texte und Dokumente, Analysen. Olten 1966

Linus Pauling: Die Wirklichkeit heutiger Gefährdung der Welt. In: Universitas 20, 1965, S. 113–119

Linus Pauling: Der nukleare Krieg – seine Realität und seine Folgen. In: Universitas 20, 1965, S. 1009–1016

Louis Pauwels/Jacques Bergier: Aufbruch ins dritte Jahrtausend. Von der Zukunft der phantastischen Vernunft. Bern 1962

277

J.L.Penick a.o. (Hrsg.): The Politics of American Science 1939 to the Present. Chicago 1965

Sir Karl Popper: Die moralische Verantwortlichkeit des Naturwissenschaftlers. Schweizer Monatshefte, 1970, S. 561–570

Hugo Portisch: Friede durch Angst. Augenzeuge in den Arsenalen des Atomkrieges. Wien 1970

Don K. Price: Government and Science. Their Dynamic Relations in American Democracy. New York 1962

Bertrand Russell: Common Sense and Nuclear Warfare. London 1959

Andrej D. Sacharow: Wie ich mir die Zukunft vorstelle. In: Die Zeit, 9.8.1968

Ernst Schumacher: Der Fall Galilei. Das Drama der Wissenschaft. Darmstadt 1964

Charles Percy Snow: Science and Government. Cambridge, Mass. 1961

Charles Percy Snow: A Postscript to Science and Government. London 1962

Charles Percy Snow: Die zwei Kulturen. Literarische und naturwissenschaftliche Intelligenz. Stuttgart 1967

Society for Social Responsibility in Science: Newsletters 199 to 210. Bala Cynwyd 1969–1971

Karl Steinbuch: Falsch programmiert. Über das Versagen unserer Gesellschaft in der Gegenwart und vor der Zukunft und was eigentlich geschehen müßte. 2. A. Stuttgart 1968

Karl Steinbuch: Automat und Mensch. Auf dem Weg zu einer kybernetischen Anthropologie. 4. neubearb. Aufl., Heidelberg 1971

Edward Teller/Allen Brown: Das Vermächtnis von Hiroshima. Düsseldorf 1963

Was wird morgen anders sein? Wissenschaftler sehen die Zukunft, hrsg. v. Otmar Hersche. Olten 1969

Carl Friedrich von Weizsäcker: Die Geschichte der Natur. Zwölf Vorlesungen. Zürich 1948

Carl Friedrich von Weizsäcker: Gedanken über unsere Zukunft. Göttingen 1966

Leopold von Wiese: Die Sozialwissenschaften und die Fortschritte der modernen Kriegstechnik. Akad. d. Wiss. u. d. Lit. in Mainz, Abh. d. geistes- und sozialwiss. Klasse, 1950, Nr. 16

Wissenschaft und Verantwortung. Universitätstage Berlin 1962

Wo stehen wir heute? Hrsg. v. H. Walter Bähr. Gütersloh 1960

ALLGEMEINES ZU LITERATUR UND THEATER

Aus der Welt der Arbeit. Almanach der Gruppe 61 und ihrer Gäste. Hrsg. v. Fritz Hüser und Max von der Grün in Zusammenarbeit mit Wolfgang Promies. Neuwied 1966

Hans Bänziger: Frisch und Dürrenmatt. Bern 1960

Wolfgang Binder: Das Bild des Menschen in der modernen deutschen Literatur. Schriften zur Zeit 31, Zürich 1969

Arnold Heidsieck: Das Groteske und das Absurde im modernen Drama. Sprache und Literatur 53, Stuttgart 1969

Helmut Heißenbüttel: Schwierigkeiten beim Schreiben der Wahrheit 1964. In: H.H., Über Literatur, Olten 1966, 230–232

Helmut Heißenbüttel: 13 Hypothesen über Literatur und Wissenschaft als vergleichbare Tätigkeiten. In: H.H., Über Literatur, Olten 1966, S. 206–215

Robert Jungk: Zukunfts-Spiele, Zukunfts-Simulationen, Zukunfts-Szenarios. Die Rolle des Dramas in der Prognose. In: Protokoll der Salzburger Dramaturgentagung 1970, S. 17–29 (Masch. Verv.)

Gerhard Kaiser: Max Frischs Farce «Die Chinesische Mauer». In: Über Max Frisch, hrsg. v. Thomas Beckermann, edition suhrkamp 404, Frankfurt 1971, S. 116–136

Marianne Kesting: Das epische Theater. Urban-Buch 36. 3., überarb. A., Stuttgart 1959

Marianne Kesting: Panorama des zeitgenössischen Theaters. 58 literarische Porträts. Revidierte und erw. Neuausg. München 1969

Volker Klotz: Geschlossene und offene Form im Drama. Literatur als Kunst, 2. A. München 1962

Hans Kügler: Dichtung und Naturwissenschaft. Einige Reflexionen zum Rollenspiel des Naturwissenschaftlers in: B. Brecht, Das (!) Leben des Galilei; F. Dürrenmatt, Die Physiker, H. Kipphardt, In der Sache J. Robert Oppenheimer. In: H. K., Weg und Weglosigkeit, Neun Essays zur Geschichte der deutschen Literatur im zwanzigsten Jahrhundert. Heidenheim 1970, S. 209-235

*Ferdinand Lassalle/*Karl Marx/Friedrich Engels: Die Sickingen-Debatte. In: K. M./F. E., Über Kunst und Literatur, Berlin 1967, Bd. I, S. 166–217

Helmut Lethen: Neue Sachlichkeit 1924–1932. Studien zur Literatur des «Weißen Sozialismus». Stuttgart 1970

Walter Muschg: Hans Henny Jahnn. In: W. M., Von Trakl zu Brecht, Dichter des Expressionismus, München 1963, S. 264–334

Curt Rieß: Sein oder Nichtsein. Der Roman eines Theaters. Zürich 1963

Jürgen Rühle: Das gefesselte Theater. Vom Revolutionstheater zum Sozialistischen Realismus. Köln 1957

Volkmar Sander: Die Faszination des Bösen. Zur Wandlung des Menschenbildes in der modernen Literatur. Schriften zur Literatur 10, Göttingen 1968

Günther Schoop: Das Zürcher Schauspielhaus im Zweiten Weltkrieg. Schweizer Theater-Jahrbuch 25 der Schweiz. Gesellsch. f. Theaterkultur, hrsg. v. Oskar Eberle. Zürich 1957

Joseph Strelka: Brecht/Horvath/Dürrenmatt. Wege und Abwege des modernen Dramas. Wien 1962

Peter Szondi: Theorie des modernen Dramas. edition suhrkamp 27, Frankfurt 1964

Rainer Taëni: Drama nach Brecht. Möglichkeiten heutiger Dramatik. Eine Einführung in dramaturgische Probleme der Gegenwart an Hand eingehender Analysen von Werken der Autoren Dorst, Hildesheimer, Michelsen, Walser, Kipphardt, Weiß. Theater unserer Zeit Bd. 9, Basel 1968

Annalisa Viviani: Das Drama des Expressionismus. Kommentar zu einer Epoche. München 1970

Karl S. Weimar: The Scientist and Society. A Study of Three Modern Plays. In: Modern Language Quarterly, 27, 1966, S. 431–448

ZU BRECHT

Bertolt-Brecht-Archiv: *Bestandsverzeichnis* des literarischen Nachlasses. Hrsg. v. d. Dt. Akad. d. Künste zu Berlin. 4 Bde. Berlin 1969–1973

Brecht-Chronik. Daten zu Leben und Werk. Zusammengestellt von Klaus Völker. München 1971

Reinhold Grimm: Bertolt Brecht. 3. Aufl., Stuttgart 1971

Walter Benjamin: Was ist das epische Theater? In: W. B., Angelus Novus. Ausgewählte Schriften 2, Frankfurt 1966

Bjørn Ekmann: Gesellschaft und Gewissen. Die sozialen und moralischen An- schauungen Bertolt Brechts und ihre Bedeutung für seine Dichtung. Kopen- hagen 1969

Martin Esslin: Brecht. Das Paradox des politischen Dichters. Frankfurt 1962

Frederic Ewen: Bertolt Brecht. Sein Leben, sein Werk, seine Zeit. Hamburg 1970

Reinhold Grimm: Bertolt Brecht. Die Struktur seines Werkes. Erlanger Beiträge zur Sprach- und Kunstwissenschaft. 2. A., Nürnberg 1960

Reinhold Grimm: Zwischen Tragik und Ideologie. In: Das Ärgernis Brecht. Kritische Beiträge. Theater unserer Zeit Bd. 1, Basel 1961

John Sidney Groseclose: Scene Twelve of Bertolt Brecht's «Galilei»: A Structur- al Study. In: Monatshefte (Wisconsin), 62, 1970, S. 367–382

Hans Hafen: Bertolt Brecht «Leben des Galilei». In: Deutschunterricht 13, 1961, H. 4., S. 71–92

Werner Hecht/Hans-Joachim Bunge/Käthe Rülicke-Weiler: Bertolt Brecht. Sein Leben und Werk. Schriftsteller der Gegenwart 10, Berlin DDR 1969

Walter Hinck: Die Dramaturgie des späten Brecht. Palaestra 229, 2. A. Göttin- gen 1960

Helge Hultberg: Die ästhetischen Anschauungen Bertolt Brechts. Kopenhagen 1962

Helmut Jendreiek: Bertolt Brecht. Drama der Veränderung. Düsseldorf 1969

Hans Kaufmann: Bertolt Brecht. Geschichtsdrama und Parabelstück. Berlin DDR 1962

Marianne Kesting: Bertolt Brecht in Selbstzeugnissen und Bilddokumenten. rowohlts monographien 37, Reinbek 1962

Volker Klotz: Bertolt Brecht. Versuch über das Werk. Darmstadt 1957

Norbert Kohlhase: Dichtung und politische Moral. Eine Gegenüberstellung von Brecht und Camus. Sammlung Dialog, München 1965

Charles R. Lyons: «The Life of Galileo»: The Focus of Ambiguity in the Villain Hero. In: Germanic Review XLI, S. 1966, 57–71

Werner Mittenzwei: Bertolt Brecht. Von der «Maßnahme» zu «Leben des Ga- lilei». Berlin DDR 1965

Klaus-Detlef Müller: Die Funktion der Geschichte im Werk Bertolt Brechts. Studien zum Verhältnis von Marxismus und Ästhetik. Studien zur dt. Litera- tur 7, Tübingen 1966

Rainer Pohl: Strukturelemente und Entwicklung von Pathosformen in der Dramensprache Bertold (!) Brechts. Bonner Arbeiten z. dt. Literatur Bd. 20, Bonn 1969

Programmheft Berliner Ensemble: Brecht, Leben des Galilei, 1957

Günter Rohrmoser: Das Leben des Galilei. In: Das deutsche Drama vom Ba- rock bis zur Gegenwart. Interpretationen, hrsg. v. Benno v. Wiese, Düssel- dorf 1958, Bd. II, S. 401–414

Käthe Rülicke-Weiler: Die Dramaturgie Brechts. Theater als Mittel der Ver- änderung. Berlin DDR 1968

Käthe Rülicke: Bemerkungen zur Schlußszene. In: Materialien zu Brechts «Leben des Galilei», S. 91–152

Bruno Schärer: Bertolt Brechts Theater. Sprache und Bühne. Diss. Zürich 1964

Albrecht Schöne: Bertolt Brecht. Theatertheorie und dramatische Dichtung. In: Euphorion LII, 1958, S. 272–296

Ernst Schumacher: Drama und Geschichte. Bertolt Brechts «Leben des Galilei» und andere Stücke. 2. A., Berlin DDR 1968

Walter H. Sokel: Brechts gespaltene Charaktere und ihr Verhältnis zur Tragik. In: Tragik und Tragödie, hrsg. v. Volkmar Sander, Darmstadt 1971

280

Fritz Sternberg: Der Dichter und die Ratio. Erinnerungen an Bertolt Brecht. Schriften zur Literatur 2, Göttingen 1963

Rolf Tarot: Ideologie und Drama. Zur Typologie der untragischen Dramatik in Deutschland. In: Typologia Litterarum, Festschrift für Max Wehrli, Zürich 1969, S. 351–366

Klaus Völker: Bertolt Brecht in Zürich. Tages-Anzeiger-Magazin Nr. 5/1971, S. 6–13

John Willett: Das Theater Bertolt Brechts. Eine Betrachtung. Rowohlt Paperback. Hamburg 1964

Werner Zimmermann: Brechts «Leben des Galilei». Interpretation und didaktische Analyse. In: Wirkendes Wort, Beiheft 12, Düsseldorf 1965

ZU DÜRRENMATT

Johannes Hansel: Friedrich-Dürrenmatt-Bibliographie. Bibliographien zum Studium der deutschen Sprache und Literatur, Bad Homburg 1968

Horst Bienek: Werkstattgespräche mit Schriftstellern. München 1965

Elisabeth Brock-Sulzer: Friedrich Dürrenmatt. Stationen seines Werkes. 2. A. Zürich 1964

Nigel Dennis: Fun with Fission. In: Encounter 114, 1963, 56–58

Christian Markus Jauslin: Friedrich Dürrenmatt. Zur Struktur seiner Dramen. Diss. Zürich 1964

Urs Jenny: Friedrich Dürrenmatt. Friedrichs Dramatiker der Weltliteratur 6, Velber 1965

Herbert Lehnert: Fiktionale Struktur und physikalische Realität in Dürrenmatts «Die Physiker». Sprachkunst 1970, 318–330

Hans Mayer: Friedrich Dürrenmatt. In: Zs. f. dt. Philologie, 87, 1968, S. 482 bis 498

Hans Mayer: Brecht und Dürrenmatt oder Die Zurücknahme. In: H.M., Anmerkungen zu Brecht, edition suhrkamp 143, Frankfurt 1965, S. 56–83

Walter Muschg: Dürrenmatt und die Physiker. In: W.M., Pamphlet und Bekenntnis, Olten 1968

Gerhard Neumann: Friedrich Dürrenmatt. Dramaturgie der Panne. In: G.N./ J. Schröder/M. Karnick: Dürrenmatt/Frisch/Weiß. Drei Entwürfe zum Drama der Gegenwart. München 1969

Jacob Steiner: Die Komödie Dürrenmatts. In: Deutschunterricht 15, 1963, H. 5, S. 81–98

Der unbequeme Dürrenmatt. Theater unserer Zeit Bd. 4, Basel 1962

ZU KIPPHARDT

Zum Dokumentartheater:

Rolf-Peter Carl: Dokumentarisches Theater. In: Die deutsche Literatur der Gegenwart, Aspekte und Tendenzen, hrsg. v. Manfred Durzak, Stuttgart 1971, S. 99–127

Walter Huder: Das Dokumentartheater als Teil der literarischen Dokumentation. In: NZZ, Fernausgabe Nr. 99, 12. 4. 1970

Erwin Piscator: Das politische Theater. Neubearbeitet von Felix Gasbarra. Mit einem Vorwort von Wolfgang Drews. Rowohlt Paperback, Reinbek 1963

Günther Rühle: Das dokumentarische Drama und die deutsche Gesellschaft. In: Jb. d. dt. Akad. f. Sprache und Dichtung 1966, Darmstadt 1967, S. 39–73

Michel Vanhelleputte: Réflexions sur le courant documentaire du théâtre allemand d'aujourd'hui. In: Etudes Germaniques XXII. 1967, S. 538–554

Peter Weiß: Das Material und die Modelle. Notizen zum dokumentarischen Theater. In: P. W., Dramen, 2. Bd., Frankfurt 1968, S. 464–472

Dieter E. Zimmer: Die sogenannte Dokumentar-Literatur. Ein Versuch, Dokumentar-Literatur zu definieren. In: Die Zeit, 28. November 1969

Jack D. Zipes: Das dokumentarische Drama. In: Tendenzen der deutschen Literatur seit 1945, hrsg. v. Thomas Koebner, Stuttgart 1971

Zu Kipphardts Stück

Joseph and Stewart Alsop: We Accuse! The Story of the Miscarriage of American Justice in the Case of J. Robert Oppenheimer. London 1955

Joseph Boskin/Fred Krinsky: The Oppenheimer Affair: A Political Play in Three Acts. Beverly Hills 1968

Haakon Chevalier: Mein Fall J. Robert Oppenheimer. Die Geschichte einer Freundschaft. München 1965

Heinar Kipphardt: Eine Erwiderung. In: Programmheft des Schauspielhauses Zürich, 1964/65

Programmheft des Berliner Ensemble: In der Sache J. Robert Oppenheimer

United States Atomic Energy Commission: In the Matter of J. Robert Oppenheimer. Transcript of Hearing before Personnel Security Board. Washington, D.C. April 12, 1954 through May 6, 1954, Washington 1954

United States Atomic Energy Commission: In the Matter of J. Robert Oppenheimer. Texts of Principal Documents and Letters of Personnel Security Board, General Manager, Commissioners. Washington, D.C. May 27, 1954 through June 29, 1954. Washington 1954

Manfred Wekwerth: «In der Sache J. Robert Oppenheimer.» In: M. W., Notate, Über die Arbeit des Berliner Ensembles 1956–1966. edition suhrkamp 219, Frankfurt 1967, S. 144–167